계정과목 분류 및 계정과목별 지출증빙
경리장부, 회계원리, 분개, 결산, 재무제표

◈ 제1부 회계원리 및 장부정리

◈ 제2부 계정과목

◈ 제3부 결산정리 및 재무제표

경영정보사

■ 저자 이진규 (약력)

(현)삼일인포마인 세무상담위원
  2015년 ~
(현)비즈폼, 이지분개 세무상담위원
  2005년 ~
(현)경영정보사 도서 집필 및 발간
(전)국세청 세무조사관

■ 저자 저서

법인관리 및 법인세무 컨설팅
법인기업의 세무회계실무
세법의 가산세 및 세무회계실무
부가가치세 및 원천세 실무
세금개요 및 절세

계정과목 분류 및 계정과목별 지출증빙

2024년 2월 20일 개정판 발행
저　　자 : 이 진 규
발 행 인 : 강 현 자
발 행 처 : 경영정보사
신고번호 : 제2021-000026호

주　　소 : 대구광역시 동구 동촌로 255
전　　화 : 080 - 250 - 5771
홈페이지 : www.ruddud.co.kr
이 메 일 : lee24171@naver.com

정　가 27,000원

머리말

이 책은 중소기업의 회계실무를 담당하고 있는 실무자를 위하여 편집한 도서로 가능한 서술적인 설명은 생략하고, 사례중심으로 설명을 하였습니다.

상업부기 및 회계에 대한 전문교육을 이수하고 기업에서 막상 회계실무를 담당하다 보면 교육을 통하여 배우지 못하였던 여러 가지 복잡한 거래 사례를 접하게 되며, 특정 사안에 대하여 그 처리방법을 찾지 못하여 많은 시간을 낭비할 수도 있을 것입니다.

저자는 이와 같은 애로사항을 답변해드리는 회계 및 세무업무 전문 상담 사이트인 '이지분개'를 관리하면서 질의내용을 분석하여 회계업무의 전처리과정을 실무적으로 가장 쉽게 접근할 수 있도록 단원별로 이 한 권에 책에 수록하였습니다.

이 책은 특히 실무에서 회계처리를 함에 있어 발생하는 내용 중 그 처리에 있어 다소 까다로운 부분을 사례별로 예시를 들었으며, 실무에서 편리하게 활용할 수 있도록 각고의 노력을 기울였습니다.

본서를 통하여 기업의 회계처리업무에 관한 모든 궁금 점을 해결할 수는 없습니다만, 많은 부분은 도움이 될 것으로 믿습니다.

끝으로 중소기업의 회계업무를 담당하시는 분들에게 본서가 유익한 참고도서가 되기를 바랍니다.

2024년 2월

저자 이 진 규

목 차

계정과목별 세무회계, 경리장부 사례별 회계실무, 결산·재무제표

경영정보사 홈페이지 무료 이용
(아이디) aa11
(비밀번호) aa1111

CONTENTS.....

제1부 회계원리 및 장부정리

제1장 사업자의 장부기장, 기업의 소득금액

제2장 회계기초

제3장 계정과목 기초

제4장 전표 및 제장부 작성

제5장 보조장부 작성

제6장 일계표 및 시산표

제2부 계정과목

제1장 자산 계정과목

제2장 부채 계정과목

제3장 자본 계정과목

제5장 비용 계정과목

제3부 결산정리, 재무제표, 차량세무, 지출증빙

제1장 결산

제2장 결산정리사항

제3장 재무제표

제4장 경영분석

제5장 차량 및 리스 세무회계, 업무용 승용차 과세특례

제6장 지출증빙 및 정규영수증

세무회계 자료 이용에 대한 홈페이지 안내

[1] 2024년 개정 세법은 경영정보사 홈페이지를 참고하시기 바랍니다.

[2] 지면관계상 본 서에 수록하지 못한 내용은 경영정보사 홈페이지에 올려두었습니다. (경영정보사 및 경영정보문화사는 자매회사임)

[3] 경영정보사 홈페이지 이용방법

경영정보사 홈페이지에서 개정 세법을 반영한 각종 세무회계 관련 자료를 볼 수 있으며, 별도의 회언 가입 절차 없이

지정 아이디(aa11) 및 지정 비밀번호(aa1111)를 입력하신 후 로그인 하시면 바로 이용할 수 있습니다.

1. 네이버, 구글 검색창에서 경영정보사 입력
2. www.ruddud.co.kr

1

회계원리 장부정리

1 사업자의 장부기장 기업의 소득금액

사업자는 소득을 계산하여 법인은 법인세를 개인사업자는 종합소득세 신고 및 납부를 하여야 하는데 사업연도(개인사업자는 과세기간이라 함) 기간의 소득을 알기 위해서는 반드시 장부기장을 하여야 한다. 장부기장은 회계원칙에 의한 복식부기기장을 원칙으로 하되, 소규모 개인사업자는 세법이 정하는 바에 따라 간편장부로 기장할 수 있다.

1 사업자의 장부기장

사업자는 과세기간(법인의 경우 사업연도) 동안 (1. 1 ~ 12. 31) 사업으로 벌어들인 사업소득금액(수익 - 비용)을 계산하기 위하여 반드시 장부기장을 하여야 한다. 장부기장은 복식부기에 의한 기장을 원칙으로 하되, 소규모 개인사업자의 경우 간편장부에 의한 기장을 할 수 있다.

▶ 회계연도, 과세기간, 사업연도

손익계산 기간은 1월 1일(신규사업자의 경우 개업일)부터 12월 31일 기간으로 하며, 손익계산 기간을 회계상으로는 회계연도라고 한다.

세법에서는 개인사업자는 과세기간, 법인은 사업연도라고 하며, 법인의 사업연도는 따로 정할 수 있다.(3월말 6월말, 9월말 법인 등)

▶ **수익 및 비용(기업회계기준 용어)**

1) 수익이란 기업체의 경영활동과 관련된 재화의 판매 또는 용역의 제공 등에 대한 대가로 발생하는 자산의 유입 또는 부채의 감소이다. 예를 들면, 재화 및 용역을 공급한 대가로서 현금이나 매출채권이 증가하게 된다.

2) 비용이란 기업체의 경영활동과 관련된 재화의 판매 또는 용역의 제공 등에 따라 발생하는 자산의 유출이나 사용 또는 부채의 증가이다.

▶ **익금, 손금**

법인의 경우 세무상 수익은 익금이라고 하며, 세무상 비용은 손금이라고 한다.

▶ **총수입금액, 필요경비**

개인사업자의 경우 세무상 수익은 총수입금액이라고 하며, 세무상 비용은 필요경비라고 한다.

Q 복식부기기장 대상 사업자

법인 및 개인사업자 중 **직전년도 수입금액**이 다음의 업종별 기준금액 이상인 경우 복식부기기장을 하여야 한다. **[복식부기 기장 → 도서 본문]**

➡ 복식부기기장대상자[직전년도 수입금액이 업종별 기준금액 이상인 사업자]

○ 직전연도 수입금액은 연간으로 환산하지 않음

업 종 별	기준금액
가. 농업 · 임업 및 어업, 광업, 도매 및 소매업(상품중개업 제외), 부동산매매업, 그 밖에 나목 및 다목에 해당되지 아니하는 사업	3억원
나. 제조업, 숙박 및 음식점업, 전기 · 가스 · 증기 및 공기조절 공급업, 수도 · 하수 · 폐기물처리 · 원료재생업, 건설업(비주거용 건물 건설업 제외), 부동산 개발 및 공급업(주거용 건물 개발 및 공급업에 한정), 운수업 및 창고업, 정보통신업, 금융 및 보험업, 상품중개업	1억5천만원
다. 부동산임대업, 부동산업(부동산매매업은 제외), 전문 · 과학 및 기술서비스업, 사업시설관리 · 사업지원 및 임대서비스업, 교육서비스업, 보건업 및 사회복지서비스업, 예술 · 스포츠 및 여가 관련 서비스업, 협회 및 단체, 수리 및 기타 개인서비스업 , 가구내 고용활동	7천500만원

2 법인과 개인사업자의 장부기장 차이 등

개요

법인은 기업에서 발생하는 모든 거래를 장부에 기록하여 법인의 소득을 계산하여야 하나 개인사업자는 사업과 관련한 거래만 기록을 하여야 하며, 사업과 무관한 지출은 인출금으로 처리한 후 회계기말에 자본금과 대체처리하여야 한다.

법인의 주주 및 소득 처분, 개인사업자 이익 처분

법인의 주주는 법인에 본인의 자금을 출자한 자로서 법인이 이익이 발생하게 되면, 배당을 받을 목적으로 출자하게 된다.

법인이 사업을 영위하여 이익을 얻게 되는 경우 법인은 이익에 상당하는 순자산이 증가하게 되며(자산 / 이익잉여금),

증가한 자산 중 주주총회의 의결을 거쳐 주주에게 배당(이익잉여금 / 자산)을 하게 된다.

반면, 개인사업자는 회사가 본인 소유이므로 언제든지 회사 돈은 인출하거나 본인 자산을 회사의 자산으로 입금하거나 이전할 수 있으며, 사업으로 얻게 된 소득에 대하여 소득세 및 지방소득세만 납부하면, 세무상 특별한 문제는 발생하지 않는다.

자본금

자본금은 사업을 위하여 법인의 경우 주주가 출자한 금액을 말하며, 개인사업자는 사업주 개인이 출자한 금액을 말한다.

법인의 자본금은 법인설립등기시 등기를 하여야 하며, 자본금을 증액하고자 하는 일정한 절차를 거쳐 등기를 하여야 한다.

▶ 가지급금

법인은 법인 자금을 대표이사, 임직원, 주주 등이 임의로 인출하여 가져갈 수 없다. 그럼에도 불구하고 대표이사 등이 법인의 자금을 가져가는 경우 가지급금으로 처리한 후 반드시 회수하여야 한다.

업무와 관련없이 대표이사 등에게 지급하는 가지급금은 회사의 자금을 대표이사 등이 유용하게 되어 법인에게 손실을 주게 되므로 (가지급금을 금융기관에 예치하는 경우 이자소득이 발생하여 법인의 소득을 증가시키게 됨에도 무상으로 자금을 대여함으로써 법인에 손실을 초래함) 세법에서 엄격한 규제를 하고 있다.

예를 들면, 가지급금에 대하여 특수관계자에게 무상 또는 시가보다 낮은 이율로 금전을 대여한 경우에는 **가중평균차입이자율(원칙)**로 계산한 이자상당액을 세무조정에서 익금으로 계상하여 [예외적으로 당좌대출이자율(2023년 4.6%, 2023년 법인세법 시행규칙 제43조 ② 참조) 허용]

대표이사 등(법인의 자금을 무상 또는 시가보다 낮은 금리로 대여를 받은 자)에 대한 상여로 처분한 후 연말정산 지급명세서를 수정하여 제출하고, 추가로 납부할 근로소득세는 대표이사 등으로부터 징수하여 납부하여야 한다.

▶ 가수금

법인의 운용자금 등이 부족한 경우 법인은 대표이사 등으로부터 자금을 일시 차입할 수 있으며, 일시 차입한 금액을 가수금이라 한다.

법인이 대표이사등으로부터 자금을 일시 차입하고, 그 이자를 지급하지 않거나 가중평균차입이자율 또는 당좌대출이자율 보다 낮은 이자율로 이자를 지급하는 경우 법인이 손해를 보는 것이 아니므로 세무상 문제는 되지 않는다.

Q 개인사업자의 자본금, 인출금

개인사업자는 자본금 출자, 증감에 대하여 특별한 절차를 요하지 아니하며, 자산에서 부채를 차감한 금액이 자본금이 된다.

따라서 개인사업자의 자본금은 수시로 변동이 되므로 대표자가 회사자금을 인출하여 가는 경우 또는 대표자가 회사에 현금 등 자산을 입금하는 경우 임시 계정인 인출금으로 처리한 후 회계기말(12월 31일)에 자본금으로 대체처리를 한다.

▣ 인출금 분개처리 사례

① 5. 10 사업주가 회사 보통예금 통장에 1천만원을 입금하다.

보통예금	20,000,000 /	인출금	20,000,000

② 5. 31 개인 사업주 종합소득세 및 지방소득세 5,000,000원을 회사 자금으로 보통예금에서 인출하여 납부하다.

인출금	5,000,000 /	보통예금	5,000,000

③ 7. 31 개인 사업주의 재산세 2,000,000원을 회사 보통예금 통장에서 인출하여 납부하다.

인출금	2,000,000 /	보통예금	2,000,000

④ 10. 20 사업주가 5,000,000원을 보통예금에서 인출하여 가다.

인출금	10,000,000 /	보통예금	10,000,000

⑤ 12.31. 인출금 잔액 8,000,000원을 자본금과 대체하다.

자본금	8,000,000 /	인출금	8,000,000

▶ 자본금이 마이너스가 되는 경우 어떤 문제가 있나?

앞에서 살펴본 바와 같이 개인사업자가 사업을 하여 벌어 들인 돈보다 많이 인출하여 가져가는 경우 자본금이 마이너스가 될 수 있으며, 이 경우 세무상 특별한 문제는 발생하지 않는다.

다만, 자본금이 마이너스가 되는 경우 은행 대출 유지에 문제가 생길 수 있으며, 신규 대출을 받기도 어려운 점이 있으므로 이러한 점을 감안하여 회사 자금을 인출하여야 할 것이다.

한편, 초과인출금(마이너스 자본금)이 발생한 경우로서 차입금이자가 있는 경우 차입금이자 중 다음의 계산식에 의한 금액은 필요경비에 산입할 수 없다.

◈ 초과인출금에 대한 지급이자 = 지급이자 × (해당 과세기간 중 초과인출금의 적수 / 해당 과세기간 중 차입금의 적수)

● 개인사업자의 급여 및 가사 관련 비용 등은 사업자의 필요경비로 처리할 수 없다.

개인사업자의 사업과 관련한 지출만 필요경비로 처리할 수 있는 것으로 개인사업자의 개인적인 비용인 **사업주 본인 식대,** 사업주 주거용 아파트 재산세, 관리비, 생활 관련 비용, 병원비, 자녀 교육비 등은 사업과 관련한 필요경비에 계상할 수 없다. 또한 사업자는 사업과 관련한 소득에 대하여 소득세를 신고 및 납부하는 것으로 사업주 본인에게 급여를 지급한 것으로 처리 할 수 없다.

● 유형자산처분손익의 필요경비 또는 총수입금액 산입 여부

개인사업자의 경우 차량, 기계장치 등 유형자산의 처분에 따른 손익은 소득세법에서 열거한 필요경비가 아니므로 필요경비로 처리할 수 없으며, 처분이익은 총수입금액에 산입하지 아니하였으나 2018년 이후 복식부기의무자의 경우 처분손실은 필요경비에 산입하여야 하며, 처분이익은 총수입금액에 포함하여야 한다.

한편, 개인사업자가 사업용으로 사용하던 토지, 건물 등 양도소득세 과세대상 물건을 처분하는 경우는 사업소득과는 별도로 양도소득세를 신고 및 납부하여야 한다.

[핵심 실무] 개인사업자 유형자산 처분손익 분개처리 및 세무조정

기계장치 취득가액 4000 감가상각누계액 2000

처분가액 1000(부가세 별도)

보통예금	1100	/	부가세예수금	100
감가상각누계액	2000		기계장치	4000
유형자산처분손실	1000			

<세무조정>

필요경비불산입(유형자산처분손실) 1000

총수입금액 산입(매각 금액) 1000

필요경비 산입(장부가액) 2000

- 장부가액 : 취득가액(4000) - 감가상각누계액(2000)

[개정 세법] 개인사업자의 사업용 유형고정자산 처분손익 과세 신설
(소득법 §19①, §25③, 소득령 §55①)

종 전	개 정
□ 사업소득의 범위 ㅇ 유형 고정자산 처분손익 중 복식부기 의무자의 업무용 승용차 처분손익에 한정하여 과세 <추가>	□ 사업소득의 범위 확대 ㅇ 좌동 ㅇ 복식부기의무자의 사업용 유형 고정자산(부동산 제외) 처분소득

<적용시기> 2018.1.1. 이후 개시하는 과세기간 분부터 적용

간편장부대상자

간편장부대상자란 개인사업자(법인은 규모에 관계없이 복식부기기장을 하여야 함)로서 당해 연도에 **신규로 사업을 개시한 자**와 **직전연도** 수입금액(매출액)의 합계액이 복식부기 기장 업종별 기준금액에 미달하는 사업자를 말한다.

♣ 간편장부기장 상세내용 → 경영정보사 홈페이지(www.ruddud.co.kr) 참조

▷ 경영정보사는 경영정보문화사의 자매회사임

3 법인기업 및 개인사업자의 소득

법인기업의 소득계산 및 법인세

법인은 사업연도 단위로 법인에서 발생한 소득에 대하여 법인세를 신고·납부하여야 한다.

법인은 소득의 종류를 별도로 구분하지 아니하고, 법인에서 발생한 모든 소득에 대하여 법인의 소득으로 계산하여 법인세를 신고 및 납부하여야 하며, 이를 포괄주의 과세라 한다. 예를 들어 법인이 사업과 관련하여 직접 발생한 소득이 아닌 예금에 대한 이자소득, 주식투자 등에 대한 배당소득, 부동산 등의 양도시 발생하는 양도소득 등이 있는 경우에도 전부 영업외수익으로 계상하여 법인세를 납부하여야 한다.

단, 법인이 비사업용토지(법인세법 제55조의2 ②)를 양도하는 경우 양도차익의 10%를 추가로 납부하여야 하며, 주택을 양도하는 경우 양도차익의 20%를 추가 납부하여야 한다. [(예외) 기숙사 또는 사원용주택등(법인세법 시행령 제92조의2 제3항)]

법인의 과세소득은 기업회계기준에 의하여 계상한 소득(당기순이익)에서 조세정책 목적으로 법인이 계상한 비용 중 인정하지 아니하는 금액(손금불산입이라고 한다.) 및 회계상 수익은 아니더라도 세법에서 수익으로 계상하여야 할 금액을 더하고, 회계상 비용이 아니나 비용으로 인정하는 금액 등을 차감한 소득으로 계산하는 세무조정 절차를 거쳐 각 사업연도소득을 확정하며, 각 사업연도소득에서 전기 이전에 발생한 결손금 등을 공제한 금액을 과세표준으로 하여 과세표준에 세율을 곱하여 법인세액을 산출한다.

또한 법인세 산출세액에서 조세정책 목적에 의한 각종 세액감면 및 세액공제를 한 후에 가산세 등을 추가하여 납부할 세액을 결정하며, 이러한 일련의 과정을 거쳐 납부할 법인세를 계산한다.

▶ 법인세 신고납부 및 지방소득세 신고납부

1. 법인세 납세의무가 있는 법인은 「법인세 과세표준 및 세액신고서」를 작성하여 각 사업연도의 종료일이 속하는 달의 말일로부터 3월 이내에 관할세무서에 신고하고 세금을 납부하여야 한다.
2. 내국법인은 각 사업연도의 종료일이 속하는 달의 말일부터 4개월 이내에 그 사업연도의 소득에 대한 법인지방소득세의 과세표준과 세액을 납세지 관할 지방자치단체의 장에게 신고하고, 납부하여야 한다.(지방세법 제103조의23)

▣ 법인세 세율 및 과세표준 구간 조정(법인법 §55)

종 전		개 정	
□ 법인세율 과세체계		□ 법인세율 인하 및 과표구간 조정	
o 세율 및 과세표준		o 세율 1% 인하	
과세표준	세 율	과세표준	세 율
2억원 이하	10%	2억원 이하	9%
2~200억원	20%	2~200억원	19%
200~3,000억원	22%	200~3,000억원	21%
3,000억원 초과	25%	3,000억원 초과	24%

<적용시기> '23.1.1. 이후 개시하는 사업연도 분부터 적용

▪ 사업연도가 1년 미만인 경우 산출세액 계산

법인세산출세액 = (과세표준 × 12/사업연도월수) × 세율 × 사업연도월수/12

- 월수는 역에 따라 계산하되 1월 미만의 일수는 1월로 함

Q 개인사업자의 사업소득 계산 및 종합소득세

[1] 과세연도, 사업소득금액 및 종합소득세 신고납부기한

개인사업자는 과세연도(1월 1일부터 12월 31일) 단위로 사업과 관련한 수익(총수입금액)에서 비용(필요경비)을 차감한 금액을 사업소득금액으로 하여 다음해 5월 31일까지 종합소득세를 신고 및 납부하여야 한다.

[2] 세무조정 및 이월결손금 공제

개인사업자의 과세소득은 기업회계기준에 의하여 계상한 소득(당기순이익)에서 조세 정책 목적으로 사업자가 계상한 비용 중 인정하지 아니하는 금액(필요경비불산입이라고 한다.) 및 회계상 수익은 아니더라도 세법에서 수익으로 계상하여야 할 금액을 더하는 세무조정 절차를 거쳐 과세소득을 확정한 후 전기 이전에 발생한 결손금 등을 공제한 금액을 과세표준으로 하여 과세표준에 세율을 곱하여 소득세액을 산출한다,

[3] 세액감면 또는 세액공제

한편, 소득세 산출세액에서 세액감면(창업중소기업 감면, 중소기업등 특별세액 감면) 또는 세액공제(고용증대 세액공제, 통합투자세액공제 등)등이 있는 경우 해당 금액을 차감한 금액으로 종합소득세를 신고 및 납부한다.

[4] 종합소득세

개인사업자의 소득에 대한 세금을 종합소득세라 함은 사업과 관련한 사업소득금액(총수입금액 - 필요경비)외에 다른 소득이 있는 경우로서 특정한 소득은 사업소득과 합산하여 세금을 신고 및 납부하여야 하므로 종합소득세라고 한다.

따라서 사업소득이 있는 거주자의 경우 반드시 종합소득세 신고를 하되, 근로소득 또는 연금소득[공적연금소득(국민연금, 공무원연금, 군인연금 등) 및 연간 1200만원을 초과하는 사적연금]이 있거나 연간 금융소득(이자소득 + 배당소득)이 2천만원을 초과하는 경우(거주자별로 연간 2천만원 이하인 경우 분리과세됨) 또는 기타소득금액(기타소득 - 필요경비)이 3백만원을 초과하는 경우 사업소득과 구분하여 별도 합산하여 종합소득세 신고를 하여야 하는 것이다.

단, 사업에 사용하던 토지 및 건물을 양도하더라도 양도차손익은 사업소득이 아닌 양도소득으로 양도소득세로 별도 신고 및 납부하여야 한다.

그리고 퇴직소득은 별도로 신고.납부하여야 하고, 상속 또는 증여를 받은 경우의 소득은 상속세 및 증여세로 신고 및 납부하여야 한다.

소득의 구분 및 종류

▶ 분리과세란 소득을 지급하는 자가 소득세를 징수함으로써 소득을 지급받는 자의 납세 의무가 종결되는 것을 말하며, 분리과세대상소득은 종합소득에 합산하지 아니한다.

[개정 세법] (연금소득 분리과세) 2024년 이후 : 1200만원 → **1500만원**

[세법 개정] 소득세 과세표준 구간 조정(소득법 §55 ①)

종 전

□ 소득세 과세표준 및 세율

과 세 표 준	세율	누진공제액
1,200만원 이하	6%	
1,200만원 4,600만원 이하	15%	108만원
4,600만원 8,800만원 이하	24%	522만원
8,800만원 1.5억원 이하	35%	1,490만원
1.5억원 3억원 이하	38%	1,940만원
3억원 5억원 이하	40%	2,540만원
5억원 10억원 이하	42%	3,540만원
10억원 초과	45%	6,540만원

개 정

□ 과세표준 조정

과 세 표 준	세율	누진공제액
1,400만원 이하	6%	
1,400만원 5,000만원 이하	15%	126만원
5,000만원 8,800만원 이하	24%	576만원
8,800만원 1.5억원 이하	35%	1,544만원
1.5억원 3억원 이하	38%	1,994만원
3억원 5억원 이하	40%	2,594만원
5억원 10억원 이하	42%	3,594만원
10억원 초과	45%	6,594만원

<적용시기> '23.1.1. 이후 발생하는 소득 분부터 적용

2 회계기초

1 복식부기

❶ 복식부기

복식부기란 거래가 발생한 경우 일정한 원칙에 의한 분개방식으로 장부를 기록.정리하는 것을 말하며, 분개를 하기 위해서는 먼저 **자산.부채.자본과 수익.비용** 및 **계정과목, 거래**에 대한 기본개념을 이해하여야 한다.

❷ 거래 및 계정과목

▣ 거래

거래란 자산, 부채, 자본의 증가 또는 감소를 가져오는 행위 또는 사건으로 재산에 변화가 발생하고 그것을 금액으로 측정할 수 있는 것이어야 한다. 따라서 자산, 부채, 자본의 증감이 없는 주문이나 계약은 거래가 아니지만, 현금을 분실하였거나 화재가 발생하여 건물이 소실된 경우 자산이 감소 거래에 해당한다.

▣ 계정과목

계정과목이란 자산.부채.자본 및 수익.비용 항목을 세분화하여 그 명칭을 통일하고 요약하여 표준화한 것을 말하며, 계정과목 편에서 상술한다.

❸ 자산 및 부채·자본

▣ 자산

자산이란 일반적으로 재산이라고도 한다. 기업이 소유하고 있는 물건 및 권리로서 금전적 가치가 있는 것을 말한다. 자산은 유동자산과 비유동자산으로 구분한다.
유동자산이란 비유동자산에 비하여 빨리 현금화할 수 있는 자산을 말한다. 통상 1년 이내에 현금화가 가능한 자산을 말하며, 그 구분은 회계관습에 의한다.

▶ 유동자산과 비유동자산 구분 사유

기업이 즉시 상환하여야 할 부채(단기부채)가 많음에도 기업의 자산구조가 주로 비유동자산으로 구성된 경우 그 처분이 용이하지 않고, 현금화하는 데 어려움이 있으므로 자산(비유동자산)이 많음에도 부채를 상환하지 못하여 부도가 발생하는 경우가 있을 수 있으므로, (이러한 위험을 유동성위기라 한다.) 기업의 이해관계자에게 유용한 재무정보를 제공하기 위하여 구분한다.

유동자산은 당좌자산과 재고자산이 있으며, 기본적인 당좌자산 및 재고자산의 계정과목은 다음과 같다.

유동자산

◈ 당좌자산

계 정 과 목	내 용
현 금	통화, 자기앞수표, 타인발행 당좌수표, 송금수표, 가계수표
당 좌 예 금	어음, 수표 등을 발행하기 위하여 별도로 예치하여 둔 예금
보 통 예 금	통상의 보통예금
정 기 예 금	이자수익을 목적으로 일정금액을 일정 기간 예치하여 두는 예금
정 기 적 금	목돈마련 및 이자수익을 목적으로 매 월 일정액을 적립하는 예금
유 가 증 권	투자목적으로 취득한 주식 등을 통칭한 것
외 상 매 출 금	상품 또는 제품을 매출하고 그 대금을 외상으로 한 금액
받 을 어 음	매출대금등을 어음으로 수취한 것
단 기 대 여 금	금전을 타인에게 단기(결산일부터 1년 이내)로 대여한 것
미 수 금	비유동자산(고정자산)을 매각하고 그 대금을 외상으로 한 금액
선 급 금	상품 등을 공급받기 전에 계약금 등으로 미리 결제하여 준 금액

◈ 재고자산

상 품	도·소매업종이 판매를 목적으로 취득한 상품
제 품	제조업의 완성제품
원 재 료	제조업이 제품제조를 위하여 취득한 원료 및 재료

비유동자산

비유동자산이란 유동자산에 해당하지 않는 자산으로 장기투자를 목적으로 취득한 투자자산, 사업에 사용할 목적으로 취득하는 토지, 건물, 기계장치, 차량 등의 유형자산, 물리적 형체는 없지만 금전적 가치가 인정되는 특허권, 영업권 등의 무형자산, 기타 달리 분류할 수 없는 기타비유동자산으로 구분한다.

◈ 투자자산

장 기 성 예 금	만기가 결산일로부터 1년 이후의 장기예금
투 자 부 동 산	투자를 목적으로 취득한 부동산

◈ 유형자산

토 지	토지
건 물	사무실, 공장, 창고 등 회사소유 건물
기 계 장 치	각종 기계장치
차 량 운 반 구	화물자동차, 승용자동차, 지게차, 중기 등
비 품	에어컨, 컴퓨터, 복사기 등

◈ 무형자산

영 업 권	영업상의 권리로서 유상으로 취득한 것
특 허 권	특허 취득과 관련하여 지출한 것 중 무형자산 요건을 충족하는 것

◈ 기타비유동자산

임 차 보 증 금	사무실, 공장 등의 임차보증금

▣ 부채

부채란 타인으로부터 차입한 채무(빚)를 말한다. 기업의 자산은 타인으로부터 빌린 부채와 주주들이 출자한 자본금(개인기업의 경우 사업주가 출자한 자본금) 및 기업 활동 결과 발생한 이익금으로 형성된다. 부채는 단기(결산일로부터 1년 이내)에 상환하여야 하는 유동부채(외상매입금, 지급어음, 단기차입금 등)와 결산일로부터 1년 이후에 상환하는 비유동부채(장기차입금 등)로 구분한다.
유동부채가 많은 경우 유동성위험이 그만큼 증가하게 된다.

유동부채

계 정 과 목	내 용
외 상 매 입 금	물품 등을 구입하고 그 대금을 나중에 지급하기로 한 것
지 급 어 음	물품대금결제를 위하여 어음을 발행하여 지급한 것
미 지 급 금	비유동자산 등을 구입하고 그 대금을 나중에 지급하기로 한 것
예 수 금	근로소득세, 4대보험 종업원부담금을 근로자로부터 일시 받아둔 금전
단 기 차 입 금	1년 이내에 상환하여야 하는 차입금
선 수 금	상품 등을 공급하기 전에 계약금 등으로 미리 받은 금액

비유동부채

계 정 과 목	내 용
사 채(社債)	사채증권을 발행하여 차입한 장기의 차입금
장 기 차 입 금	상환기간이 회계기말로부터 1년을 초과하는 차입금
임 대 보 증 금	건물 등을 임대하여 주고 받아 둔 보증금

❸ 자본

기업의 자산은 기업을 영위하기 위하여 자본주가 출자하는 출자자본과 타인으로부터 차입한 부채로 이루어지며**(자산 = 부채 + 자본)**,
자본주가 기업의 운영을 위하여 출자한 금전 등을 자본금이라 한다. 자본주(출자자라고도 함)는 기업의 이익이 발생한 경우 출자에 대한 배당수익을 목적으로 출자를 하는 반면, 사채(社債)는 기업이 이자수익을 목적으로 하는 투자자로부터 자금을 차입한 것으로 기업의 이익발생과 무관하게 이자를 지급하여야 한다.

한편, 자본에는 자본주가 출자한 출자자본 외에 영업활동 결과 발생한 이익금도 자본에 해당한다. 즉, 기업의 자본은 출자자본과 이익금의 누적액으로 구성되며, 자산총액에서 부채총액을 차감한 잔액이 자본이 된다.

○ 자산 = 부채 + 자본

○ 자본 = 자산 - 부채

❹ 수익 및 비용

▣ 수익

기업은 판매라는 과정을 통하여 수익을 창출한다. 도.소매업은 상품을 판매하여 수익을 얻고(상품매출), 제조업 또는 건설업은 제품 또는 건물을 만들어 판매함으로서 수익을 창출하며(제품매출, 공사매출), 서비스업은 제공한 서비스의 대가로 받은 금액이 수익(서비스매출)이 되는 것이다.

또한 수익은 매출 외에 다른 원인에 의하여도 발생할 수 있다. 예를 들어 금융기관에 예금을 예치함으로서 발생하는 **이자수익**, 투자 목적으로 매입한 주식을처분하는 경우 발생하는 **유가증권처분이익**(처분가액 - 취득금액), 사업장의 일부를 다른 사업자에게 임대함으로서 발생하는 **임대료수입** 등이 있으며,(부동산임대를 사업목적으로 하는 경우의 임대료는 매출 항목에 해당한다.) 이러한 수익은 영업외적으로 발생한 것으로**'영업외수익'**이라고 한다. 수익은 반드시 현금 등 자산이 기업에 들어오게 됨(유입)으로 수익은 자산증가의 가장 중요한 요소이다.

■ 매출

계 정 과 목	내 용
상 품 매 출	도소매업의 상품 판매금액
제 품 매 출	제조업의 제품 판매금액
공 사 매 출	건설업의 공사 매출금액

■ 영업외수익

계 정 과 목	내 용
이 자 수 익	예금 및 적금이자, 대여금 이자수입 등
배 당 금 수 익	주식투자와 관련하여 투자한 주식회사로부터 지급받는 배당금
수 입 임 대 료	부동산임대업을 주업으로 하지 않는 회사의 부동산 임대수입
투자자산처분이익	유가증권 처분시 발생하는 이익
유형자산처분이익	유형자산 처분시 발생하는 이익

▶ 수익의 실현(실현주의) 및 비용의 발생(발생주의)

실현주의는 현금 등 자산이 들어오거나, 들어온다고 '확정'이 되어야 수익으로 인식하는 방법을 말하는 것으로 수익이 발생되었지만, 실현되지 않으면 인식하지 않는다는 것으로 예를 들어 부동산임대업을 영위하는 사업자가 당해 연도에 다음 연도의 임대료를 수취한 경우 수익은 발생하였지만, 실현되지 않은 수익이므로 당해 연도의 수익에서 제외하여야 하는 것이다.

▣ 비용

비용이란 수익을 얻기 위해서 지급하거나 발생한 경제적 가치의 소비액을 말하며, 비용이 발생한 경우 반드시 현금 등 자산이 감소하게 된다. 상품 등을 매입하고 그 대금을 나중에 지급하기로 한 경우에도 외상매입금을 현금 등으로 결제하여야 하므로 결과적으로 현금 자산이 감소하게 된다. 즉, 수익을 얻기 위해서는 비용이 발생한다. 예를 들어 상품을 판매하는 경우 상품을 매입한 자에게 상품을 인도하여 주어야 하며, 인도한 상품의 가액은 비용이 되며, 이 비용을**'매출원가'**라 한다.

그리고 상품 등을 판매하기 위해서는 여러 가지 비용이 발생한다. 예를 들어 **급여, 퇴직금, 복리후생비, 통신비, 여비교통비, 광고선전비, 기업업무추진비(접대비), 사무용품비, 소모품비, 세금과공과금, 지급임차료** 등의 비용이 발생하며, 이러한 비용은 판매와 관리를 위한 비용으로 **'판매비와관리비'**라고 통칭한다.

또한'매출원가'및'판매비와관리비'외에 다른 원인에 의하여도 발생할 수 있다. 예를 들어 금융기관에서 자금을 차입함으로서 지급하여야 하는 **이자비용**, 투자 목적으로 매입한 주식을 취득가액보다 낮은 금액으로 처분하는 경우 발생하는 **유가증권처분손실**, 사업과 관련없이 지출하는 **기부금** 등이 있으며, 이러한 비용은 영업외적으로 발생한 것으로'**영업외비용**'이라고 한다.

■ 매출원가

판매를 목적으로 취득한 상품은 취득 시점에 매출원가가 되는 것이 아니라 판매 시점에 매출원가로 비용화 된다. 예를 들어 컴퓨터를 판매하는 대리점이 판매를 목적으로 컴퓨터 5대를 10. 1 대당 500,000원에 2,500,000원 어치를 구입하였다고 하자. 이 경우 구입한 시점에 매출이 일어난 것이 아니며, 매입한 컴퓨터는 재고창고에 보관하고 있으므로 자산 항목인 '상품'으로 처리를 하여야 한다.
그리고 10. 3 컴퓨터 1대를 1,000,000원에 판매한 경우 수익은 1,000,000원이며, 이와 관련한 매입원가(이를 매출원가라 한다.)는 500,000원이 될 것이다.

이 건 거래와 같이 동일 종류의 상품을 동일한 단가로 매입한 경우라면 판매시 매출원가를 정확히 알 수 있으므로 회계처리를 하는데 특별히 문제될 점은 없을 것이다. 그러나 종류가 다르고 동일 종류의 상품이라도 취득시 마다 단가가 다른 경우라면, 문제가 복잡하여 진다. 개별상품별로 일일이 취득단가를 표시하여 판매한다면 개별 상품의 매출원가를 계산할 수 있으나 많은 종류의 상품을 취급하고 단가가 수시로 변하는 경우 개별 상품의 매출원가를 계상하는 것은 현실적으로 불가능할 것이다. 따라서 개별상품별로 매출원가를 계상할 수 없는 경우 일정 단위 기간(통상 1년을 기준으로 한다.)의 매출원가라도 계산하여야 1년 기간의 매출이익을 계산할 수 있으므로 다음과 같은 방법으로 매출원가를 계상하는 것이다.

① 1년 기간 동안 총매입한 상품을 당해 회계기간에 전부 판매를 하였다면, 총매입액의 취득원가가 매출원가이다.

② 기말에 판매되지 않고 남아 있는 상품이 있는 경우 남아 있는 상품의 가액은매출원가에 해당하지 않으므로 총상품매입액에서 기말에 남아 있는 상품재고액을 차감한 금액을 매출원가로 한다.

③ 기말에 남아 있는 상품재고액은 다음연도에 판매할 수 있으므로 다음연도의 상품으로 이월한 후 다음연도의 매입액을 합한 금액에서 다음연도의 기말재고액을 차감한 금액을 다음연도의 매출원가로 한다.

▶ **매출원가 = 기초상품재고액(이월된 상품금액) + 다음연도 상품매입액 - 기말상품재고액**

■ 판매비와관리비

계정과목	내용
급료	임직원에게 매 월 지급하는 급여 및 제수당, 상여금 등
퇴직급여	임직원의 퇴직시 지급하는 퇴직급여
복리후생비	식대, 차대, 건강·고용보험 회사부담금, 직원경조사비, 회식비, 피복비
여비교통비	직무와 관련한 각종 출장비 및 여비
접대비	거래처 접대비 및 선물대, 거래처 경조사비 등
통신비	전화요금, 휴대폰요금, 정보통신요금, 각종 우편요금 등
수도광열비	수도가스요금, 난방비용, 전력비(전력비를 구분하지 않는 경우)
세금과공과금	재산세, 종합부동산세, 자동차세, 면허세, 국민연금회사부담금 등
감가상각비	유형자산의 감가상각비
지급임차료	사무실 임차료
수선비	사무실 수리비, 비품수리비 등
보험료	건물화재보험료, 승용자동차 보험료 등
차량유지비	유류대, 주차요금, 통행료, 자동차수리비, 검사비 등
도서인쇄비	신문대, 도서구입비, 서식인쇄비, 복사요금, 사진현상비 등
사무용품비	문구류 구입대금, 서식구입비 등
소모품비	각종위생용 소모품, 철물 및 전기용품, 기타 소모품
지급수수료	기장수수료, 송금, 추심, 신용보증, 보증보험수수료, 전기가스점검 수수료 등
광고선전비	광고선전과 관련한 광고비용
잡비	달리 분류되지 않는 기타 경비

■ 영업외비용

계정과목	내용
이자비용	이자비용, 어음할인료 등
외환차손	환율변동으로 인하여 발생하는 손실금액
기부금	교회·사찰헌금, 학교기부금, 불우이웃돕기 성금, 수재의연금 등
유형자산처분손실	유형자산(기계장치, 차량운반구 등)의 처분시 발생하는 손실
투자자산처분손실	투자자산의 처분시 발생하는 손실
잡손실	분실금, 기타 달리 분류되지 않는 영업외비용

❺ 분개

분개는 다음과 같은 일정한 원칙에 의하여 처리한다.

한 면에는 **자산, 부채, 자본**의 구체적 형태(현금, 보통예금 등)를 기록하고, 다른 면에는 자산, 부채, 자본의 **증감원인**(매출 등) 또는 **다른 자산, 부채, 자본**의 구체적 형태를 이중 방식(분개)으로 기록.정리하는 것을 말하며, 예를 들어 살펴보면 다음과 같다.

▶ **증가 또는 감소한 자산, 부채, 자본의 구체적 형태가 있고,**

- 자산 증가의 예

  ex) **현금, 보통예금** 입금,

  받을 돈 증가 (**외상매출금, 받을어음** 등 채권 발생)

  상품 매입 **차량운반구** 구입

- 자산 감소의 예

  ex) **현금, 보통예금** 지출

- 부채 증가의 예:

  ex) 줄 돈 증가 (**외상매입금, 지급어음** 등 채무)

◎ **자산, 부채, 자본이 증가 또는 감소하는 원인이 있거나**

- 자산 증가 원인 (수익 발생)

  ex) **매출**(상품판매), **이자수익** 등

- 자산 감소 원인 (비용 발생)

  ex) **급여**, **식대**, **통신비** 등

◎ **다른 자산, 부채, 자본의 증감을 수반한다.**

- 자산의 증가 및 다른 자산의 감소 사례 (보통예금 증가 및 외상매출금 감소)

  ex) 보통예금 통장에 거래처 외상매출금이 입금되다.

- 자산의 증가 및 부채 증가 사례 (보통예금 증가 및 차입금 증가)

  ex) 은행에서 빌린 돈(차입금이라 함)이 보통예금에 입금되다.

이와 같이 자산, 부채, 자본이 증가 또는 감소하는 경우 이중 요소로 나누어 기록할 수 있으며, 이를 **거래의 이중성**이라 한다.

거래의 이중성에 의하여 거래를 간단명료하게 일정한 형식으로 표현하는 것이 **분개**다. 예를 들어 직원들이 식사를 하고 현금 100,000원을 지급한 경우 이를 분개 형식으로 기록하여 보자.
이 건 거래에서 감소한 자산의 종류는 현금이고, 그 원인은 식대를 지불한 것이다.

① 감소한 자산의 종류는 무엇인가? ~ '현금'이다. (자산종류)

② 왜 인출되었는가? ~ '식대'를 지급하였다. (원인)
즉, 현금이 인출된 원인은 식대를 지급한 것이고, 자산이 감소한 종류는 현금인 것이다. 이 거래를 분개방식으로 아래와 기록할 수 있다.

(차변) 식대	100,000 /	(대변) 현금	100,000

즉, 복식부기란 거래를 분개방식으로 기장하는 것으로 거래사실을 위와 같이 나누어 기록하는 것을 분개라 한다.
분개시 왼쪽 면을 회계용어로 **'차변'**이라고 하며,
오른쪽 면을 회계용어로 **'대변'**이라고 한다.

한편, 기업에서 발생하는 자산, 부채, 자본의 증가 또는 감소와 관련한 거래 원인은 무수히 많다. 이 원인을 기업마다 서로 다른 용어를 사용한다면 기업의 이해관계자(세무서, 금융기관, 신용보증기금, 주주, 투자자 등)에게 많은 혼란을 초래할 수 있으므로 자산, 부채, 자본의 명칭 및 그 감소 또는 증가에 따른 원인에 대한 용어를 유사한 원인들은 같은 명칭으로 통일하고 용어를 표준화하도록 하였으며, 이를 **'계정과목'** 이라 한다. 위 예시 거래의 경우 직원들의 식대는 **'복리후생비'** 라는 통일된 용어를 사용하도록 규정한 바 이를 다시 정리하여 아래와 같은 형식으로 거래를 기록한다.

(차변) 복리후생비	100,000 /	(대변) 현금	100,000

▣ 분개 원칙

분개에는 일정한 원칙이 있다. 이 원칙을 정의하면 아래와 같다.
분개시 왼쪽 면을'**차변**'이라 하며, 오른쪽 면을'**대변**'이라 한다.

① 자산이 증가하는 거래는 차변에 증가한 자산의 종류를 기록하고, 대변에는 그 원인(수익발생 등)을 기록하거나 감소한 자산의 종류 또는 증가한 부채의 종류를 기록한다.

② 자산이 감소하는 거래는 대변에 감소한 자산의 종류를 기록하고, 차변에는 그 원인(비용발생)을 기록하거나 증가한 자산의 종류 또는 감소한 부채의 종류를 기록한다.

③ 부채가 증가하는 거래는 대변에 부채의 종류를 기록하고, 차변에는 그 원인(비용발생)을 기록하거나 증가한 자산의 종류 또는 감소한 부채의 종류를 기록한다.

④ 부채가 감소하는 거래는 차변에 부채의 종류를 기록하고, 대변에는 그 원인(수익발생)을 기록하거나 감소한 자산의 종류 또는 증가한 부채의 종류를 기록한다.

자산 증가	자본 증가	자본 감소	자산 감소
	부채 증가	부채 감소	
비용 발생	수익 증가	수익 감소	비용 감소

▣ 대차평균의 원리

분개내용을 살펴보면, 모든 거래는 반드시 차변과 대변으로 나누어 처리하며, 차변과 대변의 금액을 각각의 계정과목별로 집계하여 보면 차변과 대변의 금액은 항상 일치하게 된다. 이를 대차평균의 원리라 한다.

사 례 손익 계산

가구판매업을 영위하는 사업자의 가장 간단한 거래내용을'기초사례'를 살펴보면서 차변 및 대변, 분개를 이해하기로 하자.

기초 사례 1

[예제 ①] (주)한국가구는 가구 판매를 목적으로 가구 1개를 500,000원에 매입하고, 그 대금은 현금으로 지급하였다.
이 건 거래로 회사에 가구 1개가 입고되었으나 아직 판매를 한 것이 아니므로
어떻게 처리할 것인가?
도매 또는 소매업을 영위하는 사업자가 판매를 목적으로 매입한 물품을'**상품**'이라 하며, 상품은 판매하기 전까지는 소비된 것이 아니므로 '상품'이라는 재고자산으로 처리를 하여야 한다.

(차변) 상품	500,000	/	(대변) 현금	500,000

• 자산(상품)의 증가는 차변에 기록하고, 다른 자산(현금)의 감소는 대변에 기록한다.

[예제 ②] (주)한국가구는 500,000원에 매입한 가구를 1,000,000원에 판매하고, 그 대금은 현금으로 수금하였다.
이 건 거래는 '매출' 이라는 수익이 발생하였고, 판매대금이 현금으로 입금된 거래로서 복식부기 방식에 의하여 거래를 기록하면, 아래와 같다.
자산이 증가한 경우 증가한 자산(자산 증가 → 차변)의 종류는 무엇(현금)이며, 왜 증가하였는가? (자산 증가 원인 → 상품 판매)

(차변) 현금	1,000,000	/	(대변) 상품매출	1,000,000

• 자산의 증가는 차변에 기록하고, 수익의 발생은 대변에 기록한다.

상품을 판매한 시점에 비로소 상품은 비용화 되며, 판매와 동시에 인도하여 준 상품의 원가를'매출원가'라 하며, 아래와 같이 분개한다.

(차변) 매출원가	500,000	/	(대변) 상품	500,000

• 비용의 발생은 차변에 기록하고, 자산의 감소는 대변에 기록한다.

(주)한국가구는 이 건 거래로 500,000원의 이익이 발생하였으며, 이익이 발생한 결과 보통예금 500,000원이 증가하였음을 알 수 있다.

위와 같이 비용은 반드시 자산의 감소를 초래한다. (상품이 매출원가로 대체되어 결과적으로 보통예금이 500,000원 감소하게 된 것임)

한편, 상품을 판매하기 위해서는 매출원가 이외에 여러 가지 비용이 발생한다. 예를 들어 직원 급여, 직원 식대, 기업업무추진비(접대비), 통신비, 광고선전비 등이 발생할 것이며, 이러한 비용은 반드시 현금 등 자산의 감소를 가져오게 된다.

[예제 ③] 종업원 식대 50,000원을 현금으로 지급하다.
이 건 거래는 식대라는 비용이 발생하였고, 이 비용을 현금으로 지급한 거래로서 복식부기 방식에 의하여 거래를 기록하면, 아래와 같다.
자산이 감소한 경우 감소한 자산(자산 감소 → 대변)의 종류는 무엇(현금)이며, 왜 감소하였는가? (자산 감소 원인 → 복리후생비 지출)

(차변) 복리후생비	50,000	/	(대변) 현금	50,000

• 비용의 발생은 차변에 기록하고, 자산의 감소는 대변에 기록한다.

• 직원 식대 계정과목은 '복리후생비' 이다.

[예제 ④] 전화요금 30,000원을 현금으로 지급하다.
전화요금 30,000원이라는 비용이 발생하였고, 이 비용을 현금으로 지급한 거래로서 복식부기 방식에 의하여 거래를 기록하면, 아래와 같다.

(차변) 통신비	30,000	/	(대변) 현금	30,000

• 비용의 발생은 차변에 기록하고, 자산의 감소는 대변에 기록한다.

• 전화요금 계정과목은 '통신비' 이다.

경영실적표 (손익계산서)

비 용		수 익	
매 출 원 가 복 리 후 생 비 통 신 비	500,000 50,000 30,000	매 출	1,000,000
당 기 순 이 익	420,000		

기초 사례 2

사업을 하기 위해서는 돈을 출자하여야 한다. 출자한 돈으로 사업장도 빌리고, 가구판매를 위한 차량도 구입하여야 하고, 기타 운영자금도 마련하여 두어야 할 것이다. 사업을 하기 위하여 출자한 돈을**'자본금'**이라 한다.

사업을 하려면 많은 자금이 필요할 것이며, 출자한 자금만으로는 자금이 부족한 경우 은행으로부터 돈을 빌리거나 물품 등의 구입비용을 외상으로 하는 경우가 발생한다. 금융기관등으로부터 빌린 돈을**'차입금'**이라 하며, 상품을 외상으로 매입한 경우 외상대금의 명칭을'**외상매입금**'이라 하고,
유형자산(차량운반구)을 할부 또는 외상으로 구입하는 경우 장차 갚아야 할 빚의 명칭을**'미지급금'**이라 한다.

이와 같은 빚을 부채라 하며, 부채는 장차 갚아야 할 돈이다.
이러한 일련의 거래 내용을 살펴보면 다음과 같다.

[예제 ⑤] 김갑동은 가구도매업을 하기로 하였으나 본인 자금이 부족하여 투자자를 모집한 결과 친구 3명이 출자를 하기로 하였다.
김갑동은 2천만원을 출자하고 친구 3명은 각각 1천만원을 출자하여 (주)한국가구를 설립하고 출자금 50,000,000원을 (주)한국가구의 보통예금에 입금하였다.

(차변) 보통예금	50,000,000	/	(대변) 자본금	50,000,000

• (주)한국가구의 보통예금이 증가한 원인은 자본금으로 출자한 것이다.

[예제 ⑥] 국민은행에서 50,000,000원을 빌리고 빌린 돈 50,000,000원이 (주)한국가구의 보통예금에 입금되다.

(차변) 보통예금	50,000,000	/	(대변) 차입금	50,000,000

• 보통예금이 증가한 원인은 빚이 늘어 난 것으로 자산이 증가하고 부채가 증가한 거래다.

자본금 50,000,000원 및 은행차입금 50,000,000원으로 사업을 시작하다.

[예제 ⑦] 사업장을 임차하고 보증금 30,000,000원을 임대인에게 지급하다.

(차변) 임차보증금	30,000,000	/	(대변) 보통예금	30,000,000

• 임차보증금이란 자산이 증가한 반면 회사의 보통예금이 출금된 거래로 자산(임차보증금)이 증가하고 다른 자산이 감소(보통예금 감소)한 거래다.

[예제 ⑧] 화물용 차량을 2천만원에 구입하고 그 대금은 전액 보통예금에서 인출하여 지급하다.

(차변) 차량운반구	20,000,000	/	(대변) 보통예금	20,000,000

• 차량운반구라는 자산이 증가하고 다른 자산(보통예금)이 감소한 거래다.

• <참고> 차량을 할부로 매입한 경우 대변 계정과목은 '미지급금' 으로 한다.

[예제 ⑨] 가구 구입 및 운영자금으로 사용하기 위하여 보통예금 2,000,000원을 현금으로 인출하다.

(차변) 현금	2,000,000	/	(대변) 보통예금	2,000,000

• 보통예금에서 현금을 인출한 거래로 자산(현금)이 증가하고 다른 자산(보통예금)이 감소한 거래다.

[예제 ⑩] 판매용 가구 30개를 30,000,000원에 매입하고 그 대금은 보통예금에서 이체하여 지급하다.

(차변) 상품	30,000,000	/	(대변) 보통예금	30,000,000

• 상품이라는 자산이 증가하고 다른 자산(보통예금)이 감소한 거래다.

<위 10건의 거래를 정리하여 살펴보면 다음과 같다.>

1. 500,000원에 매입한 상품(가구)을 1,000,000원에 판매함으로서 매출이익이 500,000원 발생하였다.

* 상품매출(1,000,000원)에서 매출원가(500,000원)를 차감한 금액은 '매출이익' 이다.
* 상거래에서 판매는 계속반복적으로 이루어지므로 매출이익합계를 **'매출총이익'** 이라 한다.

2. 식대(복리후생비라 한다.) 50,000원 및 전화요금(통신비라 한다.) 30,000원이 지출되었으며, 식대 및 전화요금은 비용으로 이익에서 차감함으로서 영업이익은 420,000원이다.

* 매출총이익에서 판매비와관리비를 차감한 금액을 '**영업이익**' 이라 한다.

3. 영업이익이 420,000원 발생함으로서 회사의 자산은 420,000원이 증가하였고, 그 증가의 원인은 빚이 아닌 이익 발생에 의한 것이며, **'이익잉여금'**이라 한다.

* 이익이 발생하는 경우 이익이 발생한 만큼 기업의 순자산은 증가한다.

① 기초 재산목록 (대차대표표 → 재무상태표로 명칭 변경함)

기초 재산 목록(재무상태표)

자산(총재산)		부채 및 자본	
보통예금	100,000,000	부채(차입금) 자본(출자금)	50,000,000 50,000,000
합 계	100,000,000	합계	100,000,000

* 자산(1억원) = 부채(5천만원) + 자본(5천만원)

② 자산의 변동 및 잔액

• 현금 잔액 2,420,000원

현 금			
증가(차변)		감소(대변)	
보통예금 인출 상품매출	2,000,000 1,000,000	상품 매입 통 신 비 복리후생비	500,000 50,000 30,000
합 계	3,000,000	합 계	580,000

* 현금입금액 : 보통예금에서 현금 인출한 금액 + 현금매출

• 보통예금 잔액 18,000,000원

보통예금			
증가(차변)		감소(대변)	
자본금	50,000,000	임차보증금	30,000,000
차입금	50,000,000	차량운반구	20,000,000
		현금	2,000,000
		상품	30,000,000
합 계	100,000,000	합 계	82,000,000

* 증가금액 : 자본금으로 출자한 금액 + 은행차입금

* 감소금액 : 임차보증금, 차량운반구 지급, 현금 인출. 상품매입

• 상품 잔액 30,000,000원

상 품			
증가(차변)		감소(대변)	
현금	500,000	매출원가	500,000
보통예금	30,000,000		
합 계	30,500,000	합 계	500,000

③ 기말자산 및 기말부채와 자본내역

대차대조표(재무상태표)

자산(총재산)		부채 및 자본	
현금	2,420,000	부채(차입금)	50,000,000
보통예금	18,000,000	자본금	50,000,000
상품	30,000,000	이익	420,000
차량운반구	20,000,000		
임차보증금	30,000,000		
합계	100,420,000	합계	100,420,000

손익계산서(경영성과표)

비 용		수 익	
매출원가	500,000	**상품매출**	1,000,000
매출총이익	**500,000**		
복리후생비	50,000		
통신비	30,000		
판매비와관리비	**80,000**		
영업이익	420,000		

▣ 기초 재무상태표, 손익계산서, 기말 재무상태표

사업개시시점의 최초 재산목록표를 기초 재무상태표(대차대조표에서 재무상태표로 명칭 변경하였음)라고 하며, 당기 중 경영실적표를 손익계산서라 하고, 기말 재산목록표를 기말 재무상태표라 한다.

① 당기순이익이 발생하였을 경우

순이익(2,000)이 발생한 금액만큼 기말의 자본은 증가하게 된다.

기초 재무상태표

자산	6,000	부채	3,000
		자본	3,000

손익계산서

총비용	6,000	총수익	8,000
순이익	2,000		

기말 재무상태표

자산	8,000	부채	3,000
		자본	5,000

② 당기순손실이 발생하였을 경우

순손실(2,000)이 발생한 금액만큼 기말 자본은 기초 자본보다 감소하게 된다.

기초 재무상태표

자산	6,000	부채	3,000
		자본	3,000

손익계산서

총비용	8,000	총수익	6,000
		순손실	2,000

기말 재무상태표

자산	6,000	부채	5,000
		자본	1,000

■ 재무상태표와 손익계산서의 상관관계 요약

① 재무상태표 등식

- 자산 = 부채 + 자본
- 자산 - 부채 = 자본
- 기말 자본 - 기초 자본 = 순이익
- 기초 자본 - 기말 자본 = 순손실

* 손실이 발생하는 경우 기말 자본이 기초 자본보다 감소하게 된다.

- 기말 자본(기말 자산 - 기말 부채) = 기초 자본 + 순이익(총수익 - 총비용)

② 손익계산서 등식

- 총수익 - 총비용 = 순이익
- 총비용 - 총수익 = 순손실

2 거래

❶ 거래의 정의

거래란 자산, 부채, 자본의 증가 또는 감소를 가져오는 행위 또는 사건으로 재산에 변화가 발생하고 그것을 금액으로 측정할 수 있는 것이어야 한다. 따라서 자산, 부채, 자본의 증감이 없는 주문이나 계약은 거래가 아니지만, 현금을 분실하였거나 화재가 발생하여 건물이 소실된 경우는 자산이 감소한 사건으로 거래인 것이다.

▶ 거래 발생 및 거래의 장부기록
거래 사실이 발생하면, 당해 거래가 발생한 날 복식부기 기장방식에 의하여 장부에 기록하여야 한다.

❷ 회계상 거래와 거래가 아닌 것

▣ 회계상 거래(교환거래)

교환거래란 자산, 부채, 자본 간의 상호 증감거래로 수익이나 비용이 발생하지 않는 거래를 말한다.

■ 자산 증가 및 자산 감소 거래

① 매입거래(상품 매입) : 상품매입으로 인하여 '상품'이란 자산이 증가하고, 다른 자산(현금 등)이 감소한다.
② 채권(외상매출금) 회수거래 : 외상매출금을 회수함으로서 자산(현금 등)이 증가하고, '외상매출금'이란 자산이 감소한다.
③ 기계장치 구입 : '기계장치가 증가하고 다른 자산(현금 등)이 감소한다.
④ 보통예금 간 대체거래 : 자산(보통예금)이 증가하고, 자산(보통예금)이 감소한다.

⑤ 보통예금 현금 인출 : 자산(현금)이 증가하고, 자산(보통예금)이 감소한다.
⑥ 현금 보통예금 입금 : 자산(보통예금)이 증가하고, 자산(현금)이 감소한다.
⑦ 유가증권 취득 : 자산(유가증권)이 증가하고, 다른 자산(현금, 보통예금 등)이 감소한다.

■ 자산 증가 및 부채 증가 거래

① 상품 외상매입 : 상품매입으로 인하여 '상품'이란 자산이 증가하고, 외상매입으로 '외상매입금'이란 부채가 증가한다.
② 기계장치 외상 매입 : 기계장치 매입으로 인하여 '기계장치'란 자산이 증가하고 외상매입으로 '미지급금' 이란 부채가 증가한다.
* 유형자산의 외상매입대금은 상품 등의 외상매입대금과 구분하여 미지급금이라 한다.
③ 금전 차입 : 금전을 차입함으로서 자산(현금 등)이 증가하고 '차입금'이란 부채가 증가한다.

■ 자산 증가 및 자본 증가 거래

① 자본금 납입 : 자본금을 납입함으로서 자산이 증가하고, '자본금'이란 자본이 증가한다.

■ 부채 감소 및 자산 감소 거래

① 채무(외상매입금) 상환거래 : 외상매입금을 상환함으로서 '외상매입금'이란 부채가 감소하고, 자산(현금 등)도 감소한다.

▣ 회계상 거래(손익거래)

손익거래란 수익이나 비용이 발생함으로서 자산, 부채 등의 증감을 수반하는 거래를 말한다.

■ 자산 증가 및 수익 발생 거래 [손익거래(수익발생)]

① 매출거래(현금 매출 또는 외상 매출) : 매출로 인하여 자산(현금, 외상매출금)이 증가하고, '매출'이란 수익이 발생한다.
② 예금이자 발생거래 : 예금에 대한 이자가 발생함으로서 자산(보통예금)이 증가하고, '이자수익'이란 수익이 발생한다.

■ 비용 발생 및 자산 감소 거래 [손익거래(비용발생)]

① 비용발생거래(현금 거래) : 비용이 발생한 경우로서 그 대금을 즉시 지급하는 경우 비용이 발생하고, 자산(현금 등)이 감소한다.

■ 비용 발생 및 부채 증가 거래 [손익거래(비용발생)]

① 비용발생거래(외상거래) : 비용 발생대금을 외상으로 하는 경우 비용이 발생하고, 부채(미지급비용)가 증가한다.

▣ 회계상 거래(혼합거래)

혼합거래란 자산, 부채 등의 증감을 수반하고 또한 수익이나 비용이 발생하는 거래를 말한다.

■ 비용 발생과 자산증가 및 부채 증가 거래 [(교환거래 + 손익거래)]

① 비용발생과 자산증가 및 부채 증가거래 : 금전을 차입하고 이 과정에서 근저당 설정비용 등을 지급하는 경우 차입으로 인하여 부채(차입금)가 증가하고 반면, 자산(현금 등)이 증가하고 비용(지급수수료)이 발생한다.
ex) 10,000,000원 차입, 수수료 500,000원 공제 후 9,500,000원 현금 입금

(차변) 현금	9,500,000	/	(대변) 차입금	10,000,000
(차변) 지급수수료	500,000			

② 자산 증가 및 부채 증가와 수익발생거래 : 상품 또는 제품을 판매하고, 부가가치세를 포함하여 금전이 유입된 경우 수익(매출)과 부채(부가세예수금)가 증가하고, 자산(현금 등)이 증가한다.

ex) 상품 10,000,000원(부가세 1,000,000원 별도) 현금 판매

(차변) 현금	11,000,000 /	(대변) 상품매출	10,000,000
		부가세예수금	1,000,000

▣ 일반적인 거래행위는 아니나 회계상 거래인 것

회사의 재산이 화재에 의하여 소실되거나 도난된 사건 또는 재산의 가치가 하락한 것은 재산이 감소한 것으로 부기상 거래에 해당한다.

① 화재에 의한 재산의 멸실 또는 가치하락 : 건물이라는 자산이 감소한 거래
② 재산(현금, 상품, 비품 등)의 도난 : 자산(현금, 상품, 비품 등)감소 거래
③ 재산 분실 : 자산(현금, 상품, 비품 등) 감소 거래
④ 재산(상품, 제품 등)의 가치하락 : 자산(상품, 제품 등) 감소 거래

▣ 일반적인 거래행위이지만 회계상 거래에 해당하지 않는 것

자산.부채.자본의 증감이 발생한 사건을 거래라 한다. 따라서 계약, 주문, 담보설정 등은 자산.부채.자본의 증감이 발생하지 않으므로 거래가 아니다.

3 거래 기록과 부가가치세

❶ 부가가치세

① 거래 기록시 부가가치세는 구분하여 기록하여야 한다. 부가가치세란 부가가치세법의 규정에 의하여 재화 또는 용역의 소비행위에 대하여 부과하는 일반소비세이다. [세법에서 특정한 경우(쌀, 미가공식료품, 도서, 학원, 병.의원 등)에는 부가가치세를 면제하며, 이를'면세'라 한다.)]

② 과세되는 재화 또는 용역을 공급하는 사업자는 반드시 재화 또는 용역을 공급받는자로부터 거래대금의 10%를 부가가치세로 더 받아 두었다가 일정기간 단위(과세기간이라 함)로 사업장 관할 세무서에 납부하여야 한다. 다시 말하면, 부가가치세를 부담하는 자(담세자)는 재화 또는 용역을 공급받는자이며, 납부하는 자는 재화 또는 용역을 공급하는 자(사업자)로서 담세자(세금을 부담하는 자)와 납세자(매입자로부터 거래징수한 세금을 납부하여야 하는 자)가 다른 간접세이다.

반면, 자기의 소득에 대하여 직접 납부하는 사업소득세, 근로소득세, 법인세 등은 직접세라 한다.

보 충 | 재화 및 용역

1. 재화라 함은 재산적 가치가 있는 모든 유체물과 무체물을 말한다.
2. 용역이라 함은 재화 이외의 재산적 가치가 있는 역무(노동력 등) 및 기타 행위를 말한다.

예를 들어 컴퓨터 대리점에서 컴퓨터를 1,100,000원에 구입하였다고 하자 이 경우 컴퓨터가격에는 반드시 부가가치세라는 세금이 포함되어 있다. 소비자는 컴퓨터 구입가격에 부가가치세가 포함되어 있는지를 모르고 컴퓨터를 구입하였지만, 컴퓨터 대리점은 컴퓨터를 판매하고자 하는 가격이 1,000,000원이면 컴퓨터 가격의 10% (100,000원)를 반드시 소비자로부터 덧붙여 받는다.

이와 같이 물품대금의 10%를 덧붙여 받는 금액이 부가가치세인 것이다.

• 컴퓨터 구입대금 1,100,000원 = 컴퓨터가격(1,000,000) + 부가가치세 (100,000)

그러면, 소비자가 물품가격의 10%를 세금(부가가치세)으로 컴퓨터대리점에 더 준 돈은 어떻게 되는가 ?

컴퓨터대리점은 소비자가 컴퓨터 구입시 부담한 부가가치세를 소비자를 대신하여 세법이 정하는 바에 의하여 관할 세무서에 납부하여야 하는데

많은 소비자로부터 컴퓨터 판매시마다 받는 부가가치세를 매일 납부한다면 매우 번거로운 일이므로 일정 기간 동안 모아 두었다가(3개월 단위) 컴퓨터를 판매할 시 덧붙여 받은 부가가치세를 납부하는 것이다.

그리고 컴퓨터 대리점이 소비자에게 판 컴퓨터를 구입하는 과정을 살펴보면,

컴퓨터 대리점은 생산공장으로부터 컴퓨터를 880,000원(부가가치세 포함)에 구입하였다고 하자. 컴퓨터 생산공장은 대리점에 컴퓨터대금 800,000원에 부가가치세 80,000원을 덧붙여 880,000원에 판매하고, 컴퓨터 생산공장이 대리점으로부터 받은 부가가치세 80,000원은 컴퓨터 생산공장이 컴퓨터대리점을 대신하여 일정 기간 내 세무서에 부가가치세를 납부하여야 하는 것이다.

이와 같이 부가가치세는 물품을 구입한 자가 부담하고 물품을 판매한 자가 물품을 구입한 자로부터 부가가치세를 받아 두었다가 물품을 구입한 자를 대신하여 납부하는 세금인 것이다. 이 경우 사업자(사업상 독립적으로 재화 또는 용역을 공급하는 자로 세무서에 사업자등록을 한 자 중 과세사업자)에 한하여 사업과 관련한 물품 구입시 물품대금의 10%를 부가가치세로 더 준 부가가치세는 사업자가 물품판매시 물품대금의 10%를 부가가치세로 더 받아 둔 부가가치세에서 공제받을 수 있도록 세법은 정하고 있다.

보 충 | 과세사업자의 부가가치세 납부 계산 사례

① 매입시 공급가액 800,000원 + 매입시 부담한 부가가치세 80,000원

② 매출시 공급가액 1,000,000원 + 매출시 더 받은 부가가치세 100,000원

③ 납부할 부가가치세(② - ①) 20,000원

▸ 매출시 소비자로부터 덧붙여 받은 부가가치세(매출세액) 100,000원에서 매입시 컴퓨터 생산 공장에 지급한 부가가치세 80,000원(매입세액)을 공제한 금액을 납부한다.

한편, 컴퓨터 생산공장의 경우에도 컴퓨터 대리점에 물품을 공급할 때 받은 부가가치세를 세무서에 납부하여야 하는데 이 경우에도 컴퓨터 생산공장은 사업자이므로 컴퓨터를 생산하기 위하여 각종 재료를 구입할 시 부담한 부가가치세를 납부할 부가가치세에서 공제하고 사업장 관할 세무서에 부가가치세를 납부하는 것이다.

❷ 부가가치세의 구분 기재

① 부가가치세 매출세액('부가세예수금'또는 '예수부가세'라 한다.)
사업자는 세법의 규정에 의하여 물품 등을 판매할 시 매입자로부터 물품대금의 10%를 더 받아 두었다가 일정 기한까지 부가가치세를 신고 및 납부하여야 한다. 매출세액은 매입자로부터 일시 받아 둔 세액으로 매출과 구분하여 기록한다.

◈ 매출장에 기재하여야 하는 것

○ 매출세금계산서, 매출계산서
○ 세금계산서 발급의무가 없는 일반 소매매출 등 매출과 관련한 것

□ 매출장 예시

① 일자		② 유형	③ 코드	④ 계정과목	⑤ 적 요	⑥ 매 출 처		⑦ 공급가액	⑧ 세 액	⑨ 합 계
월	일					코드	매출처명			
6	30	과세	404	제품매출		***	(주)한도물산	58,000,000	5,800,000	63,800,000

② 부가가치세 매입세액 ('부가세대급금'또는 '선급부가세'라 한다.)
사업자가 사업과 관련하여 물품 등을 구매하는 경우 물품대금의 10%를 부가가치세로 물품 등을 판매하는 자에게 더 주어야 한다. (매입세액)
과세사업자의 경우 특정한 경우(경승용차를 제외한 승용차의 취득 및 유지비용, 접대비 등)를 제외하고는 매입세액을 납부하여야 할 매출세액에서 공제받을 수 있으므로 구분하여 기록하여야 한다.

단, 매출세액에서 공제를 받을 수 없는 매입세액은 해당 비용 또는 자산에 포함하여 처리한다. 예를 들어 매입세액을 공제받을 수 없는 거래처 선물용품을 매입하고 부담한 매입세액은 기업업무추진비(접대비)에 포함하여 처리하여야 하며, 경승용차(배기량 1,000cc 미만인 승용차를 말한다.) 이외의 승용차 매입시 부담한 매입세액은 차량운반구로 처리하여야 하는 것이다.

▶ **매입장에 기재하여야 하는 것**

○ 매입세금계산서(매입세금계산서 중 매입세액불공제분 포함), 매입계산서

○ 신용카드매출전표, 현금영수증 중 매입세액을 공제받을 수 있는 것

□ **매입장 예시**

① 일자		② 유형	③ 코드	④ 계정과목	⑤ 적 요	⑥ 매 입 처	⑦ 공급가액	⑧ 세 액	⑨ 합 계
월	일								
7	10	과세	460	상품	상품매입	(주)한양	10,000,000	1,000,000	11,000,000
7	12	불공	208	차량운반구	소나타 매입	현대자동차	25,000,000	2,500,000	27,500,000
7	15	카드	811	복리후생비	직원식대	대미식당	90,909	9,091	100,000

보 충 | 매입세액불공제

① 비영업용 소형승용자동차의 구입 및 유지와 관련한 매입세액

영업용 소형승용자동차라 함은 운수사업자(택시운수업, 렌트카업체 등)가 소형승용차를 이용하여 직접 사업에 사용하는 경우를 말한다.

② 기업업무추진비(접대비) 및 이와 유사한 비용의 지출과 관련한 매입세액

③ 면세사업 및 토지 관련 매입세액

④ 매입처별세금계산서합계표 미제출·부실기재분

⑤ 세금계산서 미수취 및 필요적 기재사항 부실기재

⑥ 사업과 직접 관련이 없는 지출에 대한 매입세액

⑦ 위장 및 가공거래와 관련한 매입세금계산서의 매입세액

4 회계연도 및 기업회계기준

❶ 회계연도

기업의 경영활동을 일정 기간단위로 구분하여 파악하기 위한 기간단위를 회계연도라고 한다. 회계연도는 1년을 초과하지 못하도록 상법, 법인세법, 소득세법 등에 규정되어 있으며 통상 1년을 회계연도로 한다. 내국법인의 경우 일반적으로 1. 1 ~ 12. 31 기간(신설법인은 법인설립등기일 ~ 12. 31)을 회계연도로 정하고 있으나 외국인 투자기업이나 외국인 회사의 경우 자국의 회계기간에 맞추어 그 기간을 달리하기도 한다. 회계연도는 회계기간이라고도 하며, 법인세법에서는 사업연도, 소득세법에서는 과세기간이라 칭한다.

❷ 기업회계기준 및 기준서

기업회계기준이란 기업이 회계처리 및 재무제표 작성시 준수해야 할 통일된 기준을 말하며, 모든 기업은 원칙적으로 '일반적으로 인정된 회계원칙' 에 따라서 회계처리를 하고, 그에 따라 재무제표를 작성해야 한다. 기업회계기준은 주식회사의 외부감사에 관한 법률 제13조의 규정에 의하여 동법의 적용을 받는 회사의 회계와 감사인의 감사에 통일성과 객관성을 부여하기 위하여 회계처리 및 보고에 관한 기준을 정함을 목적으로 한다.

❸ 2023년 회계연도 외부감사대상법인

① 2023년 회계연도 기준으로 아래 4개 기준(자산, 부채, 종업원 수, 매출액) 중 **2개 이상**을 충족하면 외부감사 대상에 해당한다.

자산	부채	매출액	종업원 수
120억원 이상	70억원 이상	100억원 이상	100인 이상

② 주식회사로서 직전 사업연도의 자산 또는 부채총액 등의 규모가 외부감사대상 법인에 해당하는 경우 사업연도 개시 후 45일**(외부감사 첫해는 4개월 이내)** 이내에 외부감사인을 선임하여야 한다.

□ 주식회사 등의 외부감사에 관한 법률 시행령

제5조(외부감사의 대상) ① 법 제4조제1항제3호 본문에서 “직전 사업연도 말의 자산, 부채, 종업원 수 또는 매출액 등 대통령령으로 정하는 기준에 해당하는 회사”란 다음 각 호의 어느 하나에 해당하는 회사를 말한다. <개정 2020. 10. 13.>

1. 직전 사업연도 말의 자산총액이 500억원 이상인 회사
2. 직전 사업연도의 매출액(직전 사업연도가 12개월 미만인 경우에는 12개월로 환산하며, 1개월 미만은 1개월로 본다. 이하 같다)이 500억원 이상인 회사
3. 다음 각 목의 사항 중 **2개 이상**에 해당하는 회사

가. 직전 사업연도 말의 자산총액이 120억원 이상

나. 직전 사업연도 말의 부채총액이 70억원 이상

다. 직전 사업연도의 매출액이 100억원 이상

라. 직전 사업연도 말의 종업원(「근로기준법」 제2조제1항제1호에 따른 근로자를 말하며, 다음의 어느 하나에 해당하는 사람은 제외한다. 이하 같다)이 100명 이상

  1) 「소득세법 시행령」 제20조제1항 각 호의 어느 하나에 해당하는 사람

  2) 「파견근로자보호 등에 관한 법률」 제2조제5호에 따른 파견근로자

부 칙 <대통령령 제31113호, 2020. 10. 13.>

제1조(시행일) 이 영은 공포한 날부터 시행한다.

▣ 기업회계기준 [한국회계기준원(www.kasb.or.kr) 홈페이지 참조]

- **중소기업회계기준**
- **중소기업회계기준 해설**
- **일반기업회계기준**
- **특수분야 회계기준**
- **한국채택 국제회계기준**
- **국제회계기준**

3 계정과목 기초

1 계정과목 이해

계정과목은 자산, 부채, 자본 형태별로 그 명칭을 통일.요약한 것과 지출 또는 수입의 원인에 대한 명칭을 통일.요약한 것으로 각각의 회사마다 자산, 부채, 자본 형태별로 그 명칭이 다르거나 지출 또는 수입에 대하여 요약하는 명칭이 다르면 금융기관, 세무서, 신용보증기금, 기타 회사의 이해관계자에게 많은 혼란이 초래되므로 유사한 항목에 대하여 그 명칭을 통일하여 요약한 것을 말한다.

한편, **계정과목은 일반적으로 인정된 회계원칙에 의하여 항목을 분류한 사회적 약속이다. 따라서 계정과목은 법적근거를 가지거나 강제성을 가지는 것이 아니므로 회사의 사정이나 그 중요도에 따라 계정을 통합하거나 보다 세분화하기 위하여 특정한 명칭이 없는 경우 계정과목을 새로 설정하여 처리할 수 있는 것이다.**
기업회계기준의 변경으로 계정과목이 아래와 같이 통합하여 변경되었으나 종전의 계정과목을 그대로 사용하고 결산 후 재무제표 작성시 기업회계기준에 의한 계정과목으로 변경하여 재무제표를 작성한다.

통합 계정과목	변경전 계정과목
현금및현금성자산	현금, 당좌예금, 보통예금, 환매조건부 채권(3개월 이내)
단기투자자산	단기금융상품(정기예금, 정기적금), 단기매매증권, 단기대여금
매출채권	외상매출금, 받을어음
기타 당좌자산	가지급금, 부가세대급금, 선납세금, 주·임·종단기채권
기타비유동자산	전세권, 임차보증금, 부도어음
매입채무	외상매입금, 지급어음
기타 유동부채	부가세예수금 당좌차월, 가수금, 예수보증금

② 혼동하기 쉬운 계정과목

❶ 외상매출금(자산)과 미수금(자산)

상품 및 제품을 판매하고 그 대금을 나중에 받기로 한 채권의 명칭을 '외상매출금'이라 하며, 비유동자산을 처분하고 그 대금을 나중에 받기로 한 채권의 명칭은 '미수금' 이라고 한다.

❷ 외상매입금(부채), 미지급금(부채), 미지급비용(부채)

물품 등을 외상으로 구입하는 경우에 장차 지급하여야 할 대금의 명칭을 통상 '외상매입금' 이라고 한다.
그러나 회계원칙에서 외상대금의 명칭을 세분화하여 상품, 원재료 등 재고자산을 외상 구입하고 나중에 지급할 금액을 '외상매입금'이라 하고,
토지, 건물, 기계장치, 차량운반구 등 비유동자산을 외상으로 구입하는 경우에는 '미지급금'이라 하며, 비용의 미지급시에는 '미지급비용' 이라 한다.

❸ 선급금(자산), 선급비용(자산)

선급금이란 물품 등을 인도받기 전 미리 그 대금을 지급한 금액을 말한다. 반면, 선급비용이란 일정 계약에 따라 용역을 제공받기로 하고, 그 대가를 지급하였으나 결산시점에 그 용역제공의 기한이 종료되지 않은 경우 아직 남아 있는 용역제공 기간에 해당하는 비용은 선급한 것으로 기간 손익을 정확히 계산하기 위하여 선급한 비용은 다음연도에 해당 비용으로 대체한다.
예를 들어 보험료, 임차료, 이자비용, 보증보험료 등의 기간 미경과분 등이 있다.

❹ 잡비(판매비와관리비), 잡손실(영업외손실)

기타 달리 분류되지 않는 비용으로 그 금액이 소액이고 자주 발생하지 않는 비용으로 영업활동과 관련한 비용은 '잡비'로 처리하고, 영업활동과 관련 없이 발생하는 비용은 '잡손실'로 처리한다.

❺ 원재료(자산) 및 원재료비(제조경비)

원재료란 제조기업이 제품제조와 관련하여 사용되는 원료, 재료 등을 구입하는 경우 처리하는 계정과목이다. 원재료는 제품제조에 사용되기 전까지는 자산에 해당하며, 제품제조에 투입되는 시점에 원가항목인 원재료비로 대체한다.

❻ 자산의 취득과 관련한 비용

자산의 취득과 관련한 운반비 등 비용은 해당 자산의 취득가액으로 한다.

① 상품 또는 원재료의 매입과 관련하여 운반비를 지급한 경우 운반비는 '상품' 또는 '원재료' 계정으로 처리한다.
② 토지, 건물, 차량 등의 취득과 관련한 제비용(토지의 정지비용, 등록세, 취득세, 법무사수수료 등)은 해당 자산(토지, 건물, 차량운반구)의 취득가액에 포함하여 처리한다.
③ 수입물품의 취득과 관련한 제비용(관세, 보험료, 운반비 등)은 수입물품의 취득가액으로 처리한다.
④ 기계장치, 건물 등 감가상각대상자산의 수선비는 원칙적으로 수선비로 처리하되, 수선으로 인하여 그 가치가 증가 또는 개량되거나 내용연수를 연장시키는 수선비는 기계장치, 건물 계정으로 처리하며, 이러한 지출을 **'자본적지출'** 이라 한다.

재무상태표 계정과목

유동자산

◈ 당좌자산

계 정 과 목	코드	내 용
현금및현금성자산		통화 및 금융상품으로 만기일이 3개월 이내인 것
현 금	101	통화, 자기앞수표, 타인발행 당좌수표, 송금수표, 가계수표
당 좌 예 금	102	당좌거래와 관련한 예금
보 통 예 금	103	통상의 보통예금
단 기 투 자 자 산		기업의 여유자금 활용 목적으로 보유하는 단기의 투자자산
정 기 예 적 금	105	이자수익을 목적으로 일정 기간 동안 예치 또는 적립하여 둔 예금
기타단기금융상품	106	만기가 1년 이내에 도래하는 단기금융상품
단 기 매 매 증 권	107	1년 이내에 처분할 목적으로 보유하는 유가증권
매 출 채 권		일반적 상거래에서 발생한 외상매출금과 받을어음
외 상 매 출 금	108	상품 또는 제품을 매출하고 그 대금을 외상으로 한 금액
받 을 어 음	110	매출대금등을 어음으로 수취한 것
단 기 대 여 금	114	타인에게 대여한 대여금(대여기간 1년 이내)
미 수 수 익	116	당기수익에 속하는 금액 중 미수된 금액
미 수 금	120	비유동자산(고정자산)을 매각하고 그 대금을 외상으로 한 금액
소 모 품	122	소모품비로 처리한 금엑 중 미사용분을 기말에 자산으로 처리한 것
매 도 가 능 증 권	123	재무상태표일로부터 1년 내에 만기가 도래하거나 처분할 것이 거의 확실한 매도가능증권
선 급 금	131	물품을 인도받기 전 대금을 미리 지급한 금액
선 급 비 용	133	각종 비용을 미리 지급한 금액(미경과비용)
가 지 급 금	134	대표이사 일시 대여금, 착오에 의한 금전 지급금액
부 가 세 대 급 금	135	물품 등의 구입시 부담한 부가가치세
선 납 세 금	136	예금이자에 대한 이자소득세, 중간예납세액 등
주임종단기채권	137	업무와 관련 없이 종업원에게 대여하여 준 금액
전 도 금	138	업무와 관련한 자금을 지출 확정 전 전도한 금액
이연법인세자산	140	세무조정으로 인하여 일시적으로 발생하는 자산 가치
현 금 과 부 족	141	장부상 잔액과 실제 현금잔액의 차액을 일시 처리하는 계정
미 결 산	***	거래가 발생하였으나 즉시 수익비용으로 처리할 수 없는 경우 처리하는 가 계정

◈ 재고자산

상 품	146	도·소매업종이 판매를 목적으로 취득한 상품
매입환출및에누리	147	상품 매입액 중 반품한 것 및 불량 등의 사유로 에누리 받은 것
매 입 할 인	148	외상매입대금을 지급기일보다 조기에 결제하는 경우 할인받은 금액
제 품	140	제조업의 완성제품
원 재 료	155	제조업이 제품제조를 위하여 취득한 원료 및 재료
매입환출및에누리	154	원재료 매입액 중 반품한 것 및 불량 등의 사유로 에누리 받은 것
매 입 할 인	155	원재료 외상매입대금을 지급기일보다 조기에 결제하는 경우 할인받은 금액
저 장 품	167	소모공구기구비품, 수선용부분품 및 기타 저장품
미 착 품	168	원재료 등의 수입시 발생하는 수입비용 및 수입대금을 일시 처리하는 계정
재 공 품	169	일정 시점 생산과정에 있는 미완성된 제품의 평가액

재무상태표 계정과목

비유동자산

◈ 투자자산

계 정 과 목	코드	내 용
장 기 성 예 금	176	만기가 재무상태표일로부터 1년 이후의 장기예금
특정현금및예금	177	설비확장 및 채무상환 등에 사용할 특정 특정목적의 예금
매 도 가 능 증 권	178	매도가능증권 중 단가매매증권에 속하지 아니하는 것
장 기 대 여 금	179	대여기간이 1년을 초과하는 장기의 대여금
투 자 부 동 산	187	투자를 목적으로 취득한 부동산
만 기 보 유 증 권	181	장기투자를 목적으로 취득한 주식(1년 초과 보유목적)
지분법적용투자주식	182	지분법을 적용하여야 하는 투자주식
장 기 금 융 상 품	***	유동자산에 속하지 아니하는 장기의 예금, 적금 등

◈ 유형자산

계 정 과 목	코드	내 용
토 지	201	토지
건 물	202	사무실, 공장, 창고 등 회사소유 건물
구 축 물	204	용수설비, 폐수처리장치, 지하수공사비, 정원설비 등
기 계 장 치	206	각종 기계장치
차 량 운 반 구	208	화물자동차, 승용자동차, 지게차, 중기 등
공 구 와 기 구	210	공구, 기구 등·
비 품	212	사무용집기비품(컴퓨터, 복사기 등)
건 설 중 인 자 산	214	건설중인 자산의 가액

◈ 무형자산

계 정 과 목	코드	내 용
영 업 권	231	영업상의 권리로서 유상으로 취득한 것
특 허 권	232	특허취득과 관련하여 지출한 것
광 업 권	237	광물채굴에 대한 권리
개 발 비	239	개발과 관련하여 발생한 비용으로 개발비로 계상한 것
소 프 트 웨 어	240	고가의 소프트웨어 구입비
산 업 재 산 권	241	특허권, 상표권, 실용신안권, 의장권 등

◈ 기타비유동자산

계 정 과 목	코드	내 용
이연법인세자산	901	세무조정에서 익금산입유보 처분한 금액의 차기 이후 법인세 감소 예상금액
임 차 보 증 금	902	사무실, 공장 등의 임차보증금
장 기 매 출 채 권		장기외상매출금 및 장기 받을어음
장기외상매출금	965	외상매출금 중 회수기간이 결산일로부터 1년 초과의 것
장 기 받 을 어 음	968	받을어음 중 만기일이 결산일로부터 1년 초과의 것
부도어음과수표	976	어음 또는 수표가 부도처리된 경우 사용하는 계정
장 기 미 수 금	***	장기의 미수금

재무상태표 계정과목

유동부채

계 정 과 목	코드	내 용
매 입 채 무		외상매입금 및 지급어음
외 상 매 입 금	251	물품 등을 구입하고 그 대금을 나중에 지급하기로 한 것
지 급 어 음	252	물품대금결제를 위하여 어음을 발행하여 지급한 것
미 지 급 금	253	비유동자산 등을 구입하고 그 대금을 나중에 지급하기로 한 것
예 수 금	254	근로소득세, 4대보험 종업원부담금을 근로자로부터 일시 받아둔 금전
부 가 세 예 수 금	255	매출시 매입자로부터 받아 둔 부가가치세
당 좌 차 월	256	당좌예금잔액을 초과하여 발행한 수표금액(사전약정 체결)
가 수 금	257	원인불명의 입금금액을 일시적으로 처리하는 계정
선 수 금	259	상품 등을 인도하기 전 그 대금을 미리 받은 것
단 기 차 입 금	260	1년 이내에 상환하여야 하는 차입금
미 지 급 세 금	261	법인세 등의 미지급액
미 지 급 비 용	262	비용과 관련하여 그 대금을 나중에 지급하기로 한 것
선 수 수 익	263	수입금 중에서 차기 이후의 것
유동성장기부채	***	장기차입금 중 기간이 경과하여 결산일로부터 1년 이내인 것
미 지 급 배 당 금	265	주주들에게 지급할 배당금을 회계기말에 부채로 계상한 것
이연법인세부채	273	세무조정에서 손금산입유보 처분한 금액의 차기 이후 법인세 증가 예상금액

비유동부채

계 정 과 목	코드	내 용
사 채(社債)	291	1년 이후에 상환하는 회사채(개인사채가 아님)
사채할인발행차금	292	사채를 액면가액보다 적은 금액으로 발행하는 경우 그 차액
장 기 차 입 금	293	상환기간이 1년을 초과하는 차입금
임 대 보 증 금	294	건물 등을 임대하여 주고받아 둔 보증금
퇴직급여충당부채	295	퇴직금 비용으로 계상한 미지급 채무
장 기 미 지 급 금	297	재무상태표일로부터 1년 이후에 지급하여야 할 장기의 미지급금
주임종장기차입금	303	재무상태표일로부터 1년 이후에 지급하여야 할 장기의 임원 종업원 차입금
외화장기차입금	305	재무상태표일로부터 1년 이후에 상환하여야 할 장기 외화차입금
장기임대보증금	307	장기의 임대보증금

▶ 대손충당금 및 감가상각누계액은 해당 자산에서 차감하는 형식으로 처리한다.

계 정 과 목	코드	계 정 과 목	코드	계 정 과 목	코드	계 정 과 목	코드
외 상 매 출 금	108	건 물	202	기 계 장 치	206	비 품	212
대 손 충 당 금	109	감가상각누계액	203	감가상각누계액	207	감가상각누계액	213
받 을 어 음	110	구 축 물	204	차 량 운 반 구	208		
대 손 충 당 금	111	감가상각누계액	205	감가상각누계액	209		

재무상태표 계정과목

자본

분 류	계 정 과 목	코드	내 용
자 본 금	자 본 금	331	법인의 납입자본금
자 본 잉 여 금	주식발행초과금	341	주식할증발행의 경우 액면가액을 초과하는 금액
	감 자 차 익	342	감자시 액면가액보다 적은 금액 상환시 발생하는 차익
	자기주식처분이익	343	자기주식의 처분으로 인하여 발생하는 이익
이익잉여금 및 결 손 금	미처분이익잉여금	377	미처분된 이익잉여금
	미 처 리 결 손 금	378	미처리된 결손금
	당 기 순 이 익	379	당기의 순이익
	당 기 순 손 실	380	당기의 순손실
자본조정	주식할인발행차금	381	주식발행가액이 액면가액에 미달하는 경우 그 차액
	자기주식처분손실	395	자기주식의 처분으로 인하여 발생하는 손실
기타포괄 손익누계액	매도가능증권평가손익	***	매도가능증권의 평가손익
	해외사업환산손익	***	해외지사 등의 재무제표를 기말시점 환율로 환산시 발생하는 손익

인출금 (338)

개인기업은 법인기업과 달리 자본금의 입금 및 출금이 자유로우며 언제든지 자본금을 인출할 수 있고, 또 회수할 수 있다. 따라서 개인기업 대표자가 회사자금을 개인용도로 인출하는 것은 전부 인출금(대표자에게 자본금 반환)으로 처리하며, 반대로 대표자가 회사에 금전 등을 입금한 경우에는 인출금을 회수한 것으로 처리한 다음 결산시 자본금과 대체처리한다.

□ 인출금 회계처리 사례

① 5. 31 종합소득세 및 지방소득세 5,000,000원을 회사 자금으로 현금납부하다.

인출금	5,500,000 / 현금	5,500,000

② 7. 31 개인 사업주의 재산세 800,000원을 회사 자금으로 현금 납부하다.

인출금	800,000 / 현금	800,000

③ 10. 20 회사 자금이 부족하여 사업주가 3,000,000원을 보통예금에 입금하다.

보통예금	3,000,000 / 인출금	3,000,000

④ 회계기말에 인출금 잔액 3,300,000원을 자본금과 대체하다.

자본금	3,300,000 / 인출금	3,300,000

손익계산서 계정과목

매출

계 정 과 목	코드	내 용
상 품 매 출	401	도·소매업 매출
매출환입및에누리	402	상품반품 및 불량등에 의한 에누리액
매 출 할 인	403	상품 외상대금을 조기에 회수하는 경우 할인하여 준 금액
제 품 매 출	404	제조업 매출
매출환입및에누리	405	제품반품 및 불량등에 의한 에누리액
매 출 할 인	406	제품 외상대금을 조기에 회수하는 경우 할인하여 준 금액

매출원가

계 정 과 목	코드	내 용
상품매출원가	451	기초상품재고액 + 당기상품매입액 - 기말상품재고액
제품매출원가	455	기초제품재고액 + 당기제품매입액 - 기말제품재고액

제조비용(제조업의 제품제조와 관련한 비용)

계 정 과 목	코드	내 용
원 재 료 비	501	기초원재료재고액 + 당기원재료매입액 - 기말원재료재고액
부 재 료 비	502	부재료비
임 금	504	생산부서 직원에게 지급하는 급여 및 제수당, 상여금 등
퇴 직 급 여	508	생산부서 직원의 퇴직시 지급하는 퇴직급여
복 리 후 생 비	511	식대, 차대, 건강·고용보험 회사부담금, 직원경조사비, 회식비, 피복비
여 비 교 통 비	512	직무와 관련한 각종 출장비 및 여비
접 대 비	513	거래처 접대비 및 선물대, 거래처 경조사비 등
통 신 비	514	전화요금, 휴대폰요금, 정보통신요금, 각종 우편요금 등
가 스 수 도 료	515	수도·가스요금, 난방비용
전 력 비	516	전기요금
세 금 과 공 과 금	517	재산세, 종합부동산세, 자동차세, 면허세, 국민연금회사부담금 등
감 가 상 각 비	518	유형자산 감가상각비
지 급 임 차 료	519	공장 임차료
수 선 비	520	공장 수리비, 기계장치 수리비 등
보 험 료	521	공장 건물화재보험료, 운반차량 보험료 등
차 량 유 지 비	522	유류대, 주차요금, 통행료, 자동차수리비, 검사비 등
운 반 비	524	제품 배송비용, 택배요금, 퀵서비스요금 등
교 육 훈 련 비	525	생산부서 직원교육 및 업무훈련과 관련하여 지급한 금액
도 서 인 쇄 비	526	신문대, 도서구입비, 서식인쇄비, 복사요금, 사진현상비 등
포 장 비	528	제품의 포장과 관련한 비용
사 무 용 품 비	529	문구류 구입대금, 서식구입비 등
소 모 품 비	530	각종위생용 소모품, 철물 및 전기용품, 기타 소모품
지 급 수 수 료	531	전기가스점검 수수료 등
보 관 료	532	원재료, 제품 등의 보관비용
외 주 가 공 비	533	원재료 등의 외주가공비용
잡 비	536	달리 분류되지 않는 기타 경비

판매비와관리비

급 료	801	임직원에게 매 월 지급하는 급여 및 제수당, 상여금 등
퇴 직 급 여	808	임직원의 퇴직시 지급하는 퇴직급여
복 리 후 생 비	811	식대, 차대, 건강·고용보험 회사부담금, 직원경조사비, 회식비, 피복비
여 비 교 통 비	812	직무와 관련한 각종 출장비 및 여비
접 대 비	813	거래처 접대비 및 선물대, 거래처 경조사비 등
통 신 비	814	전화요금, 휴대폰요금, 정보통신요금, 각종 우편요금 등
수 도 광 열 비	815	수도·가스요금, 난방비용, 전력비(전력비를 구분하지 않는 경우)
세 금 과 공 과 금	817	재산세, 종합부동산세, 자동차세, 면허세, 국민연금회사부담금 등
감 가 상 각 비	818	유형자산의 감가상각비
지 급 임 차 료	819	사무실 임차료
수 선 비	820	사무실 수리비, 비품수리비 등
보 험 료	821	건물화재보험료, 승용자동차 보험료 등
차 량 유 지 비	822	유류대, 주차요금, 통행료, 자동차수리비, 검사비 등
경상연구개발비	823	신기술의 개발 및 도입과 관련하여 지출하는 경상적인 비용
운 반 비	824	상품 배송비용, 택배요금, 퀵서비스요금 등
교 육 훈 련 비	825	직원교육 및 업무훈련과 관련하여 지급한 금액
도 서 인 쇄 비	826	신문대, 도서구입비, 서식인쇄비, 복사요금, 사진현상비 등
사 무 용 품 비	829	문구류 구입대금, 서식구입비 등
소 모 품 비	830	각종위생용 소모품, 철물 및 전기용품, 기타 소모품
지 급 수 수 료	831	기장수수료, 송금, 추심, 신용보증, 보증보험수수료, 전기가스점검 수수료 등
광 고 선 전 비	833	광고선전과 관련한 광고비용
대 손 상 각 비	835	외상매출금, 미수금 등의 회수불능대금 및 대손충당금전입액
무 형 자 산 상 각	840	무형자산 상각비용
잡 비	848	달리 분류되지 않는 기타 경비

영업외수익

이 자 수 익	901	예금 및 적금이자, 대여금 이자수입 등
만기보유증권이자	902	국채, 지방채, 공채, 사채(社債) 등의 이자수익
배 당 금 수 익	903	주식투자와 관련하여 소유주식 회사로부터 지급받는 배당금
수 입 임 대 료	904	부동산임대업을 주업으로 하지 않는 회사의 부동산 임대수입
단기매매증권평가이익	905	회계기말 단기매매증권의 평가금액이 장부가액보다 많은 경우 발생하는 이익금액
단기투자자산처분이익	906	단기매매증권 처분시 발생하는 이익
외 환 차 익	***	외화자산, 부채의 회수 및 상환시 환율변동으로 발생하는 이익
대손충당금환입	908	대손충당금으로 설정한 금액 중 환입된 금액
수 입 수 수 료	909	수입수수료
외 화 환 산 이 익	910	기말에 화폐성 외화자산의 평가금액이 장부가액보다 많은 경우 발생하는 손실금액
사 채 상 환 이 익	911	사채 상환시 발생하는 이익
유형자산처분이익	914	유형자산처분시 발생하는 이익
투자자산처분이익	915	투자자산의 처분시 발생하는 이익
상각채권추심이익	916	전기 이전의 대손금 중 당기에 회수된 금액
자 산 수 증 이 익	917	주주 또는 제3자로부터 증여받은 금액
채 무 면 제 이 익	918	기업의 채무를 채권자로부터 면제받은 금액
보 험 차 익	919	보험사고로 인하여 지급받은 금액이 해당 자산의 장부가액을 초과하는 금액
잡 이 익	930	기타 달리 분류되지 않는 이익

영업외비용

계 정 과 목	코드	내 용
이 자 비 용	931	이자비용, 어음할인료 등
외 환 차 손	932	환율변동으로 인하여 발생하는 손실금액
기 부 금	933	교회·사찰헌금, 학교기부금, 불우이웃돕기 성금, 수재의연금 등
기타의대손상각비	***	매출채권 이외의 채권 회수불능금액
외화환산손실	935	기말에 화폐성 외화자산의 평가금액이 장부가액보다 적은 경우 발생하는 손실금액
매출채권처분손실	936	받을어음의 할인시 발생하는 이자손실금액
단기매매증권평가손실	937	회계기말 단기매매증권의 평가금액이 장부가액보다 적은 경우 발생하는 손실금액
단기투자자산처분손실	938	단기매매증권의 처분시 발생하는 손실금액
재고자산평가손실	940	재고자산의 멸실, 손상 및 분실금액
재 해 손 실	941	화재, 풍수해 등으로 인하여 멸실 또는 손괴된 금액
전기오류수정손실	942	전기의 오류수정손실금액 중 이익잉여금의 처분에 의하지 아니한 것
유형자산처분손실	950	유형자산(기계장치, 차량운반구 등)의 처분시 발생하는 손실
투자자산처분손실	951	투자자산의 처분시 발생하는 손실
잡 손 실	960	분실금, 기타 달리 분류되지 않는 영업외비용

법인세비용

법 인 세 등	998	법인세, 지방소득세 법인세분
소 득 세 등	999	소득세, 지방소득세 소득세분

4 전표 및 제장부 작성

1 전표

기업은 거래가 발생하면 일정한 원칙에 의하여 먼저 거래사실을 기록한다. 거래를 일정한 원칙에 의하여 기록하는 것을 분개라 한다. 전표란 분개내용을 일정한 방법으로 전표라는 종이쪽지에 기록하여 거래와 관련한 증빙서류(영수증 등)를 첨부하여 보관하는 양식지다.

❶ 전표 종류

전표의 종류에는 일반적으로 입금전표, 출금전표, 대체전표 등 3가지 종류의 전표가 있으며, 기업실정에 따라 대체전표(일명 분개전표)만을 사용하기도 한다.
대체전표란 분개 내용을 그대로 옮겨 적은 것이다. 따라서 대체전표를 분개전표라고 하기도 한다. 전표양식은 과거 기업의 수입 및 지출이 대부분 현금이었던 시절 고안한 관계로 현금 입금은 입금전표를, 현금 출금은 출금전표를 사용하고, 기타 모든 거래는 대체전표를 작성하도록 되어 있음에도 계속하여 사용하고 있다.

그러나 요즈음 기업의 대부분 거래는 인터넷뱅킹, 폰뱅킹 등의 확산으로 기업의 입출금거래는 대부분 보통예금을 통하여 이루어지므로 현금 수입 및 지출발생 건수는 점차 감소하고 있어 입금전표 및 출금전표를 별도로 작성하는 실익은 별로 없다. 따라서 최근에는 입금전표, 출금전표, 대체전표를 별도 구분함이 없이 분개내용을 그대로 기입하는 대체전표 한 종류만을 사용하는 것이 일반적이다.

▣ 입금전표

입금전표는 현금 입금시에만 작성하는 전표로 현금 입금시 분개는 현금이 언제나 차변(왼쪽)에 위치하므로 전표기록을 줄이기 위하여 입금전표라는 용지를 사용하여 대체전표 내용 중 차변내용(현금 증가)을 기록하지 않고 대변 상대계정(현금이 입금된 원인)만을 기록하기로 약속한 것이다.

[예 시] 6. 10 (주)한양으로부터 외상매출금 3,000,000원이 현금으로 입금하다.

차 변		대 변	
현금	3,000,000	외상매출금	3,000,000

대 체 전 표						결재	담당	대리	과장	부장	대표
NO		200×년 6월10일									

계정과목	적 요	금 액	계정과목	적 요	금 액
현 금		3000000	외상매출금	(주)한양 외상대	3000000
합 계		3000000	합 계		3000000

위 대체전표를 현금 입금의 경우 차변(왼쪽) 현금란은 생략하고 입금전표 양식을 사용한다.

입 금 전 표 200× 년 6 월 10 일				사 장
과 목		항 목	외상매출금	전 무
적 요			금 액	상 무
(주)한양	외상대금 회수		3000000	부 장
				과 장
				담당자
합 계			3000000	

▣ 출금전표

현금 출금시에만 작성하는 전표로 현금 출금시 분개는 현금이 언제나 대변(오른쪽)에 위치하므로 전표기록을 줄이기 위하여 출금전표라는 용지를 사용하여 대체전표 내용 중 대변내용(현금 감소)을 기록하지 않고 차변 상대계정(현금이 출금된 원인)만을 기록하기로 약속한 것이다.

[예 시] 6. 10 직원 식대 50,000원을 현금으로 지급하다.

차 변		대 변	
복리후생비	50,000	현 금	50,000

대 체 전 표 NO 20××년 6월10일						결재	담당	대리	과장	부장	대표
계정과목	적 요	금 액	계정과목	적 요	금 액						
복리후생비	식대	50000	현 금		50000						
합 계		50000	합 계		50000						

대체전표를 현금 출금의 경우 대변(오른쪽) 현금란은 생략하고 출금전표 양식을 사용한다.

출 금 전 표 20×× 년 6 월 10 일				사 장
과 목		항 목	복리후생비	전 무
적 요			금 액	상 무
	직원 식대		50000	부 장
				과 장
				담당자
합 계			50000	

▣ 대체전표

현금 입금 및 현금 출금 이외의 모든 거래는 대체전표를 작성한다. 분개내용을 그대로 기록하면 된다. 요즈음 기업의 대부분 거래는 인터넷뱅킹, 폰뱅킹 등의 확산으로 기업의 입출금거래는 대부분 보통예금을 통하여 이루어지므로 입금전표, 출금전표, 대체전표를 별도 구분함이 없이 분개내용을 그대로 기입하는 대체전표 한 종류만을 사용하는 것이 업무에 효율적일 것이다.

[예 시] (주)한우리는 의류제조업체로 5월 중 의류 10,000,000원(공급가액)을 신세계 백화점에 납품하고 5. 31 세금계산서를 발급한 한 후 그 대금은 나중에 지급받기로 하다. (공급가액 10,000,000원 세액 1,000,000원 합계 11,000,000원)

차 변		대 변	
외상매출금	11,000,000	매출	10,000,000
		부가세예수금	1,000,000

대 체 전 표 NO ______ 20××년 5월31일	결재	담당	대리	과장	부장	대표

계정과목	적 요	금 액	계정과목	적 요	금 액
외상매출금	외상매출	11000000	매 출	신세계백화점	10000000
			부가세예수금		1000000
합 계		11000000	합 계		11000000

❷ 전표 작성방법

▣ 전표 작성일자

전표작성일은 거래가 발생한 날이다. 거래가 발생한 날이란 자산, 부채, 자본의 증가 또는 감소를 가져오는 상거래일 또는 수익은 수익이 실현된 날, 비용은 비용이 발생한 날을 말한다. 예를 들어 살펴보면, 상품을 매출하고 그 대금을 나중에 받기로 한 외상거래의 경우 '외상매출금'이란 자산이 증가하고 '매출' 이라는 수익이 실현된 것으로 물품인도일이 거래가 발생한 날로 이에 대한 거래를 기록한다. 그리고 나중에 외상대금을 받은 거래는 새로운 자산(보통예금 또는 현금 입금)이 증가하고, 외상매출금이란 자산이 감소한 거래로 외상매출대금 입금에 대한 거래를 기록하는 것이다.

❍ 외상매출 : 자산 증가(외상매출금) 및 수익(매출) 발생
❍ 외상매출대금 회수 : 새로운 자산(보통예금 등) 증가 및 기존 자산(외상매출금) 감소

한편, 비용발생일과 그 대금지급일이 다른 경우, 예를 들어 거래처 접대를 하고 신용카드를 사용하였다면, 비용발생일은 신용카드사용일이고, 그 대금지급일은 신용카드대금결제일로 신용카드사용일(비용이 발생한 날)에 비용발생에 대한 거래를 기록한 다음 그 대금결제일에 대금결제에 관한 거래(외상대금을 지급한 거래)를 다시 기록하는 것이다.

❍ 신용카드사용일 : 비용 발생(접대비) 및 부채(미지급금) 증가
❍ 신용카드결제일 : 부채(미지급금) 감소 및 자산(보통예금) 감소

▸ 매출거래 : 세금계산서 작성일자 (재화인도일, 용역제공완료일)
▸ 매입거래 : 세금계산서 작성일자 (재화인수일, 용역제공완료일)
◦ 세금계산서에 해당하는 신용카드전표는 신용카드사용일이 전표작성일이며, 세금계산서에 해당하는 전기요금청구서, 전화요금청구서, 지로영수증 등은 작성일자가 거래일자로 매입세금계산서와 동일한 방법으로 전표를 작성한다.
▸ 외상매출금, 미수금 등의 회수일
▸ 외상매입금, 미지급금, 미지급비용 등의 지급일
▸ 비용발생일 : 신용카드대금 사용일, 급료발생일(급료를 해당 월의 다음달에 지급하는 경우), 전기요금영수증 수취일 등
◦ 대부분의 소액비용은 비용 발생일에 그 대금을 지급하므로 지급일에 거래를 기록한다. 단, 비용에 대한 결제를 나중에 하는 경우 영수증 작성일자와 그 지급일이 다르므로 발생일에 비용발생 및 미지급비용 증가에 대한 거래를 기록하고, 나중에 미지급비용을 결제한 날 미지급비용 반제에 대한 전표를 작성한다.
▸ 일반 비용지출일 : 현금 등의 지급일

▣ 입금전표 및 출금전표 작성방법

① 과목 ~ 계정과목의 대분류 또는 중분류를 기록한다. 업체실정에 따라 과목구분이 필요한 경우(제조업종이 원가와 비용을 구분하여야 하는 경우 등)이외에는 기재하지 않아도 무방하다.

▪ 손익계정 : 예를 들어 제조업 및 건설업종의 경우 제조원가 및 판매비와관리비 비용을 구분하기 위하여 원가성 비용은 '원가' 로 판매비와관리비에 해당하는 비용은 '판관비'로 기록하며, 기타 '영업외비용' 및 '영업외수익' 등으로 구분하여 기록한다.

▪ 재무상태표 계정 : 재무상태표 계정과목의 대분류 (유동자산, 비유동자산, 유동부채, 비유동부채, 자본) 또는 중분류(유동자산의 경우 당좌자산, 재고자산)를 기록한다. 실무에서는 통상 기재하지 아니한다.

② 항목 ~ 해당 계정과목을 기재한다.

③ 적요 ~ 거래내역을 구체적으로 기록한다.

▣ 대체전표 작성방법

① 계정과목 ~ 차변 및 대변의 해당 계정과목을 기재한다.

② 적요 ~ 거래내역을 구체적으로 기록한다.

▶ 동일날짜에 여러 건의 거래가 있는 경우에는 전표 종류별로 구분하여 여러 건을 한 장의 전표에 작성하여도 무방하다.

보 충 | 세금계산서 및 거래명세서 보관 방법

세금계산서 및 거래명세서는 전표에 첨부하지 않고 별도로 보관한다. 세금계산서는 매출과 매입세금계산서를 구분한 다음 일자별로 철하여 보관한다. 일정 기간의 거래를 합하여 정규영수증으로 세금계산서를 수취하는 경우 거래명세서는 거래에 관한 내역서로 매 건의 거래시마다 거래명세서를 수취하여 업체별, 일자별로 별도로 철하여 보관한다.

2 장부 작성 과정

❶ 거래 발생

자산, 부채 또는 자본의 증감이 발생한 사건을 거래라 하며, 거래가 발생하면, 분개장에 먼저 기록한 다음 총계정원장에 전기(옮겨 적는 것을 말한다.)한다.

▣ 주요부 작성

주요부란 경영활동과정에서 발생하는 모든 거래를 총괄하여 기록하는 장부로 분개장과 총계정원장이 있다.

거래가 발생하면, 주요장부인 분개장에 먼저 기록한 다음 해당 계정과목별 증감내용을 기록하는 총계정원장에 거래내용을 전기(옮겨 적음)한다.

□ 거래의 기록과 장부 및 재무제표 작성 과정

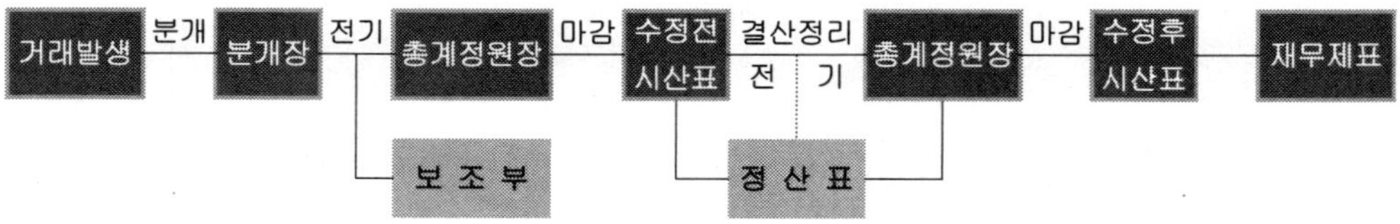

❷ 분개

거래가 발생하면, 분개장에 해당 거래 내용을 분개하여 기록하거나 전산으로 장부를 정리하는 경우 분개내용을 입력한다.

❸ 총계정원장 전기

총계정원장이란 해당 계정과목별 증감내용을 기록하는 주요장부로 분개장을 작성한 다음 총계정원장에 거래내용을 전기(옮겨 적음)하며, 총계정원장은 계정별원장이라고도 한다.

① 자산, 비용 항목의 증가는 해당 계정과목의 총계정원장 차변에 상대 계정과목 및 금액을 기재한다.

② 자산, 비용 항목의 감소는 해당 계정과목의 총계정원장 대변에 상대 계정과목 및 금액을 기재한다.

③ 부채, 자본, 수익 항목의 증가는 해당 계정과목의 총계정원장 대변에 상대 계정과목 및 금액을 기재한다.

④ 부채, 자본, 수익 항목의 감소는 해당 계정과목의 총계정원장 차변에 상대 계정과목 및 금액을 기재한다.

□ 총계정원장 작성 예시(자산 및 부채·자본 계정)

현 금

월	일	계정과목	금 액	월	일	계정과목	금 액
12	1	자본금	500,000	12	1	임차보증금	300,000
12	31	외상매출금	50,000	12	2	보통예금	150,000
				12	5	비품	22,000
				12	15	복리후생비	2,000
				12	20	업무추진비	1,000
				12	31	급여	5,000
				12	31	지급임차료	10,000
				12	31	부가세예수금	1,000

외 상 매 입 금

월	일	계정과목	금 액	월	일	계정과목	금 액
12	31	보통예금	30,000	12	10	상품	4,000
				12	10	부가세예수금	4,000

보 통 예 금

월	일	계정과목	금 액	월	일	계정과목	금 액
12	2	현금	150,000	12	15	통신비	5,000
12	2	단기차입금	200,000	12	31	외상매입금	30,000
12	15	이자수익	1,000	12	31	이자비용	1,000

부 가 세 예 수 금

월	일	계정과목	금 액	월	일	계정과목	금 액
				12	12	외상매출금	8,000

외 상 매 출 금

월	일	계정과목	금 액	월	일	계정과목	금 액
12	12	매출	88,000	12	31	보통예금	50,000
12	12	부가세예수금	8,000				

단 기 차 입 금

월	일	계정과목	금 액	월	일	계정과목	금 액
				12	2	보통예금	200,000

부가세대급금

월	일	계정과목	금 액	월	일	계정과목	금 액
12	5	현금	2,000				
12	10	외상매입금	4,000				
12	31	현금	1,000				

자 본 금

월	일	계정과목	금 액	월	일	계정과목	금 액
				12	1	현금	500,000

상 품

월	일	계정과목	금 액	월	일	계정과목	금 액
12	10	외상매입금	40,000				

비 품

월	일	계정과목	금 액	월	일	계정과목	금 액
12	5	현금	20,000				

임 차 보 증 금

월	일	계정과목	금 액	월	일	계정과목	금 액
12	1	현금	300,000				

- 자산, 부채, 자본 계정의 잔액은 재무상태표를 구성하며, 잔액은 차기로 이월된다.
- 자산 계정의 증가는 차변에 기록하며, 부채·자본 계정의 증가는 대변에 기록한다.

□ 총계정원장 작성 예시(비용 및 수익 계정)

급 여

월	일	계정과목	금 액	월	일	계정과목	금 액
12	31	현금	5,000				

상 품 매 출

월	일	계정과목	금 액	월	일	계정과목	금 액
				12	12	외상매출금	80,000

복 리 후 생 비

월	일	계정과목	금 액	월	일	계정과목	금 액
12	15	현금	2,000				

이 자 수 익

월	일	계정과목	금 액	월	일	계정과목	금 액
				12	12	보통예금	1,000

접 대 비

월	일	계정과목	금 액	월	일	계정과목	금 액
12	20	현금	1,000				

➡ 장부 분류

- 장 부
  - 주요부
    - 분 개 장
    - 총계정원장
  - 보조부
    - 보조기입장 : 현금출납장, 매입장, 매출장, 받을어음기입장 지급어음기입장
    - 보 조 원 장 : 매입처원장, 매출처원장, 상품재고장

❹ 보조부 기록

보조부란 주요장부(분개장, 총계정원장)에서 그 거래내용을 충분히 기록할 수 없는 내용을 보다 자세히 기록.관리하기 위하여 작성하는 장부로서 현금출납장, 매출처원장, 매입처원장, 현금출납장, 매입매출장, 받을어음기입장, 지급어음기입장 등이 으며, 보조부는 기업 실정에 따라 필요하지 않는 경우 작성하지 않아도 된다.

➡ 지출결의서

기업에서 발생하는 거래는 원칙적으로 전표를 작성하여 거래를 기록하여야 한다. 반면, 지출결의서란 소규모 기업이 출금에 관한 내용만을 기록하는 출금전표 대용으로 작성하는 것으로 지출결의서만을 작성하는 기업의 경우 입금에 관한 사항은 사장 또는 부서장이 별도로 관리한다. 따라서 거래를 정상적으로 기록하기 위해서는 전표를 작성하여야 한다.

▶ 지출결의서 작성방법

지출결의서는 현금 및 예금이 출금된 날 작성하며, 전표를 사용하지 않는 소규모기업이 출금에 대한 영수증 등을 첨부하기 위한 것이다.

○ 발의란 : 물품대금 등을 결제하기 위하여 결정한 날을 말하며, 특별한 의미가 없으므로 통상 기재하지 않는다.

○ 결재란 : 물품대금 등을 결제하기 위하여 관리자의 승인을 받는 날

○ 지출란 : 물품대금 등을 실제 결제한 날짜를 기록한다.

○ 계정과목란 : 유사한 성격의 지출항목을 요약하여 통일된 용어로 축약한 것을 계정과목이라 한다. (복리후생비, 통신비, 여비교통비 등) 손익계산서를 작성할 필요가 없는 경우에는 계정과목을 기록할 필요가 없는 것이나 회사의 지출 및 수입내역에 대한 계정과목별 집계가 필요한 회사의 경우 기재한다.

○ 적요란 : 지출에 대한 내역을 간략하게 기재한다.

○ 금액란 : 지출금액

○ 영수자란 : 거래와 관련하여 대금을 지급하고, 입금표를 수취하지 않는 경우에 그 지급 사실을 증명하기 위하여 영수자의 성명 및 날인을 받아둔다.

결제	담당	대리	과장	부장	상무	전무	사장

지 출 결 의 서

일금 ________________ ₩ ________________

발의	년 월 일	인		처리사항	
결제	년 월 일	인		계정과목	
지출	년 월 일	인			

내 역		
적 요	금 액	비 고
합 계		

위 금액을 영수(청구)하나이다.
200 년 월 일
영수자

5 보조장부 작성

보조장부란 주요장부(분개장, 총계정원장)에서 그 거래내용을 충분히 기록할 수 없는 내용을 보다 자세히 기록·관리하기 위하여 작성하는 장부다. 예를 들면, 외상매출금이나 외상매입금등의 입출금거래에 대하여 별도의 보조부를 작성하지 않고 매출장, 매입장에만 기입하면 거래처별로 받을 금액이나 지급할 금액의 변동내역을 알 수가 없으므로 거래처별 외상매출금 원장, 거래처별 외상매입금 원장을 작성하여 잔액을 관리하여야 하는 것이다. 이러한 보조부는 반드시 작성하여야 하는 것은 아니며, 회사 실정에 따라 선택하여 작성한다.

1 현금출납장

❶ 현금출납장

현금출납장이란 현금의 입금 및 출금에 대한 거래내역을 기록하는 장부로서 현금에는 통화(현금)외에 타인발행수표, 자기앞수표 등 통화대용증권을 포함한다.

현금출납장은 회계원칙에 의하여 장부를 작성하는 기업뿐만 아니라 개인 또는 개인사업자의 경우에도 금전 등의 입금 및 출금에 대한 거래를 기록하는 장부로 일명 금전출납부라고도 한다.

현금의 입금 및 출금에 대하여 그 거래내역을 현금출납장에 기록함으로서 기업이 보유하고 있는 현금잔고를 즉시 파악할 수 있고, 그 수입 및 지출의 원인을 알아 볼 수 있다.

전통적으로 현금출납장은 기업에서 작성하는 매우 중요한 장부로 인식되어 왔으나 오늘날에는 기업의 결제거래가 주로 보통예금 이체를 통하여 이루어지고 현금을 회사내에 보관하게 되면, 분실 또는 도난 위험으로 점차 현금거래가 줄어들면서 현금거래는 소액자금의 즉시 결제를 위하여 자금을 집행하는 부서(경리부, 영업부 등)에 전도하여 그 지출에 대한 내역을 기록하는 정도의 장부로 기록하고 있는 추세다.

한편, 복식부기에 의하여 장부를 작성하는 기업의 경우 대부분 전산프로그램으로 경리업무를 처리하고 있으므로 현금출납장의 경우에도 전산으로 출력하나 현금 입출금거래에 대하여는 수기장부가 가지고 있는 편의성이 있으므로 기업에 따라서는 현금 입출금거래에 대하여 먼저 수기로 장부를 작성한 다음 전산에 입력하기도 한다.

❷ 현금출납장 작성 사례

① 8. 1 보통예금에서 현금 1,000,000원을 인출하다.
② 8. 1 식대 30,000원을 대성식당에 현금으로 지급하다.
③ 8. 2 직원 김길동에게 시내교통비 10,000원을 현금으로 지급하다.
④ 8. 2 색동문구에서 문구류를 구입하고 12,000월을 현금으로 지급하다.
⑤ 8. 2 직원 식대 15,000원을 대성식당에 현금으로 지급하다.
⑥ 8. 3 신문대금 12,000원을 납부하다.
⑦ 8. 4 거래처 직원과 식사를 하고 50,000원을 현금으로 지급하다.
⑧ 8. 4 직원 식대 8,000원을 대성식당에 현금으로 지급하다.
⑨ 8. 5 신문대금 15,000원을 현금으로 지급하다.
⑩ 8. 5 수도요금 30,000원을 현금으로 지급하다.

현 금 출 납 장

월	일	적요	입금	출금	잔액
8	1	보통예금 현금인출	1,000,0000		
8	2	식대		30,000	970,000
8	2	시내출장비		10,000	
8	2	문구대		12,000	
8	2	직원 식대		15,000	933,000
8	3	신문대금		12,000	921,000
8	4	거래처 식대		50,000	871,000
8	4	직원 식대		8,000	863,000
8	5	신문대금		15,000	848,000
8	5	수도요금		30,000	818,000

[2] 매출장 및 매출처원장

❶ 매출장

매출장이란 매출발생시 매출거래에 대하여 별도로 작성하는 장부로 물품 등의 공급일 (통상 세금계산서 작성일)에 매출장을 작성한다.

▣ 거래명세서와 월합계 세금계산서

상품 또는 제품 등의 매출시 그 대금영수 여부와는 관계없이 상품 등의 출고된 시점마다 원칙적으로 매출세금계산서를 발행하여야 한다.

그러나 계속적인 거래가 있는 업체의 경우 상거래의 편의를 제공하기 위하여 세법은 매 번의 거래시에는 거래명세서를 주고받고 1개월간 거래를 합하여 해당 월의 다음 달 10일(작성일자는 반드시 해당 월의 말일을 기재하여야 함)까지 월합계 세금계산서를 주고받을 수 있도록 규정하고 있다. 한편, 월합계 세금계산서를 주고받는 업체의 경우에는 매 번의 거래내역인 거래명세서 내역 또는 상품(원재료) 수불부를 거래처별로 기록하여야 월간 총매출액을 계산할 수 있고, 월합계 세금계산서 발행의 근거자료가 된다.

❷ 매출처원장(매출 거래처원장)

외상거래로서 거래처별로 관리를 하여야 하는 경우 거래처원장을 작성한다. 거래처원장이란 물품 등을 판매하고 그 대금을 외상으로 하는 경우 각각의 거래처별로 물품 판매대금의 외상발생 및 입금에 관한 내용을 기록하기 위하여 작성하는 거래처별 외상매출장부이다. 따라서 거래처별로 별도 외상관리가 필요 없는 단 건 거래 및 현금거래시에는 거래처원장을 작성할 필요가 없다.

매출과 대금회수과정

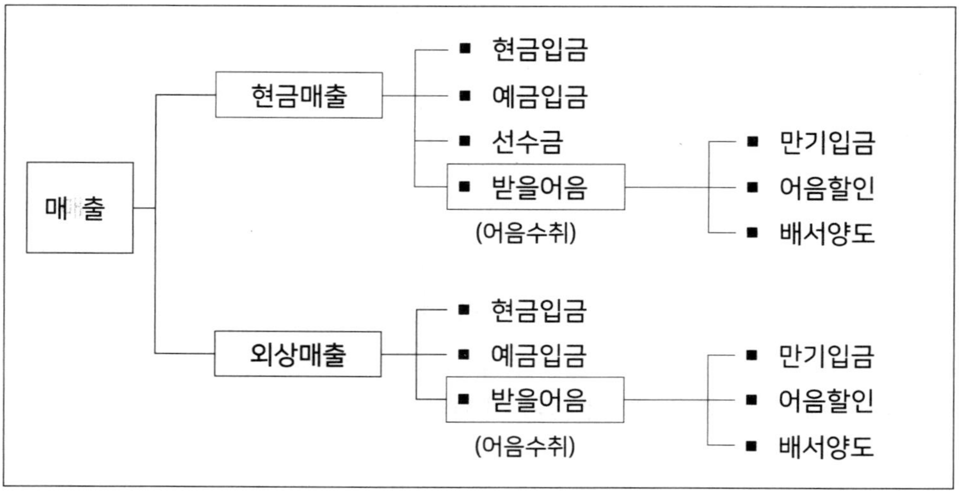

▪ 표시 거래에서 대금 회수 완료

❸ 매출장 및 매출처원장 작성 예시

(주)리치는 의류제조업체로 20××년 6월 중 의류 10,000,000원(공급가액)을 신세계 백화점에 납품하고 6. 30 세금계산서를 발행하여 발급하다. 그 대금은 나중에 지급받기로 하다. (공급가액 10,000,000원, 세액 1,000,000원)

▣ 물품 출고시 거래명세서 발행 및 상품(재고)수불부 작성

도, 소매업의 경우 상품(제조업은 원재료 및 제품)의 입고 및 출고에 대하여 품목별, 업체별, 일자별로 입고 및 출고에 대한 거래내역을 기입하는 장부다. 상품수불부는 업체규모 또는 업종별로 상품수불부를 작성하여야 할 사유가 각각 다르므로 업체 실정에 맞게 작성하면 된다.

상 품 수 불 부

업체명 : 신세계백화점

일자		품 목	수 량	단 가	거 래 금 액		합계금액	비 고
월	일				공급가액	세 액		
6	2	원사			1,700,000	170,000		
6	5	원사			1,200,000	120,000		
6	10	원사			2,500,000	250,000		
6	15	원사			800,000	80,000		
6	29	원사			3,800,000	380,000		
6	30	거래금액총합계			10,000,000	1,000,000	11,000,000	
6	30	매출세금계산서			10,000,000	1,000,000	11,000,000	
		차 월 이 월			0	0	0	

- 재고관련 전산프로그램을 사용하지 않는 소기업
  계속 거래처인 경우 1개월간의 거래내용을 집계하기 위하여 작성한다.
- 재고관련 전산프로그램을 사용하는 기업
  전산프로그램에 의하여 재고 입고 및 출고를 관리한다.

▣ 매출세금계산서 발행시(6월 30일)

- 세금계산서 발행(◎)
- 전표 발행(◎)
- 매출장 작성(◎)
- 거래처원장 작성(◎)
- 총계정원장 작성(◎)

□ 매입매출거래 입력

차 변		대 변	
외상매출금	11,000,000	매출	10,000,000
		부가세예수금	1,000,000

□ 전표 발행

대 체 전 표	결재	담당	대리	과장	부장	대표
NO 20××년 6월30일						

계정과목	적 요	금 액	계정과목	적 요	금 액
외상매출금	외상매출	11000000	매 출	신세계백화점	10000000
			부가세예수금		1000000
합 계		11000000	합 계		11000000

□ 매출장

매 출 장

월	일	적 요	거래처명	품 명	수 량	단 가	공급가액	세 액
6	30	매출	신세계백화점				10,000,000	1,000,000

3 매입장 및 매입처원장

❶ 매입장

매입장이란 물품(상품, 원재료 등) 등을 매입하고 세금계산서를 수취하는 거래에 대하여 별도로 작성하는 장부로 물품 등의 인수일 (통상 세금계산서 작성일)에 매입장을 작성한다.

▣ 거래명세서와 월합계 세금계산서

상품 또는 제품 등의 매입시 그 대금영수 여부와는 관계없이 상품 등의 입고된 시점마다 원칙적으로 매입세금계산서를 수취하여야 한다. 그러나 계속적인 거래가 있는 업체의 경우 상거래의 편의를 제공하기 위하여 세법은 매 번의 거래시에는 거래명세서를 주고받고 1개월간 거래를 합하여 해당 월의 다음 달 10일(작성일자는 반드시 해당 월의 말일을 기재하여야 함)까지 월합계 세금계산서를 주고받을 수 있도록 규정하고 있다. 한편, 월합계 세금계산서를 주고받는 업체의 경우에는 매 번의 거래내역인 거래명세서 내역을 거래처별로 기록하여야 월간 총매입액을 계산할 수 있고 월합계 세금계산서 수취의 근거자료가 된다.

❷ 매입처원장(매입거래처원장)

외상거래로서 매입처별로 관리를 하여야 하는 경우 거래처원장을 작성한다. 거래처원장이란 물품 등을 매입하고 그 대금을 외상으로 하는 경우 각각의 거래처별로 물품 매입대금의 외상발생 및 결제에 관한 내용을 기록하기 위하여 작성하는 거래처별 외상관리장부다. 따라서 거래처별로 별도 외상관리가 필요 없는 단 건 거래 및 현금거래시에는 거래처원장을 작성할 필요가 없다.

❸ 매입장 및 매입처원장 장부 작성 예시

(주)리치는 원사(원재료) 10,000,000원을 (주)대일원사로부터 7월 중에 납품받고 7. 31. 매입세금계산서를 수취하다.
(공급가액 10,000,000원, 세액 1,000,000원, 합계 11,000,000원)

▣ 물품 입고시 거래명세서 수취 및 상품수불부 작성

도, 소매업의 경우 상품(제조업은 원재료 및 제품)의 입고 및 출고에 대하여 품목별, 업체별, 일자별로 입고 및 출고에 대한 거래내역을 기입하는 장부로서 상품수불부는 업체규모 또는 업종별로 상품수불부를 작성하여야 할 사유가 각각 다르므로 업체 실정에 맞게 작성하면 된다.
최근에는 상품수불부를 작성하여야 하는 기업의 경우 대부분 재고관련 전산프로그램을 도입하고 있는 실정이며 본 장에서는 일반적인 내용을 살펴보자.

상 품 수 불 부

업체명 : **(주)대일원사**

일자		품 목	수 량	단 가	거 래 금 액		합계금액	비 고
월	일				공급가액	세 액		
7	2	원사			1,700,000	170,000		
7	5	원사			1,200,000	120,000		
7	10	원사			2,500,000	250,000		
7	15	원사			800,000	80,000		
7	29	원사			3,800,000	380,000		
7	31	거래금액총합계			10,000,000	1,000,000	11,000,000	
7	31	매입세금계산서			10,000,000	1,000,000	11,000,000	
		차 월 이 월			0	0	0	

- 재고관련 전산프로그램을 사용하지 않는 소기업
  계속 거래처인 경우 1개월간의 거래내용을 집계하기 위하여 작성한다.
- 재고관련 전산프로그램을 사용하는 기업
  전산프로그램에 의하여 재고 입고 및 출고를 관리한다.

▣ 매입세금계산서 수취시(7월 31일)

- 매입매출전표입력
- 전표(◎)
- 매입장(◎)
- 총계정원장 작성(◎)
- 거래처원장(◎)

□ 매입거래 입력

차변		대변	
원재료	10,000,000	외상매입금	11,000,000
부가세대급금	1,000,000		

□ 전표발행

대 체 전 표

NO　　　　20××년 7월31일

결재	담당	대리	과장	부장	대표

계정과목	적요	금액	계정과목	적요	금액
원재료	원사 매입	10000000	외상매입금	(주)대일원사	11000000
부가세대급금		1000000			
합　계		11000000	합　계		11000000

□ 매입장

매　　입　　장

월	일	적요	거래처명	품명	수량	단가	공급가액	세액
7	31	원재료 매입	(주)대일원사				10,000,000	1,000,000

4 재고자산수불부

❶ 재고자산수불부

상품, 원재료, 제품 등의 수불과 관련하여 작성하는 장부로 상품수불부, 원재료수불부, 제품수불부를 통틀어 재고수불부라 한다. 재고수불부는 재고자산의 입고 및 출고를 계속적으로 기록하는 장부로서 상품의 종류 및 거래처가 많고, 입고 및 출고가 빈번하면 수기로 재고수불부를 작성하기가 쉽지 않으므로 대부분 전산으로 처리한다.

한편, 상품의 품목이 많고, 상품의 등급, 규격 등이 다양한 경우 상품 종류별, 업체별로 상품수불부를 작성하는 데는 많은 시간과 노력이 필요하므로 기업의 규모, 업종에 따라 그 유용성을 판단하여 실정에 맞는 상품수불부를 작성한다.
예를 들어 원재료를 가공하여 제품을 생산.판매하는 제조기업의 경우에

[원재료 창고 입고 ▸ 원재료 공장 출고] → 가공 → [제품 완성 ▸ 제품 출고]

라는 과정이 이루어지므로 원재료수불부와 제품수불부를 별도로 작성하여야 한다. 그러나 소규모 기업에서 이와 같은 방법으로 장부를 기록하다 보면 실익도 없이 관리업무만 복잡하게 되는 결과가 초래 될 것이다. 따라서 소규모 제조기업으로 원재료 수불관리가 필요하다면, 기업 실정을 감안하여 회사상황에 적합한 원재료 수불부를 작성하여야 할 것이다.

일반적으로 소규모 기업의 경우에는 원재료수불부를 작성하기보다는 고정거래처와 거래시 매 번의 재고자산 입고 및 출고시 거래명세서에 근거하여 거래처별로 재고자산 입고 및 출고장부를 기록하고 1개월간의 총거래금액을 합산하여 월합계 세금계산서를 주고받는 근거장부를 작성하는 정도로 재고자산의 입고 및 출고에 대한 내용만 기록하고 있는 것이 현실이다.

▣ 재고자산 입고 및 세금계산서 수취시 작성하는 장부

① 월합계 세금계산서 수취업체

- 거래명세서 수취 : 재고수불부
- 세금계산서 수취 : 전표, 매입장, 총계정원장, 거래처원장(계속 거래처와의 거래 또는 외상거래시 작성)
- 매입대금결제 : 전표, 현금(보통예금)출납장, 거래처원장, 총계정원장

② 매 번의 거래시마다 세금계산서를 수취하는 업체

- 세금계산서 수취시 : 재고수불부, 전표, 매입장, 총계정원장, 거래처원장(계속 거래처와의 거래 또는 외상거래시 작성)
- 매입대금결제시 : 전표, 현금(보통예금)출납장, 거래처원장, 총계정원장

▣ 재고자산 출고 및 세금계산서 발행시 작성하는 장부

① 월합계 세금계산서 발행업체

- 거래명세서 발행 : 재고수불부
- 세금계산서 발행 : 세금계산서발행, 전표, 매출장, 총계정원장, 거래처원장 작성
- 매출대금 입금시 : 전표, 현금(보통예금)출납장, 거래처원장, 총계정원장

② 매 번의 거래시마다 세금계산서를 발행하는 업체

- 세금계산서 발행시 : 재고수불부, 세금계산서발행, 전표, 매출장, 총계정원장, 거래처원장(외상거래시)
- 매출대금 입금시 : 전표, 현금(보통예금)출납장, 거래처원장, 총계정원장

보 충 | 재고자산의 취득가액에 포함하여야 하는 것

- 매입 운임, 매입 물품의 보험료
- 수입물품 : 수입시 발생하는 제비용(관세, 통관수수료, 창고보관료, 운임 등)

❷ 재고수불부 작성 사례

예 제 상품수불 내역

① 7. 1 볼펜 전월이월액 20,000원 (20개, 매입단가 1,000원)

② 7. 2 (매입) 가가상사에서 볼펜 36,000원(30개, 매입단가 1,200원)어치를 매입하고 거래명세서를 받다.

③ 7. 5 (매출) 갑진상사에게 볼펜 37,500원(25개, 매출단가 1,500원)어치를 판매하고 거래명세서를 발행하여 주다.

④ 7. 10 (매입) 안동상사에서 볼펜 22,000원(20개, 매입단가 1,100원)어치를 매입하고 세금계산서를 수취한 다음 그 대금은 현금으로 지급하다.

⑤ 7. 12 (매입) 가가상사에서 볼펜 13,000원(10개, 매입단가 1,300원)어치를 매입하고 거래명세서를 받다.

⑥ 7. 15 (매출) 갑진상사에게 볼펜 32,000원(20개, 매출단가 1,600원)어치를 판매하고 거래명세서를 발행하여 주다.

⑦ 7. 20 (매출) 세진상사에게 볼펜 18,000원(10개, 매출단가 1,800원)어치를 판매하고 세금계산서를 발행한 다음 그 대금은 현금으로 받다.

⑧ 7. 25 (매입) 가가상사에서 볼펜 80,000원(50개, 매입단가 1,000원)어치를 매입하고 거래명세서를 받다.

⑨ 7. 27 (반품) 가가상사에서 7. 25 매입한 볼펜 중 하자가 있는 상품 10개를 반품하고, 반품에 대한 거래명세서를 받다.

⑩ 7. 30 (매출) 갑진상사에게 볼펜 60,000원(40개, 매출단가 1,500원)어치를 판매하고 거래명세서를 발행하여 주다.

⑪ 8. 5 가가상사에서 월합계 세금계산서(작성일자: 7. 31)를 수취하고 그 대금은 나중에 주기로 하다. [공급가액 88,000원, 세액 8,800원]

⑫ 8. 6 갑진상사에 월합계 세금계산서(작성일자: 7. 31)를 발행하여 주고 그 대금은 나중에 받기로 하다. [공급가액 129,500원, 세액 12,950원]

▶ 재고관련 프로그램을 사용하지 않는 업체로서 월합계 세금계산서를 수수하는 업체인 경우 매번의 거래내용에 대하여 거래내역을 기록하고, 월간 합계를 집계하기 위하여 매입처별 거래내역 또는 매출처별 거래내역을 기록하여 관리한다.

☐ 매입처별거래명세내역

매입처별거래명세내역

거래처명 : 가가상사

일자 월	일자 일	품목	수량	단가	거래금액 공급가액	거래금액 세액	외상매입금 차변 (증가)	외상매입금 대변 (감소)	외상매입금 잔액
7	2	볼펜	30	1200	36,000	3,600			
7	12	볼펜	10	1300	13,000	1,300			
7	25	볼펜	50	1000	50,000	5,000			
7	27	볼펜 반품	10	1000	-10,000	-1,000			
		거래금액총합계			89,000	8,900			
7	31	매입세금계산서			89,000	8,900	97,900		
		차 월 이 월							

☐ 매입장 예시

매 입 장

월	일	유형	코드	계정과목	거래처명 코드	거래처명	품명	거래내용 수량	거래내용 단가	매입액 금액	매입액 세액
7	10	과세	146	상품	***	안동상사	볼펜	20	1100	22,000	2,200
7	31	과세	146	상품	***	가가상사	볼펜			89,000	8,900

☐ 매출처별거래명세내역

매출처별거래명세내역

거래처명 : 갑진상사

일자 월	일자 일	품목	수량	단가	거래금액 공급가액	거래금액 세액	외상매출금 차변 (증가)	외상매출금 대변 (감소)	외상매출금 잔액
7	5	볼펜	25	1500	37,500	3,750			
7	15	볼펜	20	1600	32,000	3,200			
7	30	볼펜	40	1500	60,000	6,000			
		거래금액총합계	85		129,500	12,950			
7	31	매출세금계산서	85		129,500	12,950	142,450		
		차 월 이 월							

☐ 매출장 예시

매 출 장

월	일	유형	코드	계정과목	거래처명 코드	거래처명	품명	거래내용 수량	거래내용 단가	매출액 금액	매출액 세액
7	20	과세	402	상품매출	***	세진상사	볼펜	10	1800	18,000	1,800
7	31	과세	402	상품매출	***	갑진상사	볼펜	85		129,500	12,950

5 받을어음기입장

❶ 받을어음기입장

받을어음기입장이란 수취한 어음의 양도, 할인, 만기추심 등에 관하여 기록하기 위한 별도의 장부(보조부)로서 어음 수취 및 받을어음 양도, 어음할인 및 어음만기추심 등 어음의 수취 및 양도에 관한 내용을 기록.관리하기 위하여 작성한다.

▣ 어음 수취

외상이란 물품 등을 구입하는 자가 물품구입 후 물품을 판매한 자에게 나중에 물품대금을 지급하여 줄 것을 구두로 약속하는 것이고, 어음이란 어음증서를 사용하여 주로 매입자가 매출자에게 거래 후 일정 시점에 대금 지급을 약속하는 외상거래의 일종으로 매출대금으로 어음을 수취한 자는 어음법에 의하여 대금지급을 보호받을 수 있으므로 상거래에서 어음을 많이 사용한다. 매출대금으로 어음을 받는 경우 받을어음기입장에 받을어음 수취에 대한 내용을 기재한다.

▣ 어음의 양도, 할인, 만기추심

어음이란 어음을 발행한 자가 일정 시점(지급을 약속한 날)에 어음상의 금액을 어음발행인이 지정한 거래은행에서 어음을 소지한 자에게 그 지급을 약속하는 일종의 차용증서로서 상거래에서 대금 결제 수단으로 많이 사용된다.
따라서 어음을 소지한 자는 어음상의 금액을 나중에 지급받을 수 있는 채권을 보유한 것으로 타인에게 양도하거나, 만기일(대금지급을 약속한 날) 이전에 이 어음을 담보로 금융기관에서 돈을 빌릴 수도 있는 것이다.

- 배서양도 : 외상매입금 등을 결제하기 위하여 받을어음을 양도하는 것
- 어음할인 : 받을어음을 담보로 돈을 빌리는 것
- 만기입금 : 어음 만기일에 거래은행에 추심하여 현금화하는 것

보 충 | 당좌예금

기업이 은행과 당좌거래를 개설한 후 예치한 당좌예금 범위 내에서 은행이 교부한 당좌수표 결제에 필요한 금액을 기입하여 타인에게 발행하여 주면, 수표를 수취한 자는 은행에 당좌수표 제시와 동시에 수표금액을 현금화 할 수 있다. 따라서 수표를 발행하는 기업은 당좌예금 예치금액 범위 내에서 수표를 발행하여야 하며, 만일 수표 또는 어음의 소지인이 은행에 그 지급을 하였으나 발행인의 당좌예금 잔고가 부족하면 수표는 부도처리되는 것이다.

반면, 어음의 경우에는 발행인이 지정한 지급기일(만기일)에 현금화 할 수 있으므로 어음의 소지인은 지급기일에 어음을 현금화 할 수 있다. 따라서 어음의 발행인은 어음상에서 지정한 만기일 이전에 거래은행의 당좌예금에 어음발행금액 이상을 예치하여야 한다.

보 충 | 당좌차월

은행과의 사전 약정에 의하여 당좌예금잔고가 없는 경우에도 일정 금액까지 당좌수표를 발행할 수 있으며, 예금 잔고를 초과하여 수표를 발행한 금액을 당좌차월이라 한다. 즉, 당좌차월은 금융기관으로부터 자금을 일시 빌린 부채에 해당한다.

보 충 | 진성어음(상업어음) 및 융통어음

상품을 매입하고 그 대금은 어음을 발행하여 지급(지급어음)하거나, 물품 등을 판매하고 어음을 받은 경우(받을어음) 등과 같이 정상적인 영업활동에서 사용하는 어음을 상업어음 또는 진성어음이라 한다. 반면, 상품의 판매와는 관계없이 기업에서 자금을 차입하기 위하여 자금을 빌려주는 자에게 차용증서 대신 어음을 발행하여 주는 경우가 있으며, 이러한 어음을 융통어음이라 한다.

❷ 받을어음기입장 작성 사례

▣ 외상 매출 회계처리 및 장부 작성

7. 31 (주)진도에 물품 20,000,000원(부가가치세 2,000,000원 별도)을 판매하고 세금계산서를 발급한 후 대금은 나중에 받기로 하다.

□ 매입매출거래 입력

차변		대변	
외상매출금	22,000,000	매출	20,000,000
		부가세예수금	2,000,000

□ 매출장(◎)

매 출 장

월	일	적 요	거래처명	품 명	수 량	단 가	공급가액	세 액
7	31	매출	(주)진도				20,000,000	2,000,000

▣ 외상 매입 회계처리 및 장부 작성

7. 31 한미상사에서 원재료 6,000,000원 (부가세 600,000원 별도)을 구입하고 세금계산서를 발급받은 후 그 대금은 나중에 지급하기로 하다.

□ 일반전표입력

차변		대변	
원재료	6,000,000	외상매입금	6,600,000
부가세대급금	600,000		

□ 매입장(◎)

매 입 장

월	일	적 요	거래처명	품 명	수 량	단 가	공급가액	세 액
7	31	매입	한미상사				6,000,000	600,000

▣ 외상매출대금 어음 입금 회계처리 및 장부 작성

8. 20 (주)진도로부터 외상매출대금 22,000,000원을 어음으로(3장) 지급받다.

• 지급장소 : 한미은행 종로지점 • 만기일 11. 30

• 어음금액 6,000,000원, 4,000,000원, 12,000,000원

□ 일반전표입력

차변		대변	
받을어음	22,000,000	외상매출금	22,000,000

□ 받을어음기입장(◎)

200×		적 요	금 액	어음번호	지급인	발행인	발행일		만기일		지급장소	처리전말			비고
월	일						월	일	월	일		월	일	전 말	
8	20	매출대금	6,000,000	*****	(주)진도	(주)진도	8	20	11	30	한미 종로				
8	20	매출대금	4,000,000	*****	(주)진도	(주)진도	8	20	11	30	한미 종로				
8	20	매출대금	12,000,000	*****	(주)진도	(주)진도	8	20	11	30	한미 종로				

▣ 어음할인대금 보통예금 입금 회계처리 및 장부 작성

8. 22 받을어음 12,000,000원을 은행에 할인하고 할인료 332,054원을 공제한 11,667,946원이 국민은행 보통예금에 입금되다. (할인율 : 10%)

▶ 어음할인의 경우 매출채권을 매각하는 거래로 보아 액면금액과 매각금액의 차액을 '매출채권매각손실'로 처리할 수도 있으나 실무에서는 통상 차입거래로 보아 이자비용으로 처리한다.

□ 일반전표입력

차변		대변	
보통예금	11,667,946	받을어음	12,000,000
이자비용	332,054		

* 이자비용 : 12,000,000원 × 10%(할인율) × 101(할인일수 : 8.22 ~ 11.30)/365

□ 받을어음기입장(◎)

		적 요	금 액	어음번호	지급인	발행인	발행일		만기일		지급장소	처리전말			비고
월	일						월	일	월	일		월	일	전 말	
8	20	매출대금	6,000,000	*****	(주)진도	(주)진도	8	20	11	30	한미 종로				
8	20	매출대금	4,000,000	*****	(주)진도	(주)진도	8	20	11	30	한미 종로				
8	20	매출대금	12,000,000	*****	(주)진도	(주)진도	8	20	11	30	한미 종로	8	22	어음할인	

보 충 | 어음할인

타인으로부터 받은 어음은 나중에 그 금액을 받을 수 있는 채권이다. 따라서 어음을 발행한 자가 그 지급을 약속한 날짜(지급기일)에 틀림없이 어음금액을 지급할 것으로 믿을 수 있다면,(어음을 발행한 자의 신용이 높은 경우) 금융기관은 이 어음을 담보로 지급기일까지 어음소지인에게 이자를 받고 돈을 빌려 줄 수 있을 것이다. 즉 어음소지인이 어음을 담보로 은행에 돈을 빌리는 것을 어음할인이라 한다.

▣ 받을어음 배서양도 회계처리 및 장부 작성

8. 31 어음금액 6,000,000원은 한미상사에 대한 외상매입금을 지급하기 위하여 (주)진도로부터 받은 어음을 한미상사에 양도하다.
잔액 600,000원은 국민은행 보통예금에서 PC뱅킹으로 이체하다.

□ 일반전표입력

차 변		대 변	
외상매입금	6,600,000	받을어음	6,000,000
		보통예금	600,000

□ 받을어음기입장(◎)

월	일	적 요	금 액	어음번호	지급인	발행인	발행일 월	발행일 일	만기일 월	만기일 일	지급장소	처리전말 월	처리전말 일	전 말	비고
8	20	매출대금	6,000,000	*****	(주)진도	(주)진도	8	20	11	30	한미 종로	8	31	배서양도	
8	20	매출대금	4,000,000	*****	(주)진도	(주)진도	8	20	11	30	한미 종로				
8	20	매출대금	12,000,000	*****	(주)진도	(주)진도	8	20	11	30	한미 종로	8	22	어음할인	

배서양도와 회계처리

어음은 어음에 기재된 금액을 지급기일에 어음발행인으로부터 지급받을 수 있는채권으로 어음상의 권리를 양도할 수 있으며, 양도시 어음 뒷면(背)에 필요한 사항을 기입(書)하고 서명날인하여 양도하기 때문에 배서양도라 한다.

배서양도한 어음은 지급기일에 발행인이 지급을 완료하여야 비로소 채권채무 관계가 소멸되므로 어음을 배서양도한 경우에도 추후 지급기일에 어음발행인이 지급을 하지 못하였을 때 어음을 배서양도한 자도 어음을 양도받은 자에게 어음상의 금액을 변제하여야 할 책임이 있으므로 어음대금이 결제될 때까지는 우발적인 채무가 존재하게 된다. 이 사실을 기록하기 위하여 받을어음 배서양도시에는 배서어음이란 우발채무계정을 사용하고 나중에 배서양도한 어음이 결제된 경우에 배서어음이란 계정과목은 소멸되고 받을어음도 없어지게 된다.

[예시 1] 일동상사에 대한 외상매입대금 1,000,000원을 지급하기 위하여 매출대금으로 대동상사에서 받은 받을어음 1,000,000원을 배서양도하다.

차 변		대 변	
외상매입금	1,000,000	배서어음	1,000,000

[예시 2] 일동상사에 배서양도한 어음이 결제되었음을 통보받다.

차 변		대 변	
배서어음	1,000,000	받을어음	1,000,000

단, 받을어음의 배서양도가 빈번히 발생하지 않고 외부회계감사대상법인이 아닌 경우 약식으로 받을어음양도 즉시 받을어음이 감소된 것으로 거래를 기록하고 배서양도한 어음이 부도발생하면 어음대금 지급금액을 부도어음으로 대체처리 하여도 무방하다.

[예시 1] 받을어음 배서양도시

차 변		대 변	
외상매입금	1,000,000	받을어음	1,000,000

[예시 2] 배서양도한 어음 부도시

차 변		대 변	
부도어음	1,000,000	현금	1,000,000

▣ 받을어음 만기 추심 회계처리 및 장부 작성

11. 30 받을어음 4,000,000원이 만기가 되어 거래은행에 추심하고 추심수수료 10,000원을 공제한 3,990,000원이 국민은행 보통예금에 입금되다.

□ 일반전표입력

차 변		대 변	
보통예금	3,990,000	받을어음	4,000,000
지급수수료	10,000		

□ 받을어음기입장(◎)

월	일	적 요	금 액	어음번호	지급인	발행인	발행일 월	발행일 일	만기일 월	만기일 일	지급장소	처리전말 월	처리전말 일	처리전말 전 말	비고
8	20	매출대금	6,000,000	*****	(주)진도	(주)진도	8	20	11	30	한미 종로	8	31	배서양도	
8	20	매출대금	4,000,000	*****	(주)진도	(주)진도	8	20	11	30	한미 종로	11	30	만기입금	
8	20	매출대금	12,000,000	*****	(주)진도	(주)진도	8	20	11	30	한미 종로	8	21	어음할인	

▣ 부도어음 발생 및 회수 회계처리 및 장부 작성

200×. 12. 30 국민은행에 할인한 어음 (8. 30 덕원개발로부터 받은 받을어음 할인)이 부도가 되었음을 한미은행으로부터 통보받고 어음금액 10,000,000원 및 기타 제 비용 50,000원을 한미은행 보통예금에서 인출하여 즉시 한미은행에 지급하고, 덕원개발에 부도어음 금액의 상환을 청구하다.

□ 일반전표입력

차 변		대 변	
부도어음	10,050,000	보통예금	10,050,000

매출대금으로 수취한 어음을 금융기관에 어음을 할인하거나 배서.양도한 후 만기에 부도가 난 경우 사업자는 금융기관에 할인한 어음 또는 배서양도한 어음금액을 지급하여야 한다. 그리고 어음을 양도받은 거래처 또는 어음의 발행인에게 즉시 부도금액을 청구하여야 한다.

6 지급어음기입장

❶ 지급어음기입장

지급어음기입장이란 거래은행과 어음발행에 대한 당좌계약을 체결하고 어음을 발행하는 경우 어음발행 및 그 결제에 대한 내용을 기록하는 보조장부다.

물품 등을 구입하고 어음을 발행하여 그 대금을 지급하는 것은 어음이란 채무증서를 발행하여 장차 일정 시점에 대금을 지급하겠다는 일종의 외상매입이다.
따라서 물품대금 등을 어음을 발행하여 지급하는 경우 그 지급을 약속한 지급기일(만기일)에 어음을 소지한 자가 어음대금의 지급을 청구하면 그 때 어음발행인의 당좌예금에서 어음금액이 인출된다.

❷ 지급어음기입장 작성 사례

▣ 외상 매입

(주)진보는 원사 5,000,000원(부가세 별도)을 (주)고려물산으로부터 8월중 납품받고, 8. 31 매입세금계산서를 수취한 후 그 대금은 나중에 지급하기로 하다.

□ 매입매출거래 입력

차 변		대 변	
원재료	5,000,000	외상매입금	5,500,000
부가세대급금	500,000		

□ 매입장

매 입 장								
월	일	적 요	거래처명	품 명	수 량	단 가	공급가액	세 액
8	31	매입	(주)고려물산				5,000,000	500,000

▣ 외상매입대금 어음발행 지급

(주)고려물산에 대한 외상매입대금 5,500,000원을 9. 10 어음을 발행하여 지급하다. 지급일자 : 200×. 11. 30 지급장소 : 농협 중동지점

□ 일반전표입력

차 변		대 변	
외상매입금	5,500,000	지급어음	5,500,000

□ 지급어음기입장

월	일	적 요	금 액	어음번호	수취인	발행인	발행일 월	발행일 일	만기일 월	만기일 일	지급장소	처리전말 월	처리전말 일	처리전말 전 말	비고
9	10	어음발행	5,500,000	***	(주)고려물산	(주)진보	9	10	11	30	농협중동				

▣ 지급어음 결제 회계처리 및 장부 작성

11. 30 (주)진보의 농협 당좌예금에서 9. 10 (주)고려물산에 발행한 어음발행 금액 5,500,000원이 인출되다.

□ 일반전표입력

차 변		대 변	
지급어음	5,500,000	당좌예금	5,500,000

□ 지급어음기입장

월	일	적 요	금 액	어음번호	수취인	발행인	발행일 월	발행일 일	만기일 월	만기일 일	지급장소	처리전말 월	처리전말 일	처리전말 전 말	비고
9	10	어음발행	5,500,000	***	(주)고려물산	(주)진보	9	10	11	30	농협중동	11	30	결제	

6 일계표 및 시산표

1 일계표

❶ 일계표

일계표란 동일 날짜에 발생한 거래를 같은 계정과목별로 집계하여 대차평균의 원리에 의하여 일정한 순서로 작성한 표를 말한다. 일계표는 매일의 거래 건수가 많고, 거래와 관련한 각종 장부를 통제하여야 할 필요가 있는 경우 작성하는 장부로 거래 건수가 많지 않은 소규모기업의 경우에는 통상 작성하지 않는다.

일계표를 작성하는 경우 각각의 계정과목별로 증가 및 감소를 기록하는 총계정원장에의 전기는 매일 합계금액을 총계정원장에 전기한다. 한편, 전산프로그램을 사용하는 경우 자동으로 처리되므로 별도로 작성할 필요는 없다.

❷ 일계표 작성 사례

예 제 거래일자 20××. 7. 25

① 전일 현금 이월액 852,000원

② (주)동원상사에 상품 5,500,000원(부가세 포함)을 매출하고 그 대금은 나중에 받기로 하다.

③ 한라상사에 상품 990,000원(부가세 포함)을 매출하고 그 대금은 현금으로 영수하다.

④ 국도상사에서 상품 2,200,000원(부가세 포함)을 매입하고 그 대금은 어음으로 지급하다.

⑤ 일진문구에서 문구용품 50,000원을 구입하고 그 대금은 현금으로 지급하다.

⑥ 직원 김봉구의 업무출장시 출장여비 200,000원을 현금으로 지급하다.

⑦ 보통예금에서 1,500,000원을 현금으로 인출하다.

⑧ 대한물산 외상매입금 2,000,000원을 보통예금에서 인터넷뱅킹으로 이체하다. 이체수수료 500원 인출되다.

⑨ 직원 식대 80,000원을 현금으로 지급하다.

⑩ 전화요금 120,000원을 현금으로 납부하다.

분개

NO	차 변		대 변	
	계정과목	금 액	계정과목	금 액
②	외상매출금	5,500,000	매출	5,000,000
			부가세예수금	500,000
③	현금	990,000	매출	900,000
			부가세예수금	90,000
④	상품	2,000,000	지급어음	2,200,000
	부가세대급금	200,000		
⑤	사무용품비	50,000	현금	50,000
⑥	여비교통비	200,000	현금	200,000
⑦	현금	1,500,000	보통예금	1,500,000
⑧	외상매입금	2,000,000	보통예금	2,000,500
	지급수수료	500		
⑨	복리후생비	80,000	현금	80,000
⑩	통신비	120,000	현금	120,000

▣ 일계표 작성 방법

- 매일 발생한 거래에 대하여 전표를 작성하여 계정과목별로 집계한다.
- 계정과목별 합계금액을 자산, 부채, 자본, 수익, 비용순으로 기록한다.

• 현금 입금거래는 입금의 원인인 해당 계정과목 현금 입금란에, 현금 출금거래는 출금의 원인인 해당 계정과목 현금 출금란에 기입한다.

• 현금 입·출금거래를 제외한 기타 모든 거래는 계정과목별로 집계하여 대체전표의 차변금액은 차변란에, 대변금액은 대변란에 기입한다.

• 대체거래의 차변금액 및 대변금액은 반드시 일치하여야 하므로 불일치시 그 원인을 규명하여 정정하여야 한다.

• 소계를 계산한 다음 현금전일 잔고와 금일잔고를 예시와 같이 기입한다.

• 합계란의 금액은 반드시 일치하여야 하며, 일치되지 않는 경우 그 원인을 규명하여 일치하도록 하여야 한다.

일 계 표

20××. 7. 25

차 변			계정과목	대 변		
합계	대체	현금출금		현금입금	대체	합계
			보 통 예 금	1,500,000	2,000,500	3,500,500
5,500,000	5,500,000		외 상 매 출 금			
200,000	200,000		부 가 세 대 급 금			
2,000,000	2,000,000		상 품			
2,000,000	2,000,000		외 상 매 입 금			
			지 급 어 음		2,200,000	2,200,000
			부 가 세 예 수 금	90,000	500,000	590,000
			매 출	900,000	5,000,000	5,900,000
80,000		80,000	복 리 후 생 비			
200,000		200,000	여 비 교 통 비			
120,000		120,000	통 신 비			
500		500	지 급 수 수 료			
50,000		50,000	사 무 용 품 비			
10,150,500	9,700,000	450,500	소 계	2,490,000	9,700,500	12,190,500
			현금(전일잔고)	852,000		852,000
2,891,500		2,891,500	현금(금일잔고)			
13,042,000	9,700,000	3,342,000	합 계	3,342,000	9,700,000	13,042,000

◦ 현금을 제외한 기타 계정과목 전기방법은 시산표와 같다.

2 시산표

❶ 시산표

거래를 분개장에 기입한 후 모든 거래가 대차평균의 원리에 의하여 정확히 기록된 것인지 분개된 거래가 총계정원장에 바르게 전기되었는지를 검증하기 위하여 계정과목별 합계(수익, 비용 계정) 및 잔액(자산, 부채, 자본 계정)을 집계한 시산표를 작성한다.

시산표는 계정과목별로 합계 및 잔액을 표시하는 합계잔액시산표, 합계만을 표시하는 합계시산표, 잔액만을 표시하는 잔액시산표가 있으며, 일반적으로 합계잔액시산표를 작성한다.

❷ 시산표 오류 정정

복식부기에 의한 장부기장시 차변금액 합계와 대변금액 합계는 반드시 일치한다. 따라서 시산표의 차변금액 합계 및 대변금액 합계가 일치하지 않을 경우 회계처리 과정에서 오류가 있는 것으로 조사하여 오류사항을 정정하여야 한다.

① 시산표의 차변 및 대변합계가 일치하지 않는 경우 확인할 사항

㉠ 분개가 정확하게 되었는가?

㉡ 총계정원장 전기시 계정과목 및 금액을 정확히 기재하였는가?

㉢ 총계정원장 각 계정항목별 금액집계가 정확한가?

㉣ 시산표 금액 집계가 정확한가?

② 아래 사항은 시산표에서 발견할 수 없는 오류로 거래내용을 모두 정확하게 기재하였는가를 다시 체크하여야 한다.

㉠ 분개시 차변과 대변 계정과목을 반대로 기록한 경우

㉡ 분개시 차변금액과 대변금액을 같이 잘못 기재한 경우

㉢ 거래를 중복기재하거나 누락한 경우 또는 다른 계정과목으로 전기한 경우

❸ 합계잔액시산표 작성 사례

합계잔액시산표

20×× 년 12월 현재

업체명 : 경주상사(주) (단위 원)

차변		계정과목	대변	
잔 액	합 계		합 계	잔 액
779,000	1,356,000	<자 산>	577,000	
59,000	550,000	현 금	491,000	
315,000	351,000	보 통 예 금	36,000	
38,000	88,000	외 상 매 출 금	50,000	
7,000	7,000	부가세대급금		
40,000	40,000	상 품		
20,000	20,000	비 품		
300,000	300,000	임 차 보 증 금		
	30,000	<부 채>	252,000	222,000
	30,000	외 상 매 입 금	44,000	14,000
		부가세예수금	8,000	8,000
		단 기 차 입 금	200,000	200,000
		<자 본>	500,000	500,000
		자 본 금	500,000	500,000
		<매 출>	80,000	80,000
		상 품 매 출	80,000	80,000
23,000	23,000	<판매비 및 관리비>		
5,000	5,000	급 여		
2,000	2,000	복 리 후 생 비		
1,000	1,000	접 대 비		
5,000	5,000	통 신 비		
10,000	10,000	지 급 임 차 료		
		<영 업 외 수 익>	1,000	1,000
		이 자 수 익	1,000	1,000
1,000	1,000	<영 업 외 비 용>		
1,000	1,000	이 자 비 용		
803,000	1,410,000	합 계	1,410,000	803,000

매출거래와 관련하여 기록하는 장부

세금계산서를 발행하는가 ?

↓

월합계 세금계산서를 발행하는가 ? — 아니오

↓

《거래명세서 발행시》

- 상품(원재료)수불부 작성

↓

《세금계산서 발행시》

- 상품수불부 마감
- 매출장 작성

(아니오) 《세금계산서 발행시》

- 매출장 작성

대금수령

어음으로 결제받았는가 ? — 예

아니오

매출대금 영수

◎ 입금종류에 따라
- 현금출납장
- 예금출납장

외상

- 거래처별원장

↓

《대금수령시》

- 거래처별원장

◎ 입금종류에 따라
- 현금출납장
- 예금출납장

(예)

매출대금 어음수취

받을어음 수취

- 받을어음기입장

외상

- 거래처원장

↓

《대금수령시》

받을어음 수취

- 거래처원장
- 받을어음기입장

□ 받을어음 처리(양도, 할인, 만기입금)

《외상대금지급시(배서양도)》

- 받을어음기입장
- 거래처원장

《어음할인 및 만기 입금시》

- 받을어음기입장

◎ 입금종류에 따라
- 현금출납장
- 예금출납장

※ 거래발생시 **총계정원장**을 작성한다.

◦ 매출 : 매출
◦ 외상매출시 : 외상매출금
◦ 매출대금입금시 : 당좌예금, 보통예금
받을어음, 기타 : 해당 계정과목
◦ 매입 : 해당 계정과목(상품, 원재료 등)
◦ 외상매입 발생 및 지급시 : 외상매입금
◦ 매입대금 지급 : 당좌예금, 보통예금
받을어음(배서양도시), 지급어음,
◦ 기타 : 해당 계정과목

매입거래와 관련하여 기록하는 장부(세금계산서·계산서, 기타매입세액공제대상)

매입세금계산서를 수취하였는가? ······ 세금계산서, 세금계산서인 기타 양식의 세금계산서, 계산서

↓

월합계 세금계산서를 수취하는가? — 아니오

↓

《거래명세서 수취시》

- 상품(원재료)수불부

↓

《세금계산서 수취시》

- 상품(원재료)수불부 마감
- 매입장

(아니오 →) 《세금계산서 수취시》

- 매입장 작성

대금결제

어음으로 결제하였는가? — 예

아니오

- 즉시결제
  - ◎ 출금종류에 따라
  - 현금출납장
  - 예금출납장
- 외상거래
  - 거래처원장
  - 대금결제
    - 거래처별원장
    - ◎ 출금종류에 따라
    - 현금출납장
    - 예금출납장

예

- 즉시결제
  - 받을어음 양도
    - 받을어음기입장
- 외상거래
  - 거래처원장
  - 대금결제(배서양도)
    - 거래처원장
    - 받을어음기입장
- 어음발행(지급어음)
  - 즉시결제 ↓ 《어음발행시》
    - 지급어음기입장
    - ↓ 《지급어음 결제》
    - 지급어음기입장
    - 당좌예금출납장
  - 외상거래 ↓ 《어음발행시》
    - 거래처원장
    - 지급어음기입장
    - ↓ 《지급어음결제》
    - 지급어음기입장
    - 당좌예금출납장

※ 외상매입 거래처가 두 군데 이상인 경우 **거래처(매입처)원장**을 작성하여 거래처별 증감사항을 파악한다.

※ 거래발생시 **총계정원장**을 작성한다.
- ◦ 매입 : 해당 계정과목(상품, 원재료 등)
- ◦ 외상매입 발생 및 지급시 : 외상매입금
- ◦ 매입대금 지급 : 당좌예금, 보통예금 받을어음(배서양도시), 받을어음
- ◦ 비용미지급 및 결제시 : 미지급비용
- ◦ 유형자산 외상매입 및 결제시 : 미지급금

기타 각종 거래와 관련하여 기록하는 장부

- 매출거래 및 세금계산서, 계산서 수취거래, 기타 매입세액공제대상 거래를 제외한 모든 수입 및 지출

매입세금계산서를 수취하였는가?

《매입세금계산서 수취시》
■ 매입거래와 관련하여 기록하는 장부 참조

- 아니오 → 세금계산서가 아닌 기타영수증 수취거래 기타 모든 거래
  - 대금결제
    - 어음으로 결제하였는가?
      - 아니오
        - 즉시결제
          - ◎ 출금종류에 따라
          - ▪ 현금출납장
          - ▪ 예금출납장
        - 외상거래
          - ▪ 거래처원장
          - 대금결제
            - ▪ 거래처원장
            - ◎ 출금종류에 따라
            - ▪ 현금출납장
            - ▪ 예금출납장
      - 예
        - 즉시결제
          - 받을어음 양도
            - ▪ 받을어음기입장
        - 외상거래
          - ▪ 거래처원장
          - 대금결제(배서양도)
            - ▪ 거래처원장
            - ▪ 받을어음기입장
        - 어음발행(지급어음)
          - 즉시결제 ↓
            - 《어음발행시》
              - ▪ 지급어음기입장
            - ↓ 《지급어음 결제》
              - ▪ 지급어음기입장
              - ▪ 당좌예금출납장
          - 외상거래 ↓
            - 《어음발행시》
              - ▪ 거래처원장
              - ▪ 지급어음기입장
            - ↓ 《지급어음결제》
              - ▪ 지급어음기입장
              - ▪ 당좌예금출납장

※ 계정과목별로 거래처가 두 군데 이상인 경우 **거래처원장**을 작성하여 거래처별 증감사항을 파악하여야 한다.
당좌예금, 보통예금, 정기예금, 정기적금, 가지급금, 선급금, 선수금, 단기차입금 장기차입금 등

※ 거래발생시 **총계정원장**을 작성한다.
◦ 매입 : 해당 계정과목(상품, 원재료 등)
◦ 외상매입 발생 및 지급시 : 외상매입금
◦ 매입대금 지급 : 당좌예금, 보통예금
받을어음(배서양도시), 지급어음

2

계정과목

1 자산 계정과목

자산이란 일반적으로 재산이라고도 하며, 기업이 소유하고 있는 물건 및 권리로서 금전적 가치가 있는 것을 말한다. 자산에는 1년 내에 현금화할 수 있는 **유동자산**과 투자를 목적으로 취득하거나 사업에 사용하기 위하여 장기간 보유(1년 초과)할 목적으로 취득하는 **비유동자산**(고정자산)이 있다.

유동자산이란 금전적 가치가 있는 물건 및 권리로서 1년 내에 현금화할 수 있는 것을 말한다. 유동자산에는 **당좌자산**과 판매 또는 제조를 목적으로 취득한 **재고자산**이 있다.

비유동자산(고정자산)이란 기업이 소유하고 있는 물건 및 권리로서 투자를 목적으로 보유하는 **투자자산** 및 물리적 실체가 있는 자산으로 사업을 위하여 장기간 보유하는 **유형자산**, 물리적 실체는 존재하지 않으나 재산적 가치가 있는 **무형자산**, 비유동자산 중 투자수익이 없는 **기타비유동자산**으로 구분한다.

1 유동자산

1 당좌자산

Q 현금및현금성자산

현금은 통화 및 타인발행수표 등 통화대용증권을 말하며, 현금성자산이란 큰 거래비용 없이 현금으로 전환이 용이하고, 이자율 변동에 따른 가치변동의 위험이 중요하지 않은 금융상품으로서 취득 당시 만기일이 3개월 이내인 것으로 당좌예금, 보통예금 등이 있다. 실무에서는 현금, 당좌예금, 보통예금 등을 구분하여 회계처리하고 결산시 현금 및 현금성자산으로 대체한다. (전산처리시 자동으로 처리됨)

현금

현금은 통화 및 타인발행수표 등 통화대용증권을 말하며, 가계수표, 우편환증서 등을 포함한다.

□ 통화대용증권
타인발행 가계수표, 타인발행당좌수표, 자기앞수표, 3개월 이내의 환매조건부 채권

당좌예금

어음(또는 수표)을 발행하는 회사는 당좌예금 통장을 개설하여야 하며, 어음만기일 전에 만기가 도래되는 어음금액 이상(당좌수표의 경우에는 수표발행일 현재)을 예치하여야 한다. 따라서 어음 또는 수표를 발행하는 회사에 한하여 당좌예금이란 계정과목을 사용한다.

□ 어음 발행 및 당좌수표 발행

어음은 발행인이 지정한 지급기일에 지정한 금융기관에 어음소지인이 어음을 제시하여 현금화할 수 있으나, 당좌수표는 그 소지인이 지급기일에 관계없이 금융기관에 제시하여 현금으로 교환할 수 있다.

□ 당좌차월

은행과의 약정에 의하여 당좌예금잔고가 없는 경우에도 일정 금액까지 당좌수표를 발행할 수 있으며, 예금잔고를 초과하여 수표를 발행한 금액을 당좌차월이라 한다. 즉, 당좌차월은 은행으로부터 자금을 일시 빌린 부채에 해당한다.

□ 선일자수표(연수표)

당좌수표는 일람출급(수표 제시 즉시 결제)으로 은행에 지급제시 즉시 현금화 할 수 있다. 한편, 수표발행인과 수령인의 합의에 의하여 미래의 날짜에 수표를 지급제시 하기로 하고 미래의 날짜를 발행일자로 기재하여 발행하는 수표를 '선일자수표' 또는'연수표'라 한다.

① 《어음 발행》 외상매입금 중 3,000,000원을 어음 발행하여 지급하다.

외상매입금	3,000,000	/	지급어음	3,000,000

② 《보통예금을 당좌예금으로 이체》 지급어음 결제를 위하여 보통예금에서 당좌예금으로 3,000,000원을 대체 입금하다.

당좌예금	3,000,000	/	보통예금	3,000,000

③ 《지급어음 결제》 외상매입대금을 결제하기 위하여 발행한 어음의 만기가 도래하여 당좌거래은행이 3,000,000원을 인출하여 어음소지인에게 지급하다.

지급어음	3,000,000	/	당좌예금	3,000,000

보통예금

가장 일반적으로 사용하는 예금으로 입출금이 자유로운 통상의 예금이다.

① 《외상 매입》 (주)미도에서 상품 5,000,000원(부가세 별도)을 매입하고 그 대금은 나중에 지급하기로 하다.

상품	5,000,000	/	외상매입금	5,500,000
부가세대급금	500,000			

② 《외상매입대금을 보통예금에서 이체하여 지급》 (주)미도에 대한 외상매입금 중 2,000,000원을 지급하기 위하여 국민은행 보통예금에서 인터넷뱅킹으로 이체하다. 송금수수료 500원이 인출되다.

외상매입금	2,000,000	/	보통예금	2,000,500
지급수수료	500			

▣ CMA, MMF 회계처리

CMA는 증권회사가 투자자로부터 투자자금을 모집하여 다른 금융상품에 투자해서 수익을 되돌려 준다. 즉, 고객들로부터 자금을 모아 단기금융상품에 집중 투자해 수익을 얻은 뒤 고객에게 되돌려 주는 단기금융상품으로 CMA는 예금의 성격과 유가증권의 성격이 혼재되어 있다.

따라서 예금으로 보는 경우에는 그 수익을 이자로 처리하여야 하는 것이며, 유가증권으로 보는 경우에는 유가증권평가처분이익으로 처리하여야 한다. 실무에서는 CMA를 예금의 성격으로 보아 현금성자산(만기일이 3월 이내인 것) 또는 단기금융상품으로 처리하며, CMA투자수익은 이자수익으로 처리한다.

① 《CMA 매입》 CMA 2천만원을 매입하고(매입시 기준가격 1,014.18/ 1,000)보통예금에서 인출하여 지급하다.

◦ 구입좌수 19,720,365 [20,000,000 ÷ 매입시 기준가격(1,014.18)× 1,000]

현금성자산	20,000,000	/	보통예금	20,000,000

② 《CMA 매도》 CMA 20,000,000원(구입좌수 19,720,365)을 매각하다. 매각 당시 1,000원당 기준가격은 1,030.25원으로 CMA 평가금액은 20,316,906원이며, 평가차

익 316,906원(20,316,906 - 20,000,000)에 대한 법인세 44,360원 및 지방소득세 4,430을 공제한 잔액 20,272,546원이 보통예금에 입금되다.

보통예금	20,268,116	/	현금성자산	20,000,000
선납세금	48,790		이자수익	316,906

* 평가차익 : 316,906원 매각좌수(19,720,365)/1,000 × [매각시 기준가격(1,030.25) - 매입시 기준가격 (1,014.18)]

◈ 기준가격 및 거래좌수

기준가액이란 1,000원당 금융기관의 평가금액을 말한다. CMA 금융상품 신규 매입시 1,000원에 대한 당일의 금융기관 기준가액이 1,034.55인 경우 투자 당일의 거래좌수는 9,666,038좌[10,000,000원 ÷ 기준가액(1,034.55) × 1,000]이며, 기준가액은 금융기관의 투자성과에 따라 항상 변동한다.

- 매입시 매입좌수 = 입금금액 ÷ 기준가격 × 1,000

◈ 평가이익(① - ②)

① 출금금액 = 출금(매각)좌수 × 출금시 기준가격 ÷ 1,000

② 입금금액 = 입금(매입)좌수 × 입금시 기준가격 ÷ 1,000

◈ 출금금액

- 출금금액 = 평가금액(입금금액 + 평가차익) - 평가차익에 대한 이자소득세
- 평가금액 = 출금좌수 × 매각시 기준가격 ÷ 1,000
- 이자소득세 = 과세표준(평가차익) × 법인세율(14%) 또는 이자소득세율(14%)
- 지방소득세 = 이자소득세(법인의 경우 법인세) × 10%

사 례 퇴직연금, 펀드, CMA 평가이익의 익금산입

퇴직연금 및 펀드의 경우 사업연도 종료일 현재 평가대상은 아니나, 사업연도 중에 재투자하기로 약정되어 있는 경우에는 재투자 시점에는 종전 장부가액과의 차액을 수익으로 인식하여야 한다. (법인22601-1699, 1990.08.28)

CMA에서 발생하는 수입이자의 손익귀속시기는 예금인출일이 속하는 사업연도로 하는 것이나, 그 수입이자가 원본에 전입하는 특약에 의하여 원본에 전입되는 경우에는 그 특약에 의하여 원본에 전입되는 날이 속하는 사업연도로 하는 것임

단기투자자산

단기투자자산은 기업이 여유자금의 활용 목적으로 보유하는 단기예금, 단기매매증권, 단기대여금 및 유동자산으로 분류되는 매도가능증권과 만기보유증권 등의 자산을 포함한다.

정기예금 및 정기적금

① 정기예금이란 이자수익을 목적으로 금융기관에 금전 등을 일정 기간 동안 예치한 예금을 말한다. 정기예금 중 재무상태표 작성일로부터 1년 이후에 만기가 도래하는 금액은 장기금융상품으로 분류한다.

② 정기적금이란 일정한 기간을 정해 놓고 매 월 또는 일정 단위 기간별로 일정 금액을 불입하는 저축성 예금을 말한다.

▶ 정기예금 및 정기적금의 계정과목 분류

정기예금 및 정기적금의 경우 현금성자산으로 분류할 것인지 단기투자자산으로 분류할 것인지에 대하여는 이견이 있을 수 있으나 정기예금 및 정기적금의 경우 통상 현금화 기간이 3개월을 초과하므로 단기투자자산으로 분류함이 타당하므로 단기투자자산으로 분류하였다.

① 《정기적금 불입》 3년 만기 매 월 불입액 1,000,000원의 정기적금에 가입하고 보통예금에서 이체하다.

정기적금	1,000,000 /	보통예금	1,000,000

② 《정기적금 해지 및 정기예금이자 입금》 정기적금이 만기가 되어 정기적금 이자 5,000,000원에 대한 이자소득 원천징수액 700,000원을 차감한 4,300,000원 및 원금 36,000,000원이 보통예금에 입금되다.

보통예금	40,300,000 /	정기적금	36,000,000
선납세금	700,000	이자수익	5,000,000

매출채권

외상매출금

일반적인 상거래에서 발생하는 외상미수대금을 말한다. 외상매출금의 거래처별 관리가 필요한 경우 거래처원장을 작성하여야 한다. 단, 전산처리시 외상매출금의 발생 및 회수시 거래처별 관리코드를 부여하면 자동으로 처리된다.

▶ 외상매출금과 미수금 구분

미수금이란 일반적인 상거래 이외의 거래에서 발생하는 미수채권을 일반적인 상거래에서 발생하는 외상매출금과 구분하기 위하여 사용하는 계정과목으로 비유동자산(고정자산) 등을 처분하고 그 대금을 나중에 받기로 한 경우 미수금 계정과목을 사용한다.

① 《외상 매출》 6월 중 의류제품 10,000,000원(부가세 별도)을 신세계 백화점에 납품하고 6. 30 세금계산서를 발행하여 교부한 후 그 대금은 나중에 지급받기로 하다. (공급가액 10,000,000원 세액 1,000,000원 합계 11,000,000원)

외상매출금	11,000,000	/	제품매출	10,000,000
			부가세예수금	1,000,000

② 《외상매출대금 보통예금 입금》 7. 31 신세계백화점에 대한 외상매출금 중 5,000,000원이 농협 보통예금에 입금되다.

보통예금	5,000,000	/	외상매출금	5,000,000

받을어음

외상이란 물품 등을 판매하는 자가 매입자의 신용을 바탕으로 거래 후 나중에 물품대금을 지급하여 줄 것을 구두로 약속하는 것이고, 어음이란 어음이라는 증서를 사용하여 매입자가 매출자에게 거래 후 일정시점에 어음을 발행한 자의 당좌예금에서 대금 결제를 약속하는 외상거래의 일종이다.

받을어음이란 매출대금을 어음으로 받은 경우 처리하는 계정과목으로 받을어음은 어음을 담보로 금융기관에 대출을 받을 수 있고, (어음할인) 외상매입금 등 채무변제를 위하여 타인에게 그 지급받을 권리를 양도(배서양도)할 수도 있으므로 상거래에서 많이 사용한다.

□ 어음 수취 및 양도, 할인, 만기추심

- 배서양도 : 외상매입금 등을 결제하기 위하여 받을어음을 양도하는 것
- 어음할인 : 받을어음을 담보로 돈을 빌리는 것
- 만기입금 : 어음 만기일에 거래은행에 추심하여 현금화하는 것

□ 어음추심

어음소지인은 보유하고 있는 어음을 만기일에 어음발행인의 거래은행에 어음을 제시하여 어음금액을 지급받아야 하나 어음소지인의 거래은행에 수수료를 지급하고 그 업무를 위임(어음소지인 거래은행에 어음상의 금액을 대신 청구 → 어음발행인 거래은행 지급)하는 것을 추심이라 한다.

① 《외상매출》 7. 31 (주)진도에 재품 2천만원(부가가치세 2,000,000원 별도)을 판매하고 세금계산서를 발행하여 교부한 후 그 대금은 나중에 받기로 하다.

외상매출금	22,000,000	/	제품매출	20,000,000
			부가세예수금	2,000,000

② 《외상매입》 7. 31 한미상사에서 원재료 6,000,000원 (부가세 600,000원 별도)을 구입하고 세금계산서를 발급받은 후 그 대금은 나중에 지급하기로 하다.

원재료	6,000,000	/	외상매입금	6,600,000
부가세대급금	600,000			

③ 《외상매출대금 어음 입금》 8. 20 (주)진도로부터 외상매출대금 22,000,000원을 어음으로(3장) 지급받다. (지급장소 : 한미은행 종로지점)

- 어음금액 6,000,000원 만기일 11. 30
- 어음금액 4,000,000원 만기일 11. 30
- 어음금액 12,000,000원 만기일 11. 30

받을어음	22,000,000	/	외상매출금	22,000,000

④ 《어음할인 보통예금 입금》 8. 21 어음 12백만원을 은행에 할인하고 할인료 332,054원을 공제한 11,667,946원이 국민은행 보통예금에 입금되다. (할인율 10%)

보통예금	11,667,946	/	받을어음	12,000,000
이자비용	332,054			

* 할인료 계산 ‣ 12,000,000원 × 10%(할인율) × 101(할인일수)/365
* 매출채권등을 타인에게 양도 또는 할인하는 경우 당해 채권에 대한 권리와 의무가 양도인과 분리되어 실질적으로 이전되는 때에는 동 금액을 매출채권에서 차감하고(처분손실은 매출채권매각손실로 처리함) 그 이외의 경우에는 매출채권등을 담보제공한 것으로 본다.(이자비용) 실무에서는 통상 담보제공한 것으로 하여 이자비용으로 처리한다.

⑤ 《받을어음 배서양도》 8. 31 어음금액 6,000,000원은 한미상사에 대한 외상매입금을 지급하기 위하여 (주)진도로부터 받은 어음을 한미상사에 양도하다.
잔액 600,000원은 국민은행 보통예금에서 인터넷뱅킹으로 이체하다.

외상매입금	6,600,000	/	받을어음	6,000,000
			보통예금	600,000

⑥ 《받을어음 만기 추심》 (주)진도로부터 받은 어음 4,000,000원이 11. 30 만기가 되어 거래은행에 추심하고 추심수수료 10,000원을 공제한 3,990,000원이 국민은행 보통예금에 입금되다.

보통예금	3,990,000	/	받을어음	4,000,000
지급수수료	10,000			

⑦ 《받을어음 부도》 8. 30 덕원개발로부터 받은 어음 11,000,000원을 국민은행에 어음할인을 하였으나 만기일인 12. 30 할인한 어음이 부도가 되었음을 국민은행으로부터 통보받고 어음금액 11,000,000원을 국민은행 보통예금에서 인출하여 즉시 국민은행에 지급하고, 덕원개발에 부도어음 금액의 상환을 청구하다.

부도어음	11,000,000	/	보통예금	11,000,000

♣ 상세내용 → 경영정보사 홈페이지 참조

▷ 경영정보사는 경영정보문화사의 자매회사임

Q 유가증권

유가증권이란 단기매매증권, 매도가능증권, 만기보유증권을 통칭하는 개념으로 사용한다. 단기투자자산 항목의 유가증권은 단기(통상 1년 이내) 자금운용을 목적으로 소유한 시장성 있는 주식으로 한다. 시장성 있는 주식이란 증권거래소에서 공개적인 매매거래가 이루어지고 있는 것을 말한다.

따라서 시장성이 없는 주식, 특수관계자가 발행한 주식, 관계회사의 주식투자금, 장기보유목적(1년 초과)의 채권 등은 투자유가증권으로 분류한다.

▣ 유가증권 분류

유가증권은 지분증권과 채무증권으로 구분하며, 취득한 유가증권은 만기보유증권, 단기매매증권, 그리고 매도가능증권 중의 하나로 분류한다. 분류의 적정성은 재무상태표일 마다 재검토한다.

- ❍ 지분증권에는 회사, 조합 또는 기금 등의 순자산에 대한 소유지분을 나타내는 유가증권(보통주, 우선주, 수익증권 등)과 일정금액으로 소유지분을 취득할 수 있는 권리(예: 신주인수권 또는 콜옵션)가 있다.
- ❍ 채무증권에는 발행자에 대하여 금전을 청구할 수 있는 권리를 표시하는 유가증권으로 국채, 공채, 사채(社債) 등이 있다.

① 단기매매증권 ~ 주로 단기간내에 매매차익을 목적으로 취득한 유가증권으로서 매수와 매도가 적극적이고 빈번하게 이루어지는 것을 말하며, 단기매매증권의 취득과 관련한 매입부대비용은 취득원가에 포함하지 않는다.

② 매도가능증권 ~ 단기매매증권이나 만기보유증권으로 분류되지 아니하는 유가증권으로 투자자산으로 분류한다.

③ 만기보유증권 ~ 만기가 확정된 채무증권으로서 상환금액이 확정되었거나 확정이 가능한 채무증권을 만기까지 보유할 적극적인 의도와 능력이 있는 경우에는 만기보유증권으로 분류한다.

단기매매증권은 유동자산으로 분류하고, 매도가능증권과 만기보유증권은 투자자산으로 분류한다. 다만, 재무상태표일로부터 1년 내에 만기가 도래하거나 또는 매도 등에 의하여 처분할 것이 거의 확실한 매도가능증권과, 재무상태표일로부터 1년 내에 만기가 도래하는 만기보유증권은 유동자산으로 분류한다.

▶ **유가증권 분류 요약**

- 단기 매매차익 획득 목적 → 단기매매증권 (유동자산)
- 만기보유 목적의 채무증권 → 만기보유증권
- 기타 → 매도가능증권 (유동자산 또는 고정자산)

▣ 유가증권 종류

① 국·공채 ~ 공채란 재원조달을 목적으로 국가, 지방자치단체 등이 발행한 채무증서를 말하며, 일반적으로 국채와 같은 개념으로 사용된다. 공채는 공사입찰, 차량운반구, 부동산 등의 취득, 국가기관과의 거래시에 공채 등을 취득하여야 하는 경우가 있다. 이 경우 취득한 공채는 그 회수기간이 길고 이자율이 낮으므로 일반적으로 취득 즉시 증권회사 등에 할인하여 현금화한다.

② 주식 ~ 유가증권시장에 상장되어 있는 상장주식 및 상장하지 못하거나 하지아니한 비상장주식 등을 말한다.

③ 사채(社債) ~ 기업(주로 대기업)이 자금조달목적으로 기업의 신용을 바탕으로 일반인으로부터 자금을 빌리고 그 상환기간, 이자율 등을 명시한 차용증서로 일정한 형식에 의하여 발행한 증서를 말한다. 타 사가 발행한 사채는 통상 투자 목적으로 취득하므로 투자유가증권으로 분류한다.

유가증권 평가 및 세무상 유의사항

유가증권은 회계기말에 그 가치를 평가하여 공정가격(재무상태표일 현재 종가)으로 장부상 반영하여야 한다. 이를 유가증권평가라 한다. 기업회계기준에서는 단기매매증권의 평가차손 또는 차익을 당기 영업외손익에 반영하도록 규정하고 있으나 세법에서는 유가증권 평가손익을 인정하지 않는다. 따라서 기업이 계상한 유가증권평가손익은 인정하지 않으므로 결산시 유가증권을 평가한 경우 평가손실은 손금불산입하고, 평가이익은 익금불산입한다. 단, 법인의 파산, 부도, 회생계획인가 결정 등을 받은 주식은 손상차손(감액손실)을 계상할 수 있다.

◈ 주식의 취득가액 계산

(법인, 법인46012-313 , 2002.05.28)

법인이 취득원가가 서로 다른 "동일 법인이 발행한 주식"을 보유하고 있는 경우로서 그 보유주식의 일부가 소각됨에 따라 법인세법 제16조제1항제1호의 규정에 의한 의제배당금액을 산정함에 있어서 "감자한 법인의 주식을 취득하기 위하여 소요된 금액"은 당해 주식을 같은법 제75조의 규정에 의한 총평균법 · 이동평균법에 의한 평가방법 중 납세지관할세무서장에게 신고한 방법에 의하여 평가한 금액을 당해 주식의 취득가액으로 하여 계산하는 것이며, 법인이 유가증권의 평가방법을 납세지관할 세무서장에게 신고하지 아니한 경우에는 **총평균법**에 의하여 계산하는 것입니다.

▪ **회계기말에 총평균법으로 유가증권평가손익인 인식한 후 이동평균법에 의하여 계산한 금액과의 차액은 세무조정에서 익금불산입 또는 손금불산입하여야 할 것으로 판단됨**

▶ 유가증권평가손익에 대하여 세무조정을 하지 않고자 하는 경우

사업연도의 종료일 전 3개월이 되는 날까지 재고자산등(유가증권 포함) 평가벙법 신고서를 제출하여야 한다.

▶ 유가증권에 대하여 감액손실로 처리할 수 있는 경우

[법인세법 제42조(자산 · 부채의 평가)]

비상장법인 중 경제적 연관관계 또는 경영지배관계 등 관계에 있지 않은 법인이 발행한 주식 또는 주권상장법인이 발행한 주식등으로 다음의 어느 하나에 해당하는 경우 장부가액을 감액할 수 있다.

1. 부도가 발생한 경우
2. 「채무자 회생 및 파산에 관한 법률」에 따른 회생계획인가의 결정을 받은 경우
3. 「기업구조조정 촉진법」에 따른 부실징후기업이 된 경우
4. 파산한 경우

단기매매증권 회계처리 사례

■ 단기매매증권 취득

단기투자 목적으로 (주)진로의 주식 10,000,000원을 보통예금에서 인출하여 취득하고, 취득시 부대비용으로 50,000원을 현금으로 지급하다.

단기매매증권	10,000,000	/	보통예금	10,000,000
지급수수료	50,000		현금	50,000

▪ 단기매매증권 취득시 제수수료 등은 지급수수료로 처리한다.

■ 단기매매증권 평가

회계기말 (주)진로의 주식 시가는 12,000,000원으로 평가이익을 계산하다.

단기매매증권	2,000,000	/	단기매매증권평가이익	2,000,000

▪ 세법은 유가증권평가손실 또는 평가이익을 인정하지 아니하므로 회계기말에 평가를 이익 또는 손실로 처리한 금액은 세무조정에서 평가이익은 익금불산입하고, 평가손실은 손금불산입하여야 한다. [법인세법 제42조]

<세무조정>
익금불산입
단기매매증권평가이익 2,000,000 (△유보)

▶ 회계기말 시가

(1) 시장성있는 유가증권은 시장가격을 공정가치로 보며 시장가격은 보고기간말 현재의 종가로 한다. 다만, 보고기간말 현재 종가가 없는 경우 직전 거래일의 종가로 할 수 있다.
(2) 시장성있는 유가증권이란 한국거래소가 개설한 유가증권시장, 코스닥시장 또는 공신력 있는 외국의 증권거래시장(뉴욕증권거래소, 런던증권거래소 등)에서 거래되는 유가증권을 말한다.

▶ **평가손실 및 평가이익 상계 여부**
단기매매증권평가손실과 평가이익이 발생한 경우 원칙적으로 상계하지 않지만, 그 금액이 중요하지 않은 경우 상계 처분하여도 무방할 것이다.

■ 단기매매증권 처분

(주)진로 주식을 11,000,000원에 매각하고 수수료 100,000원을 공제한 10,900,000원이 보통예금에 입금하다.

보통예금	10,900,000	/	단기매매증권	12,000,000
유가증권처분손실	1,100,000			

▪ 주식 매도 시에는 증권사 수수료 및 증권거래세가 발생한다. 단기매매증권을 처분할 때 발생되는 수수료는 처분이익에서 차감하거나, 처분손실에 가산한다.

<세무조정>
익금산입
단기매매증권평가이익 2,000,000 (유보)

㈜ 전년도 회계기말에 계상한 평가이익을 법인세법 제42조에 의하여 세무조정에서 익금불산입한 금액은 이익이 실제 실현되는 시점(처분시점)에 익금산입하여야 한다.

➡ 매도가능증권 회계처리 사례

■ 매도가능증권 취득

비상장법인인 ㈜한일산업 주식 10,000,000원을 취득하고, 수수료 200,000원을 포함한 10,200,000원을 보통예금에서 결제하다.

매도가능증권	10,200,000	/	보통예금	10,200,000

▪ 매도가능증권의 경우 주식 취득시 발생하는 비용은 취득원가에 가산한다.

■ 매도가능증권 평가

매도가능증권 중 비상장주식은 공정가치를 신뢰성 있게 측정할 수 없는 경우가 대부분이므로 중소기업의 경우 회계기말에 별도의 평가를 하지 않는다. 단, 평가를 하는 경우 평가이익은 순자산증가에 따른 자본조정계정(잉여금 증가)로 익금산입(기타)하고 다시 매도가능증권평가이익을 익금불산입(△유보)하는 두 개의 세무조정으로 처리하여야 하며, 평가손실이 발생한 경우에는 반대로 손금산입(기타), 손금불산입(유보)하는 두 개의 세무조정을 하여야 한다.

■ 단기매매증권, 매도가능증권 평가손익 회계처리 및 세무조정

구 분		회 계 처 리	세 무 조 정
단기매매증권	평가이익	영업외 이익	익금불산입(△유보)
	평가손실	영업외 손실	손금불산입(유보)
매도가능증권	평가이익	기타포괄손익누계액 가산	익금산입(기타), 익금불산입(△유보)
	평가손실	기타포괄손익누계액 차감	손금산입(기타), 손금불산입(유보)

국·공채 매입 및 처분

▶ 국·공채

국가는 나라 살림의 운용을 위하여 필요한 돈을 세금으로 징수하는 것이 원칙이지만, 세금이 부족하거나 특정 사업을 위하여 많은 돈이 필요할 때 국민으로부터 일정 기간 돈을 빌리고 나중에 상환을 하는 방식으로 재정수요에 충당할 수도 있다.

이 경우 요식화된 증서를 만들어 그 증서에 차용금액, 상환기간, 이자율 등을 기재하여 증서를 판매하고 국가는 이 증서를 매입하는 사람으로부터 돈을 빌리게 된다. 또한 이 증서를 무기명으로 발행하여 증서에 기재한 상환일에 증서를 가져오는 자에게 그 금액을 지급하는 것이다. 이 경우 증서를 발행한 국가는 채무자가 되는 것이며, 증서를 구입한 사람은 상환일에 증서에 표시된 금액을 지급받을 수 있는 채권자가 되는 것이다.

이와 같은 방식으로 국가가 발행하는 증서를 국채(국민주택채권 등)라고 하는 것이며, 지방자치단체가 발행하는 증서는 지방채(지역개발공채 등)라고 하며, 이를 통틀어 공채

(公債)라고 한다. 공채는 일반적으로 시장이자율보다 낮고, 상환기간이 장기여서 일반투자자들이 매입을 잘 하지 않으므로 주택이나 자동차 등 등기를 요하는 자산을 취득하거나 정부 공사등을 하는 경우 의무적으로 매입을 하도록 하고 있다.

공채를 매입한 후 즉시 할인하는 경우 매입 및 할인으로 인하여 실제 부담한 금액만을 잡손실(자산 취득의 경우 자산의 취득가액에 포함) 등으로 처리를 할 수 있다.

□ 일반기업회계기준 제10장 유형자산 유형자산의 취득원가

10.8 유형자산은 최초에는 취득원가로 측정하며, 현물출자, 증여, 기타 무상으로 취득한 자산은 공정가치를 취득원가로 한다. 취득원가는 구입원가 또는 제작원가 및 경영진이 의도하는 방식으로 자산을 가동하는 데 필요한 장소와 상태에 이르게 하는 데 직접 관련되는 원가인 (1) 내지 (9)와 관련된 지출 등으로 구성된다. 매입할인 등이 있는 경우에는 이를 차감하여 취득원가를 산출한다.

(5) 유형자산의 취득과 관련하여 국·공채 등을 불가피하게 매입하는 경우 당해 채권의 매입금액과 일반기업회계기준에 따라 평가한 현재가치와의 차액

① 《공채 매입》 관급공사와 관련하여 공채 4,000,000원을 현금으로 매입하다.

차변	금액		대변	금액
유가증권	4,000,000	/	현금	4,000,000

② 《공채 매각》 공채 4,000,000원을 증권회사에 할인하고, 제공제액을 차감한 3,620,000원을 현금으로 수령하다. 계산서내역은 아래와 같다.

이자수익 200,000원, 이자소득세 28,000원, 수수료 50,000원, 할인료 502,000원

차변	금액		대변	금액
현금	3,620,000	/	유가증권	4,000,000
선납세금	28,000		이자수익	200,000
유가증권처분손실	552,000			

* 선납세금 : 이자수입에 대한 이자소득세로 법인세신고시 납부할 세액에서 공제받는다.

단기대여금

단기대여금은 금전소비대차계약(금전을 빌려주고 받는 것을 내용으로 하는 계약)에 의하여 타인에게 대여한 금액을 처리하는 계정으로 관계회사 단기대여금, 주주·임원·종업원 단기대여금, 특수관계자 단기대여금, 기타 타인에 대한 단기대여금등이 있다. 대여금에 대한 회수기간이 1년 내에 도래하는 것은 '단기대여금'으로 분류하고, 1년 이후에 도래하는 것은 '장기대여금'으로 분류한다. '회수기간이 1년 내'라고 하는 것은 그 기준일이 자금 대여가 일어난 시점(계약일)을 말하는 것이 아니라 결산기말(재무상태표일)을 기준으로 한다.

실무에서 단기, 장기대여금을 구분하는 것이 모호할 수 있으나 계약기간이 1년을 초과하더라도 결산기말 시점에서 만기가 1년 내 도래하는 것은 단기대여금으로 처리하며, 당초 장기대여금으로 분류된 대여금이라도 계약기간이 경과하여 결산기말 시점을 기준으로 1년 내에 도래하는 금액은 단기대여금 계정으로 대체한다.

회사 업무와 관련하여 그 지출이 확정되기 전에 대표이사 등에게 지급하는 금액은 단기대여금이라기 보다는 일시 가지급한 금액으로 가지급금 또는 전도금계정을 사용하여 처리하고 차후 그 지출영수증 등을 수취할 시 가지급금 또는 전도금과 상계처리한다.

단기대여금 회계처리 사례

① 《거래처에 대한 자금 대여》 7. 31 거래처 동일물산에 1천만원을 무이자로 대여하여 주기로 하고 보통예금에서 인출하여 지급하다.

단기대여금	10,000,000	/	보통예금	10,000,000

② 《거래처 대여금 회수》 12. 31 동국물산이 빌려간 차입금 10,000,000원을 현금으로 상환하다.

현금	10,000,000	/	단기대여금	10,000,000

가지급금

가지급금이란 법인의 대표이사 등 임직원에게 업무와 관련없이 회사의 자금을 일시 대여한 금전 또는 직원이 부담하여야 할 제세공과금 등을 회사가 미리 대신 납부한 금액 등을 처리할 때 사용하는 계정과목이다.

▣ 가지급금 관리

대표이사 등에게 업무와 관련이 없는 가지급금을 지급하는 경우(업무와 관련하여 지급한 가지급금은 실무에서 전도금으로 처리한다.) 그 지급 및 회수에 대한 거래를 기록하기 위하여 가지급금 대장을 별도로 작성하여 관리하며, 업무와 관련없는 자금을 다수의 임직원이 개별적으로 사용하는 경우 사용인 별로 관리하여야 한다.

업무와 관련 없이 회사 돈을 대표이사에게 지급하는 경우 가지급금으로 처리한 다음 가지급금을 회수하거나, 업무와 관련한 영수증을 증빙으로 수취한 때에는 가지급금과 정산하고, 정산되지 않는 금액은 가지급금 잔액으로 남겨 두어야 한다. 한편, 정산되지 않은 가지급금은 회계기말에 기업회계기준의 재무상태표 작성기준에 의하여 '주.임.종단기대여금' 등 그 내용을 나타내는 과목으로 표시하여야 한다.

가지급금 회계처리 사례

■ 가지급금 지급 및 정산

① 《가지급금 지급》 8. 5 대표이사의 요청에 의하여 회사 자금 5백만원을 보통예금에서 인출하여 대표이사에게 지급하다.

가지급금	5,000,000	/	보통예금	5,000,000

② 《가지급금 회수》 9. 10 가지급금 중 3,000,000원을 대표이사로부터 회수하여 보통예금에 입금하다.

보통예금	3,000,000	/	가지급금	3,000,000

■ 업무용도 자금 일시 가지급 및 정산

① 《업무용도 자금 일시 가지급》 대표이사에게 업무용도 자금 2,000,000원을 국민은행 보통예금에서 인출하여 일시 가지급하다.

전도금	2,000,000	/	보통예금	2,000,000

• 전도금 : 업무용도의 가지급금은 업무와 관련 없이 지급하는 금액과 구분하기 위하여 실무에서는 통상 전도금으로 처리한다.

② 《업무용도 전도금 정산》 8. 31 대표이사로부터 업무관련 지출증빙 영수증 1,800,000원을 받아 전도금과 정산하고, 잔액 200,000원은 현금으로 회수하다. (영수증내용 : 기업업무추진비 1,200,000원, 여비교통비 600,000원)

현금	200,000	/	전도금	2,000,000
기업업무추진비	1,200,000			
여비교통비	600,000			

■ 착오에 의하여 외상매입금을 잘못 송금한 경우

① 《착오로 외상매입금을 타 업체에 착오 송금》 갑을상사에 대한 외상매입금 2,000,000원을 착오에 의하여 동국상사로 보통예금에서 인출하여 송금하다.

가지급금	2,000,000	/	보통예금	2,000,000

② 《착오로 송금한 금액 입금》 착오에 의하여 잘못 송금된 사실을 동국상사에 통지한 바 동국상사에서 2,000,000원을 당 사의 보통예금에 입금하여 주다.

보통예금	2,000,000	/	가지급금	2,000,000

임직원 단기대여금 및 가지급금의 세무상 유의사항

업무와 관련 없이 대표이사 등에게 지급하는 가지급금은 회사의 자금을 대표이사 등이 개인적으로 유용하게 되어 회사의 자금사정을 악화시키게 되고, 가지급금을 지급받은 자에게 특혜를 주는 결과가 되므로 세법에서는 엄격한 규제를 하고 있다.

예를 들면, 법인의 대표이사, 임원, 직원 등 특수관계인에게 무이자 또는 저리로 자금을 대여한 금액에 대하여는 **가중평균차입이자율**을 인정이자로 계산하여 세무조정 사항에서 익금에 산입하여야 한다. 다만, 가중평균차입이자율을 적용할 수 없는 경우 **당좌대출이자율**[2022년 현재 4.6%, 법인세법 시행규칙 제43조]을 적용한다.

한편, 인정이자상당액은 세무조정에서 익금에 산입한 다음 해당 직원에 대한 상여로 처분하여 근로소득세를 징수하여야 한다. 단, **업무무관 가지급금에서 제외하는** 다음의 금액은 인정이자를 계상하지 아니한다.

◈ 가중평균차입이자율

법인의 자금대여시점 현재 각각의 차입금 잔액(특수관계자로부터의 차입금 제외)에 차입 당시 각각의 이자율을 곱한 금액의 합계액을 차입금 잔액의 총액으로 나눈 이자율을 말한다.

업무무관 가지급금에서 제외하는 금액

1. 소득세법상 지급의제규정에 의하여 지급한 것으로 보는 배당소득 및 상여금을 법인이 대납하고 이를 가지급금으로 계상한 경우
2. **소득의 귀속이 불분명**하여 대표자에게 상여처분한 금액에 대한 소득세를 법인이 납부하고, 이를 가지급금으로 계상한 금액
3. 사용인에 대한 월정급여액의 범위안에서의 일시적인 급료의 가불금
4. 사용인에 대한 경조사비의 대여액
5. 사용인(사용인의 자녀를 포함한다)에 대한 학자금의 대여액
6. 해외현지법인에 종사하거나 종사할 자에게 여비.급여.기타비용을 가지급한 금액

▶ 가지급금 인정이자가 있는 경우 차입금 지급이자의 손금불산입

가지급금 인정이자가 있고, 차입금 지급이자가 있는 경우 총차입금 중 가지급금에 상당하는 금액만큼의 지급이자는 손금불산입하여야 한다.

차입금 지급이자 중 손금불산입하여야 하는 금액

$$\text{지급이자} \times \frac{\text{업무무관 부동산 적수} + \text{업무무관 동산적수} + \text{업무무관 가지급금 적수}}{\text{차입금 적수}}$$

인정이자상당액을 임직원에 대한 상여로 처분하지 않아도 되는 경우

인정이자상당액을 미수수익(미수수익/이자수익)으로 계상한 다음 1년 이내에 회수하는 경우 상여처분하지 아니할 수 있다.

종업원대여금 (주·임·종단기채권)

회사의 자금을 종사 직원에게 일시 빌려준 가불금은 '종업원대여금' 또는 '주주.임원.종업원단기채권'이라고 한다. 종업원대여금이 빈번히 발생하는 경우 종업원별로 별도의 대장을 만들어 입금 및 출금내역을 기록한다.

종업원대여금은 업무와 관련 없이 회사의 자금을 회사의 사용인에게 대여하는 금액으로 그 금액이 크고 장기에 걸쳐 무상으로 대여하는 경우 기업의 자금이 업무와 관련 없이 지출되어 기업의 자금사정을 악화시킬 수 있으며, 특정인에게 이익을 주어 조세회피의 수단으로 사용될 수 있으므로 세법에서는 이러한 지출에 대하여 엄격한 규제를 하고 있다.

따라서 업무와 관련 없이 기업의 특수관계자(대표이사, 주주, 임원, 사용인등)에게 자금을 대여하는 경우 결산시 그 명칭에 불문하고 가지급금으로 보아 인정이자를 계상하여 법인의 익금에 산입하는 세무조정을 하여야 한다. 다만, 기업의 사용인에 대한 월정급여액의 범위안에서 일시적으로 지급하는 아래의 가불금 등은 인정이자를 계상하여야 하는 가지급금에 해당하지 아니한다.

- 사용인에 대한 월정급여액의 범위안에서의 일시적인 급료의 가불금
- 사용인에 대한 경조사비의 대여액
- 사용인(사용인의 자녀를 포함한다)에 대한 학자금의 대여액
- 내국법인이 당해 국외투자법인에 종사하거나 종사할 자의 여비ㆍ급료 기타 비용을 대신하여 부담하고 이를 가지급금등으로 계상한 금액

개인기업의 종업원 대여금

개인기업의 경우 가지급금, 종업원대여금 등은 대표자에 대한 인출금으로 처리하며, 별도의 인정이자를 계상하지 아니한다.

▣ 가지급금, 종업원대여금, 전도금 구분

① 가지급금 ~ 통상 업무와 관련 없이 대표이사, 임원, 종업원 등에게 일시 지급하는 금액을 말하며, 인정이자를 계상하지 않아도 되는 가지급금을 제외한 금액은 법인세법의 규정에 의하여 인정이자를 계상하여 익금산입하고, 인정이자에 상당하는 금액을 가지급금을 지급한 자의 급여에 합산하여 연말정산을 하여야 한다.(인정상여라고 함)

② 종업원대여금 ~ 업무와 관련없이 금전소비대차계약에 의하여 대표이사, 임원, 종업원에게 회사의 자금을 빌려 주는 금액을 말한다.

③ 전도금 ~ 전도금이란 회사에 종사하는 직원에게 직무와 관련하여 그 지출금액이 확정되기 전에 먼저 지급하는 금액을 말한다. 업무관련 경비를 먼저 지급하는 경우 그 계정과목이 확정되기 전이므로 가지급금으로 처리하는 경우도 있으나 업무무관 가지급금과 업무와 관련한 가지급금을 혼용하여 같은 계정과목을 사용할 경우 결산시 업무무관 가지급금에 대한 인정이자를 계산하여야 하므로 이를 구분하기 위하여 실무에서는 업무와 관련한 지출은 전도금으로 업무와 관련이 없이 대표이사 등에게 지급하는 금액은 가지급금으로 처리한다.

➡ 종업원대여금 회계처리 사례

①《종업원대여금 지급》9. 20 직원 김상욱에게 500,000을 국민은행 보통예금에서 인출하여 빌려주다.

종업원대여금	500,000	/	보통예금	500,000

②《종업원대여금 회수》10. 31 직원 김상욱이 회사에서 빌려간 돈 500,000원은 급여지급시 상계하고 근로소득세 등 예수금 80,000원을 공제한 1,420,000원을 현금으로 지급하다.

급여	2,000,000	/	종업원대여금	500,000
			예수금	80,000
			현금	1,420,000

종업원대여금 세무상 유의사항

▶ 종업원에 대한 주택자금대출

법인이 직원에게 주택자금을 대출하는 경우에도 업무무관 가지급금에 해당되어 인정이자를 계산하여야 한다.

[세법 개정] 중소기업 근로자 주택구입 대여금 등에 대한 지원(법인칙 §44)
중소기업의 근로자(임원·지배주주등 제외)에 대한 주택구입·전세자금 대여금을 업무무관 가지급금 적용대상에서 제외
<적용시기> 2020.1.1. 이후 개시하는 사업연도 분부터 적용

▶ 이자소득 지급에 대한 원천징수

법인으로부터 자금을 융자받은 자는 이자를 지급하여야 하며, 이자 지급시 종업원은 원천징수의무자로서 비영업대금의 이익에 대한 원천징수세율 25%를 적용하여 법인세를 원천징수하여 다음달 10일까지 신고·납부하여야 한다.

Q 전도금

전도금이란 회사에 종사하는 직원에게 직무와 관련하여 그 지출금액이 확정되기 전에 먼저 지급하는 금액을 말한다. 업무관련 경비를 먼저 지급하는 경우 그 계정과목이 확정되기 전이므로 가지급금으로 처리하는 경우도 있으나 업무무관 가지급금과 업무와 관련한 가지급금을 혼용하여 같은 계정과목을 사용할 경우 결산시 업무무관 가지급금에 대한 인정이자를 계산하여야 하므로 이를 구분하기 위하여 실무에서는 업무와 관련한 지출은 전도금으로 업무와 관련성 없이 대표이사 등에게 지급하는 금액은 가지급금으로 처리한다. 따라서 업무와 관련한 지출금액이 확정되기 전 대표이사, 임원, 종사 직원 등에게 미리 지급하였다가 나중에 지출증빙에 의하여 정산하는 경우 전도금으로 처리하고, 정산시 대체처리한다.

▶ 전도금 처리 사례

(1) 사무실에서 소요되는 각종 소액자금 지출을 위하여 경리직원에게 일정금액을 먼저 지급하였다가 나중에 정산하는 경우

(2) 회사내 각 부서별로 소액자금의 신속한 집행을 위하여 전도금을 지급하고 나중에 영수증에 의하여 전도금을 정산하는 경우
(3) 건설업의 공사현장에서 소요되는 각종 경비를 현장소장 또는 현장관리직원에게 미리 전도금을 지급하고 추후에 정산하는 경우

전도금의 지급 및 정산에 대한 장부정리는 다소 복잡하다. 따라서 그 금액이 소액이고 자주 발생하지 않는 경우에는 지급시 그 금액이 확정되지 않더라도 출장시에는 여비교통비, 공사현장 전도금의 경우 지급시 현장운영비 등으로 전액 비용으로 처리한 다음 나중에 정산시 잔여금액이 있을 시에 전도금을 지급받은 자가 잔여금액을 입금한 경우에는 해당 계정과목에서 차감하거나 잡이익으로 처리하고, 추가금액을 지급한 경우에는 해당 비용으로 기록하기도 한다.

전도금 회계처리 사례

전도금 지급 및 정산

① 《전도금 지급》 8. 1 공사현장 소액자금 결제를 위하여 국민은행의 보통예금에서 1,000,000원을 인출하여 전도금으로 현장소장에게 지급하다.

전도금	1,000,000	/	보통예금	1,000,000

② 《전도금 정산》 8. 31 공사현장 전도금을 정산한바 그 지출내역은 다음과 같다. (총지출금액은 862,000원)
복리후생비 250,000원, 수도광열비 80,000원, 세금과공과금 222,000원
여비교통비 180,000원(시내), 도서인쇄비 20,000원, 사무용품비 110,000원

복리후생비	250,000	/	전도금	862,000
수도광열비	80,000			
세금과공과금	222,000			
여비교통비	180,000			
도서인쇄비	20,000			
사무용품비	110,000			

■ 전도금을 지급받은 현장, 부서의 전도금 관리

회사의 업무와 관련한 비용을 전도(가지급)받는 경우 전도금을 사용하는 개인 또는 부서는 개인별 또는 부서별로 별도의 전도금사용대장을 만들어 전도금을 지급받은 사실 및 전도금을 사용한 내역을 기록 및 정리하여야 한다.
부서별 전도금관리를 위한 대장은 일정 형식에 의하여 기록할 필요는 없으며 업체실정에 맞도록 작성하며 된다. 일반적으로 현금출납부 양식을 사용한다.

전도금 대장 예시 (공사현장)

전 도 금

공사현장

년 월	일	적 요	정수	수 입	지 출	잔 액
8	1	전도금 입금		1,000,0000		
8	1	식대			30,000	970,000
8	2	시내출장비			10,000	
8	2	문구대			12,000	
8	2	식대			15,000	933,000

미수금

미수금이란 일반적인 상거래이외에 발생한 미수채권으로 예를 들면, 기계장치 외상매각대금, 차량운반구 외상매각대금, 환급세금 미수금 등이 있다.

▶ 미수금 계정을 사용하는 경우

- 비유동자산(고정자산) 매각대금, 유가증권매각대금 중 미회수금액
- 부가가치세환급세액 발생금액
- 연말정산시 환급금 발생금액, 건강보험료 연말정산 환급금 발생금액
- 고용보험료, 산재보험료 과오납 미수금 발생금액

미수금 회계처리 사례

■ 부가가치세 환급금 발생시 회계처리

① 《부가세대급금 및 부가세예수금 상계》 2기 확정 매출세액은 20,000,000원 이며, 매입세액은 24,000,000원으로 기말 결산시 부가세대급금 20,000,000원과 부가세예수금 20,000,000원을 상계처리하고, 잔액은 미수금으로 계상하다.

부가세예수금	20,000,000	/	부가세대급금	24,000,000
미수금	4,000,000			

② 《부가세 환급금 입금》 2. 20 부가세 환급금액을 세무서에서 당사의 국민은행 보통예금에 입금하다.

보통예금	4,000,000	/	미수금	4,000,000

■ 건강보험료 연말정산 환급금 발생시 회계처리

① 《건강보험료 연말정산환급금 발생》 건강보험료 연말정산 결과 과오납 금액 1,800,000원이 발생하다.

미수금	1,800,000	/	미지급금	900,000
			잡이익	900,000

- 미수금 : 건강보험료 환급금 미수금액
- 미지급금 : 건강보험료 환급금 미수금액 중 종업원에게 돌려주어야 하는 금액

② 《4월분 보험료와 상계》 4월분 보험료 2,200,000원을 건강보험료 연말정산 환급금 발생금액 1,800,000원과 상계처리하고, 잔액은 현금으로 납부하다.

복리후생비	1,100,000	/	미수금	1,800,000
미지급금	900,000		현금	400,000
예수금	200,000			

선급금

선급금이란 물품 등을 나중에 인도받기로 하고, 그 대금을 미리 지급한 금액을 말하며, 선수금이란 물품 등을 인도하기 전에 그 대금 등을 미리 지급받은 금액을 말한다.

통상 세금계산서를 수취하기 전 그 대금을 미리 지급한 경우 선급금이란 계정과목을 사용한다.

선급금이 자주 발생하는 거래처의 경우 거래처별로 선급금대장을 만들어 선급금 지급시에는 선급금 증가란(차변 : 자산증가)에 기록하였다가 나중에 물품을 인도받은 후 매입대금을 선급금과 상계할 시에는 선급금 감소란(대변 : 자산감소)에 상계한 금액을 기록하여 관리한다.

선급금 회계처리 사례

선급금 지급 및 상계처리

① 《선급금 지급》 6. 15 철강 도매업자인 한일상사에 나중에 철강을 인도받기로 하고 선급금 10,000,000원을 국민은행 보통예금에서 송금하다.

선급금	10,000,000	/	보통예금	10,000,000

② 《선급금 상계처리 및 외상매입금 발생》 8. 31 한일상사로부터 철강 15백만원(부가세 별도) 상당액을 인도받고 매입세금계산서를 발급받다. 매입대금 중 1천만원은 선급금과 상계하고 잔액 6,500,000원은 나중에 지급하기로 하다.

상품	15,000,000	/	선급금	10,000,000
부가세대급금	1,500,000		외상매입금	6,500,000

■ 선급금 지급시 세금계산서를 수취한 경우 회계처리

① 《선급금 지급》 6. 15 철강 도매업자인 한일상사에 나중에 철강을 인도받기로 하고 선급금 11,000,000(부가세 포함)원을 보통예금에서 인터넷뱅킹으로 송금하고, 세금계산서를 발급받다.

선급금	10,000,000	/	보통예금	11,000,000
부가세대급금	1,000,000			

② 《선급금 상계처리 및 외상매입금 발생》 8. 31 한일상사로부터 철강 15백만원(부가세 별도) 상당액을 인도받고, 잔액(공급가액 5,000,000원 세액 500,000원)에 대한 매입세금계산서를 발급받다. 그 대금은 보통예금에서 송금하다.

상품	15,000,000	/	선급금	10,000,000
부가세대급금	500,000		보통예금	5,500,000

* 재화가 인도되기 전 그 대금을 먼저 지급하는 경우 그 지급일에 세금계산서를 발행할 수 있다.

Q 부가세대급금

부가가치세 매입세액을 부가세대급금이라 한다. 사업자의 경우 물품 등 매입시 부담한 부가가치세 매입세액은 세무서로부터 환급받을 수 있는 일종의 채권이다. 따라서 기업의 입장에서는 자산이다. 단, 공제받을 수 없는 매입세액은 매입물품의 취득가액으로 처리한다. 반면, 부가가치세 매출세액은 부가세예수금이라 한다. 사업자가 물품 등의 판매시 거래상대방으로부터 받은 부가가치세 매출세액은 세무서에 납부하여야 할 일종의 채무다. 따라서 부가세예수금은 기업의 입장에서 부채다.

▶ 매입세액(부가세대급금) 중 공제받을 수 없는 것

○ 비영업용 소형승용차의 구입과 유지에 관한 매입세액
- 비영업용이란 운수업 등을 영위하지 않는 사업자가 사용하는 것을 말한다.
- 영업용이란 택시운수업 등을 영위하는 운수사업자가 소형승용차를 영업에 사용하는 것을 말한다.

- 소형승용차란 사람의 수송을 목적으로 제작된 차량으로 정원 8인 이하의 일반적 승용자동차를 말한다. 단, 배기량 1,000cc 이하의 경승용차의 취득 및 유지비용과 관련한 매입세액은 공제를 받을 수 있다.

○ 기업업무추진비 및 이와 유사한 비용에 대한 매입세액

○ 면세사업관련 매입세액 또는 토지관련 매입세액

○ 사업과 직접 관련없는 지출에 대한 매입세액

○ 사업자등록전 매입세액

□ 사업자등록전 매입세액을 공제받을 수 있는 경우

공급시기가 속하는 과세기간이 끝난 후 20일 이내에 사업자등록을 신청한 경우에 사업자등록을 신청한 사업자가 사업자등록증 발급일까지의 거래에 대하여 당해 대표자의 주민등록번호를 기재하여 세금계산서를 발급받은 경우에는 매입세액을 공제받을 수 있다.

□ 신용카드 및 현금영수증에 의한 매입세액공제

사업과 관련하여 신용카드로 결제하거나 현금영수증을 수취한 경우로서 위의 공제받지 못하는 사유에 해당하지 않는 경우세금계산서와 동일하게 매입세액을 공제받을 수 있다.

♣ 상세내용 → 경영정보사 홈페이지 참조

▷ 경영정보사는 경영정보문화사의 자매회사임

Q 선납세금

이자소득세 및 지방소득세 납부금액, 법인세 중간예납세액 등 법인세 확정신고 전 미리 납부한 세금을 선납세금이라고 한다.

□ 은행의 이자소득세 및 지방소득세 원천징수 및 납부

금융기관 등이 예금이자를 예금주에게 지급할 시 예금이자금액에 대하여 이자소득세(예금이자의 14%) 및 지방소득세(이자소득세의 10%)를 원천징수하여 세무서에 납부한다. 2015년 이후 금융기관이 법인에게 이자를 지급하는 경우에도 지방소득세를 원천징수한다.

♣ 법인세비용 참조

2 재고자산

재고자산 개요

재고자산 종류

▣ 판매용 재고자산

○ 상품 : 도, 소매업종이 판매를 목적으로 취득한 상품
○ 제품 : 원재료를 가공한 상태에 있는 판매 가능한 생산품
○ 완성건물 : 건설업종이 판매를 목적으로 건설한 건물

▣ 제조 또는 건설을 위하여 취득한 재고자산

○ 원재료 : 제조업종(건설업종)이 제품의 제조(건설)를 위하여 취득한 것

▣ 제조 또는 건설과정에 있는 재고자산

○ 재공품 : 생산과정에 있는 미완성제품의 가액
○ 미완성공사 : 건설과정에 있는 공사의 가액

▣ 기타 재고자산

① 반제품 : 자가 제조한 중간제품과 부분품으로 제조과정에서 이직 최종 공정을 거치지 않아 완성제품은 아니지만, 하나 이상의 공정을 거쳐 다음 공정단계를 기다리는 중간제품을 의미한다.
반제품은 완제품의 부품으로 사용되기도 하고 그대로 판매되기도 한다. 실무에서 중소기업의 경우 원가계산의 복잡성으로 반제품은 통상 계산하지 않는다.
② 저장품 : 저장품에는 소모품, 소모공구기구.비품, 수선용부분품 등이 있다.

재고자산 평가

▣ 기말재고수량의 계산방법

[1] 실지재고조사법

기말에 재고를 실지 조사하여 재고수량에 재고자산의 단가를 곱하여 계산하는 방법이다. 실지재고조사법에 의한 경우 상품의 매입시마다 종류별로 그 내역을 기록하지만, 매출에 대한 수량은 별도로 기록하지 않는 방법이다.

[2] 계속기록법

재고자산의 입고 및 출고에 대한 내역을 재고자산의 종류별로 계속 기록하여 입고된 수량에서 출고된 수량을 차감한 수량이 기말재고수량이며, 계속기록법에 의한 기말재고수량은 장부상 계산된 수량으로 실지 재고와는 차이가 발생할 수 있다. 따라서 실무에서는 통상 계속기록법에 의하여 재고자산을 기록한 다음 기말결산시 재고조사를 실시하여 장부상 재고수량과 실지재고수량과의 차이는 그 원인을 밝혀 처리한다.

▣ 기말재고수량 단가 결정

재고자산의 가액은 기말재고수량에 매입단가를 곱하여 계산한다. 기말재고수량은 계속기록법 또는 실지재고조사법에 의하여 계산할 수 있으나 문제는 기말재고자산의 매입단가를 어떻게 산출할 것인가?

기중 매입상품의 단가가 모두 동일한 경우에는 기말재고수량에 매입단가를 곱하여 계산할 수 있지만, 개별 재고자산의 매입단가가 다른 경우 기말에 남아 있는 재고자산은 개별 매입단가가 서로 다른 상품이 섞여 있으므로 이를 추적하여 개별 상품의 매입단가를 계산하기는 현실적으로 불가능하다.

따라서 재고자산의 매입단가는 합리적인 기준에 의하여 인위적으로 계상할 수밖에 없을 것이다. 즉, 기말재고자산의 실제 매입단가 계산이 불가능하므로 세법에서는 다음과 같이 규정하고 있다.

▣ 재고자산 평가방법 및 평가방법 신고

[1] 재고자산 평가방법

재고자산의 평가는 다음의 하나에 해당하는 방법 중 법인이 납세지 관할세무서장에게 신고한 방법에 의한다.

① 개별법 ~ 재고자산을 개별적으로 각각 그 취득한 가액에 따라 산출한 것을 그 자산의 평가액으로 하는 방법

② 선입선출법 ~ 먼저 입고된 것부터 출고되고 재고자산은 사업연도종료일부터 가장 가까운 날에 취득한 것이 재고로 되어 있는 것으로 하여 산출한 취득가액을 그 자산의 평가액으로 하는 방법

③ 후입선출법 ~ 가장 최근에 입고된 것부터 출고되고 재고자산은 사업연도종료일부터 가장 먼 날에 취득한 것이 재고로 되어 있는 것으로 하여 산출한 취득가액을 그 자산의 평가액으로 하는 방법

④ 총평균법 ~ 자산을 품종별ㆍ종목별로 당해 사업연도개시일 현재의 자산에 대한 취득가액의 합계액과 당해 사업연도중에 취득한 자산의 취득가액의 합계액의 총액을 그 자산의 총수량으로 나눈 평균단가에 따라 산출한 취득가액을 그 자산의 평가액으로 하는 방법

⑤ 이동평균법 ~ 자산을 취득할 때마다 장부시재금액을 장부시재수량으로 나누어 평균단가를 산출하고 그 평균단가에 의하여 산출한 취득가액을 그 자산의 평가액으로 하는 방법

[2] 재고자산 평가방법 신고

재고자산의 평가방법을 신고하고자 하는 때에는 다음의 기한내에 재고자산등 평가방법신고(변경신고)서를 납세지 관할세무서장에게 제출하여야 한다. 이 경우 저가법을 신고하는 경우에는 시가와 비교되는 원가법을 함께 신고하여야 한다.

① 신설법인과 새로 수익사업을 개시한 비영리내국법인은 당해 법인의 설립일 또는 수익사업개시일이 속하는 사업연도의 법인세과세표준의 신고기한

② 재고자산평가방법을 신고한 법인으로서 그 평가방법을 변경하고자 하는 법인은 변경할 평가방법을 적용하고자 하는 사업연도의 종료일이전 3월이 되는 날

▣ 재고자산평가방법을 신고하지 않은 경우 재고자산평가

법인이 재고자산평가방법을 신고기한내에 재고자산의 평가방법을 신고하지 아니한 경우 **선입선출법**(매매를 목적으로 소유하는 부동산의 경우에는 개별법으로 한다.)에 의하여 재고자산을 평가한다.

▶ 물가가 계속 상승하는 상황에서 선입선출법을 선택하는 경우 후입선출법을 선택하는 경우보다 매출원가는 적어지고, 매출총이익은 많아진다.

♣ 상품수불부 → 경영정보사 홈페이지 참조
▷ 경영정보사는 경영정보문화사의 자매회사임

Q 상품

기업의 정상적인 영업활동을 목적으로 구입한 상품, 미착상품, 적송품 등을 말하며, 부동산매매업에 있어서 매매를 목적으로 소유하는 토지·건물 기타 이와 유사한 부동산은 상품으로 처리한다.

▶ 미착상품

수입물품의 경우 수입물품이 창고에 입고되기 전까지 소요되는 수입상품 결제대금, 관세, 통관수수료, 하역료, 창고료 등 수입물품의 취득과 관련하여 발생하는 제비용을 미착상품으로 계상한 다음 창고입고시 상품(원재료) 계정으로 대체처리한다.

▣ 상품 매입가액

① 상품의 매입과 관련한 제반 매입부대비용은 상품가액에 포함하여 처리한다. 즉, 물품구입과 관련한 운반비 등은 상품계정에 포함하여 처리한다.

② 수입물품 ~ 수입시 부담하는 관세, 보험료, 운임요금, 관세사수수료 등은 모두 수입상품가액에 포함하여 처리한다.

▣ 매입환출, 매입에누리, 매입할인

① 매입환출 ~ 매입한 상품 중 불량 등의 원인으로 반품한 것을 말한다.
② 매입에누리 ~ 수량부족, 불량 등의 사유로 매입대금을 에누리 받은 것
③ 매입할인 ~ 외상매입대금을 약속한 날짜보다 먼저 지급함으로서 매출자로부터 할인받는 금액을 말한다.

매입환출, 매입에누리 및 매입할인은 매입에서 직접 차감하여야 한다. 따라서 매입 이후 매입환출, 매입에누리, 매입할인이 발생하는 경우 부가가치세법의 규정에 의하여 매출자로부터 감액매출세금계산서를 발급받아야 한다.

▣ 매출원가 계산

도.소매업의 경우 상품을 구입하여 판매를 함으로서 이익이 발생한다. 즉 매출한 상품가액에서 그 상품의 구매가격을 차감한 금액이 상품매매이익이다.

그런데 상품의 종류가 많고 상품의 구입시 마다 매입가격이 다른 경우 개별 상품별로 해당 매입원가를 계산하는 것은 현실적으로 불가능하다. 따라서 기업은 상품매매이익을 계산하기 위하여 일정 기간 동안의 매출액에서 판매된 상품의 원가를 합리적인 방법으로 계산한 다음 매출원가를 차감하여 상품매매이익을 계산한다.

○ 매출총이익(상품매매이익) = 매출 - 상품매출원가
○ 매출원가 = 기초상품재고액 + 당기 상품매입액 - 기말상품재고액

➡ 상품 및 매출원가 회계처리 사례

매출원가는 판매가능한 상품(기초상품재고액 + 당기매입액)에서 기말상품재고액을 차감한 금액이다. 매출에 대응하는 매출원가는 결산처리과정을 거쳐 계상한다.

1. 기초상품재고액은 전기의 장부에서 이월한다.

2. 당기 상품매입시 상품계정으로 회계처리한다.
3. 결산시 당기에 판매가능한 상품가액(기초상품재고액 + 당기매입액)에서 기말상품재고액을 차감하여 매출원가를 계상한다.

[사례] 상품매입 및 상품매출원가 계산

<예제>

- 기초상품재고액 1,200,000원
- 당기매입액 32,000,000원
- 기말상품재고액 2,500,000원
- 당기매출액 50,000,000원

① 당기 상품매입(합계금액)

상품	32,000,000	/	외상매입금	35,200,000
부가세대급금	3,200,000			

- 외상매입금 : 또는 현금, 보통예금, 지급어음 등

② 당기 상품매출(합계금액)

외상매출금	55,000,000	/	상품매출	50,000,000
			부가세예수금	5,000,000

- 외상매출금 : 또는 현금, 보통예금, 받을어음 등

③ 상품을 당기 매출원가로 대체하는 회계처리

당기 판매가능한 상품(전기이월상품 + 당기매입액)에서 기말 현재 남아 있는 상품가액을 제외한 금액이 당기에 실제 판매된 상품의 원가이므로 당기에 실제 판매된 상품의 원가를 상품매출원가로 대체하는 회계처리를 한다.

상품매출원가	30,700,000	/	상품	30,700,000

- 상품매출원가 = 기초상품재고액 + 당기 매입액 - 기말상품재고액
  (1,200,000) + (32,000,000) - (2,500,000)
- 매출총이익(19,300,000) = 매출(50,000,000) - 상품매출원가(30,700,000)

제품

판매를 목적으로 제조하여 판매가 가능한 상태에 있는 생산품 등을 말한다. 제품원가는 원가계산절차에 의하여 계산한다.

① 원재료의 재료비 계정 대체

재료비	*****	/	원재료	******

② 재료비의 재공품 계정 대체

재공품	*****	/	원재료	******

③ 노무비의 재공품 계정 대체

재공품	******	/	임금	******

④ 경비의 재공품 계정 대체

재공품	******	/	경비	******

⑤ 재공품 중 완성제품의 제품 계정 대체

제품	******	/	재공품	******

반제품

반제품이란 자가 제조한 중간제품과 부분품 등을 말하며, 제조과정에서 아직 최종공정을 거치지 않아 완성제품은 아니지만, 하나 이상의 공정을 거쳐 다음 공정 단계를 기다리는 중간제품을 의미한다. 반제품은 완제품의 부품으로 사용되기도 하고 그대로 판매되기도 한다. 실무에서 중소기업의 경우 원가계산의 복잡성으로 인하여 반제품은 통상 계산하지 않는다.

원재료

원료, 재료, 매입부분품, 미착원재료 등을 원재료라 한다. 그리고 원재료의 취득과 관련하여 지출하는 운반비 등 기타부대비용(수입의 경우 하역비, 보험료, 관세 등 포함)은 원재료에 포함하여 처리하여야 한다.

원재료 회계처리 사례

① 《원재료 구입》 6. 30 제품제조에 사용하기 위하여 일진물산에서 원재료 5,000,000원(부가세 별도) 구매하고 그 대금은 나중에 지급하기로 하다.
원재료 매입시 운반비 150,000원을 현대용달에 보통예금에서 계좌 이체하여 지급하고 간이영수증을 수취하다.

원재료	5,000,000	/	외상매입금	5,500,000
부가세대급금	500,000			

원재료	150,000	/	보통예금	150,000

② 《원재료를 재료비계정으로 대체》 결산시 당기 원재료 사용액 20,000,000원을 재료비로 대체하다.

재료비	20,000,000	/	원재료	20,000,000

재공품

재공품이란 제품 또는 반제품의 제조를 위하여 재공과정에 있는 것을 말하며, 제조기업의 경우 결산시점에 원가계산을 위하여 재공품가액을 평가하여야 정확한 원가계산을 할 수 있다. 제조기업은 원재료를 투입하여 가공단계를 거쳐 제품을 생산하여 판매라는 과정을 거쳐 이익을 실현한다. (재료구입 → 가공 → 생산 → 판매)
이 과정이 1사업연도 기간 동안에 완성되어 기말 시점에 제조과정에 있는 재공품 및 판매되지 않고 회사내 남아있는 제품이 전혀 없다면, 재공품 또는 제품의 평가가 필요 없지만 대부분 제조기업의 경우 기말 시점에 제조과정 중에 있는 재공품 및 판매되지 않고 남아 있는 제품이 있기 마련이다.

예를 들어 A기업의 당기 중 총매출액은 5억원이고, 당기 중에 제품의 제조를 위하여 투입한 총 원가가 5억원이라고 가정하자. 이 경우 A기업의 당기 중 매출총이익은 '제로' 일 것이다. 그런데 A기업은 당기 중 투입된 총 원가 5억원 중 기말 현재 시점에서 생산과정 중에 있는 재공품 및 생산은 되었으나 판매되지 않고 회사에 남아 있는 제품이 있다면, 기말 현재 시점의 재공품 및 제품가액은 당기 매출과 관련한 원가가 아니므로 원가에서 차감하여야 당기의 정확한 제품매출원가를 계산할 수 있다는 것이다.

따라서 이와 같은 경우 기말 현재 시점의 재공품 및 제품의 원가를 계상하여 당기의 총원가에서 차감하여야 한다. 그렇다면, 재공품 및 제품의 가액은 어떻게 평가할 것인가? 생산과정에 있는 재공품 및 제품의 가액을 원가계산 방식에 의하여 계산하기 위해서는 원가회계에 대한 상당한 수준의 지식이 있어야 하며, 원가계산 방식에 의하여 재공품 가액을 산출한다 하더라도 제조공정의 진행률 (제조과정에 있는 제품의 완성정도) 계산은 자의적이고 주관적인 평가가 불가피하므로 정확한 재공품의 평가는 현실적으로 어렵다. 따라서 소기업의 경우 통상 실무에서는 재공품 가액을 평가하지 않는다.

재공품 회계처리 사례

① 《당기 투입원가 재공품계정 대체》 당기에 투입된 재료비, 노무비, 경비를 재공품 계정으로 대체하다.

재공품	******	/	재료비	******
			노무비	******
			경비	******

② 《재공품 중 완성제품 제품계정 대체》 기말에 생산과정에 있는 재공품가액을 제외한 금액을 제품계정으로 대체하다.

제품	******	/	재공품	******

2 비유동자산 [투자자산]

투자자산이란 1년 이상의 장기투자를 목적으로 취득한 자산을 말하며, 장기금융상품, 장기투자증권, 장기대여금, 투자부동산 등이 있다.

장기금융상품

유동자산에 속하지 아니하는 금융상품으로 정기예금, 정기적금, 사용이 제한되어 있는 예금 중 장기적 자금운용목적으로 소유하거나 예치일로부터 만기일이 1년을 초과하여 도래하는 금융상품을 말한다. 사용이 제한되어 있는 예금에 대해서는 그 내용을 주석으로 기재한다.

장기금융상품 회계처리 사례

① 《장기성 정기예금 불입》 3년 만기 정기예금에 가입하고 국민은행 정기예금구좌에 1억원을 국민은행 보통예금에서 대체 입금하다.

장기금융상품	100,000,000 / 보통예금	100,000,000

② 《저축성 보험 불입》 5년 만기 저축성 보험에 가입하고 흥국생명 저축보험에 1,000,000원을 국민은행 보통예금에서 대체 입금하다.

장기성예금	1,000,000 / 보통예금	1,000,000

- 장기성예금 : 적금식 보험료
- 보험료 : 보장성보험료에 해당하는 금액이 있는 경우 보험료로 처리한다.

장기투자증권

장기투자증권이란 기업의 유휴자금을 타 기업의 경영활동에 참가하거나 투자를 목적으로 취득하는 유가증권으로 유동자산에 속하지 아니하는 주식, 사채(社債), 국.공채 및 출자금 등을 말하며, 비유동자산으로 분류되는 매도가능증권과 만기보유증권을 통합하여 장기투자증권으로 표시할 수 있다.

또한 시장성이 없는 투자주식(비상장법인의 주식 등)은 모두 장기투자증권으로 분류하여야 하며, 채권의 경우 장기(통상 1년을 초과하여 보유하는 채권) 보유 목적인 경우에는 장기투자증권으로 처리하며, 단기 보유목적으로 취득한 경우에는 단기투자자산 항목의 단기매매증권으로 분류한다.

■ 주식

- ❍ 유가증권의 취득목적이 장기보유목적인 매도가능증권 및 만기보유증권
- ❍ 시장성이 없거나 특수관계자가 발행한 주식을 취득하는 경우

■ 채권

- ❍ 장기보유목적의 채권

■ 출자금

출자금은 주로 건설업체가 건설공제조합 등에 출자한 금액을 처리하는 계정으로 비유동자산(고정자산)에 해당하며, 출자금은 통상 장기투자증권으로 분류한다.
단, 출자금에 대하여 별도의 계정과목을 설정하여야 할 필요가 있는 경우 출자금이란 계정과목을 별도 설정하여 처리하여도 무방하다. 한편, 조합의 운용수입에 따라 이익배당을 받거나 출자지분이 증가하기도 하며, 출자로 인하여 받는 배당금은 배당금수익으로 처리한다.

장기투자증권 회계처리 사례

① 《건설공제조합 출자》 건설공제조합에 출자금 20,000,000원을 보통예금에서 인출하여 출자하다.

출자금	20,000,000 /	보통예금	20,000,000

② 《출자금에 대한 배당소득 발생》 출자에 대한 배당금 1,000,000원이 당사의 보통예금 통장으로 입금되다.

보통예금	1,000,000 /	배당금수익	1,000,000

* 법인에게 배당을 하는 경우 배당소득세는 원천징수하지 아니한다.
* 전문건설공제조합도 내국법인이므로 내국법인이 당해 법인이 출자한 다른 내국법인으로부터 수입배당금을 받은 경우에는 그 출자비율에 따라 익금불산입 하는 것임

법인이 내국법인으로부터 받는 수입배당금중 일정금액의 익금불산입

출자대상	지분비율	익금불산입율
상장·등록법인	100%	100%
	30% 초과	50%
	30% 이하	30%
비상장법인	100%	100%
	50% 초과	50%
	50% 이하	30%

③ 《출자금 납입》 건우건설(주)는 건설공제조합에 출자금 150,000,000원(150좌)을 보통예금에서 인출하여 납입하다. (1좌당 1,000,000원 × 150좌)

출자금	150,000,000 /	보통예금	150,000,000

④ 《출자금평가》 회계기말에 전문건설공제조합에서 출자금에 대한 연말정산 자료에서 출자금이 157,500,000원임을 통보받다. (1좌당 1,050,000원 × 150좌)

출자금	7,500,000 /	출자금평가이익	7,500,000

* 출자금평가이익은 일종의 지분법이익으로 보아 영업외수익으로 처리하여야 할 것으로 판단된다.

장기대여금

대여금 중 유동자산에 속하지 아니하는 장기의 대여금으로 그 기한이 1년을 초과하여 대여하는 대여금을 말한다. 중소기업에서 회사의 자금을 장기로 타인에게 대여하는 경우는 거의 발생하지 않는다. 다만, 대표이사 등 법인의 특수관계자에게 대여한 가지급금 중 약정에 의하여 그 대여기간이 1년을 초과하는 경우 결산 시점에 장기대여금이란 계정과목으로 대체하여야 한다.

기업회계기준에서 재무상태표에 가지급금 등 미결산 계정과목은 그 내용을 나타내는 적절한 계정과목으로 표시하도록 규정하고 있다. 실무에서 단기, 장기대여금을 구분하는 것이 모호할 수 있으나 계약기간이 1년을 초과하더라도 결산기말 시점에 만기가 1년 내 도래하는 것은 단기대여금으로 처리한다.

장기대여금 회계처리 사례

① 《타 사에 자금 대여》 ㈜대동산업은 6. 30 거래처인 ㈜한일에 1억원을 연리 9%로 2년 후 상환조건으로 자금을 대여하여 주기로 하고 보통예금에서 인출하여 지급하다. 이자는 매 월 말일 수취하기로 하다.
(이자계산 일수조건 : 초일불산입 말일산입)

장기대여금	100,000,000	/	보통예금	100,000,000

② 《장기대여금에 대한 이자 수취》 7. 31 ㈜한일에 빌려 준 대여금에 대한 이자 764,380원(100,000,000 × 9% × 31/365) 중 법인세(법인의 경우 이자소득세가 아님) 191,090원 및 이자소득세 19,100원을 차감한 554,190원이 입금되다.

보통예금	573,290	/	이자수익	764,380
선납세금	210,190			

• 선납세금(210,190) : ㈜한일은 차입금 이자 지급시 그 지급액의 25%를 법인세(법인에게 이자를 지급하는 경우 법인세법에 의한 법인세를 징수한다.) 및 지방소득세를 원천징수하여 납부하여야 하며, 이자소득을 지급받은 자는 원천징수된 법인세 및 지방소득세를 선납세금으로 처리한 다음 납부할 법인세에서 공제한다.

3 비유동자산 [유형자산]

유형자산은 재화의 생산이나 용역의 제공, 타인에 대한 임대, 또는 자체적으로 사용할 목적으로 보유하고 있으며, 물리적 형태가 있는 비화폐성자산으로서 토지, 건물, 기계장치 등을 포함한다.

토지

대지, 임야, 전답, 잡종지 등의 취득시 토지계정으로 회계처리한다. 그리고 토지 구입시 소요되는 관련비용(취득세, 중개수수료 등)은 토지에 포함한다.

▶ 유형자산에 해당하는 토지와 구분하여야 하는 것

○ 건설업 등이 건설, 분양을 목적으로 취득하는 토지는 재고자산이다.

○ 투자를 목적으로 취득하는 토지는 투자부동산이다.

□ 토지 취득과 관련한 법무사수수료 및 매입세액 처리

토지관련 법무사수수료는 토지 취득가액으로 처리하여야 하며, 동 매입세액은 공제대상이 아니므로 토지 취득원가에 포함하여야 한다.

▣ 토지 취득에 대한 증빙서류

① 토지 : 토지의 거래는 면세에 해당하나 공급자가 계산서를 발급하지 않아도 되므로 토지매매계약서 및 토지대금 지급영수증 등을 증빙으로 한다.

② 공인중개사수수료 : 금융기관을 통하여 지급하고, 경비 등의 송금명세서(법인) 또는 영수증수취명세서(개인)를 제출하는 경우 적법한 증빙서류로 인정된다. 단, 중개업자가 일반과세자인 경우 세금계산서를 수취하여야 한다.

③ 법무사수수료 : 세금계산서

◈ **연체이자 등의 취득가액 해당 여부**

토지의 매입대금을 지연납부함에 따라 추가 부담하는 연체이자는 당해 손익이 실제로 발생한 날이 속하는 사업연도의 소득금액 계산상 손금에 산입하는 것임
(법인, 서면인터넷방문상담2팀-2785 , 2004.12.30.)

토지 회계처리 사례

① 《토지 계약금 지급》 공장건물을 신축하기 위하여 공장용지를 1억원에 매입하기로 계약하고, 계약금 1천만원을 5. 10 보통예금에서 인출하여 지급하다.

선급금	10,000,000	/	보통예금	10,000,000

② 《토지 매입 잔금 지급》 6. 30 잔금 9천만원을 매도인에게 보통예금에서 인출하여 지급하고 공인중개사에게 중개수수료 1백만원을 현금으로 지급하다.

토지	101,000,000	/	선급금	10,000,000
			보통예금	90,000,000
			현금	1,000,000

③ 《법무사수수료 등 지급》 6. 30 토지소유권이전과 관련하여 취득세, 기타 제비용 6,700,000원 및 법무사수수료 550,000원(부가세 포함: 세금계산서 수취)을 현금으로 지급하다.

토지	7,250,000	/	현금	7,250,000

건물

건물과 부속설비로 하며, 부속설비에는 당해 건물과 관련된 전기설비, 급배수·위생설비, 가스설비, 냉방·난방·통풍 및 보일러설비, 승강기설비 등 모든 부속설비를 포함한다.

① 건물 매입시 취득 관련 비용(취득세, 중개수수료 등) 및 건물의 취득을 위하여 차입한 차입금에 대한 이자로서 취득완료전의 금액은 건물취득가액에 포함한다.
② 건설업 등이 건설, 분양을 목적으로 취득하는 건물은 '재고자산'으로 처리한다.
③ 투자를 목적으로 취득하는 건물은 '투자부동산'으로 처리한다.

▣ 토지 및 건물 일괄 취득시 취득가액 계산

법인의 자산에 대한 취득가액은 타인으로부터 매입한 자산은 매입가액에 부대비용을 가산한 금액으로 한다. 단, 토지와 건물을 구분하지 않고 일괄 취득한 경우 토지와 건물 취득가액은 다음의 방법으로 안분하여 계산한다.

① 실지거래가액 중 토지의 가액과 건물 가액의 구분이 분명한 경우에는 실지거래가액에 의한다.
② 실지거래가액 중 토지의 가액과 건물 가액의 구분이 불분명한 경우에는 다음 각 호에 정하는 바에 의한다.

1. 감정평가가액(감정평가법인이 평가한 가액)이 있는 경우에는 그 가액에 비례하여 안분 계산한다.
2. 토지와 건물 등에 대한 기준시가가 모두 있는 경우에는 공급계약일 현재의 기준시가에 따라 계산한 가액에 비례하여 안분계산한다.
3. 토지와 건물 중 어느 하나 또는 모두의 기준시가가 없는 경우로서 감정평가가액이 있는 경우에는 그 가액에 비례하여 안분계산한다.
4. 위 각호의 규정을 적용할 수 없거나 적용하기 곤란한 경우에는 국세청장이 정하는 바에 따라 안분하여 계산한다.

* 아파트(기존아파트)와 같이 기준시가를 토지, 건물분으로 구분하지 아니하고 일괄고시하는 경우에는 지방세법상 과세시가표준액을 기준으로 안분 계산한다.

□ 기준시가(소득세법 제99조)

- 토지 : 지가공시및토지등의평가에관한법률에 의한 개별공시지가로 한다.
- 건물 : 건물(오피스텔 및 상업용건물, 주택 제외)의 신축가격 · 구조 · 용도 · 위치 · 신축연도 등을 참작하여 매년 1회 이상 국세청장이 산정 · 고시하는 가액

▪ 오피스텔 및 상업용 건물 : 건물에 부수되는 토지를 공유로 하고 건물을 구분소유하는 오피스텔 및 상업용 건물(부수되는 토지 포함)에 대하여는 건물의 종류·규모·거래상황· 위치 등을 참작하여 매년 1회 이상 국세청장이 토지와 건물에 대하여 일괄하여 산정·고시하는 가액
▪ 주택 : 개별주택가격 및 공동주택가격. 다만, 공동주택가격의 경우에는 국세청장이 결정·고시한 공동주택가격이 있는 때에는 그 가격에 의한다.

▶ 건물 철거 및 철기비용 세무회계

토지만을 사용할 목적으로 건축물이 있는 토지를 취득하여 그 건축물을 철거하거나, 자기소유의 토지상에 있는 임차인의 건축물을 취득하여 철거한 경우 철거한 건축물의 취득가액과 철거비용은 당해 토지에 대한 자본적 지출로 한다.

□ 법인세법 기본통칙 23-31…1 【고정자산에 대한 자본적 지출의 범위】
영 제31조 제2항 제5호에 규정하는 자본적 지출에는 다음 각호의 예에 따라 처리하는 것을 포함한다.(2001.11.01 개정)
1. 토지만을 사용할 목적으로 건축물이 있는 토지를 취득하여 그 건축물을 철거하거나, 자기소유의 토지상에 있는 임차인의 건축물을 취득하여 철거한 경우 철거한 건축물의 취득가액과 철거비용은 당해 토지에 대한 자본적 지출로 한다.<개정 2001.11.01>

□ 일반기업회계기준 제10장 유형자산
10.13 건물을 신축하기 위하여 사용중인 기존 건물을 철거하는 경우 그 건물의 장부금액은 제거하여 처분손실로 반영하고, 철거비용은 전액 당기비용으로 처리한다. 다만 새 건물을 신축하기 위하여 기존 건물이 있는 토지를 취득하고 그 건물을 철거하는 경우 기존 건물의 철거 관련 비용에서 철거된 건물의 부산물을 판매하여 수취한 금액을 차감한 금액은 토지의 취득원가에 포함한다.

□ 부가가치세법 제39조(공제하지 아니하는 매입세액) ① 제38조에도 불구하고 다음 각 호의 매입세액은 매출세액에서 공제하지 아니한다.
7. 면세사업등에 관련된 매입세액(면세사업등을 위한 투자에 관련된 매입세액을 포함한다)과 대통령령으로 정하는 토지에 관련된 매입세액

건물 회계처리 사례

①《업무용 사옥 계약금 지급》5. 2 업무용 사옥(토지 및 건물)을 사업자등록이 없는 개인으로부터 구입하기로 하고, 계약금 50,000,000원을 보통예금에서 인출하여 지급하다. (매매대금 5억원)

선급금	50,000,000	/	보통예금	50,000,000

②《중도금 지급》6. 30 중도금 2억원을 보통예금에서 인출하여 지급하다.

선급금	200,000,000	/	보통예금	200,000,000

③《잔금 및 수수료 지급》7. 31 잔금 및 부동산중개수수료, 법무사수수료, 취득세 등을 보통예금에서 인출하여 지급하다. 잔금 250백만원, 사옥 중개수수료 3백만원, 등기관련 수수료 : 토지분 취득세 4,800,000원, 건물분 취득세 3,600,000원, 인지대 등 기타비용 800,000원, 법무사수수료 770,000원(부가세 포함, 세금계산서 수취)

선급금	254,500,000	/	보통예금	262,970,000
토지	4,800,000			
건물	3,600,000			
부가세대급금	70,000			

- 선급금 : 사옥잔금(250,000,000) + 중개수수료(3,000,000) + 기타 비용(800,000) + 법무사수수료(700,000)

▷ 법무사수수료 중 토지관련 수수료는 그 매입세액을 토지의 취득가액으로 계산하여야 하므로 법무사사무소에서 세금계산서를 발급받을 시 토지 및 건물을 구분하여 발급받는 것이 적절하다. 이를 구분하지 아니한 경우 부가세대급금 중 토지 부분에 상당하는 금액을 안분하여 토지의 매입가액으로 대체처리한다.

④《토지 및 건물 안분계산》7. 31 사옥 취득가액 중 토지 및 건물의 가액구분이 불분명하여, 기준시가에 의하여 토지 및 건물가액을 계산하여 대체하다.

토지	315,312,500	/	선급금	504,500,000
건물	189,187,500		부가세대급금	43,750
토지	43,750			

[예제] 토지 공시지가 : 250,000,000원, 건물의 국세청기준시가 : 150,000,000원

- 토지 : 504,500,000 × $\frac{\text{토지공시지가}(250,000,000)}{\text{기준시가}(400,000,000)}$ = 315,312,500

- 건물 : 504,500,000 × $\frac{\text{건물기준지가}(150,000,000)}{\text{기준시가}(400,000,000)}$ = 189,187,500

▷ 매입세액 중 토지로 대체할 금액 : 43,750원
부가세대급금(70,000원) × 토지가액(315,312,500) / 토지 및 건물가액(504,500,000)

Q 구축물

구축물에는 하수도, 굴뚝, 포장도로, 교량, 도크, 방벽, 철탑, 기타 토지에 정착한 모든 토목설비나 공작물을 포함한다. (지하수개발, 공장부지 정지, 정원설비 등)

▶ 건물과 구축물 구분

건물은 건물 본래의 용도에 공하기 위한 구조물을 말하고 건물의 본래 용도에 공하지 아니하거나 건물에 부착되지 않는 구조물은 구축물로 처리한다.
구축물의 감가상각방법은 건물과 동일하게 적용하나 건축물 부속설비를 건축물과 구분하여 회계처리하는 경우 업종별자산내용연수를 적용할 수 있다.

▶ 시설장치

구축물로 분류할 수 없는 시설 및 장치, 임차건물의 인테리어설치비용 등은 시설장치로 처리할 수 있다.

▶ 인테리어 설치비용

자가 건물의 인테리어 시설비용이 당해 자산의 내용연수를 연장시키거나 자산의 가치를 증가시키고, 건물과 분리되는 별도의 시설물인 경우 구축물로 처리하며,수선.유지.보수의 경우 또는 인테리어비용이 100만원 이하 소액인 경우 수익적 지출로 보아 소모품비 등으로 처리하여 당기에 전액 비용처리한다.

임차건물의 개보수, 시설물 설치비용 또는 공사비용은 자본적 지출에 해당한다고 볼 수 있다. 시설물 공사비 등의 금액이 중요한 경우 해당 자산의 법인세법상 내용연수를 적용하여 감가상각비를 계상하는 것이 적절하다. 따라서 임차자산개량과 관련하여 발생한 금액은 유형자산 항목에 '시설장치' 또는 '임차자산개량권'이란 계정과목을 설정하여 처리한 다음 업종별내용연수를 적용하여 감가상각을 하여야 한다. 한편, '임차자산개량권'에 대한 감가상각이 종료되기 전 임차계약이 해지되어 철거하는 경우 잔존가액은 전액 손금산입할 수 있다.

□ 임차건물의 자본적지출에 대한 감가상각방법 (소득46011-21249, 2000.10.20)
병원을 개업하기 위하여 건물을 임차하여 칸막이 및 실내인테리어공사를 하는 것은 자본적지출에 해당하며, 그 공사비는 소득세법시행령 제63조 제1항 제2호 및 같은법시행규칙 제32조 제1항의 규정에 의하여 법인세법시행규칙 별표 6의 업종별 자산의 기준내용연수에 따라 감가상각비를 계산하는 것임.

시설장치 등 폐기

사업장 이전 또는 시설개체, 기술낙후 등으로 인하여 생산설비의 일부를 폐기하는 경우에 한하여 당해 자산의 장부가액(폐기물 매각대금이 있는 경우에는 그 금액을 차감한 금액)을 폐기일이 속하는 사업연도에 손금산입할 수 있으며, 시설장치를 폐기처리하였음을 객관적으로 입증할 수 있는 근거자료는 보관하여야 한다. (사진, 내부품의서 등)

◈ 법인 사업장 이전으로 업무용 시설물 폐기 (법인46012-4206, 1995.11.15)
법인이 사업장에 설치한 업무용 시설물(건물에 대한 자본적지출 제외)을 사업장의 이전으로 폐기하는 때에는 당해 자산의 장부가액(폐기물 매각대금이 있는 경우에는 그 금액을 차감한 금액)을 폐기일이 속하는 사업연도에 손금산입하는 것임.

▶ 폐기손실의 손금(필요경비) 산입 및 손금불산입(필요경비불산입)
법인의 경우 자산 폐기손실은 법인의 손금에 산입할 수 있으나 개인 사업자의 경우에는 필요경비에 산입할 수 없다.

구축물 회계처리 사례

①《지하수개발공사》 공장에서 사용할 지하수를 개발하고, 개발공사대금 1천만원(부가세 별도)에 대하여 세금계산서를 수취하다. 그 대금은 1개월 뒤 지불하기로 하다.

구축물	10,000,000	/	미지급금	11,000,000
부가세대급금	1,000,000			

②《미지급금 변제》 지하수개발공사대금 11,000,000원을 인터넷뱅킹으로 보통예금에서 인출하여 계좌이체하다. 계좌이체시 수수료 1,000원이 같이 인출되다.

미지급금	11,000,000	/	보통예금	11,001,000
지급수수료	1,000			

기계장치

기계장치, 운송설비(콘베이어·호이스트·기중기 등)와 기타의 부속설비 등을 말하며, 기계장치의 구입과 관련한 제비용은 기계장치의 취득원가에 포함한다. 기계장치 매입계약을 체결하고 해당 기계장치의 가동을 위하여 추가로 지출하는 비용은 해당 기계장치를 사업에 직접 사용하기 위한 자본적 지출에 해당한다.

▶ 기계장치 폐기

화재, 태풍, 장마로 인한 침수피해등 천재지변이나 예상치 못한 돌발사건으로 보유중인 재고자산이나 유형자산에 손실을 입은 경우 재해손실로 처리하는 것이며, 재해손실은 손익계산서상 영업외비용으로 처리한다.

한편, 화재 등의 경우에 대비하여 보험에 가입하고 화재발생으로 인한 보험금을 수령한 경우 보험금은 유형자산폐기손실금액에서 차감하여야 한다. 시설의 개체 또는 기술낙후로 인하여 사업별 유형자산의 일부를 폐기한 경우 당해 유형자산의 장부가액에서 1,000원(비망가액)을 공제한 금액을 폐기일이 속하는 사업연도에 비용처리할 수 있다.

기계장치 회계처리 사례

① 《기계장치 매입시 선급금 지급》 기계장치를 5억원에 매입(부가세 별도)하기로 하고, 선급금 55,000,000원(부가세 포함)을 보통예금에서 인출하여 지급하고, 세금계산서를 수취하다.

차변	금액		대변	금액
선급금	50,000,000	/	보통예금	55,000,000
부가세대급금	5,000,000			

② 《기계장치 매입시 중도금 지급》 중도금 2억 2천만원(부가세 포함)을 보통예금에서 인출하여 지급하고, 세금계산서를 수취하다.

차변	금액		대변	금액
선급금	200,000,000	/	보통예금	220,000,000
부가세대급금	20,000,000			

③ 《기계장치 인수》 기계장치를 인도받고 잔금에 대한 세금계산서(공급가액 2억 5천만원, 세액 2천5백만원)를 발급받다. 기계장치 잔금 275,000,000원(부가세 포함) 중 2억원은 1개월 후 지급하기로 하고, 잔금 75,000,000원을 보통예금에서 인출하여 지급하다.

차변	금액		대변	금액
기계장치	500,000,000	/	선급금	250,000,000
부가세대급금	25,000,000		보통예금	75,000,000
			미지급금	200,000,000

한편, 설치비 5,500,000원(부가세 포함)을 지급하고 세금계산서를 수취하다.

차변	금액		대변	금액
기계장치	5,000,000	/	보통예금	5,500,000
부가세대급금	500,000			

④ 《기계장치 운반비 지급》 기계장치 운송회사에 운반비 7,000,000원(부가세별도)을 보통예금에서 인출하여 지급하고 세금계산서를 수취하다.

차변	금액		대변	금액
기계장치	7,000,000	/	보통예금	7,700,000
부가세대급금	700,000			

▶ 기계장치 취득시 세무상 유의사항

① 설치중인 기계장치의 시운전을 위하여 지출된 비용에서 시운전 기간 중 생산된 시제품을 처분하여 회수된 금액을 공제한 잔액은 기계장치의 자본적 지출로 한다.

② 장기할부조건으로 자산을 취득함에 있어서 이자상당액을 가산하여 매입가액을 확정하고 그 지불을 연불방법으로 한 경우의 이자상당액은 당해 자산에 대한 자본적 지출로 한다. 이 경우 당초 계약시 이자상당액을 당해 자산의 가액과 구분하여 지급하기로 한 때에도 또한 같다. 다만, 현재가치할인차금(장기할부조건 등으로 취득하는 경우 발생한 채무를 기업회계기준이 정하는 바에 따라 현재가치로 평가하여 현재가치할인차금으로 계상한 경우의 당해 현재가치할인차금)과 매입가액 확정 후 연불대금 지급시에 이자상당액을 변동이자율로 재계산함에 따라 증가된 이자상당액은 그러하지 아니한다.

Q 차량운반구

차량운반구의 취득 및 구입시에 지출되는 매입 부대비용, 차량운반구의 취득과 관련한 세금과공과금(취득세 등) 및 제비용(등록대행수수료, 인지세, 번호판대 등)은 차량운반구 취득가액에 포함한다.

▶ 차량의 취득과 관련한 매입세액 처리

택시회사 등 운수업을 영위하는 사업자가 영업용으로 매입하는 승용자동차의 매입세액은 공제받을 수 있으나 운수업이 아닌 회사가 비영업용승용자동차의 매입시 부담한 매입세액은 공제받지 못하므로 차량운반구의 취득가액으로 처리한다.
단, 마티즈, 아토스 등 경차의 경우에는 그 매입세액을 공제받을 수 있으며, 비영업용승용자동차란 8인승 이하의 차량을 말한다.

▶ 장기할부매입의 경우 이자비용처리

자산을 법인세법 시행령 제68조 제3항의 규정에 의한 장기할부 조건 등으로 구매하는 경우 발생한 채무를 기업회계기준에 의한 현재가치로 평가하여 현재가치할인차금으로 계상하는 경우 해당 현재가치할인차금을 자산의 가액에 가산하지 않는 것이며, 해당 현재가치할인차금에 대하여는 지급이자 손금불산입 대상이 되지 않는다.

한편, 할부구입과 관련하여 현재가치할인차금을 계상하지 않는 경우 해당 이자는 자산(차량)의 가액에 포함하여야 한다. 그러나 자산(차량)의 판매회사가 아닌 캐피탈 등으로부터 할부대금을 차입하고, 그 이자비용을 지급하는 경우 당해 이자는 그 지급시 이자비용으로 처리하여야 할 것으로 판단된다.

▶ 리스차량 회계처리

운용리스차량을 임차하고 차량공급자로부터 세금계산서를 발급받은 경우 부가세만 회계처리하고, 기타 리스 비용은 그 지급시 지급임차료 등으로 처리한다.

차량운반구 회계처리 사례

■ 차량 구입과 회계처리

① 《화물차 매입》 업무용화물차량을 구입하기 위하여 현대자동차판매(주)와 계약하고, 계약금 1,200,000원을 제외한 잔액은 현대캐피탈(주)에 24개월 할부로 지급하기로 하다. (차량대금 12,000,000원 부가가치세 1,200,000원)
계약금 1,2000,000원 및 기타 인수 제 비용 1,000,000원 (취득세, 증지대, 안전협회비, 인지대, 신용대출수수료, 공채매입 할인료 등)을 6. 22 국민은행 보통예금에서 인출하여 지급하다.

차변	금액		대변	금액
선급금	1,200,000	/	보통예금	2,200,000
차량운반구	1,000,000			

* 유형자산의 취득과 관련하여 국 · 공채 등을 불가피하게 매입하는 경우 당해 채권의 매입가액과 기업회계기준에 따라 평가한 현재가치와의 차액은 취득가액으로 할 수 있다.

② 《차량매입에 대한 세금계산서 수취》 6. 25 차량구입에 대한 매입세금계산서를 발급받다. (공급가액 12,000,000원, 세액 1,200,000원)

차변	금액		대변	금액
차량운반구	12,000,000	/	선급금	1,200,000
부가세대급금	1,200,000		미지급금	12,000,000

* 비영업용승용자동차를 취득하는 경우에는 그 매입세액은 공제받을 수 없으므로 부가세대급금은 차량운반구의 취득가액에 포함하여 처리한다.

③ 《차량할부원리금 지급》 차량할부 원금 500,000원 및 할부이자 80,000원이 국민은행 보통예금에서 자동이체 되다.

* 할부원금(500,000) = [차량대금 (13,200,000) - 계약금 (1,200,000)] ÷ 24개월

미지급금	500,000	/	보통예금	580,000
이자비용	80,000			

■ 공채 매입 및 할인

① 11/12 서울도시철도채권 매입 1,860,000원

유가증권	1,860,000	/	보통예금	1,860,000

② 11/13 서울도시채권을 증권사에 매도 후 통장으로 1,644,550원 입금

[내역] 입금액(1,644,550원) = 1,860,000원 - 207,390원 - 9,900원 + 1,840원

◦ 유가증권처분손실(207,390원) = 매입금액(1,860,000원) - 매도금액(1,652,610원)

◦ 지급수수료(8,400원) : 증권회사 수수료

◦ 선급이자 340원(공채발행일 이후 보유기간에 대한 이자수익)

보통예금	1,644,550	/	유가증권	1,860,000
유가증권처분손실	207,390		이자수익	340
지급수수료	8,400			

* 지급수수료는 유가증권처분손실에 포함하여 처리하여도 된다.

■ 차량 매각시 회계처리

◎ 《차량 매각》 차량운반구를 매각하고 세금계산서를 발행하다. 차량매각대금 4,400,000원(세액 포함)은 현금으로 영수하다.

장부가액 6,000,000원 = 취득가액 14,000,000원 - 감가상각누계액 8,000,000원

현금	4,400,000	/	차량운반구	14,000,000
감가상각누계액	8,000,000	/	부가세예수금	400,000
유형자산처분손실	2,000,000			

▷ 유형자산처분손실 : 장부가액(6,000,000원) - 처분가액(4,000,000원)

▷ 차량 처분시 당기 감가상각비는 계상하지 않아도 무방하다.

건설중인자산

유형자산의 건설을 위한 재료비·노무비 및 경비로 하되, 건설을 위하여 지출한 도급금액 또는 취득한 기계 등을 포함한다. '건설가' 계정이라고도 하며, 기업이 공장 건물 등의 신축을 위하여 건설업자에게 도급을 주거나 직접 건축하는 경우 건물이 완성될 때까지 임시로 처리하는 가계정이다. 따라서 건축 중 소요되는 제반경비는 일단, '건설중인자산'으로 처리한 다음 건물이 완성되면, '건물' 계정으로 대체한다.

건설중인 자산 회계처리 사례

① 《공장건물 신축 계약금 지급》 (주)대원종합건설과 공장신축에 대한 계약을 체결하고, (총도급금액 10억원, 부가세 별도) 계약금 1억원(부가세 별도)에 대하여 세금계산서를 발급받고, 5. 31 보통예금에서 인출하여 지급하다.

- 계약조건 : 도급금액 10억원 (중간지급조건부 계약), 공사기간: 1년
- 대금결제 조건 : 계약시 10%, 중도금 계약일로부터 6개월 뒤 40%
  잔금 : 공사 준공시점(계약일로부터 1년) 50% 지급조건

건설중인자산	100,000,0000	/	보통예금	110,000,000
부가세대급금	10,000,000			

② 《신축건물 관리비용 지급》 6.30 공사현장 감독자 급여 2백만원을 지급하면서 근로소득세 및 지방소득세 33,000원을 공제한 1,967,000원을 현금 지급하다.

건설중인자산	2,000,0000	/	현금	1,967,000
			예수금	33,000

③ 《중도금 지급》 공사 중도금 지급일인 11.30 중도금 4억원(부가세 별도)에 대하여 (주)대원종합건설로부터 세금계산서를 발급받고, 그 대금은 보통예금에서 인출하여 지급하다.

건설중인자산	400,000,000	/	보통예금	440,000,000
부가세대급금	40,000,000			

④《잔금 지급》 다음해 5.30 공사가 준공되어 잔금 5억원(부가세 별도)에 대한 세금계산서를 발급받고, 그 대금은 보통예금에서 인출하여 지급하다.

건설중인자산	500,000,000	/	보통예금	550,000,000
부가세대급금	50,000,000			

⑤《건물 준공》 5.31 공장건물 준공시 건설중인자산을 건물계정으로 대체하다.
(공사대금 10억원, 현장감독 인건비 3천만원, 기타 비용 5백만원)

건물	1,035,000,0000	/	건설중인자산	1,035,000,000

▶ 건설중인자산은 감가상각대상자산이 아님

건설중인자산은 감가상각대상이 아니며, 감가상각은 해당 자산을 법인의 사업에 사용한 날부터 감가상각을 시작한다.

비품

비품이란 컴퓨터, 책걸상, 전화기, 복사기, 팩시밀리, 에어컨, 자동판매기, 냉장고, 사무용가구, 선풍기, 정수기, 세탁기, 침대, 비디오 등을 말한다. 비품은 감가상각대상자산으로 이들 비품 중 그 취득금액이 소액인 경우에도 취득시점에 비품으로 처리할 시 감가상각 등 복잡한 회계처리과정이 필요하므로 세법에서는 거래단위별로 100만원 이하인 비품은 취득시점에 전액 비용으로 처리하는 것을 인정하고 있다. 따라서 비품 중 거래 단위별로 100만원 이하인 비품은 취득시 소모품비 등으로 비용 처리한다.

비품 회계처리 사례

①《비품 매입》 사무용복사기를 2,500,000원(부가세 별도)에 구입하고 그 대금은 나중에 지급하기로 하다.

비품	2,500,000	/	미지급금	2,750,000
부가세대급금	250,000			

② 《비품 매각》 복사기를 330,000원(부가세 포함)에 처분하고 세금계산서를 발행하고, 그 대금은 현금으로 받다. 취득가액은 2,500,000원이며, 감가상각누계액은 2,000,000원이다.

차변	금액		대변	금액
현금	330,000	/	비품	2,500,000
감가상각누계액	2,000,000		부가세예수금	30,000
유형자산처분손실	200,000			

공구와기구

공구와기구는 주로 생산활동을 원활하게 하기 위하여 사용하는 도구 중 그 사용기한이 1년을 초과하는 경우 처리하는 계정이다. 따라서 내용연수가 1년 이하이고, 거래 건당 100만원 이하인 '공구와기구'는 소모품비로 처리하여 구입시점에 즉시 비용처리한다. 한편, '공구와기구'를 매입시에 소모품비로 처리하였으나 기말에 미사용분이 있는 경우 저장품으로 대체처리한다.

공구와기구 회계처리 사례

① 《공구와기구 매입》 공장에서 사용할 공구를 3,000,000원(부가세 별도)에 매입하고 그 대금은 보통예금에서 인출하여 결제하다.

차변	금액		대변	금액
공구와기구	3,000,000	/	보통예금	3,300,000
부가세대급금	300,000			

기타의 유형자산

토지, 건물, 구축물, 기계장치, 선박, 차량운반구, 건설중인자산에 속하지 아니하는 기타의 유형자산으로는 임차자산개량권 등이 있다.

4 비유동자산 [무형자산]

무형자산이란 물리적 실체는 없지만 그 가치가 식별가능하고, 미래경제적 효익이 있는 비화폐성자산을 말하며, 영업권, 산업재산권, 광업권, 어업권, 개발비 등이 있다.

무형자산 개요

▣ 무형자산 요건

무형자산은 아래 3가지 요건을 모두 충족하여야 한다.

① 식별가능성

무형자산이 식별가능하다는 것은 그 자산이 기업실체나 다른 자산으로부터 분리될 수 있거나 법적 권리를 창출할 수 있는 경우 등을 의미한다.

② 자원에 대한 통제

자원에 대한 통제란 그 자원으로부터 미래 경제적 효익을 획득할 수 있고 그 효익에 대해 제3자의 접근을 제한할 수 있는 경우를 말한다.

③ 미래 경제적 효익의 존재

무형자산의 미래 경제적 효익은 재화의 매출이나 용역수익, 원가절감 또는 그 자산의 사용에 따른 기타 효익의 형태로 발생한다. 무형자산은 미래 경제적 효익이 기업에 유입될 가능성이 매우 높고, 취득원가를 신뢰성 있게 측정할 수 있는 경우에 한하여 자산으로 인식한다. 따라서 내부적으로 창출된 영업권은 취득원가를 신뢰성 있게 측정할 수 없을 뿐만 아니라 기업이 통제하고 있는 식별가능한 자원도 아니기 때문에 자산으로 인식하지 않는다.

▣ 무형자산 해당 여부

내부적으로 창출된 무형자산이 인식기준을 충족하는지를 평가하기 위해서 자산의 발생과정을 연구단계와 개발단계로 구분한다. 연구단계에서 발생한 모든 지출은 발생한 기간의 비용으로 인식한다. 개발단계에서 발생한 지출은 무형자산의 인식기준을 모두 충족할 경우에는 자산으로 인식하고, 그 외에는 발생한 기간의 비용으로 인식한다. 한편, 무형자산을 취득한 후에 발생한 지출은 무형자산의 미래 경제적 효익을 실질적으로 증가시킬 가능성이 매우 높고, 그 지출이 신뢰성 있게 측정될 수 있으며, 무형자산과 직접 관련되는 경우에 한하여 자본적 지출로 처리하고 그렇지 않은 경우에는 비용으로 인식한다.

▣ 무형자산 취득원가

내부적으로 창출된 무형자산의 취득원가는 그 자산의 창출, 제조, 사용준비에 직접 관련된 지출과 합리적이고 일관성 있게 배분된 간접지출(인건비, 감가상각비, 법적비용 등)을 모두 포함한다.

▣ 무형자산 감가상각

무형자산의 상각대상금액은 그 자산의 추정내용연수 동안 체계적인 방법에 의하여 비용으로 배분한다. 무형자산의 상각기간은 독점적.배타적인 권리를 부여하고 있는 관계 법령이나 계약에 정해진 경우를 제외하고는 20년을 초과할 수 없으며, 상각은 자산이 사용가능한 때부터 시작한다.

Q 영업권

영업권이란 회사 또는 지명도, 상표, 상호의 소유, 우수한 인력 또는 평판, 우수한 생산.판매조직, 양호한 고객관계 등 영업권을 창출시키는 유.무형자산 물건의 영업상의 기능 내지 특성으로 인하여 동일 또는 유사한 사업에 있어서 장래에 기대되는 이익이 정상이익을 초과하는 경우 초과수익력을 말하며, 유상으로 취득한 경우 무형자산인 영업권으로 처리한다.

▣ 영업권의 범위

① 사업의 양도.양수과정에서 양도.양수자산과는 별도로 양도사업에 관한 허가.인가 등 법률상의 지위, 사업상 편리한 지리적 여건, 영업상의 비법, 신용.명성.거래선 등 영업상의 이점 등을 감안하여 적절한 평가방법에 따라 유상으로 취득한 금액
② 합병 또는 분할의 경우 피합병법인 또는 분할법인(소멸한 분할합병의 상대방법인 포함)의 자산을 평가하여 승계한 경우로서 피합병법인 또는 분할법인의 상호. 거래관계 기타 영업상의 비밀 등으로 사업상 가치가 있어 대가를 지급한 것
③ 설립인가, 특정사업의 면허, 사업의 개시 등과 관련하여 부담한 기금.입회금 등으로서 반환청구를 할 수 없는 금액과 기부금 등

▣ 영업권 감가상각

법인세법상 영업권은 5년간 정액법으로 균등하게 상각하여야 한다.

▣ 영업권 양도 및 세무신고

영업권(점포임차권을 포함한다)의 양도로 인하여 발생하는 소득은 무형자산처분이익으로 법인의 소득에 포함되어 법인세가 과세되며, 개인의 경우 기타소득으로 과세된다. 한편, 토지, 건물, 부동산에 관한 권리인 사업용 유형자산과 영업권을 같이 양도하는 경우에는 양도소득세가 과세된다. (개인의 경우)

▶ 부가가치세 분야

사업의 포괄양도에 해당하지 않는 경우라면 영업권의 양도에 대하여도 재화의 공급으로 보아 세금계산서 발급 대상으로 공급가액에 대하여 세금계산서를 발급하여야 한다.

한편, 영업권대가를 지급하는 자는 기타소득세를 원천징수하여 신고납부하게 되므로 영업권대가를 지급받는자가 개인사업자(법인인 경우 원천징수의무 없음)인 경우 사업소득과는 별도로 기타소득[기타소득금액(기타소득 - 필요경비)이 3백만원을 초과하는 경우]으로 종합소득세 신고시 합산하여 신고 및 납부를 하여야 하며, 기타소득세로 원천징수된 기타소특세는 기납부세액로 공제를 받을 수 있다.

▶ 원천세 분야(양수인이 개인인 경우)

영업권을 양수하고 영업원에 대한 대가를 지급하는 자의 경우 영업권은 기타소득에 해당하므로, 대가로 지급하는 금액의 **60%**를 필요경비로 차감하고, 나머지 40%의 금액에 대하여 기타소득세 20%와 지방소득세2%, 합계 22%를 원천징수하여 다음 달 10일까지 납부하는 것이며, 다음 연도 2월말일까지 기타소득지급명세서를 제출하여야 한다.

▶ 양도소득세 분야(개인이 양도하는 경우)

1) 사업용고정자산(토지, 건물, 부동산에 관한 권리)과 함께 양도하는 영업권은 소득세법 제94조 제1항 제4호 가목에 따라 양도소득세 과세대상 자산에 해당한다.
2) 사회통념상 자산에 포함되어 함께 양도된 것으로 인정되는 영업권의 경우에는 영업권도 함께 양도한 것으로 보는 것이며, 영업권 양도차익과 부동산(토지, 건물) 양도차익을 구분하여 각각 양도소득세가 과세된다.

산업재산권

특허권

특수한 발명이나 사실에 대하여 특허법상 그 발명인 및 소유자에게 일정 기간 동안 그 발명품의 제조 및 판매에 관하여 법률상 부여한 권리이다
특허권은 '산업재산권'으로 특수한 발명이나 사실에 대하여 특허법상 그 발명인 및 소유자에게 일정 기간 동안 그 발명품의 제조 및 판매에 관하여 법률상 부여한 권리를 말한다. 특허권은 자기 자신이 스스로 창작하여 특허출원을 한 것뿐만 아니라 타인으로부터 승계 취득한 경우도 무형자산인 산업재산권으로 처리한다.

특허권을 타인으로부터 승계 취득하는 경우에는 매입금액과 매입에 소요되는 제반 비용을 자산 취득원가로 계상한다. 한편, 특허권을 일정기간을 사용하기로 하고 그 대금을 지급하는 경우에는 지급수수료(특허권 사용료)로 비용처리를 하여야 한다.

▣ 특허권 양도 및 세무신고

법인이 특허권을 양도하는 경우에는 양도가액과 취득가액의 차액에 대하여 법인세를 부담하여야 하는 것이나 개인의 경우 특허권의 양도로 인하여 발생하는 소득은 소득세법 제21조 제1항 제7호의 규정에 의하여 기타소득에 해당하는 것이며, 기타소득의 **60%**를 필요경비로 한다.

▶ 특허권 취득 이후 발생하는 경비처리

특허권 취득 후 특허권과 관련한 분쟁으로 인하여 소송비등 여러 가지 비용이 발생할 수 있다. 이때 특허권의 가치를 증가시키거나 내용연수를 연장시키는 자본적 지출은 특허권 원가에 산입하여야 하며, 원상을 회복시키거나 능률유지를 위한 비용, 특허권 방어 소송비용 등은 수익적지출로 당기비용(지급수수료)으로 처리한다.

특허권 회계처리 사례

① 《특허권 출원비용 지급》 특허권을 취득하기 위하여 특허 출원 및 등록에 소요되는 비용 8백만원을 보통예금에서 인출하여 지급하다.

선급금	8,000,000	/	보통예금	8,000,000

② 《특허권 취득비용 지급》 특허권을 취득하고 제비용 2백만원을 보통예금에서 지급하다.

특허권	10,000,000	/	선급금	8,000,000
			보통예금	2,000,000

• 특허권 : 산업재산권에는 특허권이 포함되므로 특허권을 산업재산권으로 계정처리를 하는 것이나 별도의 특허권 계정을 사용해도 무방하다.

* 변리사 수수료 등 특허권 취득과 관련한 제비용은 특허권의 취득원가로 한다.

③《특허권 연차료 지급》특허권 취득시 연차료 3백만원(3년치)을 보통예금에서 인출하여 납부하다.

선급비용	3,000,000	/	보통예금	3,000,000

④《특허권 감가상각비 계상》기말에 특허권에 대하여 감가상각비를 계상하다.

특허권상각	1,000,000	/	특허권	1,000,000

* 법인세법상 특허권의 감가상각 내용연수는 7년(2014년 이전 10년)으로 매 결산기말에 감가상각한다.

⑤《연차료를 지급수수료로 대체》특허권 연차료 선급비용 중 당기 해당 금액에 대하여 지급수수료로 계상하다.

지급수수료	1,000,000	/	선급비용	1,000,000

* 지급수수료 : 선급비용 ÷ 3년

⑥《특허권 양도》장부상 가액이 5백만원인 특허권을 3천3백만원(부가세 포함)양도하고, (세금계산서 발행) 그 대금은 보통예금에 입금되다.

보통예금	33,000,000	/	특허권	5,000,000
			부가세예수금	3,000,000
			무형자산처분이익	25,000,000

실용신안권

실용신안권이란 산업상 이용할 가능성이 있는 물품의 형상, 구조 또는 조합한 것 등에 관한 구체적인 기술적 목적과 기술적 구성 및 기술적 효과에 의하여 체계적으로 형성된 신규성 있는 기술적 사상의 창작인 무형의 고안을 보호의 객체로 하는 권리를 말한다.

의장권(디자인권)

의장권이란 산업적 물품 또는 제품의 독창적이고 장식적인 외관 형상의 보호를 위하여 등록을 통하여 허용된 권리이며 산업재산권의 하나이다. 의장이란 물품에 표현되어 눈으로 보아 미적 감각을 일으키게 하는 디자인이다. 즉, 기술과는 무관하게 물품의 미적외관을 시각적인 관점에서 파악되는 것이며, 반드시 특정된 물품에 표현되어야 한다.

상표권

상품을 생산・제조・가공 또는 판매하는 자가 자기의 상품을 다른 업자의 상품과 식별코자 그 상품에 대해 사용 표시하는 기호나 문자, 도형 등을 상표라 하는데, 상표권은 생산자 또는 상인이 그 상표를 특허청에 출원해 등록함으로써 부여받는 전용권을 말한다.

▶ 산업재산권의 법인세법상 상각기간

특허권 7년, 실용신안권 5년, 의장권 5년, 상표권 5년

개발비

개발비란 신제품 또는 신기술개발과 관련하여 제품(재료, 장치, 공정, 시스템 포함) 및 용역의 생산을 위한 계획이나 설계에 적용하는 활동과 관련하여 발생한 비용을 말한다. 단, 연구와 관련하여 발생한 비용은 연구비로 처리한다.

개발비 중 무형자산인 개발비요건을 충족하지 못하는 경우 당기비용인 경상개발비로 처리하고, 무형자산인 개발비 요건에 충족하는 경우에 한하여 무형자산인 개발비로 처리한다.

무형자산인 개발비와 당기비용인 경상연구개발비 구분

①항과 ②항의 요건을 모두 충족하는 경우 무형자산인 개발비로 처리하고 그렇지 않은 경우에는 발생한 연도의 비용인 경상개발비로 처리한다.

① 아래와 같은 개발단계에 속하는 활동일 것

- 생산 전 또는 사용 전의 시작품과 모형을 설계, 제작 및 시험하는 활동
- 새로운 기술과 관련된 공구, 금형, 주형 등을 설계하는 활동
- 상업적 생산목적이 아닌 소규모의 시험공장을 설계, 건설 및 가동하는 활동
- 새롭거나 개선된 재료, 장치, 제품, 공정, 시스템 및 용역 등에 대하여 최종적으로 선정된 안을 설계, 제작 및 시험하는 활동

② 개발단계에서 발생한 지출은 다음의 조건을 모두 충족하는 경우

- 무형자산을 사용 또는 판매하기 위해 그 자산을 완성시킬 수 있는 기술적 실현가능성을 제시할 수 있다.
- 무형자산을 완성해 그것을 사용하거나 판매하려는 기업의 의도가 있다.
- 완성된 무형자산을 사용하거나 판매할 수 있는 기업의 능력을 제시할 수 있다
- 무형자산이 어떻게 미래 경제적 효익을 창출할 것인가를 보여줄 수 있다. 예를 들면, 무형자산의 산출물, 그 무형자산에 대한 시장의 존재 또는 무형자산이 내부적으로 사용될 것이라면 그 유용성을 제시하여야 한다.
- 무형자산의 개발을 완료하고 그것을 판매 또는 사용하는 데 필요한 기술적, 금전적 자원을 충분히 확보하고 있다는 사실을 제시할 수 있다.
- 개발단계에서 발생한 무형자산 관련 지출을 신뢰성 있게 구분하여 측정할 수 있다.

개발비, 사용수익기부자산 등의 감가상각

▶ 개발비

관련제품의 판매 또는 사용이 가능한 시점부터 20년 이내의 기간내에서 연단위로 신고한 내용연수에 따라 매사업연도별 경과월수에 비례하여 상각한다. (무신고시 5년간 균등상각)

▶ **사용수익기부자산**

당해 자산의 사용수익기간(그 기간에 관한 특약이 없는 경우 신고내용연수)에 따라 균등하게 안분한 금액을 상각

개발비 회계처리 사례

① 《개발용 시제품 구입》 신제품 개발과 관련하여 소재 3천만원(부가가치세 별도)을 구입하고 세금계산서를 수취하다. 그 대금은 보통예금에서 인출하여 지급하다.

선급금	30,000,000	/	보통예금	33,000,000
부가세대급금	3,000,000			

② 《개발비 대체》 신제품 개발이 완성되고, 기업회계기준에 의한 개발비 요건을 충족하여 개발과 관련하여 지출한 비용 2억원을 개발비로 대체하다. 개발과 관련한 제비용은 모두 선급금으로 처리한바 선급금을 개발비로 대체하다.

개발비	200,000,000	/	선급금	200,000,000

기타의 무형자산

산업재산권(실용신안권, 의장권, 상표권, 특허권), 개발비, 영업권에 포함되지 아니하는 기타의 무형자산으로서 독점적·배타적으로 이용할 수 있는 권리로 한다.

광업권

광업권이란 일정한 광구에서 등록을 한 광물과 동 광상중에 부존하는 다른 광물을 채굴하여 취득할 수 있는 권리를 말한다.

5 비유동자산 [기타 비유동자산]

기타 비유동자산이란 투자자산, 유형자산, 무형자산 등으로 분류할 수 없는 비유동자산으로 장기매출채권, 장기미수금, 장기선급금, 장기선급비용, 임차보증금, 부도어음 등이 기타 비유동자산에 해당한다.

장기성매출채권

유동자산에 속하지 아니하는 일반적 상거래에서 발생한 외상매출금 및 받을어음중 회수기간이 결산일로부터 1년 이상인 채권을 말한다. 실무에서는 통상 장기할부조건판매의 경우 외상매출금을 장기성매출채권으로 처리한다.

장기할부조건

장기할부조건이라 함은 자산의 판매 또는 양도(국외거래에 있어서는 소유권이전 조건부 약정에 의한 자산의 임대를 포함한다)로서 판매금액 또는 수입금액을 월부·연부 기타의 지불방법에 따라 2회 이상으로 분할하여 수입하는 것 중 당해 목적물의 인도일의 다음날부터 최종의 할부금의 지급기일까지의 기간이 1년 이상인 것을 말한다.

매출총액 및 손익귀속시기

(1) 인도기준에 의한 매출인식(이자상당액을 포함한 명목가치에 의함)

장기할부판매의 경우에도 매출 인식시기는 원칙적으로 인도기준을 적용한다. 이 경우 인도기준은 명목가치에 의한 인도기준을 말하는 것으로 이자상당액을 구분하지 않고 판매총액을 매출액으로 처리한다.

(2) 현재가치평가 및 인도기준에 의한 매출인식

기업이 장기할부조건 등에 의하여 자산을 판매하거나 양도함으로써 발생한 채권에 대하여 기업회계기준이 정하는 바에 따라 현재가치로 평가한 금액을 매출로 처리하고, 명목가치와 현재가치의 차액을 계상한 경우 현재가치할인차금상당액은 당해 채권의 회수기간 동안 환입한 금액은 각 사업연도의 익금에 산입한다.

□ 현재가치할인차금

예를 들어 장기매출채권 1억원을 3년에 걸쳐 지급받기로 한 경우 3년에 걸쳐 지급받을 1억원의 가치는 물가상승률 등을 감안하면, 현재보다 낮은 가치가 될 것이다. 따라서 3년 동안 지급받게 될 명목가치 1억원에 대하여 물가상승률 등을 반영하여 현재의 가치로 평가한 가치가 9천만원이라면, 현재의 시점에서 실질 매출채권의 가치는 9천만원이며, 1천만원은 일종의 이자로 보아야 할 것이다. 따라서 이 경우 1천만원은 이자로 보아 현재가치할인차금을 설정하여 매 결산기마다 이자수익으로 처리하는 것이다.

(3) 회수기일에 매출 및 매출원가 인식

중소기업이 장기할부조건으로 자산을 판매하거나 양도한 경우로서 판매 또는 양도한 자산의 인도일이 속하는 사업연도의 결산을 확정함에 있어서 당해 사업연도에 회수하였거나 회수할 금액과 이에 대응하는 비용을 각각 수익과 비용으로 계상한 경우에는 그 장기할부조건에 따라 각 사업연도에 회수하였거나 회수할 금액과 이에 대응하는 비용을 각각 해당 사업연도의 익금과 손금에 산입한다. 이 경우 인도일 이전에 회수하였거나 회수할 금액은 인도일에 회수한 것으로 본다.

장기성매출채권 회계처리 사례

① 《인도기준에 의한 매출처리》 20×4. 1. 5 대동물산(주)에 기계장치 3억원(부가세 별도)을 판매하고 그 대금은 3회에 걸쳐 나누어 지급받기로 하다.
(20×4. 12. 31, 20×5. 12. 31, 20×6. 12. 31)

차변	금액		대변	금액
장기매출채권	330,000,000	/	매출	300,000,000
			부가세예수금	30,000,000

* 장기할부판매의 경우 대가의 각 부분을 받기로 한 때를 재화의 공급시기로 본다. 다만, 공급시기가 되기 전에 세금계산서를 발급하는 경우 그 때를 공급시기로 본다.

② 《인도기준에 의하여 매출처리하고 현재가치할인차금 계상》 동국물산(주)에20×4. 1. 5 기계장치를 300,000,000원(부가가치세 별도)에 판매하고 그 대금은 3회(20×4. 12. 31, 20×5. 12. 31, 20×6. 12. 31)로 나누어 지급받기로 하다.
한편, 장기매출채권 3억 3천만원의 현재가치를 297,000,000원으로 평가하고, 차액 33,000,000원은 현재가치할인차금으로 계상하다.

장기매출채권	330,000,000	/	매출	267,000,000
			부가세예수금	30,000,000
			현재가치할인차금	33,000,000

* 부가가치세의 과세표준은 거래상대방으로부터 받는 대금, 요금, 수수료, 기타 명목여하에 불구하고 대가관계에 있는 모든 금전적가치가 있는 것을 포함하는 것으로 할부판매시 이자상당액도 과세표준에 포함한다.

③ 《현재가치할인차금상각》 20×4년 회계기말에 현재가치할인차금 11,000,000원을 상각하고 동 금액을 이자수익으로 처리하다.

현재가치할인차금상각	11,000,000	/	이자수익	11,000,000

보증금

보증금이란 특정시설물 또는 배타적 권리를 사용할 수 있는 대가로 일정금액을 지급하고 그 사용기간의 종료시 반환받을 수 있는 것으로 전세권, 임차보증금, 영업보증금, 수입보증금, 공탁보증금, 입찰보증금, 리스보증금 등이 있으며, '기타비유동자산'으로 분류한다.

임차보증금 및 전세권

① 임차보증금이란 타인의 부동산을 사용하기 위하여 지급한 보증금을 말한다.
② 전세권이란 전세금을 지급하고 타인의 부동산을 사용.수익할 수 있는 권리를 말하며, 전세권을 설정한 경우 전세권이란 계정과목으로 처리하고 기타의 경우는 임차보증금으로 처리한다.

영업보증금

대리점, 가맹점 등을 개설하는 경우 본사와 계약에 의하여 통상 영업보증금을 지급하며, 이 보증금을 영업보증금으로 처리한다. 단, 계약 해지시 돌려받을 수 없는 영업보증금은 무형자산(영업권)으로 계상하여 계약기간 동안 감가상각한다.

수입보증금

수입업자가 수입물품대금의 일부를 은행에 예치하는 보증금

공탁보증금

공탁이란 변제. 담보. 보관 등의 목적으로 금전 등을 공탁소에 맡기는 것을 말하며, 공탁금은 일종의 보증예치금이다.

임차보증금 회계처리 사례

① 《임차보증금 계약금 지급》 사무실을 임차(임차조건 : 보증금 1천만원, 월세 1백만원, 부가세 별도)하기로 하고, 계약금 1백만원을 보통예금에서 지급하다.

선급금	1,000,000	/	보통예금	1,000,000

② 《임차보증금 잔금 지급》 잔금 9백만원을 보통예금에서 인출하여 지급하다.

임차보증금	10,000,000	/	보통예금	9,000,000
			선급금	1,000,000

③ 《월 임차료 지급》 5월분 임차료 1,000,000원 및 부가세 100,000원을 보통예금에서 인출하여 지급하고 세금계산서를 수취하다.

지급임차료	1,000,000	/	보통예금	1,100,000
부가세대급금	100,000			

④《임차보증금 상계》 월세를 지급하지 못하여 보증금과 상계하기로 하고, 매입세금계산서를 수취하다.

지급임차료	1,000,000	/	임차보증금	1,100,000
부가세대급금	100,000			

⑤《임차보증금 회수》 임대차계약기간이 종료되어 보증금 중 월세 6개월분 6백 6십만원을 상계한 잔액 3,400,000원을 임대인으로부터 수표로 지급받아 즉시 보통예금에 입금하다.

보통예금	3,400,000	/	임차보증금	3,400,000

Q 부도어음

부도어음이란 매출대금으로 받은 어음 등을 어음만기일에 어음발행인이 지정한 금융기관에 어음을 제시하여 지급을 요구하였으나 지급이 거절된 어음을 말한다.

어음의 부도는 매출대금으로 받은 어음(또는 매출대금으로 받은 어음을 할인하거나 배서.양도한 어음)을 어음발행인이 어음에서 그 지급을 약속한 날짜에 어음상의 금액을 거래은행 당좌예금에 입금하지 않아, 거래은행이 어음소지인에게 지급을 할 수 없는 경우에 부도처리된다.

어음이 부도처리되면, 어음소지인은 어음발행인(어음을 배서.양도받은 경우에는 어음 양도인)에게 어음상의 금액을 지급하여 줄 것을 청구한다. 그러나 어음발행인의 재산이 없는 경우에는 회수가 불가능하며, 이 경우 어음대금회수가 불가능하므로 법절차에 따라 대손상각(비용)처리한다.

한편, 수취한 어음이 부도발생의 우려가 있는 경우 신용보증기금의 어음보험제도를 이용하여 보험에 가입한다.

부도어음 회계처리 사례

① 《받을어음 부도》 20×5. 6. 20 국민은행에 할인한 어음(5. 20 덕원개발로부터 받은 수취한 어음)이 부도가 발생되었음을 국민은행으로부터 통보받고 어음금액 11,000,000원 및 기타 제 비용 100,000원을 한미은행 보통예금에서 인출하여 즉시 국민은행에 지급하고, 덕원개발에 부도어음 금액의 상환을 청구하다.

부도어음	11,100,000	/	보통예금	11,100,000

② 《부도어음 대손세액공제》 부도어음의 부가가치세액에 해당하는 1,000,000원을 부도발생일이 속하는 날로부터 6개월이 경과한 날(20×5. 12. 21)이 속하는 부가가치세 확정신고시 대손세액공제를 신청하다.

부가세예수금	1,000,000	/	부도어음	1,000,000

• 부가세예수금 : 부도어음금액(11,000,000원) × 10/110

③ 《대손상각》 결산시점에 부도어음을 대손상각처리하다. 단, 대손충당금잔액 은 2천만원이다.

대손충당금	10,099,000	/	부도어음	10,099,000

* 수표, 어음 한매당 외상매출금에서 1,000원을 차감한 금액을 대손금으로 한다. 부도어음 잔액 1,000원은 추후 대손요건을 충족하는 사업연도(부도발생일로부터 3년이 경과한 사업연도)에 손금산입한다.
* 대손충당금을 초과하는 금액은 당기의 비용(대손상각비)으로 처리한다.

▶ 부도수표, 부도어음 대손상각

1) 부도발생일로부터 6월 이상 경과한 수표 또는 어음상의 채권 및 부도발생일 이전에 발생한 중소기업의 외상매출금 다만, 당해 법인이 채무자의 재산에 대해 저당권을 설정하고 있는 경우를 제외한다. 동 요건에 해당하는 경우 채무자가 부도발생일 이후 사업계속 여부, 다른 재산 소유 여부에 대하여 별도의 조사 없이 대손처리할 수 있으며, 추후 회수하는 때에 익금으로 계상한다.

2) 부도발생일로부터 6월 이상 경과한 날로부터 소멸시효가 완성하는 때 까지는 대손처리를 하여야 한다.

○ 부도발생일 : 소지하고 있는 부도수표나 부도어음의 지급기일 단, 지급기일전에 당해 수표나 어음을 제시하여 금융기관으로부터 부도확인을 받은 경우에는 그 부도확인일

○ 대손처리 방법 : 부도수표 또는 어음 금액 중 1,000원을 공제한 잔액을 대손상각비로 처리하거나 대손충당금이 있는 경우 대손충당금과 상계한다.

기타의 비유동자산

장기성매출채권, 보증금, 부도어음에 해당하지 않는 비유동자산으로 이연법인세자산(유동자산으로 분류되는 부분 제외), 장기선급비용, 장기선급금 및 장기미수금 등을 포함하며, 투자자산, 유형자산, 무형자산에 속하지 않는 비유동자산을 포함한다.

이들 자산은 투자수익이 없고 다른 자산으로 분류하기 어려워 기타로 통합하여 표시한다. 다만 이들 항목이 중요한 경우에는 별도 표시한다.

2 부채 계정과목

부채란 타인으로부터 차입한 채무(빚)를 말한다. 기업의 자산은 타 인으로부터 빌린 부채와 주주들이 출자한 출자금 및 영업활동 결과 발생한 이익금으로 형성되어 있다. 부채는 단기 (재무상태표일로부터 1년 이내)에 상환하여야 하는 유동부채와 재무상태표일로부터 1년 이후에 상환하는 장기부채로 구분된다.

1 유동부채

> 유동부채란 단기(재무상태표일로부터 1년 이내)에 상환하여야 하는 부채를 말하며, 매입채무, 단기차입금, 미지급금, 선수금, 예수금, 미지급비용, 미지급법인세, 미지급배당금, 유동성장기부채, 선수수익, 부가세예수금 등이 있다.

매입채무

일반적 상거래에서 발생한 외상매입금과 지급어음으로 한다. 기업회계기준에서는 외상매입금과 지급어음을 통틀어 매입채무란 계정과목을 사용하나 실무에서는 구분하여 사용하고 결산시 외상매입금과 지급어음을 매입채무로 변경한다. (전산처리서 자동 처리된다.)

외상매입금

상품, 원재료 등을 외상 구매한 경우 외상채무의 명칭을 '외상매입금' 이라 한다.

▣ 외상채무의 명칭 구분 (외상매입금, 미지급금, 미지급비용)

- 외상매입금 : 재고자산 외상매입시 나중에 지급하여야 할 외상 매입대금의 명칭을 외상매입금이라 한다.
- 미지급금 : 유형자산(차량운반구, 기계장치, 비품 등) 외상매입시 외상대금의 명칭을 재고자산의 외상매입금과 구분하기 위하여 미지급금이라 한다.
- 미지급비용 : 각종 비용발생과 관련하여 그 대금을 나중에 지급하는 경우 외상대금 명칭을 미지급비용이라 한다.

외상매입금 회계처리 사례

① 《외상매입》 원사(원재료) 10,000,000원을 (주)대일로부터 7월 중에 납품받고 7. 31 세금계산서를 수취하다.
(공급가액 10,000,000원, 세액 1,000,000원, 합계 11,000,000원)

원재료	10,000,000	/	외상매입금	11,000,000
부가세대급금	1,000,000			

② 《외상매입대금 결제》 8. 31 (주)대일에 대한 외상매입대금 중 5,000,000원을 농협 보통예금에서 인터넷뱅킹으로 지급하다.

외상매입금	5,000,000	/	보통예금	5,000,000

□ **매입처원장의 작성**

외상거래시 매입처별로 외상관리를 하여야 하는 경우 매입처원장을 작성한다. 매입처원장이란 물품 등을 판매하고 그 대금을 외상으로 하는 경우 각각의 거래처별로 물품 매입대금의 외상발생 및 지급에 관한 거래내용을 기록하기 위하여 작성하는 거래처별 외상관리장부이다. 따라서 거래처별로 별도 외상관리가 필요 없는 현금거래시에는 매입처원장을 작성할 필요가 없다.

지급어음

외상이란 거래 당사자간의 신용을 바탕으로 물품대금을 거래 후 일정 시점에 지급할 것을 구두로 약속하는 것이고, 어음이란 대금지급을 어음이라는 증서로 거래 후일에 지급을 약속하는 외상거래의 일종으로 어음수취인(물품을 공급하고 그 대금으로 어음을 받은 자)은 어음을 발행한 자가 어음증서에서 대금지급을 약속한 날짜에 그 지급을 지정한 은행에 어음을 제시하면, 은행에서 어음발행인의 당좌예금에서 어음대금을 지급하는 방식이다.

▶ 지급어음 회계처리 사례

① 《어음 발행》 (주)대일의 외상매입금 6,000,000원을 결제하기 위하여 9. 3 어음을 발행하여 지급하다. (지급일자 11. 30 지급장소 우리은행 종로지점)

외상매입금	6,000,000	/	지급어음	6,000,000

② 《당좌예금 입금》 11. 29 어음대금결제를 위하여 6,000,000원을 농협 보통예금에서 우리은행 당좌예금으로 계좌이체하다.

당좌예금	6,000,000	/	보통예금	6,000,000

③ 《지급어음 결제》 11. 30 우리은행 당좌예금에서 9. 3 (주)대일에 발행한 어음금액 6,000,000원이 결제되다.

지급어음	6,000,000	/	당좌예금	6,000,000

단기차입금

금융기관으로부터의 당좌차월액과 1년내에 상환될 차입금을 차입한 경우 처리하는 계정과목이다.

◈ 유동부채 및 비유동부채 [기업회계기준서 제21호(재무제표의 작성과 표시 39)]
부채는 1년을 기준으로 유동부채와 비유동부채로 분류한다. 다만, 정상적인 영업주기내에 소멸할 것으로 예상되는 매입채무와 미지급비용 등은 재무상태표일로부터 1년 이내에 결제되지 않더라도 유동부채로 분류한다. 이 경우 유동부채로 분류한 금액 중 1년 이내에 결제되지 않을 금액을 주석으로 기재한다. 당좌차월, 단기차입금 및 유동성장기차입금 등은 재무상태표일로부터 1년 이내에 결제되어야 하므로 영업주기와 관계없이 유동부채로 분류한다. 또, 비유동부채 중 재무상태표일로부터 1년 이내에 자원의 유출이 예상되는 부분은 유동부채로 분류한다. (A16, A21)

▣ 당좌차월

당좌거래를 이용하는 회사는 금융기관과의 사전 약정에 의하여 회사의 신용을 바탕으로 일정한도내의 금액을 당좌예금 잔고를 초과하여 당좌수표를 발행할 수 있으며, 이 때 당좌예금 잔고를 초과하여 발행된 당좌예금 마이너스금액이 당좌차월이다. 당좌차월은 당좌예금 잔고없이 인출한 일종의 차입금으로 당좌예금 부수(-)금액이다. 당좌예금 부수(-)금액은 결산시점에 당좌차월로 대체처리한다.

▣ 개인사채 차입 및 이자 지급 원천징수

회사의 자금이 일시 부족하여 금융권이 아닌 개인(대표자의 친.인척, 지인, 사채업자)으로부터 차입하는 경우 차입금은 단기차입금으로 처리하고, 그 이자 지급시 소득세법의 규정에 의하여 이자소득세(비영업대금의 이익 원천징수세율 : 25%)를 원천징수하여 관할세무서에 납부하여야 한다.

▣ 마이너스 통장 회계처리

마이너스 통장이란 금융기관과의 사전약정에 의하여 별도의 대출절차없이 회사신용을 바탕으로 일정한도내의 금액을 보통예금 잔고를 초과하여 사용할 수 있는 통장이다. 따라서 보통예금 잔고 없이 인출한 금액은 일종의 차입금으로 보통예금 부수(-)금액에 대하여 단기차입금으로 처리한다. 단, 실무에서는 보통예금 부수(-)가 있는 경우 별도의 회계처리 없이 보통예금 마이너스 금액으로 처리하고, 결산시점에 단기차입금으로 대체처리한다.

□ 법인세법 기본통칙 4 - 0…8 [타인명의 차입금에 대한 취급]

① 차입금의 명의인과 실질적인 차용인이 다른 경우에는 실질적인 차용인의 차입금으로 한다.

② 제1항의 실질적인 차용인은 금전대차계약의 체결, 담보의 제공, 차입금의 수령, 각종 비용의 부담 등 차입에 관한 업무의 실질적인 행위내용과 차입한 금액의 용도 등을 기준으로 판단한다. 이 경우 차입금을 분할한 경우에는 차입한 금액의 전부 또는 일부를 타인에게 다시 대여한 것으로 인정되는 경우에 한하여 당해 차입금 총액을 당초 차용인의 차입금으로 한다.

단기차입금 회계처리 사례

① 《차입금 입금》 20×3. 6. 1 우리은행으로부터 운전자금 100,000,000원을 차입하고 근저당 설정수수료 및 기타 수수료 600,000원을 차감한 99,400,000원이 우리은행 보통예금에 입금되다.
(대출 상환기한: 20×4. 5. 31 대출이자율 6%, 만기 일시상환 방식)

차변	금액		대변	금액
보통예금	99,400,000	/	단기차입금	100,000,000
지급수수료	600,000			

② 《차입금이자 지급》 6. 30 우리은행 단기차입금에 대한 이자 500,000원이 우리은행 보통예금에서 인출되다.

차변	금액		대변	금액
이자비용	500,000	/	보통예금	500,000

③ 《차입금 상환》 20×4. 5. 31 우리은행으로부터 차입한 단기차입금 1억원 및 이자비용 500,000원을 우리은행 보통예금에서 인출하여 상환하다.

차변	금액		대변	금액
단기차입금	100,000,000	/	보통예금	100,500,000
이자비용	500,000			

④ 《개인사채 차입》 10. 20 회사의 자금이 일시 부족하여 김○○으로부터 2억 원을 차입하여(차입기간 : 1년, 이자율 10%) 국민은행 보통예금에 입금하다.

차변	금액		대변	금액
보통예금	200,000,000	/	단기차입금	200,000,000

- 단기차입금 : 이자비용을 정상적으로 지급하는 개인차입금은 단기차입금으로 처리하나 그렇지 못한 경우에는 가수금 등으로 처리한 다음 회계기말에 그 내용을 나타내는 적절한 과목으로 대체처리한다.

⑤ 《보통예금 마이너스 발생》 외상매입금 25,000,000원을 보통예금에서 인출하여 결제하다. (잔고 5,000,000원, 마이너스 인출금액 20,000,000원)

차변	금액		대변	금액
외상매입금	25,000,000	/	보통예금	5,000,000
			단기차입금	20,000,000

⑥《마이너스 금액 상환》외상매출대금 5천만원이 보통예금에 입금되다.

단기차입금	20,000,000	/	외상매출금	50,000,000
보통예금	30,000,000			

미지급금

일반적 상거래 이외에서 발생한 채무(미지급비용을 제외한다) 예를 들면, 차량운반구, 비품, 기계장치 등 유형자산을 구입하고 그 대금을 나중에 지급하는 경우 매입채무의 명칭을 미지급금이라 하며, 비용의 미지급시에는 그 채무명칭을 미지급비용이라 한다.

▣ 미지급금, 미지급비용, 외상매입금 구분

물품 등을 구입하거나 서비스 등을 제공받고 그 대금을 나중에 지급하기로 한 경우 그 채무의 명칭을 회계기준에서는 아래와 같이 구분하고 있다.

- 외상매입금 : 상품, 원재료등을 구입하고 그 대금을 나중에 지급하는 경우
- 미지급금 : 차량운반구, 비품, 기계장치 등 유형자산을 구입하고 그 대금을 나중에 지급하는 경우
- 미지급비용 : 전기요금, 기업업무추진비(접대비) 등 용역을 제공받고 그 대금을 나중에 지급하는 경우

실무에서 매입채무의 명칭을 위와 같이 엄격히 구분하여 회계처리하다 보면 상당히 혼란스러울 수 있다. 따라서 외부회계감사를 받지 않는 소규모 기업의 경우 이들 채무(외상매입금, 미지급금, 미지급비용)의 명칭을 외상매입금으로 통일하여 사용하더라도 세무상 특별한 문제는 없으므로 업체실정에 따라 통합 사용하여도 무방하다.

미지급금 회계처리 사례

① 《비품 외상구입》 10. 10 신도리코에서 사무용복사기를 2,500,000원(부가세 별도)에 구입하고 그 대금은 나중에 지급하기로 하다.

비품	2,500,000	/	미지급금	2,750,000
부가세대급금	250,000			

- 미지급금 : 비유동자산(고정자산) 등의 구입과 관련하여 그 대금을 나중에 지급하기로 한 경우 상품, 원재료 등 외상구입시 발생하는 외상매입금과 구분하기 위하여 미지급금이란 계정과목을 사용한다.

② 《미지급금 지급》 10. 31 신도리코에 대한 미지급금 2,750,000원을 인터넷뱅킹으로 지급하다. 송금수수료 1,000원 인출되다.

미지급금	2,750,000	/	보통예금	2,751,000
지급수수료	1,000			

선수금

선수금이란 수주공사 및 기타 일반적 상거래에서 발생한 선수액을 말하며, 선급금과 반대되는 계정과목으로 물품 등을 나중에 인도하기로 하고, 물품 등을 인도하기 전 그 대금을 미리 지급받은 금액을 말한다. 통상 세금계산서를 발행하기 전 그 대금을 미리 지급받은 경우 선수금이란 계정과목을 사용한다.

선수금 회계처리 사례

■ 선수금 입금 및 매출채권 상계

① 《선수금 입금》 6. 20 고신상사로부터 물품대금 선수금 6,000,000원이 국민은행 보통예금에 입금되다.

보통예금	6,000,000	/	선수금	6,000,000

② 《선수금과 매출채권 상계》 8월중 고신상사에 물품을 인도하고, 8. 31 세금계산서를 발급하다. 매출대금 중 6백만원은 선수금과 상계하고 잔액 5백만원은 나중에 지급받기로 하다.
(공급가액 10,000,000원, 세액 1,000,000원, 합계 11,000,000원)

선수금	6,000,000	/	제품매출	10,000,000
외상매출금	5,000,000		부가세예수금	1,000,000

■ 재화 공급(인도)전 선수금 수취 및 세금계산서 발행

재화의 공급시 원칙적으로 재화의 공급이 이루어진 시점(통상 재화를 인도한 날)에 세금계산서 발행하여야 한다. 다만, 공급시기 이전에 대가를 받고 발행한 세금계산서의 경우에는 정당한 세금계산서로 인정이 되며, 선수금을 받은 시점에 세금계산서를 발행하는 경우 회계처리는 아래와 같다.

① 《선수금 입금 및 세금계산서 발행》 (주)동일철강은 4. 10 한국상사에 철강 1억원 어치(부가세 별도)를 5. 31 공급하기로 계약하고, 선수금 22,000,000원을 수취하여 보통예금에 입금하다. 선수금 22,000,000원(부가세 포함)에 대하여 세금계산서를 발행하다.

보통예금	22,000,000	/	선수금	20,000,000
			부가세예수금	2,000,000

② 《선수금 매출 대체》 (주)동일철강은 5. 31 한일상사에 철강 1억원 어치(부가세 별도)를 납품하고, 선수금을 제외한 8천만원(부가세 별도)에 대하여 세금계산서를 발행하고 그 대금은 나중에 받기로 하다.

외상매출금	88,000,000	/	매출	100,000,000
선수금	20,000,000		부가세예수금	8,000,000

③ 《외상매출금 보통예금 입금》 6. 5 한일상사로부터 외상매출금 88,000,000원이 보통예금에 입금되다.

보통예금	88,000,000	/	외상매출금	88,000,000

예수금

예수금이란 회사의 종업원이 부담하고 납부하여야 하는 각종 세금 및 공과금을 법령에 의하여 회사가 대신하여 납부하는 경우 급여 지급시 종업원으로부터 일시 받아둔 금전을 말한다. 예를 들어 사업주는 근로자에게 매 월 급료 또는 임금을 지급할 시 근로자로부터 근로소득세 및 지방소득세(근로소득세의 10%), 국민연금, 건강보험료, 고용보험료 중 종업원부담금 등을 징수하여 보관하여 두었다가 납부기한(징수일 또는 급여지급일의 다음달 10일)내 금융기관에 납부하여야 한다. 이 경우 급여지급시 종업원으로부터 징수하여 납부시까지 회사내에 일시 보관하는 돈의 명칭을 '예수금'이라고 한다.

♣ 비용 → 급여 참조

미지급비용

비용 항목의 물품을 구입하거나 용역을 제공받고, 그 대금을 나중에 지급하기로 한 경우 외상대금의 명칭을 미지급비용이라고 한다. 한편, 상품, 원재료 등을 외상으로 매입하고 그 대금을 나중에 지급하기로 한 경우 외상대금의 명칭은 외상매입금이라 하고, 기계장치, 비품 등 유형자산 매입 후 그 대금을 나중에 지급하기로 한 경우 외상채무의 명칭은 '미지급금'이라고 한다.

미지급비용 회계처리 사례

① 《사무용품 구입》 5. 20 사무용 팩시밀리를 385,000원(부가세 포함)에 구입하고 그 대금은 월말에 지급하기로 하고, 세금계산서를 수취하다.

사무용품비	350,000	/	미지급비용	385,000
부가세대급금	35,000			

* 거래단위별로 100만원 이하인 비품은 소모품비 또는 사무용품비로 처리한다.

② 《미지급비용 결제》 5. 31 팩시밀리 구입대금 385,000원을 국민은행 보통예금에서 이체하여 결제하다.

미지급비용	385,000	/	보통예금	385,000

부가세예수금

부가가치세 매출세액을 부가세예수금이라 한다. 사업자의 경우 물품 등 매출시 거래상대방으로부터 징수한 부가가치세 매출세액은 공급받는자를 대신하여 세무서에 납부하여야 하는 채무(예수금)이다.

반대로 부가가치세 매입세액은 부가세대급금이라 한다. 사업자가 물품 등의 매입시 거래상대방에게 지급한 부가가치세 매입세액은 세무서로부터 돌려받을 수 있는 채권으로 기업의 입장에서는 자산이다. 따라서 사업자가 부가가치세 신고기한내 납부하여야 할 세금은 채무인 부가세예수금에서 채권인 부가세대급금을 차감한 부가세예수금 잔액이 되는 것이다.

부가세예수금 회계처리 사례

① 《부가세예수금과 부가세대급금 상계》 1기 확정 부가가치세 과세기간 종료일인 6월 30일 1기 확정기간의 부가세예수금 합계 24,000,000원에서 부가세대급금 합계 20,000,000원을 상계처리하고, 잔액은 미지급금으로 계상하다.

부가세예수금	24,000,000	/	부가세대급금	20,000,000
			미지급금	4,000,000

② 《부가가치세 납부》 7월 25일 1기 확정 부가가치세 신고를 하고, 납부할 세액 4,000,000원을 보통예금에서 인출하여 납부하다.

미지급금	4,000,000	/	보통예금	4,000,000

가수금

가수금이란 금전 등이 회사에 입금되었으나 입금에 대한 원인이 불분명한 경우, 회사에 귀속되지 아니하는 자금 등이 일시 가입금되는 경우, 기업의 자금이 일시 부족하여 대표이사 등으로부터 일시 차입한 금전 등을 처리하는 계정이다. 이 경우 가수금으로 처리한 다음 반환시 가수금과 상계처리한다. 한편, 가수금 거래가 여러 사람으로부터 발생하는 경우 개인별 가수금대장을 별도로 작성하여 관리한다.

가수금 회계처리 사례

① 《가수금 입금》 7. 30 회사 운영자금이 일시 부족하여 대표자로부터 3천만원을 빌려 국민은행 보통예금에 입금하다.

보통예금	30,000,000	/	가수금	30,000,000

② 《가수금 상환》 9. 10 대표자로부터 차입한 금액 중 1천만원을 국민은행 보통예금에서 인출하여 상환하다.

가수금	10,000,000	/	보통예금	10,000,000

③ 《가수금을 단기차입금으로 대체》 결산시 가수금잔액 20,000,000원을 단기차입금으로 대체하다.

가수금	20,000,000	/	단기차입금	20,000,000

④ 《착오 입금》 보통예금 통장에 거래처에서 착오에 의하여 700,000원이 입금되다.

보통예금	700,000	/	가수금	700,000

⑤ 《착오 입금액 송금》 거래처에서 착오로 입금된 금액 700,000원을 보통예금에서 인출하여 송금하여 주다.

가수금	700,000	/	보통예금	700,000

2 비유동부채

비유동부채(고정부채)란 재무상태표일로부터 1년 이후에 상환하여야 하는 부채를 말하며, 사채(社債), 장기차입금, 장기성매입채무, 퇴직급여충당금등이 있다.

사채(社債)

사채(社債)란 주식회사가 상법의 절차에 의하여 일반인으로부터 자금을 차입하는 것으로 기업이 특정 개인으로부터 자금을 빌리는 사채(私債)와 구분되며, 기업의 자본금을 일반인으로부터 공모하는 주식과도 구분된다.
즉 사채는 기업의 신용을 바탕으로 다수인으로부터 자금을 차입하고 차입조건에 따라 이자를 지급하며, 일정 기간 후 상환하여야 하는 부채로서 중소기업의 경우 기업의 대외적인 공신력이 낮은 관계로 현실적으로 사채(社債)를 발행하여 자금을 조달하기가 쉽지 않고, 실무에서도 거의 발생하지 않으므로 사채조달절차와 상환방법, 회계처리 등에 대한 설명은 생략한다.

□ 전환사채

사채(社債)로서 발행되었지만 일정기간 경과 후 사채 발행시 약정에 의하여 주식(보통주식)으로 전환할 수 있는 사채를 말한다.

□ 신주인수권부 사채

신주인수권부사채(社債)란 사채발행 후 일정 기간이 경과한 다음 소정의 주식을 인수할 수 있는 권리를 부여한 사채를 말한다.
전환사채는 사채의 원본을 주식인수대금으로 대체하는데 반해 신주인수권부사채는 신주를 인수할 수 있는 권리만 부여하므로 신주를 인수하기 위해서는 주금을 별도로 납입하여야 하는 것이다.

장기차입금

차입금 중 1년 후에 상환되는 차입금으로 하며 차입처별 차입액, 차입용도, 이자율, 상환 방법 등을 주석으로 기재한다. 한편, 장기차입금 중 상환기간이 결산일로부터 1년 이내에 도래하는 금액은 유동성장기부채로 대체하여야 한다.

□ 단기차입금 및 장기차입금 구분

- 단기차입금 : 재무상태표일로부터 1년 이내에 상환하는 단기부채
- 장기차입금 : 재무상태표일로부터 1년을 초과하여 상환하는 장기부채

장기차입금 회계처리 사례

① 《장기차입금(만기 일시상환) 조달》 20×4. 6. 1 우리은행으로부터 시설자금 100,000,000원을 차입하고 근저당 설정수수료 및 기타 수수료 600,000원을 차감한 99,400,000원이 우리은행 보통예금에 입금되다.
(대출 상환기한: 20×9. 5. 31 대출이자율 6%, 5년 만기 일시상환 방식)

보통예금	99,400,000	/	장기차입금	100,000,000
지급수수료	600,000			

② 《차입금 이자지급》 6. 30 우리은행 단기차입금 1억원에 대한 이자 500,000원이 우리은행 보통예금에서 인출되다.

이자비용	500,000	/	보통예금	500,000

③ 《원리금 분할상환 방식 장기차입금의 원리금 상환》 10. 25 국민은행에서 차입한 장기차입금 원금 5,000,000원 및 이자 1,500,000원(합계 6,500,000원)이 국민은행 보통예금에서 인출되다.
(차입금액 1억원 상환기간 5년, 이자율 6%, 매 3개월 원리금 분할상환방식)

장기차입금	5,000,000	/	보통예금	6,500,000
이자비용	1,500,000			

퇴직급여충당부채

♣ 결산 참조

퇴직연금충당부채

♣ 결산 참조

장기성 매입채무

일반적 상거래에서 발생한 외상매입금 및 지급어음 중 그 상환기일이 1년을 초과하는 경우의 채무를 장기성 매입채무라 한다. 기업회계기준에 의하면, 장기성 매입채무금액에는 이자비용이 포함된 것으로 미래에 지급할 매입채무금액을 현재가치로 평가하여 현재가치를 초과하는 금액은 현재가치할인차금으로 처리한 다음 매회계기말에 이자비용에 상당하는 금액은 이자비용으로 대체처리한다.

□ 법인세법 기본통칙42-0-1 [현재가치평가에 의한 채권채무평가차익의 처리]
장기금전대차거래에서 발생하는 채권·채무를 현재가치로 평가하여 명목가액과 현재가치의 차액을 현재가치할인차금으로 계상하여 당기손익으로 처리한 경우 이를 각 사업연도 소득금액 계산상 익금 또는 손금에 산입하지 아니하며, 추후 현재가치할인차금을 상각 또는 환입하면서 이를 이자비용 또는 이자수익으로 계상한 경우에도 각 사업연도 소득금액 계산상 익금 또는 손금에 산입하지 아니한다.

3 자본 계정과목

기업의 자산은 타인으로부터 빌린 부채와 주주들이 출자한 자본금 및 영업활동 결과 발생한 이익금으로 형성되어 있다. 자본금에는 주주들이 직접 출자한 자본금과 영업활동 결과 발생한 이익잉여금, 영업활동과 관계없이 발생한 자본잉여금 등이 있다. 자본은 자본금, 자본잉여금, 자본조정, 기타포괄손익누계액 및 이익잉여금(또는 결손금)으로 구분한다.

1 자본금

자본금

기업은 사업을 운영하기 위하여 운영자금(현금 및 예금), 원재료, 출자금, 토지 및 건물, 기계장치, 차량운반구, 공구.기구, 비품, 시설장치 등 각종 재산이 필요하며, 사업의 개시와 동시에 수익이 발생하는 기업도 있지만, 어떤 경우에는 상당 기간 동안 계속하여 투자를 해야 수익이 발생하는 경우가 있다. 이와 같이 기업을 운영하려면, 사업초기에 많은 자금이 필요하며, 이 자금을 자기돈으로 조달하기도 하고, 타인으로부터 빌려서 조달하기도 한다. 이 때 자기돈으로 조달한 자금을 자본이라 하며, 타인으로부터 조달한 자금을 부채라고 한다.

개인사업자의 경우 자기 자본조달은 사업주 본인이 직접 출자하여 기업을 운영하면 되나 회사 규모가 큰 경우에는 많은 소요자금이 필요하게 되며, 이 자금의 대부분을 타인으로부터 빌려서 조달하게 되면, 기업의 비용 중 차입금에 대한 이자가 과다하게 지출되어 기업의 운영이 대단히 어려워지게 될 것이다.

따라서 기업의 아이템이 성장가능성이 충분하고 향후 많은 이익이 예상되는 경우 기업을 설립하는 자(발기인)가 자금이 부족한 경우 사업의 성장가능성이 있고, 나중에 기업이 이익이 발생할 경우 투자자금에 대하여 일정 비율의 배당을 주겠다고 널리 알리고 이를 법적으로 보장하여 준다면, 여유자금이 있는 자는 해당 기업에 투자를 할 것이다. 즉, 한 개인이 자금을 조달하는 데는 한계가 있으므로 여러 사람으로부터 투자를 받아 기업을 설립하면, 기업은 보다 풍부한 자금으로 기업 본연의 업무에 전력하여 성장을 이룰 수 있을 것이다. 여기서 투자를 목적으로 조달된 자금은 기업이 나중에 상환하여야 하는 차입금이 아니라 기업이 이익이 발생하였을 때 일정한 절차를 통하여 배당을 하는 것으로 기업의 입장에서는 자기자본이 되는 것이다. 즉, 부채는 이자를 지급하여야 하나 출자금(자본)은 별도의 이자지급이 없고 이익이 발생하는 경우 합의에 의하여 배당이라는 절차를 통하여 이익을 배분하는 것이다.

이와 같이 출자자를 모집하여 기업을 만드는 대표적인 예가 주식회사다. 주식회사의 자금은 출자자들이 출자한 자금에 의하여 그 실체가 형성되고, 주식회사는 하나의 독립된 권리의무의 주체로서 상법에 의하여 그 인격을 부여받는 것이다.

주식회사의 경우 투자를 목적으로 다수의 출자자(주주라 한다.)가 금전을 출자하고 그 이해관계가 성립됨으로 법률적 규제가 필요하다. 법률적 규제의 대표적인 법이 상법이며, 주식회사는 상법이 정한 절차에 의하여 설립하여야 하고 그 모든 권리의무행사에 있어 상법의 규정에 의하여야 한다. 따라서 자본금액, 자본금의 증자 등에 관하여 등기절차를 거쳐야 하므로 주식회사의 자본금은 법적 절차에 따라 변경할 수 있다. 즉, 주식회사의 자본금은 법인등기부 등본에 등기한 금액을 말한다.

다시 말하면, 개인사업자의 경우에는 내 돈을 회사에 투자하는 데 있어 특별한 절차를 필요로 하지 않으나 법인기업의 경우에는 반드시 법적인 절차에 의하여 자본을 조달한다. 법인 설립시 상법 규정에 의하여 주주들이 출자하여 자본금을 납입하여야 하며, 회사 운영 중 자본금을 증자하는 경우에도 법적인 절차에 의하여 자본금을 증자하여야 하는 것이다.

자본금 납입

자본금 납입이란 상법이 정한 절차에 의하여 출자자가 주식회사의 자본금을 납입하는 것을 말한다. 출자자로부터 자본의 납입을 받는 경우 주식회사는 그 납입을 증명하기 위하여 주식을 발행하여 교부한다.

자본금 회계처리 사례

① 《주금납입》 주식회사를 설립하고, 자본금을 납입하기 위하여 주주로부터 주식청약증거금1억원을 받아 회사의 별단예금에 입금되다.

별단예금	100,000,000	/	주식청약증거금	100,000,000

- 별단예금 : 그 사용목적이 자본금전입에만 사용하여야 하므로 별단예금으로 처리한다.
- 주식청약증거금 : 자본금 납입시까지의 임시계정으로 가수금으로 처리하기도 한다.

② 《자본금 등기완료》 법정자본금 등기를 완료하다.

주식청약증거금	100,000,000	/	자본금	100,000,000

▷ 자본금 증자를 위하여 자금을 일시 차입(상법의 규정에 위배되는 것임)한 후 그 자본금을 대표이사가 다시 인출하여 가져간 경우 기업의 자금을 대표이사에게 빌려준 것으로 처리하며, 가지급금에 대하여는 차후 법인세신고시 그 이자상당액을 익금산입하고, 대표이사에 대한 급여로 처리하여야 한다.

③ 《자본금 납입수수료》 법무사사무소에서 자본금 등기에 소요된 등록면허세, 교육세, 인지세 500,000원, 공증수수료 300,000원, 법무사 수수료 440,000원(부가세 포함)을 청구하여 대표이사로부터 일시 빌려 지급하다.

창업비	1,200,000	/	가수금	1,240,000
부가세대급금	40,000			

• 창업비 : 법인의 창업과 관련하여 발생하는 제비용은 창업비로 처리하여 그 지출연도에 손금산입한다. 단, 증자와 관련한 비용은 세무조정에서 손금불산입처리하여야 한다.

④ 《보통예금 대체》 자본등기 완료 후 별단예금을 보통예금으로 대체하다.

보통예금	100,000,000	/	별단예금	100,000,000

Q 자본금 증자

자본금 증자란 법인의 자본금을 증액하는 것으로 통상 출자자금을 증액하는 것을 말한다. 자본금을 증자하는 경우 법인기업은 법적 절차에 의하여 등기하여야 한다. 자본금을 증자하는 사유는 기업의 재무구조를 개선하거나 새로운 사업을 확장할 시 투자자 등으로부터 출자를 받는 경우 자본금을 증액한다. 자본금 증자시 주식을 주금 납입금액과 동일한 금액으로 발행하는 액면발행과 액면보다 높은 가격으로 발행하는 할증발행, 액면보다 낮은 가격으로 발행하는 할인발행이 있다.

▶ 주식등변동상황명세서 제출 및 자본금 변동분 재무제표 반영

자본금 증자시에는 주주의 구성원이 변동되므로 법인세 신고시 반드시 '주식변동상황명세서'를 제출하여야 하며, 증자금액을 회계처리하여 자본금이 증자된 내용의 재무제표를 법인세 신고시 제출하여야 한다. 또한 자본금 증자로 과점주주가 되는 경우 취득세를 다시 납부하여야 하는 문제가 있으므로 '주식양도양수'를 참조한다.

유상증자

▣ 액면발행

주식을 주금납입금액과 동일한 금액으로 발행하는 것을 말한다.

▣ 할증발행

주식은 통상 액면가액으로 발행하는 것으로서 납입한 자본금액은 발행한 주식의 총수에 액면금액을 곱한 금액과 같은 금액이 된다. 그러나 회사의 영업전망이 좋고 차후 높은 기대수익이 예상되거나 주식시장에서 그 가치가 높을 것으로 판단되는 경우 많은 사람이 출자를 원할 것이다. 이 경우 주식은 액면가액보다 높은 가치가 형성하게 되어 액면가액 이상으로 발행하여도 출자자는 주식을 매입하게 되며, 주식회사는 납입자본금을 초과하는 자금을 운용할 수 있는 것이다. 이 때 액면금액을 초과하여 납입된 금액을 주식발행초과금이라 한다.

무상증자

무상증자란 법인기업의 준비금 또는 이익잉여금 등을 자본금으로 전입하면서 기존주주들에게 무상으로 신주를 발행(발급)하는 것을 말한다. 무상증자는 자금조달을 목적으로 하지 않고, 자본구성을 시정하거나 사내유보의 적정화 등을 위해 실시되는 것으로서 회사의 총자산에는 변동이 없이 재무제표상 항목간의 변경을 통하여 새로운 주식을 발행하는 형식적 증자로 실질적인 재산은 증가하지 않는다.

① 이익잉여금을 자본금으로 전입하는 것은 기업의 이익을 주주들에게 현금배당하는 것이 아니라 주주총회의 결의에 의하여 기존의 주주에게 주식을 추가로 배정하는 것

으로 주주의 입장에서는 주식 추가 배정금액만큼 이익을 얻게 되는 것이다. 따라서 이와 같은 배당을 의제배당이라고 하며, 배당금액의 14%를 배당소득세로 납부하여야 한다. 다만, 자본준비금 및 재평가적립금을 자본에 전입하는 경우는 제외한다.

② 주식배당은 주주총회의 결의에 의하여 이익의 배당을 새로이 발행하는 주식으로써 할 수 있다. 그러나 주식에 의한 배당은 이익배당총액의 2분의 1에 상당하는 금액을 초과하지 못한다.

▣ 무상증자 재원

무상증자는 법정준비금 (이익준비금, 자본준비금)으로 증자하는 것을 원칙으로 한다. 다만, 예외적으로 임의적립금을 주주총회의 결의에 의하여 이를 이익준비금으로 항목변경을 통해 무상증자의 재원으로 활용이 가능하다.

▣ 무상증자시 배당소득 원천징수 및 원천징수시기

▶ 의제배당

의제배당이란 법인의 잉여금의 전부 또는 일부를 자본 또는 출자의 금액에 전입함으로써 취득하는 주식 또는 출자의 가액을 말하며, 의제배당금액은 해당 주주, 사원, 그 밖의 출자자에게 배당한 것으로 본다. 다만, 자본준비금 및「자산재평가법」에 따른 재평가적립금을 자본에 전입하는 경우는 제외한다.

▶ 의제배당 원천징수시기

법인의 잉여금의 전부 또는 일부를 자본에 전입함으로써 취득하는 주식의 가액으로서 의제배당에 해당하는 경우 동 배당소득에 대한 원천징수시기는 「자본에의 전입을 결정한 날(다만 이사회의 결의에 의하는 경우에는 상법 제461조 제3항의 규정에 의하여 정한 날)」이며, 여기서 「자본에의 전입을 결정한 날」이라 함은 “주주총회에서 자본에 전입할 것을 결의한 날”을 말하며, 「상법 제461조 제3항의 규정에 의하여 정한 날」이라 함은 “신주배정기준일”을 말한다.

▶ 의제배당에 대한 배당소득세 및 지방소득세 원천징수

의제배당금액(액면가액)에 대하여 배당소득세 14%와 지방소득세(배당소득세의 10%)를 주주들로부터 원천징수하여 납부하여야 하되, 법인에 대하여는 원천징수하지 아니한다. 한편, 배당소득을 지급하는 법인은 이익잉여금을 자본에의 전입을 결정한 날을 배당시기로 보아 그 지급일이 속하는 과세기간의 다음 연도 2월 말일까지 지급명세서를 제출하여야 한다. 단, 법인에게 지급되는 의제배당에 대하여는 원천징수의무는 없으나 지급명세서는 제출하여야 한다.

자본금 증자 회계처리 사례

■ 액면발행

① 《자본금 증자》 자본금을 증자하기로 하고 주주로부터 증자금액 1억원이 회사의 보통예금에 입금되다.

보통예금	100,000,000	/	주식청약증거금	100,000,000

• 주식청약증거금 : 자본금 납입시까지의 임시계정으로 가수금으로 처리하기도 한다.

② 《자본전입》 자본금을 등기완료하다.

주식청약증거금	100,000,000	/	자본금	100,000,000

③ 《자본금 증자비용 지급》 법무사사무소에서 자본금 증자에 소요된 등록세, 교육세, 인지세 500,000원 공증수수료 300,000원, 법무사 수수료 440,000원(부가세 포함)을 청구하여 보통예금에서 인출하여 지급하다.

신주발행비	1,200,000	/	보통예금	1,240,000
부가세대급금	40,000			

• 자본금 증자시 소요되는 주식발행비용은 주식할인발행차금에 해당하는 것으로 주식발행초과금에서 차감하여야 한다. 다만, 액면발행의 경우 실무에서는 비용항목인 '신주발행비' 처리하기도 한다. 이 경우 신주발행비는 세무조정에서 손금불산입하여야 한다.

☐ 법인세법 제20조 (자본거래등으로 인한 손비의 손금불산입)

[개정] 유상증자 관련비용의 매입세액 공제 여부
[부가, 기준-2021-법령해석부가-0112] (2021.06.23)
사업자가 과세사업 확장, 설비투자 목적으로 유상증자를 하면서 관련 법률자문 및 컨설팅 자문용역을 제공받고 수수료를 지급한 경우로서 해당 자문용역이 자기의 과세사업과 직접 관련된 경우 수수료에 대한 매입세액은 공제할 수 있는 것임

■ 할증발행

① 《주금납입》 (주)한일물산은 액면가 500원의 주식을 2,000원에 할증발행하기로 하다. 100,000주에 대한 납입금 1억원이 주주로부터 보통예금에 입금되다.

보통예금	200,000,000	/	주식청약증거금	200,000,000

• 주식청약증거금 : 자본금 납입시까지의 임시계정으로 가수금으로 처리하기도 한다.

② 《자본금 등기완료》 법정자본금 등기를 완료하다.

주식청약증거금	200,000,000	/	자본금	50,000,000
			주식발행초과금	150,000,000

③ 《자본금 납입수수료》 법무사사무소에서 자본금 등기에 소요된 등록세, 교육세, 인지세 2,500,000원, 공증수수료 300,000원, 법무사 수수료 440,000원(부가세 포함)을 청구하여 보통예금에서 결제하다.

주식발행초과금	3,200,000	/	보통예금	3,240,000
부가세대급금	40,000			

★ 자본금 증자의 장부 기장 확인

자본금 증자는 일상적인 업무가 아님으로 해서 세무사사무소에서 수임업체의 장부를 기장하면서 착오에 의하여 자본금 증자에 관한 회계처리내용을 누락하는 경우가 있을 수 있으며, 자본금 증자에 관한 내용을 누락한 경우 부채비율, 건설업의 자기자본비율 문제 등이 발생할 수 있으므로 특히 유의를 하여야 한다.

2 자본잉여금

회사의 사업활동과 관련한 이익이 발생하여 자본이 증가한 것을 이익잉여금이라 한다. 반면, 사업활동과는 관계없이 자본거래로 법인의 자본이 증가하는 경우가 발생할 수 있는데 이런 경우 증가한 자본을 이익잉여금과 구분하여 자본잉여금이라 한다. 자본잉여금은 자본금의 전입 또는 결손금의 보전시에만 사용할 수 있다.

Q 주식발행초과금

주식할증발행의 경우 액면가액은 자본금으로 처리하고 초과하는 금액은 주식발행초과금으로 처리한다.

① 《주금납입》 (주)한일물산은 액면가 500원의 주식을 2,000원에 할증발행하기로 하다. 100,000주에 대한 납입금 1억원이 주주로부터 보통예금에 입금되다.

별단예금	200,000,000	/	주식청약증거금	200,000,000

- 별단예금 : 그 사용목적이 자본금전입에만 사용하여야 하므로 별단예금으로 처리한다.
- 주식청약증거금 : 자본금 납입시까지의 임시계정으로 가수금으로 처리하기도 한다.

② 《자본금 등기완료》 법정자본금 등기를 완료하다.

주식청약증거금	200,000,000	/	자본금	50,000,000
			주식발행초과금	150,000,000

③ 《자본금 납입수수료》 법무사사무소에서 자본금 등기에 소요된 등록면허세, 교육세, 인지세 2,500,000원, 공증수수료 300,000원, 법무사 수수료 440,000원(부가세포함)을 청구하여 보통예금에서 결제하다.

주식발행초과금	3,200,000	/	보통예금	3,240,000
부가세대급금	40,000			

감자차익

자본금 감자시 주식 액면가액보다 낮은 금액을 주주에게 자본금을 돌려주는 경우 발생하는 차액을 감자차익이라 한다. 감자란 과거에 발생한 결손금의 보전, 사업축소 등을 위하여 자본금을 감소하는 것을 말한다.

자기주식처분이익

자기주식의 처분으로 인한 이익은 자본잉여금 항목으로 한다.

□ 자기주식의 취득 [상법 제341조]

제341조(자기주식의 취득) ① 회사는 다음의 방법에 따라 자기의 명의와 계산으로 자기의 주식을 취득할 수 있다. 다만, 그 취득가액의 총액은 직전 결산기의 대차대조표상의 순자산액에서 제462조제1항 각 호의 금액을 뺀 금액을 초과하지 못한다.

1. 거래소에서 시세(時勢)가 있는 주식의 경우에는 거래소에서 취득하는 방법
2. 제345조제1항의 주식의 상환에 관한 종류주식의 경우 외에 각 주주가 가진 주식 수에 따라 균등한 조건으로 취득하는 것으로서 대통령령으로 정하는 방법

② 제1항에 따라 자기주식을 취득하려는 회사는 미리 주주총회의 결의로 다음 각 호의 사항을 결정하여야 한다. 다만, 이사회의 결의로 이익배당을 할 수 있다고 정관으로 정하고 있는 경우에는 이사회의 결의로써 주주총회의 결의를 갈음할 수 있다.

1. 취득할 수 있는 주식의 종류 및 수
2. 취득가액의 총액의 한도
3. 1년을 초과하지 아니하는 범위에서 자기주식을 취득할 수 있는 기간

3 자본조정

개요

자본조정은 당해 항목의 성격으로 보아 자본거래에 해당하나 최종 납입된 자본으로 볼 수 없거나 자본의 가감 성격으로 자본금이나 자본잉여금으로 분류할 수 없는 항목이다. 예를 들면, 자기주식, 주식할인발행차금, 주식매수선택권, 출자전환채무, 감자차손 및 자기주식처분손실 등이 포함된다. 자본조정계정은 자본에 부가 또는 차감하는 형식으로 다음과 같이 표시한다.

자 본 변 동 표

제×기 20××년×월×일부터 20××년×월×일까지
제×기 20××년×월×일부터 20××년×월×일까지

회사명 (단위 : 원)

구 분	자본금	자본잉여금	자본조정	이익잉여금	총 계
20××.×.×(보고금액)	×××	×××	×××	×××	×××
연차배당				(×××)	(×××)
처분후 이익잉여금				×××	×××
중간배당				(×××)	(×××)
당기순이익(손실)				×××	×××
자기주식 취득			(×××)		(×××)
20××.×.×	×××	×××	×××	×××	×××
20××.×.×(보고금액)	×××	×××	×××	×××	×××
연차배당				(×××)	(×××)
처분후 이익잉여금				×××	×××
중간배당				(×××)	(×××)
유상증자(감자)	×××	×××			×××
당기순이익(손실)				×××	×××
해외사업환산손익			×××		×××
20××.×.×	×××	×××	×××	×××	×××

주식할인발행차금

주주로부터 현금을 수령하고 주식을 발행하는 경우에 주식(상환우선주 등 포함)의 발행금액이 액면금액보다 작다면 그 차액을 주식발행초과금의 범위내에서 상계처리하고, 미상계된 잔액이 있는 경우에는 자본조정의 주식할인발행차금으로 회계처리한다. 이익잉여금(결손금) 처분(처리)으로 상각되지 않은 주식할인발행차금은 향후 발생하는 주식발행초과금과 우선적으로 상계한다. [일반기업회계기준 제15장]

<개정 전> 상법 제454조 (신주발행비용의 계상)
① 신주를 발행한 경우에는 그 발행에 필요한 비용의 액은 대차대조표 자산의 부에 계상할 수 있다.
② 전항의 계상금액은 신주발행후 3년내의 매결산기에 균등액이상의 상각을 하여야 한다.
<개정> 제454조 삭제 <2011. 4. 14.>

배당건설이자

개업전 일정한 기간내에 주주에게 배당한 건설이자를 말한다. 주식회사는 이익이 발생하지 않는 경우 원칙적으로 배당을 할 수 없다. 그러나 철도, 전기, 가스사업 등과 같이 그 사업에 있어 장기간이 소요되는 경우 투자자는 장기간 동안 이익을 배당받을 수 없음으로 인하여 투자 자체가 어려울 수도 있다. 따라서 이러한 문제점을 해결하기 위하여 기업의 이익잉여금이 없더라도 상법에서는 일정한 요건을 갖춘 경우 예외적으로 개업전 일정기간동안 법원의 인가를 얻어 일정한 이자를 주주에게 배당할 수 있도록 하고 있다. 결국 배당건설이자는 자본금에서 지급하는 성격이므로 자본에서 차감하는 형식으로 표시한다.

자기주식

자기주식이란 회사가 이미 발행한 주식을 주주로부터 취득한 경우 그 취득가액을 말한다.

4 기타포괄손익누계액

매도가능증권평가손익

유가증권은 만기보유증권, 단기매매증권, 그리고 매도가능증권 중의 하나로 분류한다. 지분증권과, 만기보유증권으로 분류되지 아니하는 채무증권은 단기매매증권과 매도가능증권 중의 하나로 분류한다.

만기보유증권이란 만기가 확정된 채무증권으로서 상환금액이 확정되었거나 확정이 가능한 채무증권을 만기까지 보유할 적극적인 의도와 능력이 있는 경우 만기보유증권으로 분류한다.

단기매매증권은 유동자산으로 분류하고, 매도가능증권과 만기보유증권은 투자자산으로 분류한다. 다만, 재무상태표일로부터 1년 내에 만기가 도래하거나 또는 매도 등에 의하여 처분할 것이 거의 확실한 매도가능증권과, 재무상태표일로부터 1년 내에 만기가 도래하는 만기보유증권은 유동자산으로 분류한다.

단기매매증권과 매도가능증권은 회계기말에 공정가액(재무상태표일 현재의 종가)으로 평가한다. 단기매매증권평가손익은 당기손익에 반영하나 매도가능증권평가손익은 자본 계정의 기타포괄손익누계액으로 처리한 다음 매도가능증권을 처분하거나 감액손실을 인식하는 시점에 일괄하여 당기손익에 반영한다.
한편, 세법에서는 유가증권의 평가손익을 인정하지 아니하므로 단기매매증권 평가손익을 계상한 경우 세무조정에서 손금불산입(또는 익금불산입)하여야 한다.

- 단기매매증권 : 단기매매증권은 주로 단기간 내의 매매차익을 목적으로 취득한 유가증권으로서 매수와 매도가 적극적이고 빈번하게 이루어지는 것을 말한다.
- 매도가능증권 : 단기매매증권이나 만기보유증권으로 분류되지 아니하는 유가증권은 매도가능증권으로 분류한다.

① 《매도가능증권 취득》 20×3년 5월 31일 장기 보유목적으로 (주)삼양사 주식 1,000주를 3천만원에 취득하고 그 대금은 보통예금에서 결제하다.

매도가능증권	30,000,000	/	보통예금	30,000,000

② 《매도가능증권 평가》 20×3년 회계기말에 (주)삼양사의 종가는 주당 35,000원으로 평가이익을 계상하다.

매도가능증권	5,000,000	/	매도가능증권평가이익	5,000,000

③ 《매도가능증권 처분》 (주)삼양사 주식을 20×4년 2월 20일 32,000,000원에 매각하고, 그 대금은 보통예금에 입금하다.

보통예금	32,000,000	/	매도가능증권	35,000,000
매도가능증권평가이익	3,000,000			

매도가능증권평가이익	2,000,000	/	투자자산처분이익	2,000,000

• 매도가능증권평가이익 : 기타포괄손익누계액

▶ 유가증권을 처분한 때에는 유가증권을 양도한 대가로 받은 금액과 유가증권의 장부가액의 차이금액에, 자본항목에 포함되어 있는 미실현보유이익을 가산하고 미실현보유손실을 차감한 금액을 당기손익으로 처리한다. [기업회계기준서 제8호 유가증권 NO 53]

Q 해외사업환산대(또는 해외사업환산차)

해외지점등의 외화환산이익(또는 외화환산손실)으로 한다. 해외사업환산차(대)란 해외 소재의 지점이나 해외사무소의 재무제표를 기말 시점의 환율로 환산하는 경우 발생하는 환산차액을 말한다.

5 이익잉여금

이익잉여금 개요

이익잉여금이란 회사의 사업활동 결과 창출된 당기순이익에서 주주 등에게 배당한 금액 및 이익준비금으로 처분한 금액을 제외하고 회사에 유보된 잉여금을 말한다. 회사의 자산은 반드시 자기자본(자본)과 타인자본(부채)으로 형성된다.

예를 들어 회사 설립시 자본금 1억원을 주주들이 출자하였고, 은행으로부터 2억원을 차입하였다 하자. 이 경우 자본은 1억원이고 부채는 2억원이다. 3억원을 가지고 사업을 운영하기 위하여 사용한 지출내역 및 자금현황을 살펴보니 다음과 같다.

기초 재무상태표

자 산		부채 및 자본	
현금	500,000	차입금	200,000,000
보통예금	10,000,000	자본금	100,000,000
가지급금	39,500,000		
임차보증금	50,000,000		
상품	100,000,000		
차량운반구	20,000,000		
기계장치	80,000,000		
합 계	300,000,000	합 계	300,000,000

사업개시 후 열심히 사업을 운영하여 30,000,000원의 이익이 발생한 경우 이 이익금은 증자라는 법적절차에 의한 자본이 증가한 것은 아니지만 기업의 이익이 발생한 금액만큼 기업내부에 현금, 보통예금, 상품(위 사례의 경우) 등이 사업초기보다 3천만원 증가한 자산의 형태로 남아 있고 이 증가한 자산의 원천은 타인으로부터 빌려서 취득한 것이 아니고, 기업에서 발생한 이익으로 그 만큼 증가한 것이다. 즉 이 이익금을 납입자본금과 구분하여 이익잉여금이라 한다.

이익의 발생과 재무상태표 변동

자 산		부채 및 자본	
현금	1,500,000	차입금	200,000,000
보통예금	20,000,000	자본금	100,000,000
가지급금	39,500,000	이익잉여금	30,000,000
임차보증금	50,000,000		
상품	119,000,000		
차량운반구	20,000,000		
기계장치	80,000,000		
합 계	330,000,000	합 계	330,000,000

한편, 이익이 발생한 금액은 상법의 규정에 의하여 출자자인 주주에게 배당이라는 절차를 통하여 분배할 수 있다. 왜냐하면, 주주는 이 출자금에 대한 배당 수익을 목적으로 기업에 출자를 하였기 때문이다. 위의 이익잉여금 중 1천만원을 주주에게 배당하게 되면, 이익잉여금(자본)이 감소하게 되고 배당한 금액만큼 자산(보통예금)이 감소하게 되어 배당 후 기업의 자산상태는 아래와 같다.

배당이 기업의 재무상태표에 미치는 영향

자 산		부채 및 자본	
현금	1,500,000	차입금	200,000,000
보통예금	10,000,000	자본금	100,000,000
가지급금	39,500,000	이익잉여금	20,000,000
임차보증금	50,000,000		
상품	119,000,000		
차량운반구	20,000,000		
기계장치	80,000,000		
합 계	320,000,000	합 계	320,000,000

이익준비금

기업이 이익이 발생한 금액 전액을 배당하게 되면, 투자를 저해하고 재무구조를 악화시키는 결과를 초래하기 때문에 상법에서는 이익잉여금처분시 자본금의 2분의 1이 될 때까지 매 결산기 금전배당액의 10분의 1 이상을 이익준비금으로 적립하도록 규정하고 있다.

[예 시] 《이익준비금 적립》 미처분이익잉여금 중 1,000,000원(금전 배당액 1천만원의 10분의 1 이상)을 이익준비금으로 적립하다.

미처분이익잉여금	1,000,000	/	이익준비금	1,000,000

* 이익준비금은 자본항목으로 이익잉여금을 또 다른 자본형태인 이익준비금으로 대체한 것에 불과하다.

기타 법정적립금

상법 이외에 법령에 따라 적립하여야 하는 적립금으로 조세특례제한법의 규정에 의한 기업합리화적립금 등이 있다.

임의적립금

특정한 목적사업을 위하여 임의로 적립한 적립금을 말한다. 임의적립금에는 감채적립금, 사업확장적립금, 결손보전적립금 등이 있다

차기이월미처분이익잉여금

차기이월미처분이익잉여금은 처분전이익잉여금과 임의적립금이입액의 합계액에서 이익잉여금처분액(이익준비금, 기타 법정적립금, 배당 등)을 차감한 금액을 말하며, 잔액은 차기이월미처분이익잉여금으로 다음연도로 이월된다.

이익의 자본화 과정 및 배당 실무

이익의 자본화 과정

기업에서 회계기간 동안 이익이 발생하였다는 구체적인 의미는 이익이 발생한 금액 만큼에 해당하는 자산이 회계기초보다 회계기말에 증가하였다는 것이다. 이 자산 증가의 원인은 사업을 통한 이익으로 창출된 것으로서 기업의 입장에서는 자산이 증가하고 자본이 증가한 것이다.

물론 증가한 자산으로 빚을 상환할 수도 있으며, 빚을 상환한 경우 그 금액만큼 순자산은 증가하게 될 것이다. 예를 들어 회계기초의 자본이 10,000원 이었고,회계기간 동안 2,000원의 이익창출로 자산이 2,000원 증가하였으며, 이 증가한 자산으로 빚 2,000원을 상환한 경우 회계기말의 자본은 12,000원이 되는 것이다.

이익의 창출 및 부채 상환과 회계기말 자본의 증가

기초 재무상태표

차변		대변	
자산	20,000	부채	10,000
		자본	10,000

수익 발생

차변		대변	
자산	10,000	수익	10,000

비용 발생

차변		대변	
비용	8,000	자산	8,000

부채 상환

차변		대변	
부채	2,000	자산	2,000

손익

차변		대변	
수익	10,000	비용	8,000
		자본	2,000

기말 재무상태표

차변		대변	
자산	20,000	부채	8,000
		자본	12,000

자산은 여러 가지 형태(현금, 보통예금, 외상매출금, 원재료, 기계장치, 건물 등)로 회계기말에 기업내에 남아 있게 될 것이며, 기업이 창출된 이익은 어떤 과정을 거쳐 자본화 되는 것인지를 살펴보기로 한다.

▣ 당기순이익의 미처분이익잉여금 대체 [법인]

당기순이익이 발생한 경우 아래의 분개과정을 거쳐 손익계정으로 대체된 다음 차액은 미처분이익잉여금으로 대체처리되고, 당기순손실은 다음의 분개과정을 거쳐 미처리결손금으로 대체된다.

[1] 비용 계정의 손익계정 대체

[2] 수익 계정의 손익계정 대체

손 익

계정과목	금 액	계정과목	금 액
제품매출	4,000,000,000	제품매출원가	3,000,000,000
이자수익	10,000,000	급여	300,000,000
		복리후생비	50,000,000
		여비교통비	20,000,000
		기업업무추진비	30,000,000
		통신비	20,000,000
		세금과공과금	5,000,000
		감가상각비	200,000,000
		보험료	5,000,000
		차량유지비	20,000,000
		사무용품비	10,000,000
		지급수수료	3,000,000
		대손상각비	10,000,000
		광고선전비	10,000,000
		이자비용	27,000,000
		미처분이익잉여금	300,000,000
	4,010,000,000		4,010,000,000

[3] 당기순이익의 미처분이익잉여금 대체 분개

손익	300,000,000 / 미처분이익잉여금	300,000,000

▶ 미처분이익잉여금의 이월이익잉여금 대체 과정

미처분이익잉여금은 주주총회의 결의를 거쳐 확정한 후 이월이익잉여금으로 대체한다.

▣ 전기이월이익잉여금, 미처분이익잉여금, 차기이월이익잉여금

법인기업의 경우 사업활동 결과 얻은 기업의 이익은 주주총회의 결의를 거쳐 확정이 된다. 주주총회는 통상 회계기말의 다음해 3월 중 개최되므로 회계기말에는 주주총회 결의 전으로서 이익을 어떻게 처분할 것인지가 미확정된 상태이므로 당기에 발생한 이익은 손익계정을 거쳐 미처분이익잉여금으로 대체처리하는 것이다. 그리고 다음해 3월 중 주주총회에서 이익을 처분하게 되면, 미처분이익잉여금은 이월이익잉여금으로 대체되는 것이다.

예를 들어 20×5년 3월 중 주주총회의 결의로 미처분이익잉여금을 처분하여 이월이익잉여금으로 대체한 금액은 20×5년 회계기말에 다시 미처분이익잉여금으로 대체처리하고, 20×5년의 이익도 미처분이익잉여금으로 대체하게 된다. 따라서 회계기말의 재무상태표에는 전기 이전에 누적된 이익잉여금과 당기의 이익이 미처분이익잉여금으로 보고되는 것이다.

[1] 회계기말 이월이익잉여금의 미처분이익잉여금 대체

이월이익잉여금	1,000,000,000	/	미처분이익잉여금	1,000,000,000

[2] 다음해 주주총회 이후 미처분이익잉여금 처분 및 이월이익잉여금 대체

미처분이익잉여금	1,500,000,000	미지급배당금	200,000,000
		이익준비금	20,000,000
		이월이익잉여금	1,280,000,000

주주에 대한 이익 배당

법인기업의 주주는 배당을 받을 목적으로 출자를 한다. 따라서 주주는 출자한 기업에서 이익이 발생하는 경우 배당을 받을 권리를 가지게 된다.

이익이란 수익에서 비용을 차감한 것을 말하며, 이익이 발생하면, 이익이 발생한 만큼 기업의 순자산이 증가하게 된다. 예를 들어 회사의 사업연도 초 순자산총액이 10억원이고, 1년간 사업을 하여 3억원의 이익이 발생하였다면, 회계연도 말 순자산총액은 13억원으로 3억원의 순자산이 증가하게 되는 것이다.

배당이란 기업의 사업활동으로 증가한 자산을 주주총회의 결의를 거쳐 주주들에게 분배하는 것으로 배당처분을 하는 경우 주주에게 현금등을 지급하게 되므로 자산이 감소(유출)되고, 자본(이익잉여금)이 감소하게 된다.

이익배당은 주주총회의 결의로 정하지만, 재무제표를 이사회가 승인하는 경우에 이사회의 결의로 정할 수 있으며, 회사는 재무상태표의 순자산액으로부터 다음의 금액을 공제한 금액을 한도로 하여 이익배당을 할 수 있다.

1. 자본금의 액
2. 그 결산기까지 적립된 자본준비금과 이익준비금의 합계액
3. 그 결산기에 적립하여야 할 이익준비금의 액

▣ 결산배당 및 중간배당

배당의 종류에는 여러 가지가 있으나 우리나라 상법에서는 현금배당과 주식배당만을 인정하고 있다.

배당은 결산을 확정한 후 연1회의 이익배당을 하는 것이 원칙이지만, **정관에 정함이 있는 경우**에는 이사회의 결의에 의하여 영업연도 중 1회에 한하여 일정한 날을 정하여 그 날의 주주에게 금전에 의한 중간배당을 실시할 수 있다.
중간배당은 금전에 의한 배당이므로 주식배당은 하지 못하며, 결산배당과 동일하게 결산시점에서 중간배당에 상당하는 이익준비금을 적립하여야 하며 원칙적으로 중간배당은 중간배당을 실시하는 회계연도의 직전 회계연도말 배당가능 이익이므로 직전 회계연도말에 이월결손금이 있는 경우에는 중간배당을 할 수 없으며, 당해 회계연도에 결손이 발생하여 배당가능이익이 발생하지 않을 우려가 있는 경우에는 중간배당을 하지 못한다,

▣ 이익잉여금 처분

미처분이익잉여금은 주주총회의 의결로 이익잉여금을 처분하며, 일반적으로 다음과 같은 내용으로 처분한다.

① 미처분이익잉여금 ~ 당기순이익은 미처분이익잉여금으로 대체하며, 이익의 처분 후 이익잉여금으로 대체된다.
② 현금배당 ~ 이익잉여금 중 일부를 주주들에게 출자금액에 비례하여 현금으로 배당하는 것을 말하며, 배당결의 후 배당금 지급전까지 미지급배당금이란 명칭으로 재무제표에 공시되며, 현금배당시 미지급배당금과 상계처리한다.
③ 이익준비금 ~ 상법에서는 주식회사가 현금배당을 할 경우 그 배당액의 10분의 1이상을 이익준비금으로 적립하도록 규정하고 있다. 왜냐하면, 법인에서 발생한 이익금을 모두 배당하게 되면, 기업의 재무구조를 악화시킬 수 있기 때문에 일정 금액의 처분을 제한하는 것이다.
④ 이월이익잉여금 ~ 이익잉여금 중 처분하지 않은 금액은 그대로 차기 이후로 이월되며, 이를 이월이익잉여금이라고 한다.

▶ 미지급배당금

회사는 사업활동 결과 발생한 이익을 임의대로 처분하는 것이 아니라 이사회의 결의 또는 주주총회의 결정으로 이익을 처분한다. 그러나 주주총회는 통상 당해 사업연도의 다음해 3월에 개최한다. 따라서 당해 회계연도의 이익발생에 관한 처분사항을 이익잉여금처분계산서에 반영할 수 없게 됨에 따라 기업의 재무정보이용자들은 재무제표를 통하여 회사의 이익 처분에 관한 중요한 정보를 알 수 없게 된다.

한편, 이사회에서는 주주총회 전 이익잉여금의 처분계획을 의결할 수 있고, 이사회에서 의결한 처분계획은 대부분 주주총회에서 수용하게 되므로 이사회의 의결사항을 재무제표에 공시하게 되면, 정보이용자들은 당기순이익의 처분에 관한 정보를 제공받을 수 있을 것이다. 따라서 당기순이익에 대한 이사회의 결의사항을 반영한 재무제표를 작성할 수 있으며, 이 경우 나중에 지급할 배당금을 미지급배당금으로 한다. 즉, 미지급배당금이란 주주들에게 지급할 배당금에 대하여 회계기말에 부채로 계상한 금액을 말한다.

▶ 배당기준일

배당기준일이란 배당을 받을 권리가 있는 주주를 확정짓는 날이다. 따라서 배당기준일에 주주명부에 기록된 자에 한하여 배당금이 지급되며, 배당기준일 이후에 취득한 주식의 주주는 권리락(權利落)된 상태로 배당을 받을 수 없다. 배당기준일은 통상 회계연도말이며, 배당기준일에는 별도의 회계처리를 하지 않는다.

▣ 이익잉여금처분계산서

이익잉여금처분계산서란 기업이 당해 사업연도 영업활동 결과 발생한 이익(손익계산서의 당기순이익)과 전년도까지 매 년 장부상 발생한 이익을 처분하지 아니하여 이월되어 온 전기이월이익잉여금을 합한 금액을 당기에 어떻게 처분하였는가를 나타내는 계산서이다.

배당금 지급 회계처리 사례

① 《미지급배당금 계상》 결산결과 당기순이익 3억원이 발생하였으며, 전기에 이월되어 온 잉여금 10억원이 있다. 회계기말에 이사회에서 당기에 처분할 수 있는 잉여금(미처분이익잉여금) 13억원을 아래와 같이 처분하기로 결의하다.

- ○ 주주에 대한 배당 100,000,000원
- ○ 이익준비금 10,000,000원
- ○ 차기이월 1,190,000,000원

차변	금액		대변	금액
이월이익잉여금	1,000,000,000	/	미처분이익잉여금	1,300,000,000
당기순이익	300,000,000			

* 이월이익잉여금 및 당기순이익을 미처분이익잉여금으로 대체한 다음 처분한다.

차변	금액		대변	금액
미처분이익잉여금	1,300,000,000	/	미지급배당금	100,000,000
			이익준비금	10,000,000
			이월이익잉여금	1,190,000,000

* 미지급배당금 : 주주에 대하여 현금배당할 금액으로 기말 현재 미지급한 부채계정이다.

② 《배당금지급 및 배당소득세 원천징수》 3월 10일 주주에 대한 배당금 1억원을 지급하기 위하여 배당소득세 14,000,000원(2017년 배당소득세율 : 14%) 및 지방소득세 1,400,000원을 공제한 84,600,000원을 보통예금에서 인출하여 주주에게 지급하다.

미지급배당금	100,000,000	/	보통예금	84,600,000
			예수금	15,400,000

③ 《배당소득세 및 지방소득세 납부》 배당금 지급일의 다음달 10일 배당소득세 14,000,000원 및 지방소득세 1,400,000원을 보통예금에서 인출하여 납부하다.

예수금	15,400,000	/	보통예금	15,400,000

참 고 배당 결의 이전 및 이후의 재무상태표 변동

▶ 아래 표는 배당이 자본에 미치는 영향을 이해하기 쉽도록 하기 위하여 작성한 것으로 실제 재무제표는 다음과 같이 작성되는 것이 아니다.

과 목	배당 결의 전	배당 결의일	배당금 지급 후
[자 산 총 계]	3,800,000,000	3,800,000,000	3,700,000,000
[유 동 부 채]	1,000,000,000	1,100,000,000	1,000,000,000
미지급배당금		100,000,000	
[비 유 동 부 채]	1,000,000,000	1,000,000,000	1,000,000,000
[자 본]	1,800,000,000	1,700,000,000	1,700,000,000
자 본 금	500,000,000	500,000,000	500,000,000
이 익 준 비 금		10,000,000	10,000,000
이 익 잉 여 금	1,300,000,000	1,190,000,000	1,190,000,000
미처분이익잉여금	1,300,000,000		
이월이익잉여금		1,190,000,000	1,190,000,000
(당 기 순 이 익)			
300,000,000			
[부채와자본총계]	3,800,000,000	3,800,000,000	3,700,000,000

현금배당을 하는 경우 기업의 순자산이 유출되고 자본(잉여금)이 감소하는 결과가 되어 부채비율이 증가하므로 기업의 재무상태에는 나쁜 영향을 초래한다.
배당 전 부채비율 : 153.85% (부채 20억원 ÷ 자본 13억원)
배당 후 부채비율 : 166.67% (부채 20억원 ÷ 자본 12억원)

이익잉여금처분계산서

제□기 20×4년 01월 01일부터 20×4년 12월 31일까지 처분예정일 : 2015년 3월 10일
제□기 20×3년 01월 01일부터 20×3년 12월 31일까지 처분확정일 : 2014년 3월 10일

업체명 : (주)한국페인트 (단위 원)

과 목	제 (당)기		제 (전)기	
	금 액		금 액	
I 미처분이익잉여금		1,300,000,000		
1.전기이월이익잉여금	1,000,000,000			
2.전기오류수정이익				
3.전기오류수정손실				
4.당 기 순 이 익	300,000,000			
II 임의적립금등의이입액				
합 계		1,300,000,000		
III 이익잉여금처분액				
1.이 익 준 비 금	10,000,000			
2.배 당 금	100,000,000			
IV 차기이월미처분이익잉여금		1,190,000,000		1,000,000,000

▣ 회계기말에 이익처분에 대한 결의를 하지 않는 경우의 이익처분

회계기말에 별도의 이익처분에 대한 결의를 하지 않는 경우 당기순이익 등은 재무상태표에 미처분이익잉여금으로 표시하며, 이후 배당처분시 미처분이익잉여금은 이월이익잉여금으로 대체 처리한다.

① 《이익잉여금 처분》 결산결과 당기순이익 2천만원이 발생하였다. 2013년 3월 15일 주주총회에서 당기에 처분할 수 있는 잉여금(미처분이익잉여금) 2천만원을 아래와 같이 처분하기로 결의하다.

• 현금배당 10,000,000원 • 이익준비금 1,000,000원 • 차기이월 9,000,000원

미처분이익잉여금	20,000,000	/	미지급배당금	10,000,000
			이익준비금	1,000,000
			이월이익잉여금	9,000,000

② 《배당금 지급》 3월 31일 주주에 대한 배당금을 보통예금에서 인출하여 지급하면서 배당금 10,000,000원에 대한 배당소득세(배당금액의 14%) 1,400,000원 및 지방소득세(배당소득세의 10%) 140,000원을 차감한 8,460,000원을 지급하다.

미지급배당금	10,000,000	/	보통예금	8,460,000
			예수금	1,540,000

③ 《배당소득세 및 지방소득세 납부》 배당금 지급일의 다음달 10일 배당소득세 및 지방소득세를 보통예금에서 인출하여 납부하다.

예수금	1,540,000	/	보통예금	1,540,000

배당과 관련한 세무실무

배당소득세 원천징수

주주에게 배당소득을 지급하는 경우 그 지급액의 100분의 14를 배당소득세로 배당소득세의 10%를 지방소득세로 징수하여 징수일의 다음달 10일까지 관할 세무서에 신고 및 납부를 하여야 한다. 단, 법인에게 배당소득을 지급하는 경우에는 배당소득세를 원천징수하지 않는다.

배당소득 지급시기 의제

배당소득은 원천징수의무자가 배당소득을 지급하는 때를 지급시기로 한다. 다만, 배당소득을 실제 지급하지는 않았으나 세법의 규정에 의하여 일정한 시점에 배당소득을 지급한 것으로 간주하여 배당소득세를 원천징수하는 것을 배당소득 지급시기 의제라 한다.

법인이 이익 또는 잉여금의 처분에 따른 배당 또는 분배금을 그 처분을 결정한 날부터 3개월이 되는 날까지 지급하지 아니한 경우에는 그 3개월이 되는 날에 그 배당소득을 지급한 것으로 보아 소득세를 원천징수한다.

다만, 11월 1일부터 12월 31일까지의 사이에 결정된 처분에 따라 다음 연도 2월 말일까지 배당소득을 지급하지 아니한 경우에는 그 처분을 결정한 날이 속하는 과세기간의 다음 연도 2월 말일에 그 배당소득을 지급한 것으로 보아 소득세를 원천징수한다.

한편, 법인세법에 따라 처분되는 배당소득은 해당 법인이 법인세 과세표준 및 세액의 신고기일에 지급한 것으로 보아 소득세를 원천징수하고, 지급명세서는 다음연도 2월 말일까지 제출하여야 한다.

이익잉여금의 자본금 전입(무상증자)과 세무 문제

이익잉여금을 자본금으로 전입하는 것을 무상증자라고 하며, 무상증자는 기업의 이익을 주주들에게 현금배당을 하는 것이 아니라 주주총회의 결의에 의하여 기존의 주주에게 주식을 추가로 배정하는 것으로 주주의 입장에서는 주식 추가 배정금액만큼 이익을 얻게 되는 것이다. 따라서 이와 같은 배당을 의제배당이라고 하며, 소득세법 제17조 제3호의 규정에 의한 의제배당에 해당되어 배당소득세(주식배당금액의 14%) 및 지방소득세(배당소득세의 10%)를 납부하여야 한다.

주식배당은 주주총회의 결의에 의하여 이익의 배당을 새로이 발행하는 주식으로 할 수 있다. 그러나 주식에 의한 배당은 이익배당총액의 2분의 1에 상당하는 금액을 초과하지 못한다.

무상증자는 법정준비금(이익준비금, 자본준비금)으로 증자하는 것을 원칙으로 한다. 다만, 예외적으로 임의적립금을 주주총회의 결의에 의하여 이를 이익준비금으로 항목변경을 통해 무상증자의 재원으로 활용이 가능하다.

배당권리 포기

주주총회에서 특정주주는 배당을 받지 않고 다른 주주들은 주식수에 따라 배당을 받기로 결의한 경우 주주총회에서 배당을 결의한 금액 중 배당을 받지 않은 주주의 지분에 상당하는 금액에 대하여 배당을 받지 않는 주주가 다른 주주들에게 증여한 것으로 보아 증여세가 부과된다. 예를 들어 주주인 대표이사에게만 배당을 하는 경우 다른 주주는 배당권리를 포기한 것이므로 배당을 받을 금액에 상당하는 금액을 대표이사에게 증여한 것으로 보아 대표이사는 증여세를 부담하여야 하므로 배당시 유의하여야 할 것이다.

다만, 법인이 현금배당을 지급함에 있어 각 주주들이 소유하고 있는 주식의 수에 따라 배당금을 지급하지 않은 경우로서 균등한 조건에 의하여 지급받을 배당금을 초과하는 금액을 소득세법상 배당소득으로 보아 소득세가 과세되는 경우에는 증여세를 과세하지 않는다. 예를 들어 비상장법인이 정기주주총회에서 소액주주에게는 액면가액의 10%를, 대주주에게는 액면가액의 5%를 배당결의하고 배당금을 현금으로 지급하는 경우 증여세 과세대상이 아니다.

[개정 세법] 초과배당 증여이익에 대한 과세 강화(상증법 §41의2, 상증령 §31의2)
ㅇ 초과배당 증여이익에 대해 소득세·증여세 모두 과세
① 초과배당에 대해 소득세 과세
② (초과배당 - 소득세)에 대해 증여세 과세
<적용시기> '21.1.1. 이후 증여받는 분부터 적용

배당소득 원천징수영수증 교부 및 제출

① 국내에서 배당소득을 지급하는 원천징수의무자는 이를 지급하는 때에 그 배당소득 기타 필요한 사항을 기재한 원천징수영수증을 배당소득을 지급받는 자에게 교부하여야 한다.
② 원천징수의무자는 지급명세서를 그 지급일이 속하는 연도의 다음연도 2월 말일까지 관할세무서에 제출하여야 한다.

▶ 법인에게 배당하는 경우

법인에게 배당금을 지급하는 경우 소득세법에 의한 배당소득세는 원천징수하지 않는다. 다만, 배당금 지급에 대한 지급명세서는 그 지급일이 속하는 연도의 다음연도 2월 말일까지 관할세무서에 제출하여야 한다.

중간배당

중간배당이란 결산을 하기 전에 직전결산기의 미처분이익잉여금을 재원으로 실시하는 이익 분배를 말한다. 중간배당은 「상법」 제462조의3의 규정에 의하거나 상장법인의 경우 「자본시장과 금융투자업에 관한 법률」에 의한 분기배당제도가 있다.

□ 상법 제462조의3(중간배당) ①년 1회의 결산기를 정한 회사는 영업년도중 1회에 한하여 이사회의 결의로 일정한 날을 정하여 그 날의 주주에 대하여 이익을 배당(이하 이 條에서 "中間配當"이라 한다)할 수 있음을 정관으로 정할 수 있다.

결산배당 및 중간배당 요약

구분	결산배당	중간배당
근거 법률	「상법」 제462조	「상법」 제462조의3
배당 결정	이사회 결의와 정기주총에서 승인	이사회 결의
배당 결정 시기	정기주주총회일	정관으로 정함
배당기준일	결산기 말일 기준	사업연도 중 1회(정관으로 정함, 통상 사업연도 개시 일로부터 6월 말일 기준)
배당금 지급 시기	정기주총 결의일로부터 1월 이내 (주총결의로 따로 정할 수 있음)	이사회 결의일로부터 1월 이내(이사회 결의로 따로 정할 수 있음)
배당한도	대차대조표상 순자산액에서 자본의 액, 그 결산기까지 적립된 자본준비금 및 이익준비금, 그 결산기에 적립하여야 할 이익준비금의 합계액을 공제한 금액	직전 결산기 대차대조표 순자산액에서 직전 결산기의 자본의 액, 직전 결산기 까지 적립된 자본준비금 및 이익준비금, 직전 결산기 정기주총에서 이익배당하기로 정한 금액, 배당에 따라 당해 결산기에 적립할 이익준비금의 합계액을 공제한 금액

[회계 실무] 중간배당시 이익준비금 설정

상법에서는 이익잉여금처분시 자본금의 2분의 1이 될 때까지 매 결산기 금전배당액의 10분의 1 이상을 이익준비금으로 적립하도록 규정하고 있으며, 중간배당의 경우 회계기말에 금전배당액의 10분의 1을 이익준비금으로 설정한다.

4 수익 계정과목

수익은 통상적인 경영활동에서 발생하는 경제적 효익의 총유입을 말하며, 자산의 증가 또는 부채의 감소로 나타난다. 다만, 주주의 지분참여로 인한 자본증가는 수익에 포함하지 아니한다. 또한 수익은 기업에 귀속되는 경제적 효익의 유입만을 포함하므로 부가가치세와 같이 제3자를 대신하여 받는 금액이나, 대리 관계에서 위임자를 대신하여 받는 금액 등은 수익으로 보지 아니한다.

1 매 출

매출이란 영업활동과 관련하여 상품 또는 제품의 판매나 용역을 제공하고 그 대가를 받는 것을 말한다.
매출액은 업종 또는 부문별로 구분하여 표시할 수 있으며, 매출액, 반제품, 부산물매출액, 작업폐물매출액, 수출액, 장기할부매출액 등이 중요한 경우에는 이를 구분하여 표시할 수 있다.

매출

상품(제품) 등을 판매한 것을 매출이라 하며, 상거래에서 수익을 인식하는 시기인 매출시기는 매우 중요하다. 일반적인 경우 매출인식시기(매출기록)는 상품(제품)등의 인도일자이다. (대금수취일이 아님)

매출에서 차감하여야 하는 것

매출에누리, 매출환입, 매출할인은 매출에서 차감한다. 따라서 매출에누리 및 매출환입, 매출할인이 발생한 경우 감액 수정세금계산서를 발행하여야 하며, 매출액에서 차감하는 형식으로 손익계산서를 작성하여야 한다.

- 매출환입 : 매출된 제품이 불량 등의 원인으로 반품된 것을 말한다.
- 매출에누리 : 수량부족, 불량 등의 사유로 매출대금을 깎아 주는 것
- 매출할인 : 외상대금을 매입자가 약속한 날짜보다 일찍 외상대금을 갚을 시 매출자가 외상매출대금의 일부를 깎아 주는 것

매출 구분

① 상품매출 ~ 도, 소매업의 경우 판매를 목적으로 구입한 상품을 판매하는 것
② 제품매출 ~ 제조회사가 제조한 제품을 판매하는 것
③ 용역수입 ~ 용역매출, 서비스매출이라고도 하며 용역(서비스)을 제공하고 그에 따른 대가를 지급받는 것
④ 공사수입 ~ 건설회사에서 건설용역을 제공하는 것

부가가치세법의 매출 과세표준

과세표준이란 부가가치세 부과기준이 되는 금액을 말하며, 재화 또는 용역의 공급에 대한 부가가치세의 과세표준은 다음 가액의 합계액으로 한다. 단, 사업자가 재화 또는 용역을 공급하고 그 대가로 받은 금액에 공급가액과 세액이 별도 표시되어 있지 아니한 경우와 부가가치세가 포함되어 있는지 불분명한 경우에는 거래금액 또는 영수할 금액의 110분의 100에 해당하는 금액이 과세표준이 된다.

▶ 부가가치세 과세표준에 포함하지 않는 것

1. 에누리액 및 환입된 재화의 가액, 매출할인
2. 공급받는 자에게 도달하기 전에 파손·훼손 또는 멸실된 재화의 가액
3. 국고보조금과 공공보조금
4. 공급대가의 지급지연으로 인하여 지급받는 이자로서 계약등에 의하여 확정된 대가의 지급지연으로 인하여 지급받는 연체이자

▶ 판매장려금

사업자가 자기 재화의 판매촉진을 위하여 거래상대자의 판매실적(공급이후)에 따라 재화 또는 용역의 공급없이 판매장려금을 금전으로 지급(또는 수령)하는 경우 당해 판매장려금에 대하여는 부가가치세가 과세되지 아니하는 것이며, 당초 공급한 과세표준에서 판매장려금 상당액을 공제하지 아니한다.

공급시기

공급시기란 거래시기라고도 하며, **재화 또는 용역을 공급하는 때**에 재화 또는 용역을 공급받는 자에게 세금계산서를 발급하여야 한다. 다만, 세금계산서 발급의무가 면제되는 소매업 등 주로 최종소비자에게 물품 등을 판매하는 경우에는 발급하지 않아도 된다.

▣ 재화의 공급시기

[1] 일반적인 경우 재화의 공급시기

- 물품 등의 이동이 필요한 경우에는 물품 등을 인도하는 때
- 물품 등의 이동이 필요하지 않는 경우에는 이용가능하게 된 때

보 충 **세금계산서 발급특례 (부가가치세법 시행령 제54조)**

사업자가 거래처별로 1역월의 공급가액을 합계하여 당해 월의 말일자를 발행일자로 하여 세금계산서를 발급하는 경우 재화 또는 용역의 공급일이 속하는 달의 다음달 10일까지 세금계산서를 발급할 수 있다.

[2] 거래형태별 공급시기

- 현금, 외상판매, 할부판매 : 물품 등을 인도하는 때
- 위탁매출 : 수탁자가 판매한 시점
- 완성도기준지급, 중간지급조건부판매 : 그 대가의 각 부분을 받기로 한 때
  - 완성도기준지급이란 재화의 제작기간이 장기간을 요하는 경우 그 진행도 또는 완성도를 확인하여 그 비율만큼 대가를 지급하는 것을 말한다.
  - 중간지급조건부판매란 재화가 인도되기 전 또는 이용가능하게 되기 전에 계약금 이외의 대가를 분할하여 지급하는 경우로서 계약금을 지급하기로 한 날의 다음 날부터 잔금을 지급하기로 한 날까지의 기간이 6개월 이상인 경우를 말한다.
- 장기할부판매 : 장기할부 계약에 의하여 대가의 각 부분을 받기로 한 때
  장기할부판매란 2회 이상 분할하여 대가를 받는 것으로 당해 물품 인도일의 다음날부터 최종 할부대금의 지급기일까지 기간이 1년 이상인 경우를 말한다.

❍ 반환, 동의, 기타조건부판매 및 기한부판매 : 반환조건부판매, 동의조건부판매, 기타 조건부 및 기한부판매의 경우에는 그 조건이 성취되거나 기한이 경과되어 판매가 확정되는 때이다.

❍ 수출하는 재화

◦ 내국물품을 외국으로 수출하는 경우 : 수출재화의 선적일

◦ 내국신용장에 의하여 공급하는 재화 : 재화를 인도하는 때

◦ 대외무역법에 의한 위탁판매수출 : 수출재화의 공급가액이 확정되는 때

▣ 용역(서비스 등)의 공급시기

용역이란 생산과 소비에 필요한 노무를 제공하는 것을 말한다. 따라서 재화는 재산적 가치가 있는 유체물과 무체물로 공급시기가 분명하게 나타나지만, 용역의 공급은 역무(서비스)의 제공이므로 그 공급시기가 분명하지 않은 경우가 많다.

[1] 일반적 기준

역무(서비스)가 제공되거나 재화, 시설물 또는 권리가 사용되는 때이다.

[2] 거래형태별 공급시기

❍ 통상적인 용역공급 : 역무의 제공이 완료되는 때

❍ 완성도기준지급, 중간지급조건부판매 : 그 공급단위를 구획할 수 없는 용역을 계속적으로 공급하는 경우 계약에 따라 그 대가의 각 부분을 받기로 한 때

▶ 공급시기 도래 전 세금계산서 발행

세금계산서는 재화 또는 용역의 공급시기에 발행하여야 한다. 다만, 공급시기가 도래하기 전에 재화 또는 용역에 대한 대가의 전부 또는 일부를 받고, 이와 동시에 그 받은 대가에 대하여 세금계산서 또는 영수증을 발급하는 경우에는 그 발급하는 때를 각각 당해 재화 또는 용역의 공급시기로 본다. 따라서 공급시기가 도래하기 전에 대가를 받지 아니하고, 발행한 세금계산서는 적법하지 아니한 것으로 매입자는 그 매입세액을 공제받을 수 없으며, 매출자는 세금계산서불성실가산세를 부담하여야 한다.

단, 세금계산서를 발급하고, **7일 이내 대가를 지급받은 경우**에는 발급한 때를 공급시기로 보아 적법한 제금계산서로 인정한다. 또한 당사자 간의 계약서·약정서 등에 세금계산서 발급시기와 대금지급시기가 별도로 기재되고, 대금청구시기와 대금지급기간이 30일 이상 차이가 나지 않는 경우에도 적법한 세금계산서로 본다.

매출 증빙서류

- 과세매출 : 세금계산서
- 면세매출 : 계산서
- 신용카드매출 : 신용카드매출전표
- 소매매출 : 현금영수증, 간이영수증, 매출장

매출 회계처리 사례

① 《외상매출》 6월 중 의류 10,000,000원(공급가액)을 신세계백화점에 납품하고 6. 30 세금계산서를 발행하여 교부하고 그 대금은 나중에 지급받기로 하다. (공급가액 10,000,000원 세액 1,000,000원 합계 11,000,000원)

외상매출금	11,000,000	/	매출	10,000,000
			부가세예수금	1,000,000

② 《매출에누리》 신세계백화점에 납품한 의류 중 일부 불량제품이 있어 1백만원(부가세 별도)을 에누리하여 주고, 감액 수정세금계산서를 발행하여 주다.

매출	1,000,000	/	외상매출금	1,100,000
부가세예수금	100,000			

③ 《외상매출대금 입금》 외상매출금 중 8,000,000원이 보통예금에 입금되다.

보통예금	8,000,000	/	외상매출금	8,000,000

2 영업외수익

영업외수익이란 직접적인 영업활동과 관련없이 발생하는 수익으로 이자수익, 수입임대료(부동산 임대업자가 아닌 자의 임대수입), 유가증권처분이익, 외환차익, 외화환산이익, 판매장려금, 투자자산처분이익, 유형자산처분이익, 잡이익 등이 있다.

이자수익

이자수익이란 이자수익을 사업목적으로 하지 않는 기업이 여유자금을 운용하기 위하여 금융기관에 예치하여 두거나 타인에게 대여하여 준 경우 예치 또는 대여기간에 대하여 약정한 이자율에 의하여 수취하는 금전수익을 말한다. 보통예금이자, 정기예금이자, 정기적금이자, 대여금이자 등이 있다.

예금이자에 대한 이자소득세 징수 및 납부

① 법인에게 이자를 지급하는 금융기관은 예금이자의 14%(2017년 현재)를 이자소득세로 징수하여 세무서에 납부한다. 한편, 법인이 금융기관에 징수당한 이자소득세는 법인 결산시 납부할 법인세에서 공제되므로 예금이자에 대하여 납부한 이자소득세가 있는 경우 '선납세금'으로 처리한 다음 법인세 신고시 납부할 법인세에서 공제받는다.

② 법인에게 이자를 지급하는 경우 이자 지급에 대하여 원천징수하는 세금은 소득세법에 의한 이자소득세를 징수하는 것이 아니라 법인세법에 의한 법인세를 징수하여 신고 및 납부하여야 한다.

이자수익 회계처리 사례

① 《보통예금에 대한 이자수익 입금》 6. 11 보통예금 이자수익 1,000,000원이 발생하였으며, 금융기관으로부터 예금이자에 대한 법인세 140,000원 및 지방소득세 14,000원을 공제한 846,000원이 입금되다.

보통예금	846,000	/	이자수익	1,000,000
선납세금	154,000			

이자수익의 세무상 유의사항

회계기말 미수이자 처리

세법에서는 이자수익에 대하여 현금주의로 계상하도록 규정하고 있는바 이자수익의 귀속시기는 이자입금일(원본전입일, 해약일)이다. 따라서 결산을 확정함에 있어 수취하지 않은 이자(미수수익)를 이자수익으로 계상한 경우 세무조정에서 익금불산입하여야 한다. 따라서 외부회계감사를 받지 않는 중소기업의 경우 실무에서는 회계기말에 미수이자를 계상하지 않는 것이 적절하다.

개인사업자의 이자수익은 총수입금액에 산입하지 않음

개인사업자의 이자소득은 사업소득과는 별도로 이자소득으로 과세하므로 사업과 관련한 장부에 기장하지 않는 것이 적절하며, 기장하는 경우 이자수익은 총수입금액에 산입하지 않는다.

♣ 개인의 금융소득(이자수익 + 배당금수익)이 2천만원을 초과하는 경우 종합과세
국세청 홈페이지 → 국세정책/제도 → 통합자료실 → 국세청발간책자 → 분야별 해설책자 → 소득세 → 금융소득종합과세 해설

배당금수익

배당금수익이란 타 회사의 주식을 보유하거나 공제조합 등에 의하여 출자한 금액에 대하여 피투자법인(주식발행법인)이 이익잉여금을 처분하여 주주 또는 출자자에게 배당하는 경우 발생하는 수익을 말한다. 이 경우 배당금이 확정되는 시기는 주주총회의 결의일로 투자회사는 주주총회의 결의일에 투자수익을 인식하여야 한다. 다만, 투자회사는 피투자법인의 내부의결사항을 잘 알 수 없으므로 실무에서는 통상 실제 현금배당을 받은 날에 투자수익을 인식하기도 한다.

《배당금 수익 발생》 (주)진로의 보유주식에 대하여 배당금 5백만원이 발생하였음을 통보받다.

미수금	5,000,000	/	배당금수익	5,000,000

배당금수익 세무상 유의할 사항

1) 법인이 피투자회사로부터 배당금을 지급받는 경우 배당금 전액을 배당금수익으로 처리한다. 이는 법인이 법인으로부터 배당을 받는 경우 배당소득세가 원천징수되지 않기 때문이다. 참고로 법인이 법인에게 배당금을 지급하는 경우 배당소득세는 원천징수하지 아니하나 배당소득 지급명세서는 다음해 2월 말일까지 제출하여야 한다.

2) 법인이 내국법인으로부터 받는 수입배당금중 아래의 일정금액은 익금에 산입하지 아니하므로 세무조정에서 익금불산입처리한다.

지분비율에 따른 익금불산입율

출자대상	지분비율	익금불산입율
상장·등록법인	30% 초과	50%
	30% 이하	30%
비상장법인	50% 초과	50%
	50% 이하	30%

- 지분비율 100%인 경우 익금불산입율 : 100%
- 전문건설공제조합도 내국법인이므로 내국법인이 당해 법인이 출자한 다른 내국법인으로부터 수입배당금을 받은 경우에는 그 출자비율에 따라 익금불산입 하는 것임

수입임대료

부동산임대를 사업목적으로 하는 경우 매출로 처리하여야 하며, 부동산임대를 사업의 주목적으로 하지 아니하는 사업자가 사무실 또는 제조공장의 일부를 타인에게 임대하고 임대료를 받는 경우 영업외수익인 수입임대료로 처리한다.

임대료수입과 관련한 세금계산서는 임대료 영수 여부와 관계없이 임대료를 받기로 한 날 발행하여야 하며, 전세보증금이 있는 경우 간주임대료를 계산하여 부가가치세 신고시 납부하여야 한다.

▶ **간주임대료 계산** : 당해 기간의 전세금 또는 임대보증금 × 과세대상기간의 일수 ÷ 365(윤년의 경우 366) × 간주임대료 이자율(2023년 2.9%)
○ 2024년 간주임대료 이자율 : 소득세법 시행규칙 제23조

수입임대료 회계처리 사례

《임대료수입에 대한 세금계산서 발행》 사무실 중 일부를 임대하여 주고 임대료 1,000,000원(부가세 별도)에 대하여 세금계산서를 월말에 발행하여 주고 그 대금은 다음달 10일에 받기로 하다.

미수금	1,100,000	/	수입임대료	1,000,000
			부가세예수금	100,000

외환차익

외환차익이란 외환거래에 있어 발생하는 이익금액으로 외화를 원화로 환전하거나 수출대금 입금시 주로 발생하며, 그 내용은 다음과 같다.

1) 수출업자가 물품 등을 수출할 시 선적일에 수출대금을 원화로 환산(실제 수출대금이 입금된 금액이 아니라 수출면장상 수출금액을 선적일의 기준환율을 적용한

금액임)하여 매출로 처리한 다음 수출대금 결제(네고)일에 선적일의 환율보다 결제일의 환율이 높은 경우 발생하는 환차익

2) 외화를 차입한 후 차입 당시 환율과 상환시 환율변동으로 인하여 상환하는 차입금이 차입할 당시의 원화환산금액 보다 더 적은 경우 발생하는 환차익

3) 외화를 대여한 후 대여당시 환율과 상환시 환율변동으로 인하여 상환받는 금액이 대여할 당시 보다 많은 경우 발생하는 환차익

① 《수출물품 선적》 7. 10 미국에 수출할 수출물품 $20,000 을 선적하다.
(선적일 기준환율 1,200원/$)

외상매출금	24,000,000 /	매출	24,000,000

* 수출신고필증에 기재된 FOB 가격은 관세법 또는 대외무역법 등의 규정에 따라 수출실적 통계 등의 기준금액이므로 (34) 결제금액이 수출매출금액이다.
* 환율계산 : 달러의 경우 기준환율을 적용한다

② 《수출대금 입금》 7. 30 외국환은행으로부터 수출대금 $20,000 이 네고되다. 원화환가액 25,000,000원(전신환매도율 1,250/$)에서 환가료 70,000원 및 전신료 15,000원을 차감한 24,915,000원이 보통예금에 입금되다.

보통예금	24,915,000 /	외상매출금	24,000,000
지급수수료	85,000	외환차익	1,000,000

* 외환차익 : $20,000 × (1,250/$ - 1,200/$)
* 지급수수료 : 환가료 및 전신료

③ 《외화 차입》 7. 10 미화 $20,000을 차입하다. (차입당시 환율 1,200원/$)

보통예금	24,000,000 /	외화차입금	24,000,000

④ 《외화차입금 상환》 12. 10 미화 $20,000을 상환하다.
(상환당시 환율 1,100원/$)

외화차입금	24,000,000 /	보통예금	22,000,000
		외환차익	2,000,000

외화환산이익

기업회계기준에 의하여 화폐성외화자산 또는 부채의 장부상 원화기장액과 사업연도 종료일 현재의 화폐성외화자산 또는 부채잔액을 기준환율(또는 재정환율)로 평가하여 차익이 발생하는 경우 당해 사업연도에 외화환산이익으로 처리한 다음 세무조정에서 익금불산입하여야 한다.

화폐성외화자산·부채는 취득일 또는 발생일 현재의 매매기준율등으로 평가하되, 관할세무서장에게 사업연도 종료일 현재의 매매기준율등으로 평가하는 방법을 신고한 경우 그 방법에 의하여 평가할 수 있으며, 이 경우 세무조정대상은 아니다.

▶ 화폐성 외화자산 · 부채 및 비화폐성 외화자산 · 부채

구 분	화폐성(평가대상)	비화폐성(평가대상 아님)
자 산	외화현금, 외화예금, 외화채권, 외화 보증금, 외화대여금, 외화매출채권	선급금, 재고자산 비유동자산(고정자산)
부 채	외화채무, 외화차입금, 외화사채	선수금

① 《기말 외화자산 평가》 외화매출채권($10,000)의 장부상 가액은 1천만원이나 결산시점의 기준환율은 $당 1,200원으로 차액을 외화환산이익으로 계상하다.

외화외상매출금	2,000,000 /	외화환산이익	2,000,000

▣ 외환 거래 실무 처리

[1] 보유중인 외화로 수입물품대금을 결제한 경우

보유중인 외화를 환가하지 아니한 상태에서 수입물품대금으로 지급한 경우 장부상 원화 입금시 환율을 적용하여 수입상품원가로 처리를 하여야 한다. 단, 외화가 수차에 걸쳐 입금되고, 입금시 기준환율을 적용하여 장부상 원화금액으로 계상한 경우 원화기장액 산정방법은 선입선출법을 적용하는 것이나 이동평균법을 준용한 평가방법을 계속적으로 적용하여 온 경우 그 평가방법을 적용할 수 있다.

□ 외화예금 인출시 원화기장액 산출방법 [법인세 집행기준 42-76-5]
법인이 수차례에 걸쳐 입금한 외화예금의 일부를 원화로 인출하는 경우 외화예금의 원화기장액 산정방법은 선입선출법을 적용하는 것이나 이동평균법을 준용한 평가방법을 계속적으로 적용하여 온 경우 그 평가방법을 적용할 수 있다. (2010. 6. 23. 제정)

[2] 여러 차례 입금된 외화를 환전하는 경우의 장부가액

위와 같은 방법으로 장부가액을 계상하여 외환차손익을 인식한다. 즉, 원화기장액 산정방법은 선입선출법을 적용하는 것이나 이동평균법을 준용한 평가방법을 계속적으로 적용하여 온 경우 그 평가방법을 적용할 수 있다.

사 례 수차에 걸쳐 입금된 외화 출금시 인출된 외화의 장부가액 계산

외 화 입금일	외 화 출금일	외 화 입금액	외 화 출금액	기준환율	원화입금 장부금액	원화출금 장부가액
11.01		$3,000		1,100/$	3,300,000	
11.10		$2,000		1,050/$	2,100,000	
11.20		$1,000		1,080/$	1,080,000	
	11.30		$4,000	1,090/$		4,350,000

차변	금액		대변	금액
보통예금	4,360,000	/	보통예금(외화)	4,350,000
			외환차익	10,000

유가증권처분이익

♣ 자산 → 유가증권 참조

유가증권평가이익

♣ 자산 → 유가증권 참조

투자자산처분이익

투자를 목적으로 보유한 매도가능증권 등 장기투자주식의 처분시 발생하는 이익을 처리하는 계정으로 투자자산의 장부가액보다 처분가액이 많은 경우 그 차액을 말한다.

투자자산처분이익 회계처리 사례

① 《투자주식 취득》 (주)갑을은 장기투자를 목적으로 제일은행 주식 1,000주(주당 40,000원)를 취득하고 그 대금은 보통예금에서 인출하여 지급하다.

매도가능증권	40,000,000 /	보통예금	40,000,000

② 《투자주식 처분》 제일은행 주식 1,000주를 주당 50,000원에 처분하다. 그 대금은 보통예금에 입금되다.

보통예금	50,000,000 /	매도가능증권	40,000,000
		투자자산처분이익	10,000,000

유형자산처분이익

유형자산처분이익이란 토지, 건물, 기계장치, 비품, 차량운반구 등 유형자산의 처분가액이 장부상 가액보다 많은 경우 발생하는 이익금액을 말한다. 유형자산 처분시 해당 유형자산에 대한 감가상각누계액이 설정되어 있는 경우 감가상각누계액과 먼저 상계하여야 한다. 즉, 처분손익은 매각금액(부가가치세 제외금액)에서 장부가액(취득가액 - 감가상각누계액)을 차감한 금액으로 계산한다.

토지 및 건물의 처분에 대하여 개인기업은 양도소득세 신고를 별도로 하여야 하나 법인은 양도소득세 신고의무가 없으며, 유형자산처분손익은 법인의 익금 및 손금에 산입한다.

▶ **유형자산 처분연도 감가상각비 계상 여부**

법인의 경우 처분연도의 처분 월까지의 감가상각비를 하지 않는 경우 감가상각비로 계상하지 않은 금액은 처분손익에 반영되므로 별도의 감가상각을 하지 않는다.

관세환급금

물품 등을 외국으로부터 수입하는 경우 관세를 세관에 납부한다. 그런데 수출을 하기 위하여 원자재를 수입하는 경우에도 원자재 수입시에 관세를 부담할 경우 결과적으로 수출물품의 수출가격이 높아지게 되어 국제가격경쟁력이 저하되어 수출에 지장이 있으므로 수출물품에 대한 국제가격경쟁력을 높이기 위하여 수출업자 또는 수출품생산업자가 수출물품을 생산하기 위한 원자재를 수입시 부담한 관세를 수출업자 또는 수출품생산업자에게 되돌려 주는 것이 관세환급금이다

관세환급금은 원칙적으로 매출원가(판매한 제품의 원가)에서 차감하여야 하나 그 금액이 중요하지 않은 경우 실무에서는 영업외수익 항목인 '관세환급금' 또는 '잡이익'으로 처리하기도 한다.

▶ **개별환급과 정액환급**

관세환급금은 개별환급과 여러 건을 합쳐서 1년에 한 번 정산해 주는 정액환급방법이 있다. 개별환급방법은 수출물품 제조에 소요된 원재료의 품명·규격·수량과 동원재료의 수입시 납부세액을 원재료별로 개별적으로 확인하여 환급금을 산출하는 방법이며, 정액환급방법은 정부가 정하는 일정한 금액(정액환급율표 상의 금액)을 소요원재료의 수입시 납부세액으로 보고 환급금을 산출하도록 하는 방법이다.

관세환급금 회계처리 사례

① 《관세 환급》 관세를 납부하고 수입한 원재료를 사용하여 제품을 만들어 수출하다. 기 납부한 관세 1,000,000원이 세관으로부터 보통예금 통장에 입금되다.

보통예금	1,000,000	/	관세환급금	1,000,000

판매장려금수익

판매장려금이란 주로 대리점 형태의 도매 및 소매업종으로서 판매실적에 따라 본사로부터 지급받는 장려금으로 이러한 장려금은 본사가 국세청에 판매장려금 지급내용을 통보하는 바 판매장려금을 받는 경우 장려금을 받은 사실을 장부에 누락하지 않도록 특히 유의하여야 한다.

판매장려금은 판매장려금을 지급하는 자는 비용처리를 하는 것이며, 지급받는 자는 영업외수익(판매장려금수익)으로 처리한다.

국고보조금 수익

❶ 국고보조금

국고보조금이란 국가, 지방자치단체로부터 무상으로 지급받는 보조금을 말한다. 무상으로 지급받는 보조금은 법인의 자산을 증가시키는 거래로 익금에 산입하여야 한다.

그리고 사업승패 여부에 따라 사업성공시 일부(통상 지원금액의 10% 내외)금액을 상환하는 보조금은 상환할 금액이 확정된 시점 (출연금 일부의 반환통지 또는 기술료의 납부통지를 받은 날)이 속하는 사업연도에 반환할 금액을 익금에서 차감하거나 손금에 산입하여야 한다.

❷ 자산의 취득과 관련하여 받은 국고보조금 처리

기업회계기준에 의하면, 자산의 취득에 사용될 국고보조금을 받은 경우에는 관련자산을 취득하기 전까지 받은 자산의 차감계정으로 처리한 다음 자산의 취득에 충당한 국고보조금은 취득자산에서 차감하는 형식으로 표시하고, 당해 자산의 내용연수에 걸쳐 상각금액과 상계처리하여야 하며, 자산의 취득에 사용하지 않는 기타의 국고보조금은 영업외수익으로 처리한다

▶ 외부감사대상이 아닌 사업자의 자산 취득 관련 국고보조금 회계처리

외부회계감사를 받지 아니하는 중소기업의 경우 국고보조금 교부통지를 받은 날 국고보조금 전액을 잡이익 등 영업외수익으로 처리한 다음 기술개발의 성공으로 출연금 일부의 반환통지 또는 기술료의 납부통지를 받은 날 잡손실 등 영업외수익으로 처리하여도 무방하다. 이 경우 상환하여야 하는 금액은 장기차입금 등 적절한 계정과목으로 처리한다. 또한 전액 무상으로 지원받는 교육훈련보조금, 고용촉진장려금, 고용유지지원금 등 소액의 국고보조금은 국고교부금 통지를 받은 날 전액 잡이익으로 처리한다.

❸ 수익과 관련하여 받은 국고보조금 처리

수익관련보조금을 받는 경우에는 **당기의 손익**에 반영한다. 다만, 수익관련보조금을 사용하기 위하여 특정의 조건을 충족해야 하는 경우에는 그 조건을 충족하기 전에 받은 수익관련보조금은 선수수익으로 회계처리한다. 단, 수익관련보조금은 대응되는 비용이 없는 경우 회사의 주된 영업활동과 직접적인 관련성이 있다면 영업수익으로 그렇지 않다면 영업외수익으로 회계처리한다.

반면, 수익관련보조금이 특정의 비용을 보전할 목적으로 지급되는 경우에는 당기손익에 반영하지 않고 특정의 비용과 상계처리한다. 예를 들어, 공공성이 많은 재화나 용역을 제공하는 무연탄채굴회사나 버스회사로 하여금 매출가격이 매출원가에 미달하는 재화나 용역을 계속 제공하게 할 목적으로 지급되는 보조금은 매출액(영업수익)으로 회계처리하고, 벤처회사의 신기술개발을 지원하기 위해 지급되는 보조금은 영업외수익으로 회계처리한다. 반면 저가로 수입할 수 있는 원재료를 국내에서 구입하도록 강제하는 경우에 지급되는 수익관련보조금은 제조원가에서 차감한다.

▶ 국고보조금 반환

통상 국고보조금은 사업승패 여부에 따라 사업성공시 일부(통상 지원금액의 30%) 금액을 상환하는 보조금은 상환할 금액이 확정된 시점 (출연금 일부의 반환통지 또는 기술료의 납부통지를 받은 날)이 속하는 사업연도에 반환할 금액을 익금에서 차감하거나 손금에 산입하여야 한다.

❹ 국고보조금 세무 및 회계처리

1 국고보조금 입금(기업회계기준에 의한 회계처리방법)

①《정부출연금 입금》 신제품 개발목적으로 산업자원부에 자금신청을 한 바 승인되어 신기술개발자금 2억원이 보통예금에 입금되다.

동 자금은 정부지원금이며, 사업실패시에는 전액 상환의무가 없으나 성공시에는 30%를 상환하여야 하는 자금이다. 지원자금은 전액 신기술 개발에 사용하기로 하다.

보통예금	200,000,000	/	국고보조금(1)	140,000,000
			장기차입금	60,000,000

* 국고보조금 : 자산의 취득(유형자산, 무형자산)에 사용하는 국고보조금은 관련 자산을 취득하기 전까지 받은 자산(보통예금)에서 차감하는 형식으로 처리하여야 한다.

[재무상태표 표시형식]		[자산취득 후 재무상태표 표시형식]	
보통예금	1,000,000,000	보통예금	800,000,000
국고보조금	(140,000,000)	개발비	140,000,000
		국고보조금	(140,000,000)

②《국고보조금 자금 집행》 국고보조금 전액을 기술개발비로 사용하다.

선급금	200,000,000	/	보통예금	200,000,000

③《기술개발 성공》 신제품 기술개발에 성공하여 개발비용을 무형자산인 개발비로 대체하다. 개발비는 향후 5년간 정액법으로 상각하기로 하다.

개발비	200,000,000	/	선급금	200,000,000

국고보조금(1)	140,000,000	/	국고보조금(2)	140,000,000

* 국고보조금(1) : 보통예금 차감계정
* 국고보조금(2) : 개발비 차감계정, 국고보조금으로 취득한 자산은 취득자산에서 차감하는 형식으로 표시하여야 한다.

④ 《개발비 상각》 회계기말에 개발비 40,000,000원을 감가상각하다.

개발비상각	40,000,000	/	개발비	40,000,000

국고보조금(2)	28,000,000	/	개발비상각	28,000,000

* 국고보조 : 국고보조금(2) 140,000,000 ÷ 5(5년간 상각)

▷ 수익과 관련한 국고보조금인 경우 또는 외부감사대상 법인이 아닌 경우에는 국고보조금이 확정된 날 전액 잡이익으로 처리할 수 있다.

별단예금	100,000,000	/	잡이익	100,000,000

■ 국고보조금 세무조정

① 국고보조금 교부통지를 받은 날이 속하는 사업연도
[익금산입] 국고보조금 입금금액 200,000,000원(유보)

② 사업성공일이 속하는 사업연도
[손금산입] 상환할 금액 60,000,000원(△유보)
* 익금산입 유보금액 : 국고보조금(200,000,000원) - 상환할 금액(60,000,000원)

③ 개발비 상각일(개발비 상각이 종료되는 시점까지 매 회계연도 말)
[손금산입] 개발비 140,000,000원 중 당기 상각액 28,000,000원(△유보)

2 국고보조금을 당기의 수익으로 처리하는 경우

① 《정부출연금 입금》 신제품 연구개발을 목적으로 산업자원부에 자금신청을 한바 승인되어 기술개발자금 2억원이 보통예금에 입금되다. 동 자금은 정부지원금이며, 사업실패시에는 전액 상환의무가 없으나 성공시에는 30%를 상환하여야 하는 자금이다. 지원자금은 전액 신기술 개발에 사용하기로 하다.

보통예금	200,000,000	/	잡이익	200,000,000

② 《국고보조금 자금 집행》 국고보조금 전액을 연구개발비로 사용하다. 단, 무형자산인 개발비 요건을 충족하지 아니하여 개발비용 전부를 연구비로 처리하다.

연구비	200,000,000	/	보통예금	200,000,000

③ 《연구개발 성공》 신 기술개발에 성공하였으나 무형자산인 개발비 여건을 충족하지 못하여 당기비용인 연구비로 처리하다. 산업자원부로부터 연구개발이 성공한 것으로 판정되어 상환할 의무가 있는 국고보조금 60,000,000원은 당기의 비용인 잡손실로 처리하고, 상환의무 있는 국고보조금은 장기차입금으로 대체하다.

잡손실	60,000,000	/	장기차입금	60,000,000

3 무상보조금 반환 회계처리

① 《보조금 일부 상환》 정부보조금으로 개발한 기술이 성공하여 국고보조금의 30%에 해당하는 금액인 6천만원을 상환하다.

장기차입금	60,000,000	/	보통예금	60,000,000

<세무조정>
보조금이 지급이 확정된 날이 속하는 사업연도에 전액 익금산입한 금액 중 정부에 반환하는 금액은 반환일이 속하는 사업연도에 손금산입한다.
[손금산입] 상환할 금액 60,000,000원(△유보)

❺ 국고보조금의 세무상 익금산입 및 손금산입

1 익금산입

▶ 국고보조금은 교부통지를 받은 날에 익금산입하는 것임

법인이 「기술개발촉진법」 제8조의 규정에 따라 정부로부터 기술개발에 소요되는 경비를 출연금 명목으로 지원받은 경우, 출연금 교부통지를 받은 날이 속하는 사업연도에 각 사업연도 소득금액 계산상 익금에 산입하는 것임
(법인, 서면인터넷방문상담2팀-1825 , 2006.09.18.)

▶ 지급시기를 달리하여 순차적으로 지원받는 국고보조금 익금시기

법인이 정부로부터 기술개발에 소요되는 경비를 별도의 교부통지서 수령 없이 협약서에 의해 지급시기를 달리하여 순차적으로 지원받는 경우, 당해 출연금은 실제 지급받은 날이 속하는 사업연도의 각 사업연도 소득금액 계산상 익금에 산입하는 것임 (법인, 서면 2015법인-0276 , 2015.07.09.)

[2] 손금산입

▶ 출연금 일부의 반환통지 또는 기술료의 납부통지를 받은 날이 속하는 사업연도에 반환할 금액을 익금에서 차감하거나 손금에 산입하는 것임

익금에 산입한 출연금 중 기술개발의 성공으로 출연금 일부의 반환통지 또는 기술료의 납부통지를 받은 날이 속하는 사업연도에 반환한 금액은 손금에 산입하는 것임. (서면2팀-1510, 2005.9.21.)

▶ 국고보조금의 일시 손금산입

① 내국법인이 「보조금 관리에 관한 법률」, 「지방재정법」, 그 밖에 다음에 정하는 법률에 따라 보조금 등의 자산(국고보조금등)을 지급받아 그 지급받은 날이 속하는 사업연도의 종료일까지 사업용고정자산을 취득·개량하는 데에 사용한 경우 국고보조금등에 상당하는 금액은 그 사업연도의 소득금액을 계산할 때 손금에 산입할 수 있다. [법인세법 제36조(국고보조금등으로 취득한 사업용자산가액의 손금산입)]

1. 「농어촌 전기공급사업 촉진법」
2. 「전기사업법」
3. 「사회기반시설에 대한 민간투자법」
4. 「한국철도공사법」
5. 「농어촌정비법」
6. 「도시 및 주거환경정비법」

② 제1항의 규정에 의하여 손금에 산입하는 금액은 당해 사업용자산별로 다음 각 호의 구분에 따라 일시상각충당금 또는 압축기장충당금으로 계상하여야 한다.

1. 감가상각자산 : 일시상각충당금
2. 제1호외의 자산 : 압축기장충당금

▶ **국고보조금으로 연구 · 인력개발비를 지출한 경우 세액공제 제외**

연구개발출연금등을 지급받아 연구개발비로 지출하는 금액은 연구인력개발과 관련한 세액공제대상에서 제외하여야 한다. (법인세과-411 , 2012.06.22.)

◈ 고용노동부 지원금(일자리안정자금 등)은 중소기업특별세액감면 감면소득에서 제외하여야 함 (조특, 법인세과-1257 , 2009.11.09.)

한국장애인고용촉진공단으로부터 받는 국고보조금, 장애인을 고용함으로써 받는 관리비용, 노동청의 종합고용지원센터에서 받는 휴업수당지원금은 「조세특례제한법」 제7조의 종소기업 특별세액 감면대상 소득에 해당하지 않음

Q 상각채권추심이익

대손금으로 손금에 산입된 부도채권 등의 금액(대손충당금과 상계한 금액을 포함한다) 중 그 후 다시 회수된 때에는 그 회수된 금액은 회수된 날이 속하는 사업연도의 소득금액 계산상 익금에 산입한다. 단, 대손처리시 대손충당금과 상계한 금액을 회수된 경우 대손충당금을 다시 설정한 것으로 본다.

Q 전기오류수정이익

전기 또는 그 이전 기간의 재무제표를 작성할 때 발생하였던 오류가 당기에 발견되어 이를 수정하는 것을 전기오류수정이라 한다. 회계오류가 재무상태표(결산종료일 또는 외부감사일로서 재무상태표를 확정한 이후)일 이전에 발견한 경우에는 바로 수정하면 되나 재무상태표일 이후에는 전기오류수정사항으로 정리하여야 한다.

당기에 발견한 전기 또는 그 이전기간의 오류는 당기 손익계산서에 영업외손익 중 전기오류수정손익으로 보고한다. 다만, 중대한 오류에 대해서는 전기이월이익잉여금을 수정한다.

세무상으로는 과거 연도의 수익을 누락하거나 비용을 이중으로 계상한 경우 손익은 그 해당 사업연도별로 적용하여야 하므로 법인세신고내용을 수정(세무조정사항에서 익금산입)하여 법인세를 납부하여야 하는 것이며, 오류를 반영한 사업연도의 전기오류수정이익은 익금불산입(전기 이전의 수익 누락에 대하여 법인세 수정신고로 이미 익금으로 처리한 것임)처리한다.

■ 전기 자산 항목을 비용으로 처리한 경우

[예제] 전기에 에어컨 2백만원을 구입하여 비품으로 처리하여야 하였으나 소모품비로 처리하여 당기에 전기 법인세 신고내용을 수정신고하고, 비품으로 회계처리하다.

<전기 세무조정>
손금불산입　2,000,000 (유보)

<당기 회계처리> 비품 2백만원을 자산으로 계상하다.

비품	2,000,000	/	전기오류수정이익	2,000,000

<당기 세무조정> 익금불산입
전기오류수정이익 2,000,000원 (△유보)

■ 자산이 장부에 누락된 경우

실제 자산이 있으나 장부상 누락된 경우로서 그 원인을 알 수 없는 경우 전기오류수정이익으로 처리할 수 있으며, 이 경우 잉여금 항목의 전기오류수정이익으로 처리할 시 별도의 세무조정은 하지 않아도 된다.

[예제] 거래처 외상매출금 1백만원이 있으나 장부에 누락되었음을 발견하고, 잉여금 항목의 전기오류수정이익으로 처리하다.

외상매출금	1,000,000	/	전기오류수정이익	1,000,000

Q 법인세환급액

♣ 법인세비용 참조

잡이익

기타 달리 분류되지 않는 이익금으로 단수차이에 따른 납부이익, 전자신고세액공제액, 외상매입금 할인액, 폐품 판매수익, 원인불명의 현금과다액 등이 있으며, 별도의 계정과목을 사용하지 않는 국고보조금은 잡이익으로 처리한다.

보험차익

보험차익이란 보험에 가입한 자산의 보험사고(화재, 차량사고, 풍.수해, 도난 등)로 인하여 보험회사로부터 지급받는 보험금액이 해당 자산의 장부가액을 초과하는 경우 그 초과하는 이익금을 말한다.

▶ 미결산 계정과목

보험에 가입한 물건의 화재 등 보험사고발생시 보험금액이 확정되기 전까지는 보험금액을 알 수 없으므로 임시 설정하여 두는 가계정이다.

보험차익 회계처리 사례

① 《보험에 가입한 차량의 사고로 인한 폐차》 차량사고로 인하여 차량을 폐기처리하다. 해당 차량은 자기차량에 대하여 보험에 가입되어 있다.

- 차량 취득가액 20,000,000원
- 감가상각누계액 11,108,957원

감가상각누계액	11,108,957 /	차량운반구	20,000,000
미결산	8,891,043		

② 《보험금 수령》 보험회사에서 보험금 12,500,000원이 보통예금에 입금하다.

보통예금	12,500,000 /	미결산	8,891,043
		보험차익	3,608,957

◈ 보험차익으로 취득한 자산의 손금산입 [법인세법 제38조]
내국법인이 유형자산의 멸실 또는 손괴로 인하여 보험금을 지급받아 그 지급받은 날이 속하는 사업연도의 종료일까지 그 멸실한 유형자산에 대체하여 동일한 종류의 유형자산을 취득하거나 손괴된 유형자산을 개량하는 경우 그 유형자산의 취득 또는 개량에 사용된 보험차익에 상당하는 금액은 당해 사업연도의 손금에 산입할 수 있다.

채무면제이익

채무면제이익이란 기업의 채무를 채권자로부터 면제받은 금액을 말한다. 통상 채무면제이익은 기업의 결손이 누적되거나 경영이 악화될 경우 기업의 임원 및 주주가 기업에 대한 채권을 포기하는 경우 발생한다.

자산수증이익

주주 또는 제3자로부터 현금이나 기타자산을 증여받는 경우 그 자산가액을 자산수증이익이라 한다. 비상장법인이 개인주주로부터 자기주식을 무상취득시 자산수증이익에 해당하며 취득가액은 법인세법시행령 제89조의 규정에 의한 시가로 한다.

자산수증이익 회계처리 사례

① 《자산 수증》 주주로부터 현금 2억원을 증여받다.

현금	200,000,000	/	자산수증이익	200,000,000

◈ 채무면제이익과 자산수증이익의 익금불산입 [법인세법 제18조 제6호]
채무면제이익과 자산수증이익 중 이월결손금의 보전에 충당한 금액은 익금불산입한다.

[세법 개정] 결손금 이월공제기간 확대(법인법 §13 · §76의13, 소득법 §45)
[종전] 공제기간 10년 → [개정] 공제기산 15년
<적용시기> 2021.1.1. 이후 신고하는 결손금부터 적용

5 비용 계정과목

비용이란 수익을 얻기 위해서 지급하거나 발생한 경제적 가치의 소비액을 말하며, 비용이 발생한 경우 반드시 현금 등 자산이 감소하거나 부채가 증가로 나타난다. 비용은 기업에 귀속되는 경제적 효익의 유출로서 제3자를 대신하여 지급한 금액이나, 대리 관계에서 위임자를 대신하여 지급한 금액은 비용으로 보지 아니한다.

1 매출원가

매출원가란 제품, 상품 등의 매출액에 대응되는 원가로서 판매된 제품이나 상품 등에 대한 제조원가 또는 매입원가이다. 도·소매업의 경우 판매한 상품의 매입원가를 말하며, 제조업(건설업)의 경우 판매한 제품의 생산원가를 말한다.

Q 매출원가

기업의 목적은 이윤추구다. 이윤을 얻기 위해서 도.소매업은 상품을 구입하여 판매하여야 하고, 제조기업은 원재료 등을 가공하여 제품을 생산하여 판매하여야 한다. 즉 판매를 통하여 이윤을 만들 수 있으며, 물품 등을 판매하기 위해서는 여러 가지 비용이 든다. 이 비용 중 판매한 물품 등의 물품구입원가를 매출원가라 하며, 제조업은 판매한 제품의 제품생산원가가 매출원가이다.

예를 들어 상품 한 개를 100,000원에 구입하여 130,000원에 판매하였다면, 상품의 매출원가는 100,000원이다. 그러나 상품 종류가 많고 동일한 상품이라도 구입시마다 상품단가가 다른 경우 각 개별 상품별로 판매한 상품의 구입원가(매출원가)를 계산하기란 현실적으로 어려우므로 일정 기간 동안 판매한 상품의 원가는 아래와 같이 계산한다.

기초상품가액에 당기 상품매입액을 합한 금액은 당기 중 판매가능한 상품가액이다. 당기 중 상품을 전액 판매하였다면, 당기매출액에 대한 매출원가는 기초상품가액에 당기 상품매입액을 합한 금액이다. 그러나 기말에 판매되지 않고 남아 있는 상품이 있다면, 판매가능한 상품가액에서 기말상품재고금액을 차감한 가액이 당기 매출원가다. 따라서 당기 매출원가를 산출하려면 반드시 기말상품재고를 파악하고 그 금액을 계산하여야 한다.

기말에 남아있는 상품의 가액을 계상하기 위해서는 상품의 입고 및 출고에 대한 상품수불부를 작성하여 계속 기록하는 방법(계속기록법)과 기말에 재고조사를 실시하여 기말재고자산가액을 산정하는 방법(실지재고조사법)이 있다.

매입액

당기상품매입액은 상품의 총매입액에서 매입에누리와 환출 및 매입할인을 차감한 금액으로 한다. 이 경우에 일정기간의 거래수량이나 거래금액에 따라 매입액을 감액하는 것은 매입에누리에 포함한다.

한편, 상품매입에 직접 소요된 제비용은 매입액에 포함한다. 예를 들어 수입물품의 경우 수입시 발생하는 제비용(관세, 통관수수료, 운임 등)은 수입물품의 원가에 포함한다.

▣ 매입환출, 매입에누리, 매입할인

매입환출, 매입에누리, 매입할인은 매입에서 차감한다. 따라서 매입에누리 및 매입환출이 발생한 경우 감액 수정세금계산서를 발급받아야 하며, 매입액에서 차감하는 형식으로 손익계산서를 작성하여야 한다.

- ❍ 매입환출 : 매입된 제품이 불량 등의 원인으로 반품한 것을 말한다.
- ❍ 매입에누리 : 수량부족, 불량 등의 사유로 매입대금을 할인받은 것
- ❍ 매입할인 : 매입자가 외상대금을 약속한 날짜보다 일찍 상환할 시 매출자가 외상매출대금의 일부를 깎아 준 금액을 말한다.

2 판매비와관리비

> 판매비와관리비는 상품과 용역의 판매활동 또는 기업의 관리와 유지에서 발생하는 비용으로 급여, 퇴직급여(명예퇴직금 포함), 복리후생비, 임차료, 기업업무추진비, 감가상각비, 무형자산상각비, 세금과공과금, 광고선전비, 사무용품비, 연구비, 경상개발비, 대손상각비 등 매출원가에 속하지 아니하는 모든 영업비용을 포함하며, 당해 비용을 표시하는 적절한 항목으로 구분한다.

Q 급료 및 임금

개요

① 급료란 통상 근로를 제공한 종사 직원에게 지급하는 금전적 지출금액을 말하며, 급료에는 제수당을 포함한다.

② 임원급여란 대표이사, 전무, 상무, 이사, 감사 등 법인기업체의 임원에게 지급하는 급여로서 직원에게 지급하는 급여와 구분할 필요가 있는 경우에만 임원에게 지급하는 급여를 구분하여 계정과목을 임원급여로 분류하며, 임원급여를 구분할 필요가 없는 경우 '급료' 계정과목으로 처리한다.

③ 임금이란 생산현장 또는 건설현장에 근무하는 직원에게 지급하는 급료로 제조기업 또는 건설업으로 비용과 원가를 구분하는 경우에 '임금'이란 계정과목을 사용한다.

□ 사업주가 근로소득세 및 4대보험 종업원부담금을 부담하기로 한 경우 급여 처리

근로소득세 및 지방소득세, 국민연금, 건강보험, 고용보험료 종업원부담금을 회사가 부담하는 금액은 급여성 대가로 보아 급여에 포함하여 근로소득세를 원천징수하여야 한다.

▶ **상여금**

상여금이란 사업성과 또는 명절이나 휴가 때에 지급하는 기본급 외의 수당을 말하며, 근로기준법에서는 따로 규정한 바가 없으나 상여금이 취업규칙 기타 근로계약에 미리 지급조건 등이 명시되어 있거나 관례로서 계속 지급하여 온 경우에는 상여금 지급이 법적인 의무로서 구속력을 가지게 되며, 퇴직금 산정 기초가 되는 평균임금에 포함된다.

▶ **제수당**

기업의 실정 및 수당의 성격에 따라 임의의 명칭을 사용하며 수당에는 아래와 같은 종류의 수당들이 있다. 한편, 급여지급시 급여대장에는 각종 수당을 구분하여 기록하나 회계처리시에는 제수당을 급여에 포함하여 처리한다.

▶ **급료 지급과 관련한 계정과목**

❍ 국민연금보험료 회사부담금 : 세금과공과금

❍ 국민건강보험료, 고용보험료 회사부담금 : 복리후생비

❍ 급료가불금 : 종업원대여금 또는 가지급금

❍ 일용근로자, 아르바이트생 급여 : 잡급

[핵심 실무] 개인사업자 사업주 본인 국민연금 및 건강보험료 계정과목

○ 급여 : 개인사업자 사업주 본인은 급여 지급대상이 아님

○ 국민연금 : 필요경비 산입대상 아님(인출금 / 보통예금)

 - 사업자의 소득에서 소득공제를 하여야 함

○ 건강보험료 : 필요경비에 산입할 수 있음(보험료 / 보통예금)

급료 증빙서류

❍ 급여대장, 근로소득세 납부영수증

❍ 개인별근로소득원천징수부

❍ 근로소득지급명세서

❍ 인사기록부, 출근부, 송금영수증 등

주요 비과세 근로소득

[1] 비과세 차량보조금(자가운전보조금)

종업원 소유차량을 종업원이 직접 운전하여 사용자의 업무수행에 이용하고 시내출장 등에 소요된 실제여비를 지급받는 대신에 그 소요경비를 당해 사업체의 규칙 등에 의하여 정하여진 지급기준에 따라 지급받는 금액 중 월 20만원 이내의 금액

[2] 식사기타 음식물을 제공받지 않는 근로자의 월 20만원 이하 식사대

식사대를 매월 30만원을 지급받는 경우 20만원은 비과세 하고 10만원은 과세
회사에서 식사를 제공하면서 별도로 식대를 지급하는 경우 식대는 과세됨

[세법 개정] 식대 비과세 한도 기존 10만원→20만원 상향
2023년 1월 1일부터 적용

[3] 비과세 학자금

다음 요건을 모두 갖춘 근로자 본인의 학자금으로서 초·중등교육법 및 고등교육법에 의한 학교(외국에 있는 이와 유사한 교육기관 포함) 및 「근로자직업능력개발법」에 의한 직업능력개발훈련시설의 입학금.수업료.수강료 기타 공납금 중 당해 연도에 납입할 금액

① 근로자가 종사하는 사업체의 업무와 관련있는 교육·훈련을 위하여 지급받는 학자금으로서,

② 당해 업체의 규칙 등에 정해진 지급기준에 의하여 지급되고,

③ 교육·훈련기간이 6월 이상인 경우에는 교육·훈련후 교육기간을 초과하여 근무하지 않는 경우 반환하는 조건일 것.

과세대상이 되는 학자금

위의 요건을 충족하지 않는 학자금은 과세대상 근로소득에 해당하므로 학자금을 무상으로 지원하는 경우 근로소득에 합산하여야 한다. 단, 학자금(자녀 학자금 포함)의 무상대여액에 대한 인정이자상당액은 근로소득으로 보지 아니한다.

[4] 출산·보육수당

근로자 또는 그 배우자의 출산이나 6세 이하의 자녀의 보육과 관련하여 사용자로부터 지급받는 급여로서 월 10만원 이내의 금액

① 맞벌이부부가 6세 이하의 자녀 1인에 대하여 각 근무처로부터 보육수당을 수령하는 경우에는 각각 월10만원 이내의 금액을 비과세함
② 근로자가 6세 이하의 자녀 2인을 둔 경우에는 자녀수에 상관없이 월10만원 이내의 금액을 비과세함
③ 근로자에게 지원하는 보육수당의 비과세 기준을 적용함에 있어서 만 6세 이하 기준의 적용은 해당 과세기간 개시일을 기준으로 판단한다.

[5] 보장성보험료 중 연 70만원 이하의 금액

종업원의 사망、상해 또는 질병을 보험금 지급사유로 하고 종업원을 피보험자와 수익자로 하는 보험으로서 만기에 납입보험료를 환급하지 아니하는 보험(단체순수보장성보험)과 만기에 납입보험료를 초과하지 아니하는 범위안에서 환급하는 보험(단체환급부보장성보험)의 보험료중 **연 70만원 이하의 금액**

[6] 생산직근로자등의 야간근로수당 등 [소령 제17조]

생산직 및 그 관련직에 종사하는 근로자로서 급여수준 및 직종 등을 고려하여 월정액급여 210만원 이하로서 직전 과세기간의 총급여액이 3천만원 이하인 근로자(일용근로자 포함)가 연장근로.야간 또는 휴일근로를 하여 받는 급여 중 **연 240만원**(광산근로자 및 일용근로자는 해당 급여 총액) 이내의 금액

▶ 생산직 및 그 관련직에 종사하는 근로자
① 공장 또는 광산에서 근로를 제공하는 자로서 통계청장이 고시하는 한국표준직업분류에 의한 생산 및 관련 종사자 중 「소득세법 시행규칙」 별표 2에 규정된 직종에 종사하는 근로자
③ 한국표준직업분류에 의한 운전원 및 관련 종사자와 배달 및 수화물 운반 종사자 중 「소득세법 시행규칙」 별표 2에 규정된 직종에 종사하는 근로자

□ 「소득세법 시행규칙」 별표 2 → 법제처 홈페이지

급료 회계처리 사례

■ 급료지급과 근로소득세, 4대보험 징수 및 납부

① 《급여 지급 및 근로소득세, 4대보험료 원천징수》 (주)한성산업은 실제 지급한 급여를 기준으로 4대 보험료를 징수하며, 징수금액에서 고지되어 납부한 금액을 차감한 예수금 잔액은 정산분 고지시 추가 납부하기로 한다.

◎ 전년도 과세대상 급여총액 3억원(대표이사 급여 6천만원 포함)

구 분	공단 월별 부과기준금액		급여 지급액	
	과세소득	비과세소득	과세대상급여	비과세급여
급여(종업원)	20,000,000	4,800,000	25,000,000	4,800,000
급여(대표이사)	5,000,000	200,000	5,000,000	200,000
급여총액	25,000,000	5,000,000	30,000,000	5,000,000

구 분	대표자	회사 부담금	종업원부담금	징수금액	예수금 잔액
근로소득세	포함		1,000,000	1,000,000	
지방소득세	포함		100,000	100,000	
국민연금	포함	1,125,000	1,125,000	1,125,000	0
건강보험료	포함	798,000	798,000	957,600	159,600
고용보험료	제외	180,000	130,000	162,500	32,500
산재보험료	제외	296,000			
합 계		2,399,000	3,153,000	3,345,100	192,100

• 산재보험료 : 2천만원 × [전액 회사부담(섬유업 : 14/1,000) + 임금채권부담금(8/10,000)]

4월 30일 실제 지급한 4월분 급여 3천5백만원[과세대상급여 3천만원(대표이사 급여 5백만원 포함), 비과세 급여 5백만원)]에서 공제액(3,345,100원)을 차감한 잔액 31,654,900원을 보통예금에서 인출하여 임직원에게 지급하다.

차변	금액		대변	금액
급여	35,000,000	/	예수금(근로소득세)	1,000,000
			예수금(지방소득세)	100,000
			예수금(국민연금)	1,125,000
			예수금(건강보험)	957,600
			예수금(고용보험)	162,500
			보통예금	31,654,900

② 《4대보험료 납부》 5월 10일 4대보험료를 보통예금에서 이체하여 납부하다.

예수금(국민연금)	1,125,000	/	보통예금	4,452,000
세금과공과금	1,125,000			
예수금(건강보험료)	798,000			
복리후생비(건강보험료)	798,000			
예수금(고용보험료)	130,000			
복리후생비(고용보험료)	180,000			
복리후생비(산재보험료)	296,000			

③ 《근로소득세 및 지방소득세 납부》 5월 10일 근로소득세 및 지방소득세를 보통예금에서 인출하여 납부하다.

예수금	1,100,000	/	보통예금	1,100,000

4대보험료 요율 [종업원 및 사업주 부담금 비율] 2024년 기준

<table>
<tr><th colspan="2">구 분</th><th>회사분</th><th>종업원분</th><th>합계</th><th>비 고</th></tr>
<tr><td colspan="2">국민연금</td><td>4.50%</td><td>4.50%</td><td>9.00%</td><td></td></tr>
<tr><td colspan="2">건강보험요율(합계)</td><td>4.004%</td><td>4.004%</td><td>8.008%</td><td></td></tr>
<tr><td colspan="2">국민건강보험료</td><td>3.545%</td><td>3.545%</td><td>7.090%</td><td></td></tr>
<tr><td colspan="2">노인성장기요양보험</td><td>0.459%</td><td>0.459%</td><td>0.918%</td><td>2023년 0.908%</td></tr>
<tr><td rowspan="5">고 용
보험료</td><td>실업급여</td><td>0.90%</td><td>0.90%</td><td>1.8%</td><td></td></tr>
<tr><td rowspan="4">고용안정
직업능력
개발사업</td><td>0.25%</td><td>-</td><td>0.25%</td><td>150명 미만 사업장</td></tr>
<tr><td>0.45%</td><td>-</td><td>0.45%</td><td>150명 이상(특정업종)</td></tr>
<tr><td>0.65%</td><td>-</td><td>0.65%</td><td>150명 ~ 1,000명</td></tr>
<tr><td>0.85%</td><td>-</td><td>0.85%</td><td>1000명 이상</td></tr>
<tr><td colspan="2">산재보험료</td><td>회사부담</td><td>없음</td><td></td><td>업종별로 다름</td></tr>
<tr><td colspan="2">임금채권부담금</td><td>0.06%</td><td>없음</td><td></td><td></td></tr>
</table>

중도 퇴사자 근로소득 연말정산 및 4대보험료 정산

[1] 근로소득 연말정산

① 퇴사자의 경우 **퇴직하는 월의 급여를 지급하는 때까지** 연말정산을 하여야 한다.

연말정산 결과 결정세액이 매 월 간이세액표에 의하여 징수한 금액보다 적은 경우 퇴사한 회사에서 환급을 하여야 하며, 결정세액이 매 월 간이세액표에 의하여 징수한 금액보다 많은 경우 퇴사 전에 근로소득세 및 지방소득세를 추가로 징수하여야 한다.

② 퇴사자에 대한 근로소득지급명세서 및 퇴직소득지급명세서는 그 지급일이 속하는 연도의 다음연도 3월 10일까지 제출하여야 한다.

[2] 퇴사자 건강보험료 정산

직원이 퇴사한 경우 건강보험료는 당해 연도 초일부터 퇴사일까지 지급한 급여를 기준으로 정산한 다음 과다 징수한 금액은 돌려주고, 과소 징수한 금액은 추가 징수하여야 한다. 한편, 건강보험 자격을 상실한 경우 상실한 달(상실한 달 전 날을 기준)까지 보험료를 납부하여야 한다. 즉, 퇴사자의 경우 퇴사 월의 보험료는 직장가입자로 납부하여야 하는 것이다.

[3] 퇴사자 국민연금

국민연금은 전년도 급여를 기준으로 고지되고, 별도의 정산절차없이 확정되므로 퇴사자에 대하여 정산을 하지는 않는다. 단, 국민연금직장가입자 자격을 상실한 경우 상실한 달(상실한 달 전 날을 기준)까지 보험료를 납부하여야 한다. 즉 자격을 상실한 달의 보험료는 자격을 상실할 당시 자격 기준으로 납부하여야 하므로 퇴사자의 경우 퇴사 월의 보험료는 직장가입자로 납부하여야 하는 것이다.

[4] 퇴사자 고용보험료 정산

퇴사 월까지 지급한 보수총액에 대하여 종업원부담금을 정산하여 과다 징수한 금액은 돌려주고 과소 징수한 금액이 있는 경우 추가 징수하여 납부하여야 한다.

퇴사시 건강보험, 고용보험료의 과오납이 있을 수 있으므로 개인별 징수내역을 충분히 검토하여 착오가 없도록 유의하여야 한다.

[5] 퇴사자 산재보험

산재보험료는 전액 회사가 부담하므로 별도의 정산은 하지 않는다.

퇴사자 근로소득세 및 4대보험료 정산 회계처리

① 《퇴사자 연말정산 결과 환급세액 발생》 4월 10일 직원이 퇴사하여 1월 1일 부터 퇴사 일까지의 급여를 중도 정산한 결과 환급세액이 110,000원(근로소득세 100,000원, 지방소득세 10,000원)이 발생하였다.

미수금(서초세무서)	100,000	/	미지급금	110,000
미수금(서초구청)	10,000			

- 미수금 : 중도퇴사자 근로소득세 정산환급금은 근로소득세 과다납부금액으로 세무서로부터 돌려받을 금액으로 계속 근로자의 납부할 세액과 상계처리한다.
- 미지급금 : 퇴사자의 근로소득세 과다납부금액으로 세무서에서 돌려받아 퇴사자에게 지급하여야 하는 금액이다. 단, 계속 근로자의 납부할 금액에서 상계처리할 수 있으므로 계속 근로자로부터 징수한 금액으로 지급하거나 징수 전 회사가 미리 지급한다.

② 《건강보험료 과다납부 금액 발생》 퇴사자에 대한 건강보험료 정산결과 건강보험료 과다납부 금액 80,000원을 건강보험공단에 대한 미수금으로 계상하고 직원부담금 40,000원을 퇴사한 직원에 대한 미지급금으로 계상하다.

미수금(건강보험공단)	80,000	/	미지급금	40,000
			복리후생비	40,000

- 미수금 : 건강보험료 과다납부 금액
- 미지급금 : 건강보험료 환급금 중 종업원부담금은 종업원에게 돌려주어야 하는 채무로 미지급금으로 처리한다.

\- 복리후생비 : 퇴직자 건강보험료 회사부담금은 회계처리시 복리후생비로 처리하였으므로 과오납 금액 중 회사부담금은 당해 연도 복리후생비에서 차감하여야 한다.

③ 《고용보험료 과다납부 금액 발생》 퇴사자에 대한 고용보험료 정산결과 과다납부한 금액 30,000원을 근로복지공단에 대한 미수금으로 계상하고 직원부담금 12,580원을 퇴사한 직원에 대한 미지급금으로 계상하다.

미수금(근로복지공단)	30,000	/	미지급금	12,580
			복리후생비	17,420

④《퇴직금 및 근로소득세 환급금 지급》 4월 30일 퇴직금 10,000,000원에서 퇴직소득세 210,000 및 지방소득세 21,000원을 차감한 9,769,000원 및
근로소득세 환급금 100,000원, 지방소득세 환급금 10,000원, 건강보험료 과다납부 금액 40,000원, 고용보험료 과다납부 금액 12,580원을 더한 9,931,580원을 보통예금에서 인출하여 지급하다. 단, 퇴직급여는 전액 퇴직급여충당금과 상계처리하다.

퇴직급여충당금	10,000,000 /	예수금(퇴직소득세)	210,000
미지급금	162,580	예수금(지방소득세)	21,000
		보통예금	9,931,580

- 퇴직급여충당금 : 퇴직급여충당금이 없거나 부족한 경우 퇴직금으로 처리하여 퇴직연도의 비용으로 한다.

계속 근로자 건강보험료 및 고용 및 산재보험료 연말정산

건강보험료, 고용보험, 산재보험료는 전년도 과세대상 급여를 기준으로 공단에서 매 월 고지한 금액을 납부한 다음, 당해 연도 실제 지급한 급여를 기준으로 확정정산하여 과소납부한 금액은 추가 고지되며, 과다 납부한 금액은 다음연도 4월분 보험료에서 차감된다. 따라서 이 경우 추가 고지되거나 차감된 금액에 대한 회계처리를 하여야 한다. 단, 국민연금은 전년도 급여에 의하여 납부한 금액으로 확정되므로 별도의 정산은 하지 않는다.

건강보험료 연말정산에 의한 과오납금액 회계처리

① 《건강보험료 연말정산환급금 발생》 건강보험료 연말정산 결과 과오납 금액 1,800,000원이 발생하다.

미수금	1,800,000 /	미지급금	900,000
		잡이익	900,000

- 미수금 : 건강보험료 환급금 미수금액
- 미지급금 : 건강보험료 환급금 미수금액 중 종업원부담금은 원칙적으로 종업원에게 돌려주어야 하는 채무로 미지급금으로 처리한다.

② 《4월분보험료와 상계》 4월분 보험료 1,200,000원을 건강보험료 환급금액과 상계처리하다.

미지급금	600,000 / 미수금	1,200,000
복리후생비	600,000	

- 미지급금 : 4월분보험료 중 직원부담금을 급여징수시 징수하여야 하나 전년도에 납부한 금액이 과다 납부되어 당해연도 4월분과 상계처리한 금액으로 직원개인별 건강보험료 원천징수부에는 징수하여 납부한 것으로 처리하고, 미지급금과 상계처리한다.
- 복리후생비 : 4월분 보험료 중 회사부담금으로 회사자금으로 납부하여야 하나 전년도에 납부한 금액이 과다 납부되어 건강보험공단으로부터 받을 미수금과 상계한다.

③ 《건강보험료 환급금 입금 》1개월분을 초과하는 금액 600,000원이 건강보험공단으로부터 보통예금통장에 입금되다.

▷ 환급금액 : 과오납 금액(1,800,000원) - 4월분 충당금액(1,200,000원)

보통예금	600,000 / 미수금	600,000

④ 《건강보험료 환급금 중 직원부담분 지급》 건강보험료 환급금 중 직원분 과오납금 300,000원 을 보통예금에서 인출하여 해당 직원에게 환급하다.

미지급금	300,000 / 보통예금	300,000

건강보험료 연말정산에 의한 추가 납부금액 회계처리

① 《연말정산 건강보험료 추가 납부 → 급여일이 다음달 10일 이후인 경우》 건강보험 연말정산 결과 추가 납부하여야 할 건강보험료 1,000,000원이 발생하여 4월분 건강보험료 납부시 4월분 보험료 800,000원과 같이 예금에서 인출하여 납부하다.

○ 4월분보험료 중 종업원부담금 징수금액 400,000원

○ 추가 납부금액 중 종업원부담금 대신 지급금 500,000원

예수금	400,000 / 보통예금	1,800,000
가지급금	500,000	
복리후생비	900,000	

② 《종업원 부담분 건강보험료 등 징수》 4월분 급여 18,000,000원을 5월 25일 지급하다. 급여지급시 건강보험료 추가 고지분 중 회사가 대납한 금액 500,000원 및 근로소득세, 지방소득세 440,000원, 당월분 건강보험료 종업원부담금 400,000원 국민연금 종업원부담금 800,000원, 고용보험 종업원부담금 70,000원을 차감한 잔액 15,790,000원을 보통예금에서 인출하여 지급하다.

차변	금액		대변	금액
급여	18,000,000	/	예수금(갑근세)	440,000
			가지급금	500,000
			예수금(건강보험)	400,000
			예수금(국민연금)	800,000
			예수금(고용보험)	70,000
			보통예금	15,790,000

고용보험료 정산에 의한 과오납금액 회계처리

① 《고용보험료 과다납부 금액 발생》 전년도 고용보험료 납부금액을 정산한결과 과다납부한 금액 155,000원을 근로복지공단에 대한 미수금으로 계상하고 직원부담금 65,000원을 퇴사한 직원에 대한 미지급금으로 계상하다.

차변	금액		대변	금액
미수금(근로복지공단)	155,000	/	미지급금	65,000
			복리후생비	90,000

- 미지급금 : 고용보험료 과다납부금액 직원에 대한 미지급금으로 처리한다.
- 복리후생비 : 과다납부한 금액 중 회사부담금은 당해 연도 복리후생비에서 차감한다.

② 《전년도 고용보험료 과다납부 금액을 당해 연도 고용보험료와 상계》당해연도 4월분 보험료 1,550,000원(사업주부담금 900,000원, 근로자부담금 650,000원)에서 전년도 과다납부금액 155,000원을 차감한 1,395,000원을 5월 10일 납부하다.

차변	금액		대변	금액
복리후생비	900,000	/	미수금(근로복지공단)	155,000
예수금	585,000		보통예금	1,395,000
마자급금	65,000			

- 예수금 : 근로자로부터 징수한 금액 585,000원(근로자부담금 - 전년도 과다납부금액)

산재보험료 정산에 의한 과오납금액 회계처리

① 《산재보험료 과다납부 금액 발생》 전년도 산재보험료 납부금액을 정산한결과 과다납부한 금액 300,000원을 근로복지공단에 대한 미수금으로 계상하다.

미수금(근로복지공단)	300,000	/	복리후생비	300,000

② 《전년도 산재보험료 과다납부 금액을 당해 연도 산재보험료와 상계》 당해 연도 4월분 보험료 1백만원에서 전년도 과다납부금액 300,000원을 차감한 700,000원을 5월 10일 납부하다.

복리후생비	1,000,000	/	미수금(근로복지공단)	300,000
			보통예금	700,000

퇴직금(퇴직급여)

1년 이상 근무한 직원의 퇴직시 근로자퇴직급여보장법 또는 회사의 퇴직금지급규정에 의하여 지급하는 퇴직금으로 퇴직금 지급시에 퇴직금에 대한 퇴직소득세를 계산하여 퇴직금 지급 월의 다음달 10일까지 퇴직소득세를 납부하여야 한다.

퇴직금은 종업원의 퇴직시 지급하는 것으로 근로자퇴직급여보장법의 규정에 의하면 계속 근무연수 1년에 대하여 30일분 이상의 평균임금을 지급하도록 규정하고 있다. 그러나 직원의 퇴직시 퇴직금을 지급하고, 지급한 당해 연도에 전액 비용으로 처리할 경우 퇴직금을 지급한 회계연도 비용이 일시에 과다하게 발생하여 퇴직한 연도에는 비용이 많이 계상되어, 불합리한 손익계산이 될 것이다. 따라서 기업회계기준은 당기의 수익에 대응하는 비용으로서 장래에 지출할 것이 확실하고 당기의 수익에서 차감하는 것이 합리적인 것에 대하여는 그 금액을 추산하여 부채성충당금(퇴직급여충당금)으로 계산하도록 규정하고 있다.

♣ 퇴직급여충당부채 참조

Q 잡급

잡급이란 근로기간이 3개월(건설업 : 1년)미만인 일용근로자에 대한 일당을 말한다. 일용근로자란 근로를 제공한 날 또는 시간의 근로성과에 따라 급여를 계산하여 지급받는 자로 다음에 해당되지 아니하는 자를 말한다.

- ○ 건설공사 종사자와 하역(항만)작업 종사자를 제외한 근로자로써 근로 계약에 따라 일정한 고용주에게 3월 이상 계속하여 고용된 자
- ○ 하역(항만)작업 종사자 : 통상 근로를 제공한 날에 급여를 지급받지 아니하고 정기적으로 근로대가를 받는 자
- ○ 건설공사 종사자 : 동일한 고용주에게 계속하여 1년 이상 고용된 자
  건설공사에 종사하는 자가 1년 이상 계속하여 동일한 고용주에게 고용된 경우에는 1년이 되는 날이 속하는 월부터 일반급여자로 보아 원천징수한다.

▶ 급여, 임금, 잡급 구분

- ○ 급여 : 판매 및 일반관리업무에 주로 종사하는 직원에 대한 임금
- ○ 임금 : 제조업의 생산현장에 종사하는 직원에 대한 임금
- ○ 잡급 : 일용직근로자에 대한 노무비(일당)

일용근로자 세무실무

[1] 개요

일용근로자란 근로를 제공한 날 또는 시간에 따라 급여를 계산하거나 근로를 제공한 날 또는 시간의 근로성과에 따라 급여를 계산하여 지급받는 자로 다음에 해당되지 아니하는 자를 말한다.

1. 건설공사 종사자, 하역(항만)작업 종사자가 아닌 자 : 근로자로써 근로계약에 따라 일정한 고용주에게 3월 이상 계속하여 고용되는 자
2. 하역(항만)작업 종사자 : 통상 근로를 제공한 날에 급여를 지급받지 아니하고 정기적으로 근로대가를 받는 자
3. 건설공사 종사자 : 동일한 고용주에게 계속하여 1년 이상 고용된 자

[2] 일용근로자 근로소득세 및 지방소득세 원천징수

다음의 산식에 의하여 계상한 근로소득세를 원천징수하여 지급일의 다음달 10일까지 관할 세무서에 신고 및 납부하며, 근로소득세 연말정산은 하지 아니한다.

① 일급여액 - 비과세급여 = 과세대상급여
② 과세대상급여 - 근로소득공제(150,000원) = 근로소득과세표준
③ 근로소득과세표준 × 원천징수세율(6%) = 근로소득산출세액
④ 근로소득산출세액 - 근로소득세액공제(산출세액의 55%) = 원천징수세액

사 례 일용근로자 근로소득세 계산 사례

◎ 하루 일당 200,000원인 일용근로자가 10일을 근로한 경우 원천징수할 금액
① 과세표준(500,000원) = [일당(200,000원) - 근로소득공제(150,000원)] × 10일
② 산출세액(30,000원) = 과세대상급여 (500,000원) × 세율(0.06)
③ 납부할 세액(13,500원) = 산출세액(30,000원) - 세액공제(16,500원)

[2] 일용근로자와 일반근로자의 세무신고 비교

구 분	일용근로자	일반근로자
대 상 자	근로일수나 시간에 따라 일당계산	월급으로 지급
원 천 징 수	일당에서 근로소득공제 후 세율적용	간이세액표 적용
연 말 정 산	하지 않음	연말정산(종합과세)
지 급 명 세 서	분기 마지막달의 다음달 말일까지 제출	다음해 3월 10일

보 충 생산직 일용근로자의 연장, 야간근로수당은 비과세되는 것임

생산직 일용근로자의 경우 월정액급여에 관계없이 연장시간근로, 야간근로로 인하여 통상임금에 가산하여 받는 급여(한도 없음)는 비과세 된다.단, 건설업을 영위하는 업체의 건설현장에서 근로를 제공하는 일용근로자는 "공장 또는 광산에서 근로를 제공하는 자"에 해당하지 아니하므로 연장. 야간 또는 휴일근로로 인하여 받는 급여는 과세대상 근로소득에 해당한다.

사 례 일용근로자로서 3개월 이상 근무시 원천징수방법 예시

1. 20×6년 1월 일용근로자로 고용 : 1월 ~ 3월 일용근로자로 원천징수
2. 20×6년 4월부터 : 상용근로자로 간이세액표에 의거 원천징수
3. 20×7년 2월 연말정산 : 20×6년 1월 ~ 12월의 급여액을 합산하여 연말정산

※ 일용근로동안의 원천징수세액은 기납부액에 포함하여 차감함

[3] 일용근로자에 대한 임금 지급과 증빙서류

일용노무비지급명세서(또는 일용근로자 임금지급대장)에 일당을 지급받아가는 자의 서명을 받아두고, 일용근로자의 신원을 확인할 수 있는 주민등록등본이나 주민등록증 앞·뒤 사본을 첨부하여 둔다. 그리고 지급사실을 확인할 수 있는 서류 (무통장입금표 등 금융기관을 통한 지급증빙서류)를 비치하여 둔다.

[4] 일용근로자 지급명세서 제출 관련 가산세

일용근로자의 근로소득에 대한 지급명세서의 경우에는 제출하지 아니한 분의 지급금액의 1만분의 25(제출기한이 지난 후 1개월 이내에 제출하는 경우에는 지급금액의 10만분의 125)로 한다.

◈ 근로내역확인신고서 제출시 일용근로자 지급명세서 제출의무 면제

고용노동부에 '근로내용확인신고서'를 제출하는 경우 국세청에 일용근로소득지급명세서를 별도 제출하지 않아도 된다.

◈ 일용근로자의 '근로내용확인신고서' 제출

일용직근로자의 경우 고용보험 및 산재보험 신고시 근로내역확인서를 작성하여 채용일의 다음달 15일까지 고용노동부에 제출하여야 하며, 제출하지 않는 경우 고용노동부로부터 300백만원 이하의 과태료가 부과될 수 있다.

◈ 배우자가 일용근로자인 경우 기본공제대상자에 해당함

공제대상 부양가족이 일용근로자인 경우 소득액에 관계없이 기본공제대상자에 해당한다.

일용근로자 노무 및 4대보험 실무

[1] 1년 이상 근속한 일용근로자에 대한 퇴직금 지급

① 일용근로자의 경우에도 근로기간이 1년 이상인 경우 퇴직금을 지급하여야 한다.

② 퇴직금 산정의 기준이 되는 일용직근로자의 평균임금은 통상근로자와 동일하게 퇴사일로부터 역산하여 3개월 동안의 임금을 기준으로 계산한다. 다만, 근로일수가 통상의 근로와 달리 현저히 적을 때에는 통상근로계수(0.73)를 적용하여 평균임금을 산정할 수 있다. (1일 임금 × 통상근로계수)

[2] 일용근로자의 주휴일 및 주휴수당

근로기준법상 1주간의 소정근로일수를 개근한 근로자에게는 1일의 유급휴가를 주어야 하는데 1일단위로 근로계약을 체결하는 일용근로자의 경우 1주간의 소정근로일수를 산정할 수 없으므로 유급 주휴일을 부여하지 않는다. 다만, 일용근로자가 계속적으로 근로를 제공하는 경우에는 실제 근로일수를 기준으로 1주일에 소정근로일수를 개근한 경우 주휴일을 부여하여야 한다.

[3] 일용근로자의 연장·야간·휴일근로 가산수당

일용근로자도 연장 및 야간근로에 대하여 가산수당을 지급하여야 하며. 휴일근로의 경우 주휴수당을 포함하여 임금을 지급하기로 사전에 약정하지 아니한 계속근로자는 휴일근로에 대하여 가산수당을 지급하여야 한다.

[4] 일용근로자 4대보험

세법상 일용근로자에 해당한다 하더라도 4대보험 각 법령에 의하여 가입을 하여야 하는 경우에는 4대보험에 가입하여야 한다.

◈ 국민연금 가입대상 근로자에서 제외되는 자

건설공사 사업장 등에서 근로를 제공하는 경우: 1개월 동안의 근로일수가 8일 이상이거나 1개월 동안 소득)이 보건복지부장관이 정하여 고시하는 금액(220만원) 이상인 사람

◈ 건강보험 가입대상 근로자에서 제외되는 자

1월 미만의 기한부로 사용되는 근로자

◈ 고용보험 및 산재보험

고용보험 및 산재보험은 근무일수와 시간에 관계없이 모든 일용근로자에 대하여 가입을 하여야 한다.

▪ 고용보험 가입대상이 아닌 자 [고용보험법 시행령 제3조]

① 사업주 본인

② 65세 이상인 자 단, 고용안정·직업능력개발 사업에 관하여는 고용보험에 가입하여야 다. (실업급여만 가입대상 아님)

③ 소정근로시간이 60시간 미만인 자

복리후생비

종업원의 복리후생을 위하여 지출하는 비용으로 그 수혜자가 종업원이어야 한다. 따라서 특정 종업원을 위하여 지출하는 비용이 아닌 것으로 직원식대, 직원의 식사 제공을 위하여 직원으로부터 식사대를 받지 않고 운영하는 구내식당 양곡 및 식품 자재 구입비, 차류 및 음료수 구입비, 생수 구입비, 종업원 경조사비, 피복비, 회식비, 야유회경비, 산재보험료, 의료보험료, 고용보험료 중 회사가 부담하는 금액 등을 복리후생비라 한다. 단, 직원이 부담하여야 할 근로소득세, 국민연금, 의료보험료, 고용보험료 등을 회사가 부담하는 경우 급여에 포함하여 처리하여야 한다.

▣ 종업원 복리후생적 지출 중 과세대상 급여로 처리하여야 하는 것

1. 업무상 재해가 아닌 종업원에 대한 치료비 지원금

회사의 경비(복리후생비)로 처리하되, 그 금액은 해당 직원의 근로소득에 합산하여 근로소득세를 원천징수하여야 한다.

2. 종업원에 대한 선물

명절에 종업원에게 지급하는 선물은 원칙적으로 과세대상 급여로 처리하여야 한다.

3. 종업원 시상금

1. 업무와 관련한 시상금은 근로자에 대한 급여로 처분하여야 한다.
2. 업무와 관련이 없는 시상금 등은 기타소득에 해당하므로 그 지급액의 20%를 기타소득세로 원천징수하여야 한다.

□ 종업원 시상금 중 비과세되는 것

종업원의 직무와 관련된 우수발명 중 다음 각호에 해당하는 사유로 사용자로부터 받는 보상금은 기타소득세가 과세되지 아니한다.

1. 품질경영촉진법에 의하여 품질명장으로 선정된 자(분임 포함)가 받는 상금과 부상
2. 직장새마을운동 · 산업재해예방운동등 정부시책의 추진실적에 따라 중앙행정기관장 이상의 표창을 받은 종업원이나 관계 중앙행정기관의 장이 인정하는 국내외 기능경기대회에 입상한 종업원이 그 표창 또는 입상과 관련하여 사용자로부터 받는 상금 중 1인당 15만원 이내의 금액

복리후생비 회계처리 사례

①《차 및 음료구입》 사무실에서 사용할 차 및 음료를 구입하고 30,000원을 현금으로 지급하고 현금영수증을 수취하다.

복리후생비	30,000	/	현금	30,000

②《직원회식비 카드결제》 6. 2 사무실직원 회식시 성원갈비에서 회식을 하고 회식비 330,000원을 법인신용카드로 결제하다. 한편, 수취한 신용카드매출전표에는 공급가액과 세액이 구분 기재되어 있다.

복리후생비	300,000	/	미지급금	330,000
부가세대급금	30,000			

복리후생비 지출증빙서류

복리후생비 지출금액이 3만원을 초과하는 경우 세금계산서, 신용카드매출전표(신용카드결제시), 현금영수증, 계산서 등 정규영수증을 수취하여야 한다. 단, 3만원 이하인 지출로 정규영수증을 수취할 수 없는 경우 간이영수증을 수취하여 보관할 수 있다.

▶ 식대 지급과 관련한 지출증빙서류

자체 구내식당이 없는 기업이 특정 식당을 지정하여 직원들에게 점심식사 등을 제공하고 그 대금을 결제하는 경우 3만원 초과시 식당으로부터 세금계산서 또는 현금영수증을 발급받거나 신용카드를 사용하여 결제하여야 세법상 적법한 지출증빙서류로 인정을 받을 수 있다. 그러나 거래식당이 일반사업자나 신용카드가맹점이 아닌 경우 적법한 증빙서류를 수취하는 것은 현실적으로 불가능하다,

따라서 이런 경우(간이과세자로서 신용카드가맹점이 아니거나 사업자등록을 하지 않은 일반 개인 등) 적법한 증빙서류는 아니더라도 지출에 대한 증빙서류로 간이영수증을 거래에 대한 증빙으로 전표 등에 첨부하고 대금은 금융기관을 통하여 결제하여 증빙서류만이라도 반드시 갖추어 두어야 증빙불비가산세는 적용되더라도 비용은 인정받을 수 있다. 한편, 읍.면지역의 경우 거래 식당이 간이과세자로서 신용카드가맹점이 아닌 사업자로부터 수취한 간이영수증은 적법한 증빙서류로 인정된다.

▶ 금전으로 지급하는 식대 보조금

직원에게 식사를 제공하는 대신 매 월 식대를 지급하는 경우 월 10만원(2023년 이후 20만원) 이내의 금액은 별도의 증빙 없이 복리후생비로 처리할 수 있다.

▶ 식대 보조금을 지급하지 아니하고, 구내식당을 운영하는 경우

구내식당의 운영과 관련하여 지출하는 비용은 복리후생비로 처리한다. 한편, 구내식당의 운영과 관련하여 식당 종사자에게 지급하는 인건비는 급료로 처리하여야 하며, 각종 주.부식비, 식자재 등의 구입비는 건 당 그 지출금액이 3만원을 초과하는 경우 정규영수증을 수취하여야 한다.

▶ 종업원 선물대금 세무처리 및 지출증빙

창립기념일, 야유회, 명절에 직원들에게 선물을 지급하는 경우 과세대상 급여로 처리를 하여야 한다. 구입하는 선물은 정규영수증 수취대상으로 거래 건당 3만원을 초과하는 경우 세금계산서를 수취하거나 신용카드로 결제하여야 한다.

한편, 종업원 선물증정과 관련하여 수취한 세금계산서의 매입세액을 공제받는 경우 직원들에게 선물지급시 부가가치세법상 간주공급에 해당되어 부가가치세를 납부하여야 한다. 단, 당초 그 매입세액을 공제받지 않는 경우에는 간주공급에 해당되지 않으므로 실무에서는 통상 그 매입세액을 불공제처리한다.

[개정 세법] 2019년 이후 1인당 연간 10만원 이내의 경조사와 관련된 재화의 경우 매입세액을 공제받더라도 개인적 공급으로 보지 아니함

▶ 경조사비 계정과목과 지출증빙

임직원에 대하여 지급하는 경조사비는 적격증빙수취대상이 아니므로 별도의 증빙서류를 수취할 필요는 없으나 이를 입증할 수 있는 근거자료(청첩장 등) 등을 출금전표에 첨부하여 둔다.

경조사비 지급에 관하여는 회사내 지급규정 등을 비치하여 두는 것이 바람직하며, 사회 통념상 인정할 수 없는 정도의 과다한 경조사비(지급기준에 의하지 아니하고, 특정 직원에게 차별적으로 지급하는 금액)는 해당 직원에 대한 급여로 처분하여 근로소득세 등을 원천징수하여야 한다.

여비교통비

국내 여비교통비

여비교통비란 임직원의 직무수행과 관련하여 출장을 가는 경우 발생하는 제비용을 말한다. 여비교통비의 내용은 업무출장과 관련하여 지출되는 제경비로 교통비, 식대, 일비, 주차비 등의 지출이다.

▣ 여비교통비 지출증빙서류

여비교통비는 그 지출성격상 증빙을 수취할 수 없는 경우가 많다. 따라서 회사에 여비교통비 지출에 대한 지급규정을 작성하여 운영하는 것이 바람직하며, 지급규정이 있다하더라도 그 지출에 대하여 정규영수증을 수취하여야 한다. 단, 정규영수증을 수취할 수 없는 경우 출장신청서, 출장계획서 등에 의하여 지출을 증명하여야 하며, 이 경우에도 증빙불비가산세는 면제되지 아니한다.

출장여비지급에 관한 내부규정을 정하고 식대, 교통비 등을 일비로 지급하는 경우에도 거래 건당 3만원을 초과하는 지출의 경우로서 정규영수증 수취대상거래인 경우에는 정규영수증을 수취하여야 한다. 단, 불가피하게 증빙을 수취할 수 없는 경우 등으로서 실비변상정도의 지급액은 사규에 의하여 그 지급기준이 정하여져 있고, 사회통념상 타당하다고 인정되는 범위 내에서는 손금에 산입할 수 있다.
직무와 관련한 국내 출장여비 중 시내교통비 등 지출에 대한 증빙서류를 수취하기가 어려운 경우 시외출장은 국내출장신청서 또는 여비정산서에 의하여 정산하고 시내출장은 시내출장비 지출명세서 또는 지출결의서를 증빙서류로 사용한다.

▶ 여비교통비 증빙 방법

1. 출장지 숙박요금, 음식점 등에 대하여 거래 건별로 그 금액이 3만원을 초과하는 경우 신용카드를 사용하여 결제하거나 세금계산서를 수취하여야 한다.
2. 출장여비를 내부지급기준에 의하여 일정 금액을 실비로 지급하는 경우라 하더라도 원칙적으로 지출증빙을 수취하여야 한다. 단, 현실적으로 증빙을 수취하기

어려운 경우(시내버스요금, 택시요금 등)에는 회사 내부 품의서 또는 출장여비신청서 등을 지출증빙으로 사용할 수 있는 것이나 사회통념상 적정한 것으로 인정되는 범위내의 금액인 경우에 한하여 손금산입할 수 있다.

3. 법인이 업무와 관련하여 출장하는 사용인에게 지급한 교통비, 숙박비, 식대등이 당해 법인의 여비지급규정 및 객관적인 거래증빙에 의하여 법인에게 귀속시키는 것이 정당함이 입증된 경우에 손금에 산입한다.

4. 철도비지니스카드는 구입시 주로 할인혜택을 받기 위한 카드로 일정기간(6개월 또는 1년)동안만 할인혜택을 받을 수 있는 제도이며, 계약기간 종료시 당초 구입비를 돌려받을 수 없는 비용으로 여비교통비로 처리한다.

5. 출장여비 청구 및 정산서에 지출 영수증 등을 첨부하여야 하며, 택시요금 등 영수증 수취가 불가능한 경우에는 그 지출내역을 기록한다.

6. 시외출장과 관련하여 출장자가 자가운전신청서를 작성하여 제출하고 한 달 단위 또는 일 단위로 3만원을 초과하여 지출하였다하더라도 거래 건별로 3만원을 초과하지 않는 경우 정규영수증을 수취하지 않아도 지출증빙가산세가 적용되지 아니한다.

▶ 시내출장비 지출증빙

임직원의 시내 및 당일 인근지역 출장에 따른 교통비로서 시내출장비의 경우 시내버스요금, 택시요금, 직원소유 차량 업무용 운행경비 (고속도로 통행료, 유류대, 주차비 등) 등으로 영수증 수취가 현실적으로 어려운 경우 그 지급규정을 만들고 시내여비교통비지출일지 등을 작성한다. (목적지와 업무내용 등 기재)

회사 실정에 따라 시내출장이 많은 직원의 경우 직원 소유차량을 직접 운전하여 업무수행에 이용할 시 시내출장비를 별도로 지급하는 대신 월정액을 시내출장비로 지급할 수 있다. 이 경우 월 20만원 이하의 출장여비는 증빙서류가 없어도 세법상 정당한 지출로 인정되며, 시내출장비를 월정액으로 지급받은 직원의 근로소득에도 합산하지 아니한다. (비과세소득)

▶ 시내교통비 지출증빙서류

1. 시내버스요금, 택시요금 : 지출증빙 수취의무 없음
2. 통행료 영수증 : 통행료영수증, 정액권영수증, 정액카드 등

◘ 시외출장비 지출증빙

출장비 지급규정 등을 두어 출장비를 지급하여야 하며, 그 지출에 대한 증빙서류 수취가 가능한 지출은 증빙서류를 수취하여 출장여비 정산서 등에 첨부하여 두어야 한다. 법인이 업무와 관련하여 출장하는 사용인에게 지급한 교통비, 숙박비, 식대 등이 당해 법인의 여비지급규정 및 객관적인 거래증빙에 의하여 법인에게 귀속시키는 것이 정당함이 입증된 경우에는 소득금액계산상 손금에 산입하는 것이나, 이 경우 당해 사용인이 지출한 경비 중 사업자로부터 거래 건당 3만원을 초과하는 지출금액에 대하여 정규영수증을 수취하지 아니한 경우에는 정규영수증 미수취에 대한 증빙불비가산세가 적용된다. 단, 사규에 의하여 정액으로 지급되는 실비 정도의 일일교통비는 정규영수증 수취 대상이 아니다.

◈ 시외출장비 지출증빙서류

❍ 항공료 : 항공권

❍ 호텔비 : 호텔비 지급영수증

❍ 식사비 : 음식점이 발행한 영수증

□ 항공료 및 고속철도요금 신용카드결제시 매입세액공제 여부

1. 여객운송사업자가 교부하는 항공권은 부가가치세법시행령 제79조의 2의 규정에 의하여 영수증 교부의무자의 범위에 해당하는 것이므로 부가가치세법 제16조의 세금계산서 발급대상에서 제외되는 것이며, 부가가치세법 제32조의 2에서 규정하는 신용카드사용 매입세액공제 대상에 제외되는 것임.

2. 부가가치세 과세사업자가 자기의 과세사업과 관련하여 출장시 고속철도건설촉진법에 규정된 고속철도에 의한 여객운송용역을 공급하는 자로부터 용역을 공급받는 경우 공급자는 영수증만을 교부하는 것으로서 당해 영수증을 교부받은 사업자는 당해 영수증에 의하여는 거래징수당한 부가가치세를 공제(환급)할 수 없는 것임

◘ 여비교통비 회계처리 사례

① 《출장비 지급》 직원 김문식의 출장과 관련하여 시외 출장비 500,000원을 6. 2 국민은행 보통예금에서 인출하여 즉시 지급하다.

가지급금	500,000	/	보통예금	500,000

② 《출장비 정산》 6. 30 직원 김문식이 출장을 마치고 출장여비를 정산한바 실제 사용한 출장비는 420,000원으로 잔액 80,000원은 현금으로 회수하다.

여비교통비	420,000	/	가지급금	500,000
현금	80,000			

해외 여비교통비

해외출장비란 법인이 업무와 관련하여 임직원이 해외에 출장을 가는 경우 그 소요되는 경비를 말한다. 해외출장비는 업무상 해외출장으로 객관적인 거래증빙 등이 있는 경우 손금에 산입할 수 있다. 해외출장비 정산시 해외는 국내와는 달리 적격증빙 수취의무가 적용되지 아니하나 해외출장과 관련한 증빙이 없다거나 있다 하더라도 외국영수증이므로 이런경우 해외출장비정산서를 통하여 출장비를 정산하여야 한다.

업무와 관련한 해외출장시 대개의 경우 출장업무를 종료할 때까지 그 금액이 확정되지 않으므로 대략의 금액을 산정하여 해외출장여비를 지급한다.
이 경우 해외출장여비 지급시 출장자에 대한 가지급금으로 일단 출금 처리하고 해외출장을 마친 후 출장경비 정산시 이미 지급한 가지급금(해외출장여비로 대략 지급한 금액)과 대체처리하고 해외출장과 관련하여 확정된 해외출장여비를 여비교통비로 처리한다.

▶ 해외출장사용경비정산서

1. 회사의 업무상 해외출장여비에 한하여 비용으로 계상하여야 하며, 해외출장사용경비정산서에 해외출장여비명세서를 기록하여야 한다.
2. 해외출장비는 사용금액이 많고 외국화폐의 원화환산, 각종 지출영수증에 대한 계산의 어려움 등으로 가능한 출장자가 해외출장사용경비정산서를 직접 작성하도록 하며, 해외출장사용경비정산서에 지출에 관한 영수증을 첨부한다.

□ 법인세법 기본통칙 19-19…22 [해외여비의 손금산입기준]
임원 또는 사용인의 해외여행에 관련하여 지급하는 여비는 그 해외여행이 당해 법인의 업무수행상 통상 필요하다고 인정되는 부분의 금액에 한한다. 따라서 법인의 업무수행상 필요하다고 인정되지 아니하는 해외여행의 여비와 법인의 업무수행상 필요하다고 인정되는 금액을 초과하는 부분의 금액은 원칙적으로 당해 임원 또는 사용인에 대한 급여로 한다. 다만, 그 해외여행이 여행기간의 거의 전기간을 통하여 분명히 법인의 업무수행상 필요하다고 인정되는 것인 경우에는 그 해외여행을 위해 지급하는 여비는 사회통념상 합리적인 기준에 의하여 계산하고 있는 등, 부당하게 다액이 아니라고 인정되는 한 전액을 당해 법인의 손금으로 한다. (2001.11.1. 번호개정)

□ **법인세법 기본통칙 19-19…23 [업무수행상 필요한 해외여행의 판정]**

① 임원 또는 사용인의 해외여행이 법인의 업무수행상 필요한 것인가는 그 여행의 목적, 여행지, 여행기간 등을 참작하여 판정한다. 다만, 다음 각호의 1에 해당하는 여행은 원칙적으로 법인의 업무수행상 필요한 해외여행으로 보지 아니한다. (2001.11.1. 개정)부칙

1. 관광여행의 허가를 얻어 행하는 여행
2. 여행알선업자 등이 행하는 단체여행에 응모하여 행하는 여행
3. 동업자단체, 기타 이에 준하는 단체가 주최하여 행하는 단체여행으로서 주로 관광목적이라고 인정되는 것

② 제1항 단서에 해당하는 경우에도 그 해외여행기간중에 있어서의 여행지, 수행한 일의 내용 등으로 보아 법인의 업무와 직접 관련이 있는 것이 있다고 인정될 때에는 법인이 지급하는 그 해외여행에 소요되는 여비 가운데 법인의 업무에 직접 관련이 있는 부분에 직접 소요된 비용(왕복교통비는 제외한다)은 여비로서 손금에 산입한다.

□ **법인세법기본통칙 19-19…24 [해외여행동반자의 여비처리]**

임원이 법인의 업무수행상 필요하다고 인정되는 해외여행에 그 친족 또는 그 업무에 상시 종사하고 있지 아니하는 자를 동반한 경우에 있어서 그 동반자와 관련된 여비를 법인이 부담하는 때의 그 여비는 그 임원에 대한 급여로 한다. 다만, 그 동반이 다음 각호의 1의 경우와 같이 분명히 그 해외여행의 목적을 달성하기 위하여 필요한 동반이라고 인정되는 때에는 그러하지 아니하다. (2001.11.1. 번호개정)부칙

1. 그 임원이 상시 보좌를 필요로 하는 신체장애자이므로 동반하는 경우
2. 국제회의의 참석 등에 배우자를 필수적으로 동반하도록 하는 경우
3. 그 여행의 목적을 수행하기 위하여 외국어에 능숙한 자 또는 고도의 전문적 지식을 지니는 자를 필요로 하는 경우에 그러한 적임자가 법인의 임원이나 사용인 가운데 없기 때문에 임시로 위촉한 자를 동반하는 경우

▣ 해외 여비교통비 지출증빙서류

국외에서 제공받는 재화와 용역에 대하여는 세금계산서 등 적격지출증빙 수취대상에 해당하지 아니하므로 거래 건 당 3만원을 초과하는 경비지출의 경우에도 정규영수증 수취대상거래는 아니나 해외출장지에서 교부받은 해당 국가의 영수증은 반드시 지출증빙으로 보관하여야 한다.

해외출장비는 그 경비를 원화로 지급하든 외화로 지급하든 관계없이 실제 해외에서 출장과 관련한 비용을 사용한 경우 그 증빙서류(출장국의 현지에서 발행한 영수증)에 의하여 정산하는 경우 해외출장비로 처리할 수 있는 것이나 해외출장과 관련하여 일정 금액을 포괄적으로 지급하는 경우 영수증에 의하여 해외출장비로 사용한 것이 확인되는 금액은 법인의 손금에 해당하나 그 지급근거를 전혀 찾을 수 없는 경우에는 그 귀속자를 밝혀 소득처분(손금불산입 상여처분)하여야 한다. 한편, 국외에서 접대를 하는 경우 건당 3만원 초과 기업업무추진비에 대하여는 국내와 같이 신용카드를 사용하여 신용카드매출전표를 수취하여야 하는 것이며, 신용카드로 결제하지 않은 경우 손금불산입된다. 다만, 현금외의 다른 결제수단이 없는 아프리카 지역등의 경우에는 예외로 한다.

◈ 여행사를 이용한 해외출장시 증빙서류 (부가46015-1296, 2000.06.02)

관광진흥법에 의한 일반여행업을 영위하는 사업자가 여행객에게 여행용역을 제공하고 그 대가를 받는 경우에 부가가치세 과세표준은 여행객으로부터 받는 대금·요금·수수료 기타 명목여하에 불구하고 대가관계에 있는 모든 금전적 가치있는 것을 포함하는 것이나, 여행알선수수료와 여행객이 부담하여야 하는 숙박비, 교통비, 식사비, 입장료 등을 구분 계약하여 그 대가를 받는 경우에는 당해 숙박비, 교통비, 식사비, 입장료 등은 부가가치세 과세표준에 포함하지 아니하는 것이며, 당해 숙박비 등에 대하여는 부가가치세법 제16조 제1항의 규정에 의한 세금계산서를 여행객에게 발급할 수 없는 것이다.

통상적으로 여행사의 알선용역과 숙박비 등을 구분하여 그 대가를 지급하게 되므로 여행사에게 지급되는 여행사의 알선수수료에 대해서는 세금계산서를 수취하는 등 정규증빙을 발급받아야 하며, 해외에서 실제로 용역을 제공받게 되는 숙박비, 교통비 등과 해외항공용역(항공권)에 대해서는 증빙수취특례가 적용되어 관련 영수증 등으로 증빙이 가능하며 가산세 적용이 배제된다.

◈ 여행사가 여행경비를 대신 지급하는 경우 지출증빙 (법인46012-268, 2000.11.16)

법인이 여행사에게 여행알선용역의 대가를 지급함에 있어서 당해 용역의 대가에 해당하는 수수료 외에 교통비, 숙박비, 입장료 등 여행경비를 함께 지급한 후 동 여행 경비를 여행사로 하여금 대신 지급하도록 한 경우 그 위탁 지급한 여행 경비에 대하여도 법인세법 시행령 제158조 제2항 각호에 규정한 경우(국외에서 재화 또는 용역을 공급받은 경우 및 항공기의 항행용역을 제공받은 경우 등에는 지출증빙서류의 수취특례가 적용)를 제외하고는 당해 법인이 실제 용역을 제공한 자로부터 같은법 제116조 제2항 각호의 지출증빙서류를 수취하여야 하는 것으로 이를 수취하지 아니한 경우에는 법인세법 제76조 제5항의 규정에 의한 가산세(증빙불비가산세)를 납부하여야 하는 것이나, 이 경우에도 입장권 등 다른 객관적인 자료에 의하여 당해 법인의 사업과 관련하여 지출된 사실이 확인되는 경우에는 이를 각 사업연도의 소득금액 계산시 손금에 산입하는 것임.

해외 여비교통비 회계처리 사례

■ 일반적인 경우

① 《해외출장여비 지급》 직원의 해외출장과 관련하여 출장여비 2,000,000원을 보통예금에서 인출하여 지급하다.

가지급금	2,000,000	/	보통예금	2,000,000

② 《해외출장여비 정산》 해외 출장 후 출장여비 2,000,000원을 전액 사용하였고, 법인신용카드로 해외에서 800,000원을 사용한 바 지출영수증 및 신용카드전표를 수취하여 여비교통비로 처리하다.

여비교통비	2,800,000	/	가지급금	2,000,000
			미지급금	800,000

■ 해외출장비 지급시 외화로 환전하여 지급하고 잔여 외화 반환시

① 《해외출장여비 지급》 직원 해외출장과 관련하여 출장여비를 미화 $1,000로 환전하여 지급하다. 환전시 환율은 $당 1,100원이며, 보통예금에서 인출하여 결제하다.

가지급금	1,100,000	/	보통예금	1,100,000

▶ 해외출장비를 외화로 환산하여 지급한 경우 환전 당시 금액을 가지급금으로 처리한다.

② 《해외출장비 미사용금액 외화회수》 해외 출장 후 출장여비 $900을 사용하고, $100은 반환받아 보관하다.

여비교통비	990,000 /	가지급금	1,100,000
현금	110,000		

* 해외여비를 외화로 지급하였으나 출장 후 미사용한 외화를 일부 반납한 경우 환전당시 원화환산금액을 해외출장비에서 차감 정산하여 입금처리한다.

③ 《외화환전》 $100을 외국환은행에서 원화로 환전하다. (매입율 1,000원/$)

현금	100,000 /	현금	110,000
외환차손	10,000		

▶ 임직원 해외출장시 출장여비를 외화로 환전하지 아니하고 현금으로 지급하였으나 출장 종료 후 출장여비 미사용금액을 외화로 반납한 경우 반납한 당시의 기준환율(재정환율)을 적용하여 입금처리한 다음 반납한 외화를 금융기관에서 원화로 환산할 시 반납시점과 환산시점의 환율차이에 대한 금액은 외화차손익으로 처리한다.

Q 기업업무추진비(접대비)

기업업무추진비(2024년 이후 접대비 명칭 변경)라 함은 사업상 필요에 의하여 특정거래처나 이해관계자에 대한 접대 및 교제비, 사례비 기타 명목 여하에 불구하고 이와 유사한 성질의 비용으로서 기업의 업무와 관련하여 지출한 금액을 말한다. 따라서 기업이 업무와 관련 없이 지출한 기부금과는 그 성격이 다르며, 불특정다수를 상대로 회사의 광고선전을 목적으로 지출하는 광고선전비와도 구별된다.

기업업무추진비는 소비성 지출로 기업의 접대비 지출에 대한 비용을 과세당국이 모두 인정한다면, 소비.향략적인 문화를 조장할 수 있고, 조세회피의 수단, 기업의 불건전한 소비지출로 인한 투자 저해 등 여러 가지 사회문제가 발생될 수 있으므로 과세당국은 기업의 업무추진비 지출에 대하여 세법에서 엄격하게 규정하여 일정 금액 이상의 지출 및 그 증빙서류가 적절하지 않은 경우 세무상 비용으로 인정하지 않고 있다.

▶ **기업업무추진비에 해당하는 지출 항목**

- ❍ 접대, 교제 등을 위한 비용 : 사업상 필요에 의하여 사업과 관계가 있는 자에게 접대, 향응, 위안, 선물기증 등 접대행위로 지출된 모든 금품의 가액
- ❍ 사례금, 정보제공, 거래의 알선 및 중개 등 법인의 사업상 효익을 유발시킨 자에게 통상적으로 인정할 수 없는 가액의 금품을 지급한 경우
- ❍ 회의비 중 사회통념상 인정될 수 있는 범위를 초과하는 금액과 유흥을 위하여 지출하는 금액

[세법상 기업업무추진비의 판별기준] 다음에 해당하는 경우에는 모두 업무추진비로 본다.

① 지출의 목적 ~ 업무와 관련하여 지출하는 것으로 새로운 사업개발이나 현재 사업상 거래관계를 보다 원활하게 하기 위한 활동을 포함한다.

② 지출의 상대방 ~ 업무와 관련있는 자로서 법인이 경영하는 사업과 직접 관계가 있는 자이거나, 간접적 이해관계에 있는 특정인을 상대한 접대이어야 한다.

③ 통상 필요로 하는 범위내의 금액 ~ 사업상의 대화, 교섭 등 이익을 얻기 위한 교제, 응대, 위안, 사례 등 접대활동과 관련하여 통상 필요로 하는 금액으로 한다.

■ **기업업무추진비가 아닌 지출 항목**

- ❍ 광고선전을 목적으로 불특정다수인에게 견본품, 달력, 수첩, 부채, 컵 등 이와 유사한 물품을 불특정다수인에게 기증하기 위하여 지출한 비용은 광고선전비에 해당한다.
- ❍ 일정 요건(성명이 뚜렷하고 영구히 새겨진 증정품, 펜.사무용품 등 일반인에게 보편적으로 나누어줄 수 있는 식별가능 품목 등)을 갖춘 10,000원 이하 소액물품 구입비의 경우 조건없이 전액 광고선전비로 인정한다.
- ❍ 업무와 관련 없이 특정인에게 기증하는 금품은 기부금에 해당한다.

▣ 기업업무추진비 지출증빙서류

[1] 1회 지출한 기업업무추진비 지출금액이 3만원 이하인 경우

원칙적으로 세금계산서, 현금영수증 등 정규영수증을 수취하여야 하나 간이영수증 등을 수취한 경우에도 적법한 증빙서류로 인정된다.

[2] 1회 지출한 기업업무추진비가 3만원을 초과하는 경우

1회의 접대에 지출한 접대비 중 3만원을 초과하는 업무추진비에 대하여는 법인명의 카드를 사용하여 결제(직불카드 포함)하거나 세금계산서, 계산서, 현금영수증 등을 수취하여야 적격증빙으로 인정된다. 한편, 직원 개인명의카드를 사용하는 경우 업무추진비 이외의 지출은 업무관련성이 인정될 시 손금으로 인정이 되나 법인의 경우 1만원을 초과하는 금액은 법인카드로 결제하여야 손금으로 인정될 수 있다.

[개정 세법] 적격증빙 없는 소액접대비 기준금액 인상(법인령 §41, 소득령 §83)
적격증빙이 없더라도 손금불산입하지 않는 소액접대비 기준금액
[적격증빙] 신용카드매출전표, 현금영수증, 세금계산서 등
(종전) 1만원 → (개정) 3만원
<적용시기> 2021.1.1. 이후 지출하는 분부터 적용

[3] 기업업무추진비 지출과 관련하여 적법한 증빙을 수취할 수 없는 경우

계정과목을 기업업무추진비로 회계처리한 다음 세무조정에서 손금불산입한다. 증빙불비가산세는 별개로 하더라도 그 지출을 증빙할 수 있는 증빙서류는 구비하여 두어야 세무조정시 불이익처분을 받지 아니한다. 왜냐하면, 영수증 자체가 없는 경우 기업업무추진비를 손금불산입하고, 대표이사 또는 그 사용자에 대한 상여 등으로 처분하나 정규영수증은 아니더라도 관련 영수증을 구비하여 둔 경우 세무조정시 손금불산입하고, 그 소득처분은 기타사외유출로 할 수 있기 때문이다.

[4] 거래처 경조사비 지출증빙

거래처에 대한 경조사비의 경우 적격증빙 수취가 현실적으로 불가능한 경우가 대부분이지만, 화환대 등 적격증빙 수취가 가능한 것은 계산서 등 적격증빙을 수취하여야 한다. 단, 축의금 및 조의금 등은 적격증빙을 수취할 수 없는 경우라도 **20만원 이하의 금액**은 업무추진비로 인정될 수 있다.

[5] 해외업무추진비 지출증빙

국외에서 접대를 하는 경우에도 건당 1만원 초과 업무추진비에 대하여는 국내와 같이 정규지출증빙을 수취하여야 하는 것이며, 이를 수취하지 아니하는 경우에는 손금산입할 수 없다. 다만, 현금 외에 다른 지출수단이 없어 신용카드전표 등의 증빙을 구비하기 어려운 경우의 당해 국외지역은 예외로 한다.

기업업무추진비 회계처리 사례

① 《거래처 접대》 6. 2 거래처 직원을 접대하고 식대 및 주대 300,000원을 법인명의 국민카드로 결제하다.

기업업무추진비	300,000	/	미지급금	300,000

② 《신용카드대금 결제》 6. 30 거래처 접대시 사용한 국민카드 대금 300,000원이 보통예금에서 이체되다.

미지급금	300,000	/	보통예금	300,000

기업업무추진비의 세무상 유의 사항

▣ 개인카드로 기업업무추진비를 지출한 경우 세무처리

구 분	세무처리 내용
건당 지출액이 3만원(2021년 이후 1만원 → 3만원) 초과	법인 : 손금불산입하고 기타 사외유출로 처분함 개인 : 1만원을 초과하는 경우에도 필요경비로 인정됨
건당 지출액이 3만원(2021년 이후 1만원 → 3만원) 초과	법인, 개인사업자 구분없이 접대비로 인정된다.

◈ 접대비와 관련한 상품권 등 구입시 지출증빙 (부가 46015 - 3650, 2000.10.26)

상품권 등을 구입하는 것은 재화 또는 용역을 공급받는 것이 아니므로 세금계산서 또는 계산서를 수취해야 하는 것은 아니다. 다만, 접대비로서 1만원을 초과하는 상품권을 구입하는 경우에는 신용카드 등으로 구입하지 아니하는 경우 손금불산입된다.

▣ 기업업무추진비 한도초과액의 손금불산입

기업업무추진비(정규영수증 미수취로 손금불산입하는 금액 제외)로서 다음 ① + ②의 합계액을 초과하는 금액은 세무조정에서 손금불산입하여야 한다.

[개정 세법] 중소기업 접대비 한도액 상향조정 (법인세법 §25, 소득세법 §35)

① 1,200만원[중소기업의 경우 3,600만원] × 당해 사업연도의 월수 / 12

(종전) 1,200만원[중소기업 2,400만원] → (개정) 1,200만원[중소기업 **3,600만원**]

② 수입금액을 일반수입금액과 특정수입금액으로 구분하여 다음과 같이 계산한 금액

▶ 특수관계자와의 거래에서 발생한 수입금액에 대하여는 그 수입금액에 적용률을 곱하여 산출한 금액의 10% 상당액

종 전		개 정	
수입금액	적 용 률	수입금액	적 용 률
100억원 이하	1만분의 20	100억원 이하	1만분의 30
100억원 초과 500억원 이하	2천만원+(100억원을 초과하는 금액의 1만분의 10)	100억원 초과 500억원 이하	3천만원 + [(수입금액 - 100억원) × 1만분의 20]
500억원 초과	6천만원+(500억원을 초과하는 금액의 1만분의 3)	500억원 초과	1억1천만원 + [(수입금액 - 500억원) × 1만분의 3]

<적용시기> 2020.1.1. 이후 개시하는 사업연도(과세기간) 분부터 적용

통신비

통신과 관련하여 발생하는 비용으로 전화요금, 휴대폰사용요금, 정보통신이용료, 초고속인터넷사용료, 등기 및 우편요금, T.V 수신료 등이 있다.

▶ 정액으로 지급하는 통신비 세무처리

근로자가 소유하고 있는 휴대폰을 회사의 업무에 사용하도록 하고 당해 통신비의 일정액을 회사가 부담하는 경우 업무수행상 필요하다고 인정되는 부분은 손금에 산입할 수 있다. 단, 통신비지급규정을 만들고 통신비보조금에 대한 직원개인별 통신비영수증을 수취하여 두어야 한다. 그러나 업무와 관련하여 발생한 휴대폰비영수증을 제시하고 지급받는 대신에 전직원에 대하여 월정액으로 지급하는 금액인 경우 직원개인별 근로소득으로 처분하여야 하며, 이 때 통신비는 실비변상비적급여에 해당하지 않으므로 과세소득에 포함하여 처리한다.

▣ 통신비 지출증빙서류

전화요금, 휴대폰사용료 등은 전화사업자, 휴대전화사업자가 전자세금계산서를 발행하며, 그 발행내역은 국세청 「이세로」에서 확인할 수 있으며, 전자세금계산서가 정규영수증에 해당한다. 한편, 대표자 명의의 휴대폰을 회사용도로 사용하고 이와 관련하여 실제 소요된 경비를 지급하는 경우 손금 산입이 가능할 것이다.

통신비 회계처리 사례

① 《우편요금 지급》 6. 22 우편물 발송시 등기요금 3,340원을 현금 지급하다.

통신비	3,340 /	현금	3,340

② 《전화요금청구서 수취》 전화요금청구서(작성일 6. 15 공급가액 162,570원, 부가세 16,257원, 자동이체 할인액 1,000원, 단수할인액 7월 청구금액합계 177,820원)를 6. 11 수취하다. 단, 공급받는자란에는 공급받는자의 사업자등록번호가 기재되어 있다.

통신비	162,570 /	미지급비용	177,820
부가세대급금	16,257	잡이익	1,007

* 할인액 1,000원 및 원단위 이하 절사금액 7원은 잡이익으로 처리한다.

③ 《전화요금 자동이체》 6. 25 사무실 전화요금 177,820원이 국민은행 보통예금에서 자동 인출되다.

미지급비용	177,820 /	보통예금	177,820

수도광열비

수도광열비에는 상.하수도요금, 도시가스요금, 냉•난방용 유대, 난방용 가스요금, 전기료 등이 있다. 단, 원가를 구분하여 계산하는 제조업 및 건설업 등의 경우 전기요금은 '전력비' 라는 별도의 계정과목을 사용한다.

수도광열비 지출증빙서류

전기요금, 도시가스요금은 한국전력공사, 도시가스공사가 발행하는 영수증을 증빙으로 수취한다. 한편, 당해 사업자가 발행하는 영수증은 그 양식이 일반세금계산서 양식은 아니나 국세청으로부터 승인을 받은 세금계산서로 당해 사업자 명의로 가입한 전기요금, 도시가스요금은 매입세금계산서로 분류하여 매입세액을 공제받는다.

○ 상.하수도요금 : 상하수도요금 영수증
○ 도시가스요금 : 도시가스공사가 발행한 요금영수증
○ 기타 냉난방비용 : 3만원 초과시 세금계산서 등 적격증빙 수취대상

▣ 사무실, 공장 임차시 수도광열비 지출증빙

① 상하수도요금은 면세되므로 계산서를 수취하여야 한다.
② 전기요금 및 가스요금청구서가 임대인 명의로 청구되고 임대인이 관리비 명목으로 청구하는 경우 임대인으로부터 세금계산서를 수취하여야 한다.

수도광열비 회계처리 사례

① 《상수도요금 납부》 6. 25 상.하수도요금 210,000원을 현금으로 납부하다.

차변	금액	/	대변	금액
수도광열비	210,000	/	현금	210,000

* 수도요금은 그 납부일에 전표처리한다.

② 《도시가스요금 청구서 수취》 6월 10일 도시가스공사로부터 가스요금 지로영수증(작성일자 6. 15 공급가액 287,240원 세액 28,724원, 단수할인액 4원, 청구금액 315,960원)을 수취하다.

차변	금액	/	대변	금액
수도광열비	287,240	/	미지급비용	315,960
부가세대급금	28,724		잡이익	4

③ 《도시가스요금 자동이체》 6. 25 도시가스요금 315,960원이 국민은행 보통예금에서 자동 인출되다.

미지급비용	315,960 / 보통예금	315,960

수도광열비 세무상 유의사항

비영업용승용자동차의 유류대를 제외한 난방용 유류대 발생비용에 대하여 세금계산서를 수취하거나 신용카드로 결제한 경우 그 매입세액을 공제받을 수 있으므로 공제받을 수 있는 매입세액을 불공제처리하지 않도록 유의한다.

전력비

제조경비의 전기요금은 판매비와 일반관리비의 수도광열비와 구분하여 전력비로 처리하여야 한다.

전력비 지출증빙서류

▣ 전자세금계산서 및 전기요금 청구서

① 한국전력공사는 사업자인 경우 전기요금에 대하여 전자세금계산서를 발급하며, 전자세금계산서가 정규영수증에 해당한다. 한편, 부가가치세 과세사업자는 전자세금계산서의 매입세액을 매출세액에서 공제를 받을 수 있다.

② 전기요금청구서에 당해 사업자의 사업자등록번호가 기재되지 않은 경우 일반영수증으로 그 납부일에 청구서영수증을 전표 이면에 첨부하여 보관한다.
한편, 한국전력공사가 발행한 전기요금청구서는 거래금액이 3만원을 초과하는 경우에도 적법한 영수증이다.

◈ 전기요금의 매입세액공제

전기요금은 공급받는자가 사업자인 경우 그 매입세액을 공제받을 수 있으므로 공급받는자가 사업자명의로 되어 있지 않는 경우 한국전력공사에 사업자명의로 신청하여 매입세액을 공제받을 수 있도록 한다.

◈ 임차한 건물의 전력비 지출증빙

건물 등의 임대인이 임차인으로부터 전기요금 등 관리비를 징수하는 방법은 임대인이 임대건물 전체에 대한 전기요금 매입세금계산서를 수취하고, 각 세입자별로 해당 금액에 대하여 세금계산서를 발행하여 발급하는 방법과 단순히 납부의 대행만을 위하여 그 금액을 임대료와 구분하여 계산하는 경우가 있다. 전기요금 등 관리비와 임대료를 구분하여 계산하는 경우 관리비 등의 항목은 통상 별도의 세금계산서를 발행하지 아니하고 수령하는 바 이 경우 임차인은 관리비영수증을 증빙서류로 사용할 수 있으나 그 금액이 3만원을 초과하는 경우 임대인에게 세금계산서 발행을 요구하여 세금계산서를 수취하여야 한다.

◈ 임차인이 임대인으로부터 발급받은 전기요금 세금계산서 (부가46015-18, 2001.01.05)

부동산임대사업자가 한국전력공사로부터 전기요금에 대한 세금계산서를 발급받고 부가가치세법시행규칙 제18조의 규정에 의하여 전력을 실지로 소비하는 자인 임차인에게 세금계산서를 발급하는 경우 임차인에게 발급한 세금계산서상의 공급가액은 부동산임대사업자의 과세표준에 포함하는 것이며, 동 부동산임대사업자가 한국전력공사로부터 발급받은 세금계산서상의 매입세액을 공제받을 수 있는 것임. 이 경우 임차인은 부동산임대사업자로 부터 발급받은 세금계산서상의 매입세액을 공제받을 수 있는 것임

◈ 임차인이 실제 부담한 임대인명의 전기요금청구서와 지출증빙

임차사업자가 실제 전기를 사용하고 이와 관련한 요금을 부담한 경우 임차사업장의 소득금액을 계산함에 있어 손금에 산입할 수 있다. 즉, 명의는 임대인으로 되어 있지만, 당해 임차사업장에서 임대인에게 입금한 사실 또는 이러한 상황을 명시하여 당해 임차인이 납부한다는 계약서 및 실제 납입한 공과금 출금계좌 등의 객관적 증빙을 보관하는 경우 임차인의 경비로 인정될 수 있는 것이다.

➡ 전력비 회계처리 사례

■ 전자세금계산서를 수취한 경우

① 《전자세금계산서 수취》 6. 7 생산공장의 전기사용료에 대하여 전자세금계산서를 (공급받는자란에 당해 사업자의 사업자등록번호가 기재되어 있음) 수취하다.
작성일자 6. 9 공급가액 568,250원, 부가세 56,825원, T.V 수신료 2,500원 전력기금 21,020원 청구금액 648,590원(청구시 원 단위 이하금액 절사함)

전력비	591,765 / 미지급비용	648,590
부가세대급금	56,825	

* T.V 수신료는 통신비에 해당하나 전력비에 포함하여 처리하여도 무방하다.
* 전력기금은 부가세가 과세되지 않는 것이나 공급가액에 포함하여 처리한다.
* 공장의 전기요금은 제조경비로 처리하여야 한다.
* 원단위 이하금액은 전기요금청구시 한국전력공사에서 절사함

② 《전기요금 자동이체》 6. 25 생산공장의 전기요금 648,590원이 국민은행 보통예금에서 자동 인출되다.

미지급비용	648,590 / 보통예금	648,590

■ 세금계산서에 해당하지 않는 전기요금청구서를 수취한 경우

① 《전기요금청구서 수취》 6. 10 사무실 전기요금청구서(금액 80,000원)를 수취하다. 단, 공급받는자란에는 사업자등록번호가 기재되어 있지 않다.

수도광열비	80,000 / 미지급비용	80,000

* 사무실의 전기요금은 수도광열비로 처리한다.

② 《전기요금 현금납부》 6. 25 전기요금 80,000원을 현금으로 납부하다.

미지급비용	80,000 / 현금	80,000

Q 세금과공과금

기업이 부담하는 각종 세금 및 공과금으로 자동차세, 균등할 주민세(8. 31 납기), 인지세, 증지대, 재산세, 종합부동산세, 등록면허세, 사업소세, 환경개선부담금, 벌금 및 과태료, 상공회의소회비, 적십자회비, 조합비, 협회비, 각종 분담금, 각종 세금 미납에 따른 가산세 및 가산금 등을 통칭한다.

손금으로 인정되는 세금과 손금으로 인정되지 않는 세금

세금은 법인의 순자산을 감소시키는 것으로 업무와 관련한 것은 손금으로 인정이 되지만, 가산세, 벌금, 과태료 등은 손금인정이 되지 아니한다.

[1] 손금으로 인정되는 세금

- 손금인정되는 세금 : 재산세, 종합부동산세, 등록면허세, 인지세, 증지대, 사업소세, 자동차세, 균등할주민세 환경개선부담금 등
- 취득원가에 가산한 후 감가상각으로 손금으로 처리되는 세금 : 취득세 등

[2] 손금인정되지 않는 세금

- 각 사업연도에 납부하였거나 납부할 법인세 또는 법인세분 지방소득세와 각 세법에 규정된 의무불이행으로 인하여 납부하였거나 납부할 세액(가산세 포함)
- 종합소득세 및 소득세분 지방소득세, 농어촌특별세
- 벌금, 과료, 과태료, 가산금 및 체납처분비

◈ 자산 또는 비용으로 처리하여야 하는 매입세액 및 세금과공과금에 해당하는 매출세액

과세사업자가 재화 또는 용역을 공급받고 발급받은 부가가치세매입세액은 부가가치세매출세액에서 공제받을 수 있는 일종의 채권으로 세금과공과금에 해당하지 아니한다. 단, 다음 각 호의 경우 세금과공과로 처리하거나 해당 계정과목에 포함하여 처리하여야 한다.

① 해당 계정과목에 포함하여야 하는 것

- 면세사업자의 매입세액
- 비영업용승용자동차의 취득시 매입세액(차량운반구로 처리) 및 유지비용(차량유지비등)
- 접대비 관련 매입세액

② 세금과공과금으로 처리하여야 하는 것

- 간주임대료에 대한 부가가치세액
- 개인적공급(간주공급)시 회사가 부담하는 부가가치세액

◈ **수입인지 회계처리**

수입인지를 매입하는 즉시 인지세 과세대상 문건에 첨부하는 경우에는 '세금과공과금'으로 처리하나 미리 매입하여 두는 경우에는 '선급비용'으로 처리한다.

■ 공과금

공과금이란 상공회의소회비, 적십자회비, 조합비, 협회비, 국민연금 회사부담금 등을 말하며, 공과금은 원칙적으로 손금으로 인정이 되나, 법령에 의하여 의무적으로 납부하는 것이 아닌 것 및 법령에 의한 의무 불이행 또는 금지·제한 등 위반에 대한 제재로서 부과되는 것은 손금으로 인정이 되지 않는다.

주무 관청에 등록된 조합, 협회 등이 법령 또는 정관에 규정한 바에 따라 경상경비를 충당할 목적으로 협회 회원사에게 월정액 또는 사업 실적에 따라 정기적으로 부과하는 정상적인 회비는 '세금과공과금' 에 해당하나 정상적인 회비 이외의 특별회비는 '일반기부금(2024년 이후 명칭 변경 지정기부금 → 일반기부금)'에 해당한다. 한편, 주무관청에 등록되어 있지 아니하고 영업자가 임의로 조직한 단체 또는 조합에 대하여 회원 또는 조합원의 자격으로 지출하는 회비는 '지정기부금'에 해당한다.

▣ 세금과공과금 지출증빙서류

국가 및 지방자치단체, 비영리법인(법인세법 시행령 제2조제1항의 규정에 해당하는 수익사업과 관련된 부분은 제외한다)과의 거래는 적격증빙 수취대상이 아니므로 해당기관에서 발행한 영수증을 증빙서류로 보관한다.

❍ 조세 : 국가 또는 지방자치단체에 발행하는 납부영수증

❍ 공과금 : 상공회의소회비, 대한적십자회비, 직업훈련부담금 등의 공과금은 적격증빙수취대상이 아니므로 각 기관이 발행한 영수증을 수취한다.

➡ 세금과공과금 회계처리 사례

① 《재산세 납부》 7. 31 회사 건물에 대한 재산세 250,000원을 현금으로 납부하다.

세금과공과금	250,000	/	현금	250,000

② 《간주임대료 납부》 1기 부가가치세 신고시 임대보증금에 대한 간주임대료 5,000,000원에 대한 부가가치세액 500,000원 및 부가세예수금 2,000,000원을 보통예금에서 인출하여 납부하다.

세금과공과금	500,000	/	보통예금	2,500,000
부가세예수금	2,000,000			

감가상각비

♣ **결산 참조**

지급임차료

지급임차료란 토지, 건물, 기계장치, 차량운반구 등을 임차하고 지급하는 사용료를 말한다.

건물의 임차와 관련하여 임차료는 별도로 지급을 하고 청소비, 소독비, 승강기유지비, 수선유지비, 오물수거비, 화재보험료, 전기료, 수도료 등의 관리비를 지급하는 경우에도 모두 '지급임차료'로 처리하여도 무방하지만, 지출 성격에 맞는 적절한 계정과목으로 처리하여도 된다.

지급임차료 지출증빙서류

■ 임차료

(1) 임대인이 법인 또는 일반과세자인 경우
임차료에 대하여 세금계산서를 수취하여야 한다.
(2) 임대인이 간이과세자인 경우
임차료를 금융기관을 통하여 송금하고 송금영수증 등을 증빙서류로 첨부하여 두어야 한다.

■ 임차보증금

임차보증금은 적격증빙 수취대상이 아니므로 임대인으로부터 받은 영수증 및 전세계약서 등을 보관한다.

▶ 임차인이 부담하는 전기요금이 3만원을 초과하는 경우

임대사업자의 경우 전기요금은 통상 한국전력에서 해당 건물 전기요금을 임대사업자(건물주) 명의로 세금계산서를 일괄고지하기 때문에 임대사업자는 임차인에게 사무실별로 수금하여 임대사업자가 대신 납부한다. 한편, 임차인은 전기요금이 3만원을 초과하는 경우 세금계산서를 수취하여야 하므로 임대인에게 세금계산서 발행을 요구하여야 한다.

▶ 부동산임대업자의 전기요금에 대한 세금계산서 발급

부동산임대사업자가 한국전력공사로부터 전기요금에 대한 세금계산서를 발급받고 전력을 실지로 소비하는 자인 임차인에게 세금계산서를 발급하는 경우 임차인에게 발급한 세금계산서상의 공급가액은 부동산임대사업자의 과세표준에 포함하는 것이며, 동 부동산임대사업자가 한국전력공사로부터 발급받은 세금계산서상의 매입세액을 공제받을 수 있는 것임. 이 경우 임차인은 부동산임대사업자로 부터 발급받은 세금계산서상의 매입세액을 공제받을 수 있는 것임

▶ 간이과세자로부터 부동산임대용역을 공급받은 경우 증빙수취방법

간이과세자로부터 부동산임대용역을 공급받은 경우에 그 거래금액을 금융기관을 통하여 지급하고 과세표준확정신고서에 그 송금명세서를 첨부하여 관할세무서장에게 제출한 경우에는 증빙불비가산세를 적용하지 아니하는 것임.

▶ 미등록사업자와의 부동산임대용역거래시 지출증빙특례적용 여부

거주자가 미등록사업자로부터 부동산임대용역을 공급받는 경우에는 지출증빙특례규정이 적용되지 아니하는 것임.

지급임차료 회계처리 사례

■ 임차료 세금계산서 수취 및 결제

① 《임차료에 대한 세금계산서 수취》 5월분 사무실 임차료에 대한 세금계산서(공급가액 2,000,000원 세액 200,000원)를 5. 31수취하다.

차변	금액		대변	금액
지급임차료	2,000,000	/	미지급비용	2,200,000
부가세대급금	200,000			

② 《임차료 계좌이체 지급》 6. 10 사무실 임차료 2,200,000원을 농협 보통예금에서 인터넷뱅킹으로 송금하다. 그리고 송금수수료 1,000원이 같이 인출되다.

차변	금액		대변	금액
미지급비용	2,200,000	/	보통예금	2,201,000
지급수수료	1,000			

■ 선급임차료 지급 및 임차료 계상

① 《임차료 선급》 1년분 임차료 6,000,000원을 7. 1 보통예금에서 인출하여 선급하다.

차변	금액		대변	금액
선급비용	6,000,000	/	보통예금	6,000,000

② 《선급임차료를 임차료로 대체》 회계기말에 선급임차료 중 당해 사업연도분을 지급임차료로 대체하다.

차변	금액		대변	금액
지급임차료	3,000,000	/	선급비용	3,000,000

* 지급임차료 : 선급비용(6,000,000원) × 6개월/12개월

Q 경상연구개발비

연구와 관련하여 발생한 비용은 연구개발비로 처리한다. 단, 무형자산 항목인 개발비 요건을 충족하는 경우 개발비로 처리하여야 한다. 즉, 개발비 중 무형자산인 개발비 요건을 충족하지 못하는 경우 당기비용인 경상연구개발비로 처리하고, 무형자산인 개발비 요건에 충족하는 경우에는 무형자산인 개발비로 처리한다.

■ 무형자산인 개발비와 당기 비용인 경상연구개발비 구분

①항과 ②항의 요건을 모두 충족하는 경우 무형자산인 개발비로 처리하고 그렇지 않은 경우에는 발생한 연도에 비용항목인 경상개발비로 처리한다.

① 아래와 같은 개발단계에 속하는 활동일 것

- 생산 전 또는 사용 전의 시작품과 모형을 설계, 제작 및 시험하는 활동
- 새로운 기술과 관련된 공구, 금형, 주형 등을 설계하는 활동
- 상업적 생산목적이 아닌 소규모의 시험공장을 설계, 건설 및 가동하는 활동
- 새롭거나 개선된 재료, 장치, 제품, 공정, 시스템 및 용역 등에 대하여 최종적으로 선정된 안을 설계, 제작 및 시험하는 활동

② 개발단계에서 발생한 지출은 다음의 조건을 모두 충족하는 경우

- 무형자산을 사용 또는 판매하기 위해 그 자산을 완성시킬 수 있는 기술적 실현가능성을 제시할 수 있다.
- 무형자산을 완성해 그것을 사용하거나 판매하려는 기업의 의도가 있다.
- 완성된 무형자산을 사용하거나 판매할 수 있는 기업의 능력을 제시할 수 있다
- 무형자산이 어떻게 미래 경제적 효익을 창출할 것인가를 보여줄 수 있다. 예를 들면, 무형자산의 산출물, 그 무형자산에 대한 시장의 존재 또는 무형자산이 내부적으로 사용될 것이라면 그 유용성을 제시하여야 한다.
- 무형자산의 개발을 완료하고 그것을 판매 또는 사용하는 데 필요한 기술적, 금전적 자원을 충분히 확보하고 있다는 사실을 제시할 수 있다.
- 개발단계에서 발생한 무형자산 관련 지출을 신뢰성 있게 구분하여 측정할 수 있다.

▣ 경상연구개발비 지출증빙서류

경상개발비와 관련한 지출시 증빙서류는 적격증빙 수취대상으로 일반적인 기준에 의하며, 인건비 등은 급여대장, 원천징수영수증 등을 증빙으로 보관한다.

➡ 경상연구개발비 회계처리 사례

① 《개발비 지급》 신제품 개발과 관련하여 시험용재료 1천만원(부가세 별도)어치를 구입하고 세금계산서를 수취하다. 대금은 보통예금에서 인출하여 지급하다.

경상개발비	10,000,000	/	보통예금	11,000,000
부가세대급금	1,000,000			

Q 수선비

수선비란 보유중인 자산의 유지 및 보수관리를 위하여 지출하는 비용을 말한다. 단, 차량의 수리와 관련한 비용은 차량유지비로 처리한다. 수선비와 관련하여 발생한 수익적 지출은 비용(수선비)으로 처리하고 당해 자산의 가치를 현실적으로 증가시키는 자본적 지출은 당해 자산 금액으로 처리한다.

다시 말하면, 사업자가 소유하는 사업용 유형자산의 원상을 회복하거나 능률유지를 위하여 지출한 수선비는 수익적 지출로 비용 발생시 손금으로 처리하고, 당해 사업용 비유동자산(고정자산)의 내용연수를 연장시키거나 그 가치를 현실적으로 증가시키는 수선비는 자본적 지출로 당해 비유동자산(고정자산)의 원본에 가산한 다음 감가상각을 통하여 비용화한다.

▣ 수익적 지출(수선비 계정으로 처리)

법인이 각 사업연도에 지출한 수선비가 다음 각 호에 해당하는 경우로서 그 수선비를 당해 사업연도의 손금으로 계상한 경우 이를 자본적 지출에 포함되지 아니하는 것으로 한다. 즉, 비용으로 처리한다.

① 거래단위별로 그 **취득가액이 100만원 이하**인 것

다음 각 호의 것을 제외하고 그 취득가액이 거래단위별로 100만원 이하인 감가상각자산에 대하여는 이를 그 사업에 사용한 날이 속하는 사업연도의 손금으로 계상한 것에 한하여 이를 손금에 산입한다.

1. 그 고유업무의 성질상 대량으로 보유하는 자산
2. 그 사업의 개시 또는 확장을 위하여 취득한 자산

거래단위라 함은 이를 취득한 법인이 그 취득한 자산을 독립적으로 사업에 직접 사용할 수 있는 것을 말한다.

② 다음의 자산

1. 영화필름, 공구(금형을 포함한다), 가구, 전기기구, 가스기기, 가정용 기구·비품, 시계, 시험기기, 측정기기 및 간판
2. 전화기(휴대용 전화기를 포함한다) 및 개인용 컴퓨터(그 주변기기 포함)

③ 법인이 각 사업연도에 지출한 수선비가 다음의 하나에 해당하는 경우로서 그 수선비를 당해 사업연도의 손금으로 계상한 경우에는 이를 자본적 지출에 포함되지 아니하는 것으로 한다.

1. 개별자산별로 수선비로 지출한 금액이 **600만원 미만**인 경우
2. 개별자산별로 수선비로 지출한 금액이 직전 사업연도종료일 현재재무상태표상의 자산가액(취득가액에서 감가상각누계액상당액을 차감한 금액을 말한다)의 100분의 5에 미달하는 경우
3. 3년 미만의 기간마다 주기적인 수선을 위하여 지출하는 경우

[세법 개정] 소액수선비에 대한 감가상각비 부담 완화(소득령 §67, 법인령 §31)

개별자산별로 수선비로 지출한 금액이 300만원 미만인 경우 → 600만원 미만

<적용시기> 2020.1.1. 이후 개시하는 사업연도·과세기간 분부터 적용

④ 다음의 지출

1. 건물 또는 벽의 도장
2. 파손된 유리나 기와의 대체
3. 기계의 소모된 부속품 또는 벨트의 대체

4. 자동차 타이어의 대체
5. 재해를 입은 자산에 대한 외장의 복구ㆍ도장 및 유리의 삽입
6. 기타 조업가능한 상태의 유지등을 위한 지출

▣ 자본적 지출

법인이 소유하는 감가상각자산의 내용연수를 연장시키거나 당해 자산의 가치를 현실적으로 증가시키기 위하여 지출한 수선비를 말하며, 다음 각 호의 1에 해당하는 것에 대한 지출을 포함하는 것으로 한다.

1. 본래의 용도를 변경하기 위한 개조
2. 엘리베이터 또는 냉난방장치의 설치
3. 빌딩 등에 있어서 피난시설 등의 설치
4. 재해 등으로 인하여 멸실 또는 훼손되어 본래의 용도에 이용할 가치가 없는 건축물ㆍ기계ㆍ설비 등의 복구 및 기타 개량ㆍ확장ㆍ증설 등

▶ 비유동자산(고정자산)에 대한 자본적 지출 예시

▪ 설치 중인 기계장치의 시운전을 위하여 지출된 비용에서 시운전기간 중 생산된 시제품을 처분하여 회수된 금액을 공제한 잔액은 기계장치의 자본적 지출로 한다.

▪ 수입기계장치를 설치하기 위하여 지출한 외국인 기술자에 대한 식비 등 체재비는 기계장치에 대한 자본적 지출로 한다.

□ 감가상각이 완료된 자산에 대한 자본적 지출액 처리 [법인세법 기본통칙 23-28…2]

감가상각이 완료된 고정자산에 대하여 자본적 지출이 발생한 경우에는 당초 신고한 내용연수에 의한 상각률에 따라 이를 상각한다. (2001. 11. 1. 개정)

[개정 세법] 즉시상각 적용자산에서 금형 제외(법인령 §31⑥, 소득령 §67⑦

□ 즉시상각 대상자산

공구, 어구, 영화필름, 가구, 전기기구, 가스, 시험기기, 측정기기 등

(개정) 금형을 즉시상각 적용자산에서 제외

<적용시기> 2020.1.1. 이후 개시하는 사업연도(과세기간) 분부터 적용

수선비 지출증빙서류

수선비 지출에 대한 증빙서류는 적격증빙 수취대상으로 3만원 초과지출에 대하여 세금계산서 등 정규영수증을 수취하여야 한다. 단, 개인에게 수리용역을 제공받고, 그 대가를 지급하는 경우에는 일용노무비 지급방법에 따라 처리한다.

수선비 회계처리 사례

① 《비품수리》 6. 30 사무실 복사기를 수리하고 수리비 88,000원(부가세 포함)을 현금으로 지급하고 세금계산서를 수취하다.

수선비	80,000	/	현금	88,000
부가세대급금	8,000			

보험료

보험이란 사망·화재·사고 등 뜻하지 않은 사고에 대비하여, 미리 일정한 보험료를 납부하고, 사고가 일어났을 때 보험금을 수령하여 그 손해를 보상받는 제도로 보험가입과 관련하여 납부하는 제비용을 말한다. 보험료에는 승용자동차 보험료, 승용차 운전자보험, 사무실 화재보험료, 상해보험료, 손해보험료, 보증보험료, 해상보험료 등이 있다. 법인이 종업원의 업무상 재해 및 사망을 보험금 지급사유로 하고 당해 법인을 수익자로 하여 만기시에 일정액을 환급받는 보험에 가입하고 보험료를 불입하는 경우 만기환급금에 상당하는 보험료 상당액은 자산으로 계상하고 기타의 부분은 손비로 처리하는 것이며, 법인이 보험사고의 발생으로 받는 보험금 및 재해 종업원의 치료비로 충당한 금액은 각각 당해 사업연도의 익금 또는 손금으로 각각 계상하여야 한다.

▶ 회사가 부담한 보험료를 근로소득으로 처분하여야 하는 보험료

임원 또는 직원이나 그 배우자를 수익자로 하는 보험, 신탁 또는 공제와 관련하여 사용자가 부담하는 보험료, 신탁부금 또는 공제부금

▣ 보험료 지출증빙서류

공급자가 금융보험업자인 경우 금융.보험용역에 대하여는 적격증빙 수취대상 사업자가 아니므로 금융보험업자가 발행하는 영수증을 증빙서류로 보관한다.

➡ 보험료 회계처리 사례

■ 건물보험료 납부 및 선급보험료 계상

① 《건물보험료 납부》 6. 5 건물 화재보험료 1년분 1,200,000원을 보통예금에서 인출하여 지급하다. (보험기간 6. 5 ~ 다음해 6. 4)

보험료	1,200,000 /	보통예금	1,2000,000

② 《미경과보험료 계상》 회계기말에 건물 화재보험료 미경과분을 선급비용으로 대체하다

• 미경과 보험료 : 보험료(1,200,000원) × 미경과일수(175일)/365일 = 575,342원

선급비용	575,342 /	보험료	575,342

■ 차량보험료 납부 및 선급보험료 계상

① 《차량보험료 납부》 4. 1 차량종합보험료 760,000원(종합보험료 560,000원 임의보험료 200,000원, 보험기간 : 4. 1 ~ 다음해 3. 31)이 계산되어 종합보험료는 일시납, 임의보험료는 2회 분납하기로 하고, 1회분 보험료 660,000원(종합보험료 560,000원 + 임의보험료 1회분 100,000원)을 보통예금에서 인출하여 지급하다.

보험료	760,000 /	보통예금	660,000
		미지급비용	100,000

② 《차량보험료 분납》 10. 1 임의보험료 2회분 100,000원을 보통예금에서 인출하여 지급하다.

미지급비용	100,000 /	보통예금	100,000

③ 《미경과보험료 계산》 회계기말(12. 31)에 미경과보험료를 계산하여 선급비용으로 대체하다.

선급비용	187,397	/	보험료	187,397

* 선급비용(187,397) : 보험료(760,000원) × 90/365(다음해 1/1 ~ 3/31)

■ 저축성 보험료 및 보장성 보험료 납부 회계처리

① 《상해보험료 납부》 종업원의 업무상 재해 및 사망을 보험금 지급사유로 하고 당해 법인을 수익자로 하여 만기시에 일정 금액을 환급받는 보험에 가입하고 적립식 보험료 100,000원 및 보장성보험료 20,000원을 보통예금에서 이체하여 불입하다.

장기성예금	100,000	/	보통예금	120,000
보험료	20,000			

- 장기성예금 : 적립식보험료
- 보험료 : 소멸성 보험료

○ 만기수익자가 법인일 경우

- 적립성 : 장기성예금, 소멸성 : 보험료

○ 상해보험가입시 만기수익자가 직원일 경우

- 적립되는 부분 : 급여에 합산, 소멸성 : 급여에 합산

[핵심 실무] 보험료의 손금산입 방법 등 (서면2팀-1631, 2006.08.28.)

○ 법인이 피보험자를 임원(대표이사 포함) 또는 종업원으로, 수익자를 법인으로 하여 보장성 보험과 저축성 보험에 가입한 경우, 법인이 납입한 보험료 중 만기환급금에 상당하는 보험료 상당액은 자산으로 계상하고, 기타의 부분은 이를 보험기간의 경과에 따라 손금에 산입하는 것임.

○ 법인이 보험계약자이고, 임원이 피보험자 또는 수익자인 경우 법인이 납입한 보험료 중 법인세법 시행령 제43조의 규정에 따라 정관, 주주총회 또는 이사회 결의에 의해 결정된 급여지급기준을 초과하는 금액은 손금불산입하여 상여처분하는 것임.

○ 법인이 보험계약자이고 종업원이 피보험자 또는 수익자인 경우 법인이 납입한 보험료는 종업원의 급여로 보아 손금에 산입하는 것임.

차량유지비

회사의 업무를 위하여 운행하는 차량의 유지 및 관리비를 차량유지비라 하며, 유류대, 차량수리비, 통행료, 주차요금, 세차비, 검사비, 부품교환대, 오일교환대 등이 있다. 차량수리비의 경우 수리와 관련한 매입세액을 공제받기 위해서는 수리한 차량이 부가가치세법상 그 취득 및 유지비용이 공제되는 차량(9인승 이상 승합차, 화물차 등)이어야 한다. 따라서 차량의 유지비용이 공제되는 차량(9인승 이상 승합차, 화물자동차 등)인 경우 그 유지비 발생과 관련하여 세금계산서를 수취하거나, 신용카드로 결제하고 수취한 신용카드매출전표에 공급가액과 세액이 구분되어 있는 경우 그 매입세액을 공제받을 수 있다.

▶ 차량유지비 계정과목 분류

- 자동차세 : 세금과공과금
- 자동차보험료 : 보험료
- 출장계획에 의하여 출장시 운행하는 차량의 유지비 : 여비교통비
- 리스차량에 대한 사용료 : 지급임차료
- 차량의 취득과 관련하여 지출하는 취득세, 기타비용 : 차량운반구
- 과실로 인하여 타인의 차량을 수리하여 준 경우 : 잡손실
- 차량소모품 : 차량유지비
- 차량수리비 : 수선비
- 차량검사비용 : 차량유지비
- 주차요금 : 출장시 주차요금 → 여비교통비, 기타의 경우 → 차량유지비

◈ 직원 소유 차량을 업무에 사용하고 그 유지비를 지급한 경우 경비 인정 여부

직원이 회사업무를 위해서 직원 본인차로 운행을 하고 유지비를 청구할 경우 그 유지와 관련한 비용을 직원 개인신용카드로 사용하여 지출하거나 적법한 영수증을 수취하여 청구하고 회사가 그 비용을 지급하는 경우 비용으로 인정이 되나 업무와 관련한 지출임을 입증하여야 한다. 한편, 이와는 별도로 월정액으로 차량유지비를 지급할 시에는 동 차량유지비는 해당 직원에 대한 급여로 처리하여야 한다.

♣ 상세내용 → 업무용승용차 편 참조

운반비

기업이 영업활동을 영위하는 과정에서 발생하는 운송비용을 처리하는 계정으로 택배요금, 용달운임, 퀵서비스요금, 상차비, 하차비, 화물배송비, 선박 또는 항공운임요금, 기계장치 이전비용 등이 있다. 한편, 수출과 관련하여 부담하는 운반비는 '수출제비용'에 포함하여 처리한다. (수출비용을 항목별로 구분하여 운반비로 처리하기도 함)

▶ 매입과 관련한 운반비용의 회계처리

매입과 관련한 운반비용은 당해 자산의 취득원가에 산입한다.

▣ 운반비 지출증빙서류

적격증빙 수취대상으로 운반용역을 제공받은 경우에는 세금계산서를 수취하여야 하며, 간이과세자로부터 운송용역을 공급받는 경우에는 금융기관을 통하여 그 대금을 송금하고 법인세과세표준신고시 '경비 등 송금명세서'를 제출하여야 한다.

◈ 용달사업자로부터 용달용역을 제공받는 경우 지출증빙

용달사업자가 일반과세자인 경우 세금계산서를 발급받아야 하는 것이며, 간이과세자인 경우 공급받은 재화 또는 용역의 거래금액을 금융기관을 통하여 지급한 경우로서 법인세법 제60조의 규정에 의한 법인세과세표준신고서에 송금사실을 기재한 경비 등의 송금명세서를 첨부하여 납세지관할세무서장에게 제출하는 경우 간이영수증을 수취하여도 됨

운반비 회계처리 사례

① 《택배비 지급》 6. 10 거래업체에 견본품을 택배로 보내고 택배비 50,000원을 현금으로 지급하다.

운반비	50,000 / 현금	50,000

② 《상품 매입 및 운반비 지급》 6. 10 상품 2,000,000원(부가세별도)을 구입하고, 세금계산서를 수취한 후 그 대금은 보통예금에서 인출하여 즉시 결제하다.
한편, 상품구입과 관련한 용달비용 100,000원에 대하여 간이영수증을 수취하고 그 대금은 보통예금에서 인터넷뱅킹으로 용달업자에게 이체하다.

상품	2,000,000	/	보통예금	2,200,000
부가세대급금	200,000			

상품	100,000	/	보통예금	100,000

Q 교육훈련비

교육훈련비란 직무와 관련하여 임.직원의 사내.외 교육훈련을 위하여 지출하는 비용으로 강사초빙비용, 학원수강료, 위탁교육비, 연수원 임차비, 간부수련비, 워크샵비용 등이 있다.

▣ 교육훈련비 지출증빙서류

(1) 교육훈련기관에 지급하는 교육비

교육훈련기관은 부가가치세가 면제되는 사업자로서 적격증빙인 계산서를 수취하여야 한다.

(2) 사내 강사료

소속 직원이 사내 직원을 대상으로 교육을 실시하고 회사가 지불하는 강사료는 직원의 급여로 처분하여 근로소득세를 원천징수하여야 한다.

(3) 외부강사료

계속적이고 반복적으로 강사활동을 영위하는 자인 경우 사업소득으로 외부강사료 지급시 사업소득세(지급금액의 3%) 및 지방소득세(사업소득세의 10%)로 원천징수하여 납부한다. 단, 일시적으로 강의를 하는 자의 경우에는 기타소득세를 원천징수하여야 한다. 징수한 사업소득세 또는 기타소득세는 징수일의 다음달 10일까지 납부하여야 하며, 지급명세서를 작성하여 다음해 2월말일(사업소득의 경우 3월 10일)까지 관할세무서에 제출하여야 한다.

◈ 인적용역 사업소득 또는 기타소득 원천징수

○ 사업소득 원천징수세액 = 지급금액 × 3%

○ 기타소득 원천징수세액 = [지급금액 - 필요경비(지급금액 × 60%)] × 20%

필요경비를 공제한 후의 금액이 5만원 이하인 경우 기타소득세를 과세하지 아니한다. 예를 들어 기타소득에 해당하는 강사료 지급금액이 25만원 이하인 경우 징수하지 않음

➡ 교육훈련비 회계처리 사례

■ 외부강사료 지급

① 《강사료 지급 및 기타소득세 징수》 직원 직무교육을 위하여 외부강사(일시제공)를 초빙하여 교육을 실시하고, 강사료 300,000원에서 기타소득세 12,000원 및 지방소득세 1,200원을 차감한 286,800원을 보통예금에서 인출하여 지급하다.

교육훈련비	300,000	/	보통예금	286,800
			예수금	13,200

* 기타소득세 계산 : [지급금액(300,000) - 필요경비(240,000)] × 20%

② 《기타소득세 납부》 다음달 10일 기타소득세 및 지방소득세를 납부하다.

예수금	13,200	/	보통예금	13,200

■ 노동부에서 교육비 중 일정 금액을 무상으로 지원받는 경우

① 《교육훈련비 지급》 7. 10 직원의 직무교육훈련과 관련하여 교육훈련기관에 등록하고 교육비 1,000,000원을 현금으로 지급하다.

교육훈련비	1,000,000	/	현금	1,000,000

② 《교육비 환급》 7. 30 직업능력개발훈련대상으로 노동부로부터 교육훈련보조금 800,000원이 국민은행 보통예금에 입금되다.

보통예금	800,000 / 잡이익	800,000

도서인쇄비

도서인쇄비란 도서구입 및 각종 인쇄비용을 말하며, 신문대금, 서식인쇄비, 도서구입비, 고무인 및 도장제작비, 명함제작비, 사진현상비용, 인터넷사이트 정보이용료(주로 문서로 된 것) 등이 있다.

▣ 도서인쇄비 지출증빙서류

적격증빙 수취대상으로 그 금액이 3만원을 초과하는 경우 세금계산서 등 정규 지출증빙서류를 수취하여야 한다. 단, 도서구입의 경우 도서는 면세대상으로 그 금액이 3만원을 초과하는 경우 계산서 또는 현금영수증을 수취하거나 카드로 결제한 다음 신용카드매출전표를 보관하여야 한다.

도서인쇄비 회계처리 사례

① 《신문대금 지급》 신문대금 12,000원을 현금으로 지급하다.

도서인쇄비	12,000 / 현금	12,000

② 《도서 구입》 세법편람을 70,000원에 현금 구입하고, 계산서를 수취하다.

도서인쇄비	70,000 / 현금	70,000

회의비

업무와 관련한 회의 진행시 소요되는 각종 비용으로 식음료 및 다과비용, 기타 회의진행 관련 비용, 세미나 비용 등의 지급시 처리하는 계정과목이다.
단, 회의비 중 사회통념상 인정될 수 있는 범위를 초과하는 금액과 유흥을 위하여 지출하는 금액은 기업업무추진비로 처리하여야 한다.

▣ 회의비 지출증빙서류

적격증빙 수취대상으로 그 금액이 3만원을 초과하는 경우 세금계산서를, 면세거래인 경우에는 계산서 등을 수취하거나 신용카드로 결제하여야 적법한 증빙으로 인정되며, 현금결제시 현금영수증을 수취한 경우에도 적법한 증빙으로 인정된다.

회의비 회계처리 사례

① 《회의진행시 다과 구입》 업무와 관련한 회의 진행시 회의참석자들을 위한 과일, 음료, 다과 등 127,000원 어치를 할인점에서 구입하고 대금은 현금으로 지급하다. 한편, 영수증으로 현금영수증을 수취하다.
현금영수증내역 : 과세 공급가액 70,000원, 세액 7,000원, 면세가액 50,000원

회의비	120,000	/	현금	127,000
부가세대급금	7,000			

포장비

포장비는 상품, 또는 제품의 포장과 관련하여 발생하는 비용으로 포장지, 포장박스, 쇼핑백 구입비 등을 말한다. 제품포장과 관련된 비용은 그 내역에 따라 구분하여 정리한다.

예를 들어 화장품과 같이 포장이 제품의 일부로 구성되는 경우에는 재료비에 해당하는 것이나 제품과는 별도로 배송 등을 위하여 포장을 하는 경우에는 포장비로 처리한다. 한편, 포장용품이 비록 소모성비용이라 할지라도 업무의 특성상 대량으로 보유하여야 하는 자산이라면, 자산으로 처리한 후 감가상각을 통하여 비용화한다.

▣ 포장비 지출증빙서류

적격증빙 수취대상으로 3만원을 초과하는 거래시에는 세금계산서를 수취하여야 하며, 간이과세자로부터 구입시에는 신용카드로 결제하여야 한다.

포장비 회계처리 사례

①《포장박스 매입》 상품배송용 포장박스 1,500,000원(부가세 별도)을 구입하고, 그 대금은 나중에 지급하기로 하다.

포장비	1,500,000	/	미지급비용	1,650,000
부가세대급금	150,000			

사무용품비

사무용품비란 사무와 관련한 제비용을 처리하는 계정으로 문구대금, 서식대금, 사무용소모품 등이 있다. 한편, 사무용품비는 소모품비, 비품과 그 성격이 유사한 바 이를 구분하여 설명하면, 다음과 같다.

▶ 비품

캐비넷, 책걸상, 책장, 컴퓨터, 냉장고, 복사기, 팩시밀리, 프린트, 전화기 등을 비품이라고 한다. 이들 제품을 구입하고 비품으로 계정과목처리하면, 매 년 감가상각을 하여야 하므로 매우 번거롭다.

세법에서는 비품 중 거래단위별로 그 취득금액이 100만원 이하인 경우 그 구입연도에 전액비용으로 처리할 수 있도록 규정하고 있으므로 취득금액이 100만원을 초과하는 경우에만 그 계정과목을 비품으로 처리하고, 100만원 이하인 경우에는 소모품비 또는 사무용품비로 처리한다.

▶ 소모품비

캐비넷, 책걸상, 책장, 전화기, 냉장고 등의 취득금액이 100만원 이하인 것, 위생용품, 철물 및 전기용품 등

▶ 사무용품비

컴퓨터, 복사기, 프린트기, 스캐너 등의 취득금액이 100만원 이하인 것, 문구, 복사지, 노트 등

▣ 사무용품비 지출증빙서류

사무용품비 지출에 대한 증빙서류는 적격증빙 수취대상으로 3만원 초과지출에 대하여는 세금계산서, 현금영수증 등 정규영수증을 수취하여야 한다. 한편, 사무용품비 등을 문구점에서 빈번히 구매하는 경우 고정거래처를 두고 매 번의 거래시에는 거래장을 사용하고 월 말에 일괄하여 세금계산서 또는 현금영수증을 수취하거나 신용카드를 사용하여 결제하는 경우 그 매입세액을 공제받을 수 있다.

Q 소모품비

청소용구 및 쓰레기봉투 등 각종 소모, 전기자재 및 철물, 전화기, 책상유리제작비, 랜카드 구입비, 기타 소모품 및 비품으로 취득가액이 100만원 이하인 것으로 한다.

▶ 소모품과 소모품비 구분

소모품이란 당기에 비용처리한 소모품비 중 사용.소비되지 아니하고, 기말에 재고로

남아 있는 부분을 당좌자산인 소모품으로 대체하는 경우 사용하는 계정과목으로 자산에 해당한다.

소모품비 회계처리 사례

① 《소모품 구입》 생산현장에 필요한 잡자재 2,000,000원(부가세 별도)을 구입하고, 현금 결제한 다음 세금계산서를 수취하다.

소모품비	2,000,000	/	현금	2,200,000
부가세대급금	200,000			

② 《소모품 대체》 기말 결산시점에 소모품에 대한 재고조사를 실시한 바 재고소모품이 800,000원으로 당해 연도 소모품비에서 차감하는 결산분개를 하다.

소모품	800,000	/	소모품비	800,000

지급수수료

지급수수료란 주로 용역(서비스)을 제공받고 그 대가를 지급하는 경우 처리하는 계정과목으로 지급수수료 계정과목으로 처리하는 지출항목은 다음과 같다.

송금수수료, 각종 증명서발급수수료, 신용보증수수료, 전기가스점검수수료, 기장수수료, 세무조정수수료, 근저당 설정비용, 컨설팅수수료, 감정수수료, 공증수수료, 컴퓨터유지보수비 및 소프트웨어유지비용, 비자발급수수료, 도메인 관련 등록비 및 수수료, 청소용역비, 품질검사수수료, 채권추심수수료, 카드연회비 등

▣ 지급수수료 지출증빙서류

(1) 금융기관 등에 지급하는 수수료 지출증빙

적격증빙수취대상이 아니므로 금융기관이 발행하는 영수증 또는 계산서 등을 수취하면 된다.

(2) 기타 지급수수료 지출증빙

청소용역비, 전산유지보수료, 시험검사수수료 등 부가가치세가 과세되는 용역을 제공받는 경우에는 세금계산서를 수취하여야 하며, 정화조청소용역, 일반폐기물처리용역, 작업환경 측정용역 등 면세용역을 제공받는 경우에는 해당 사업자로부터 계산서를 수취하여야 한다.

➡ 지급수수료 회계처리 사례

① 《신용보증수수료 지급》 신용보증기금에 신용보증수수료 1,200,000원을 국민은행 보통예금 인터넷뱅킹으로 송금하다. 송금수수료 500원도 같이 인출되다.

지급수수료	1,200,500	/	보통예금	1,200,500

보관료

보관료란 주로 상품, 제품 등 재고자산을 창고업자에게 보관하고 그에 대한 창고보관료, 보관수수료 등 대가를 지급할 경우 처리하는 계정이다.

▣ 보관료 지출증빙서류

적격증빙 수취대상으로 3만원을 초과하는 거래시에는 세금계산서 등 적격증빙을 수취하여야 한다.

➡ 보관료 회계처리 사례

① 《창고보관료 발생》 상품을 보관하고, 상품보관료 1,500,000원(부가세 별도)에 대하여 세금계산서를 수취하고 그 대금은 나중에 지급하기로 하다.

보관료	1,500,000	/	미지급비용	1,650,000
부가세대급금	150,000			

광고선전비

광고선전비란 상품이나 제품 등의 판매촉진이나 기업이미지 제고 등을 위하여 불특정다수를 상대로 각종 매체를 통하여 홍보하는 비용을 말한다.
T.V, 인터넷, 라디오편집 및 광고비, 신문, 잡지광고비, 전단지제작비 및 전단지배포비, 카다로그 제작비용, 간판설치비, 마케팅대행비, 교차로 및 벼룩시장 광고비,

◈ 광고선전비, 기업업무추진비, 기부금 구분

- 광고선전의 목적으로 불특정다수인에게 견본품, 달력, 수첩, 부채, 컵 등 이와 유사한 물품을 불특정다수인에게 기증하기 위하여 지출한 비용은 광고선전비에 해당한다.
- 업무와 관련하여 특정인에게 향응을 제공하거나 선물 등 물품을 제공하는 것은 기업업무추진비로 처리한다.
- 업무와 관련 없이 특정인에게 기증하는 금품은 기부금에 해당한다.

▶ 협찬금 계정과목

회사 상품 또는 제품의 선전을 위하여 지급하는 협찬금은 광고선전비로 처리한다.

▶ 간판설치비 계정과목

간판의 취득금액이 100만원을 초과하는 경우에는 '비품'으로 처리하여 매년 감가상각을 하여야 하나, 취득금액이 100만원 이하인 경우 '광고선전비'로 처리한다.

▶ 전시회 참가와 관련한 제비용 계정과목

광고선전비로 처리한다. 예를 들어 전시회 참가용으로 제품을 전시하고 사은품을 무료로 증정한 것은 광고선전비로 처리하고, 전시장에서 판매를 한 것은 통상의 매출로 처리한다.

▶ 홈페이지 제작비용 계정과목

법인이 대외 홍보를 목적으로 인터넷 홈페이지를 구축하면서 소요되는 비용은 자산(기구 및 비품)으로 계상한다. 단, 인터넷 쇼핑몰을 운영하는 회사의 경우 인터넷 홈페이지의 구축비용은 일반적으로 측정가능성을 충족하고, 당해 지출로 인하여 미래 경제적 효익의 유입을 매우 높게 기대할 수 있기 때문에 기타의 무형자산으로 처리하는 것이 적절하다.

◈ 소액 광고물품의 광고선전비 처리[법인세법 시행령 제19조 18]
광고선전 목적으로 기증한 물품의 구입비용[특정인에게 기증한 물품(개당 3만원 이하의 물품은 제외한다)의 경우에는 연간 5만원 이내의 금액으로 한정한다]

▣ 광고선전비 지출증빙서류

적격증빙 수취대상으로 3만원을 초과하는 거래시에는 세금계산서 등 정규영수증을 수취하여야 하며, 간이과세자로부터 구입시에는 신용카드로 결제하여야 적법한 증빙으로 인정받을 수 있다.

➡ 광고선전비 회계처리 사례

① 《신문광고비 지급》 회사 홍보를 위하여 일간신문에 광고를 의뢰하고, 광고비용 5,500,000원(부가세 포함)을 보통예금에서 계좌이체하고, 세금계산서를 발급받다. 그리고 송금수수료 1,000원이 보통예금에서 같이 인출되다.

광고선전비	5,000,000	/	보통예금	5,501,000
부가세대급금	500,000			
지급수수료	1,000			

Q 판매촉진비

판매촉진비란 판매의 촉진을 위하여 상품 등의 다량 구매자나 고정거래처의 매출에 따른 거래수량이나 거래금액에 따라 장려의 뜻으로 지급하는 금액 등을 처리하는 계정으로 기업회계기준에서는 일정 기간의 거래수량이나 거래금액에 따라 매출액을 차감하는 것은 매출에누리에 포함한다고 하여 판매장려금을 매출에누리와 동일하게 매출액의 차감항목으로 규정하고 있다.

그러나 세법의 규정은 판매장려금에 대하여 부가가치세를 과세하지 않으므로 실무에서는 판매비와관리비로 처리한다. 한편, 판매장려금을 지급받는 자는 장려금을 반드시 영업외수익으로 처리하여야 한다.

◈ 판매장려금은 부가가치세가 과세되지 아니하는 것임 (부가46015-6, 1999.1.5)
사업자가 자기 재화의 판매촉진을 위하여 거래상대자의 판매실적(공급이후)에 따라 재화 또는 용역의 공급없이 판매장려금을 금전으로 지급(또는 수령)하는 경우 당해 판매장려금에 대하여는 부가가치세가 과세되지 아니하는 것이나 별도의 판매관련 알선 등의 용역을 제공하고 그 대가를 리베이트(또는 수수료) 형식으로 받는 경우, 당해 제품 등을 공급받은 자가 동 제품 등을 공급자가 제시한 특정한 조건에 맞게 판매한 경우 별도로 지급하는 금액에 대하여는 부가가치세법 제1조의 규정에 의하여 부가가치세가 과세되는 것임

▣ 판매촉진비 지출증빙서류

판매촉진비는 재화 또는 용역을 공급받고 그 대가를 지급받은 것이 아니므로 정규영수증 수취대상 거래에 해당하지 아니한다.

➡ 판매촉진비 회계처리 사례

■ 금전으로 지급하는 판매장려금

① 《판매촉진비 현금 지급》 (주)한도물산은 상반기 매출금액 1억원을 초과 달성한 고정 매출처에 판매촉진비 3,000,000원을 현금으로 지급하다.

판매촉진비	3,000,000	/	현금	3,000,000

■ 물품으로 지급하는 판매장려금품

판매실적에 따라 물품으로 지급하는 판매장려금품은 부가가치세법상 간주공급에 해당되며, 물품시가를 과세표준으로 하여 부가가치세를 계산하여 납부하여야 한다. 단, 부가가치세는 거래상대방으로부터 거래징수하여 납부하는 것이 아니므로 이 경우 세금과공과금으로 처리한다.

▶ 판매장려금을 재화로 지급하는 경우에는 사업상증여에 해당하는 것임
사업자가 자기의 사업과 관련하여 취득한 부가가치세가 과세되는 재화를 자기의 고객

(거래처 등)에게 증여하는 경우에는 부가가치세가 과세되는 것이며, 이 경우 부가가치세 과세표준은 당해 재화의 시가가 되는 것이고, 세금계산서 발급의무는 면제되는 것임

① 《판매촉진비 지급》 (주)한성전자는 상반기 매출금액 5억원을 초과 달성한 고정 매출처에게 매입원가 2,000,000원인 상품(시가 3,000,000원)을 판매장려금품으로 지급하다.

판매촉진비	2,000,000	/	상품	2,000,000
세금과공과금	300,000		부가세예수금	300,000

Q 대손상각비

♣ **결산 참조**

Q 견본비

상품 또는 제품의 판매를 위하여 거래처에 무상으로 제공하는 상품 또는 제품 샘플비용을 말한다. 견본품은 상품을 판매하기 위하여 타인으로부터 취득한 상품의 일부를 견본품으로 제공하는 경우와 샘플용 견본품을 별도로 제작하는 경우가 있다.

소량이고 일시적으로 견본품을 제작하는 경우 견본품 제작과 관련한 비용은 견본비로 처리하고, 회사가 계속적으로 샘플을 별도로 제작하는 경우에는 원가계산에 의하여 견본품원가를 재고자산으로 계상한 다음 그 사용 시 견본비로 대체처리 하여야 한다.

◈ 사업상 증여와 부가가치세 (부가46410-2689, 1999.09.03)
사업자가 자기의 사업과 관련하여 생산하거나 취득한 재화를 자기의 고객이나 불특정다수인에게 증여하는 경우로서 증여되는 재화의 대가가 주된 거래인 재화의 공급대가에 포함되지 아니한 경우에는 부가가치세가 과세되는 것입니다. 이 경우 부가가치세 과세표준은 당해 재화의 시가가 되는 것이고, 동법시행령 제57조의 규정에 의하여 세금계

산서 발급의무는 면제되는 것임. 다만, 당해 증여되는 재화에 대한 매입세액을 공제받지 아니하는 경우에는 과세되는 재화의 공급으로 보지 아니하는 것임.

◈ 견본품의 부가가치세 과세 여부 (부가, 부가22601-1091 , 1985.06.14)
사업자가 자기의 사업을 위하여 그 대가를 받지 아니하고 다른 사업자에게 인도 또는 양도하는 견본품은 부가가치세가 과세되지 아니하나, 그 대가를 받는 경우에는 부가가치세가 과세됨

▣ 견본비 지출증빙서류

견본품을 별도로 구입하는 경우, 견본품을 제작하는데 소요되는 비용은 적격증빙 수취대상으로 세금계산서 등 정규영수증을 수취하여야 한다.

➡ 견본비 회계처리 사례

① 《견본품 제작》 제품홍보를 위하여 동일물산에 샘플용 견본품 제작을 의뢰하다. 7. 20 샘플용품을 공급받고 매입세금계산서(공급가액 200만원, 부가세 20만원)를 수취하다. 그 대금 중 2,000,000원은 보유하고 있던 어음을 배서양도하고, 잔액은 현금으로 지급하다.

견본비	2,000,000	/	받을어음	2,000,000
부가세대급금	200,000		현금	200,000

Q 외주가공비

외주가공비란 재화를 가공할 목적으로 외부에 용역을 주는 것을 말한다. 예를 들어 제품의 제조과정 중 조립 등 일부를 외부에 맡기고 그 비용 지출할 시 처리하는 계정으로 '외주비'라고도 한다. 또한 기업이 가내부업적인 용역을 가정주부 등으로부터 제공받고 그 대가를 지급하는 것은 대표적인 '외주비'에 속한다.

▣ 외주가공비 지출증빙서류

적격증빙수취대상으로 세금계산서등 정규영수증을 수취하여야 한다. 단, 외주가공의 경우에도 부품의 단순 조립 등을 위하여 사업자등록을 하지 않은 개인(동네 아주머니 등)에게 가공을 의뢰하는 경우 '잡급'으로 처리한다.

◈ 가정주부로부터 임가공용역을 제공받는 경우 지출증빙(법인 46012 - 77, 2000.1.11)
법인이 가정주부로부터 소득세법기본통칙 14 - 1에 해당하는 가내부업적인 용역을 제공받고 소득세법 제14조 제3항 제2호에 해당하는 대가를 지급하는 경우에는 법인세법 제116조 제2항의 지출증빙서류수취대상에서 제외됨.

➡ 외주가공비 회계처리 사례

① 《외주가공비 발생》 제품제조공정의 일부를 하청업체에게 가공하게 하고, 가공료 5,000,000원(부가세 별도)에 대하여 세금계산서를 수취하고 그 대금은 나중에 지급하기로 하다.

외주가공비	5,000,000	/	미지급비용	5,500,000
부가세대급금	500,000			

Q 하자보수비

판매한 상품에 대한 하자보수와 관련하여 A/S 기간 동안 소요되는 부품 구입비용은 소모품비로 처리하나 그 금액이 많은 경우 이를 별도로 구분하여 처리하기 위하여 하자보수비 또는 기업의 특성에 맞는 별도 계정과목을 만들어 사용한다.

사업자가 재화를 공급함에 있어 사전약정에 의하여 당초 공급한 재화가 일정기간내에 품질불량 등으로 하자가 발생한 때에는 동일한 종류의 다른 재화를 무상으로 교체하여 주기로 한 경우 당초 공급한 재화의 하자로 인하여 무상으로 재화를 교체하여 주는 것은 재화의 공급에 해당하지 아니한다.

▣ 하자보수비 지출증빙서류

하자와 관련하여 물품 등을 구입하는 경우 정규영수증인 세금계산서를 수취하거나 신용카드로 결제하여야 한다.

➡ 하자보수비 회계처리 사례

① 《하자발생에 따른 부품교체》 판매한 제품에 하자가 발생하여(무상수리 기한내) 부품 300,000원 상당액을 교체하여 주다.

하자보수비	330,000	/	소모품	300,000

잡비

기타 달리 분류되지 않는 비용으로 그 금액이 소액이고, 자주 발생하지 않는 비용으로 영업활동과 관련한 비용은 잡비로 처리한다.

오.폐수처리비, 정화조청소비, 청소비, 세탁비, 렌트차량수리비, 방화관리용역비

▶ 잡비, 소모품비와 잡손실 구분

기타 달리 분류되지 않는 비용으로 영업활동과 관련한 비용은 잡비로 처리하고, 영업활동과 관련없이 발생하는 비용은 잡손실로 처리한다.

▣ 잡비 지출증빙서류

- 국가기관, 공공기관에 지급한 것 : 해당 기관이 발행한 영수증
- 일반과세자와의 거래 : 세금계산서, 신용카드전표, 현금영수증 등
- 간이과세자 : 신용카드결제 도는 현금영수증
- 사업자가 아닌 개인 : 일용노무비로 처리(잡급 참조)

3 영업외비용

영업외비용이란 직접적인 영업활동과 관련 없이 발생하는 비용으로 이자비용, 외환차손, 유가증권처분손실, 기부금, 잡손실, 외화환산손실, 법인세추납액, 재고자산감모손실, 유형자산처분손실, 등이 있다.

이자비용

이자비용이란 타인으로부터 금전 등을 차입하고 그 차입금에 대한 대가로 지불하는 비용을 말하며 금융기관 차입금에 대한 이자비용, 어음할인료, 기타 이자비용 등이 있다. 금융기관 등 제도권으로부터 차입한 차입금에 대한 이자는 회계처리에 있어 달리 문제될 점은 없으나 개인 또는 사채업자 등으로부터 금전을 차입하고 그 이자를 지급하는 경우 법원칙에 의하여 회계처리를 하기가 쉽지 않은 문제로 경리실무자들은 많은 어려움이 있을 것으로 판단되나 기업 현실에서 이자지급시 처리할 수 없는 문제는 개별 기업이 적절한 방법을 강구하여야 할 것이다.

▣ 이자 지급과 이자소득세 및 지방소득세 원천징수

이자소득에 대한 원천징수세율

지급자	지급받는자	원천징수	지방소득세
개인	개인	이자소득세 25%	이자소득세의 10%
	법인	법인세 25%	법인세의 10%
	금융기관 등에 이자 지급	징수하지 않음	징수하지 않음
법인	개인	이자소득세 25%	이자소득세의 10%
	법인	법인세 25%	법인세의 10%
	금융기관 등에 이자 지급	징수하지 않음	징수하지 않음

▣ 이자비용 지출증빙서류

금융.보험용역을 제공받은 경우 정규영수증 수취대상거래가 아니다. 따라서 금융기관에 이자비용을 지급한 것은 해당 금융기관이 발행한 영수증 등을 수취하여 거래증빙으로 보관하면 되나 금융기관이 아닌 개인사채업자 등에게 이자비용을 지급한 경우에는 당해 사업자가 이자소득세 원천징수의무자로 이자소득세를 징수한 다음 징수일의 다음달 10일까지 원천징수이행상황신고서에 포함하여 신고하고, 이자소득세를 납부하여야 하며, 다음해 2월 말일까지 이자소득 지급에 관한 지급명세서를 관할세무서에 제출하여야 한다.

➡ 이자비용 회계처리 사례

■ 금융기관에 이자를 지급한 경우

① 《차입금 이자지급》 우리은행 단기차입금 1억원에 대한 이자비용 780,820원이 우리은행 보통예금에서 자동인출 되다.

이자비용	780,820	/	보통예금	780,820

■ 개인 또는 사채업자로부터 차입한 차입금에 대한 이자 지급

① 《개인사채이자 지급》 개인 사채(私債)에 대한 이자 1,000,000원을 지급하면서 이자소득세 250,000원 및 지방소득세 25,000원을 공제한 725,000원을 국민은행 보통예금에서 인출하여 지급하다.

이자비용	1,000,000	/	보통예금	725,000
			예수금	275,000

② 《이자소득세 납부》 개인 사채(私債)에 대한 이자지급시 징수한 이자소득세 250,000원 및 지방소득세 25,000원을 보통예금에서 인출하여 납부하다.

예수금	275,000	/	보통예금	275,000

■ 이자 선급과 결산분개

① 《선이자 지급》 9. 30 국민은행에 1년 만기 단기차입금 50,000,000원을 차입하고, 1년 분 이자비용 4,000,000원 및 기타 근저당수수료 등 차입관련 수수료비용 850,000원을 공제한 45,150,000원이 국민은행 보통예금에 입금되다.

차변	금액		대변	금액
보통예금	45,150,000	/	단기차입금	50,000,000
지급수수료	850,000			
이자비용	4,000,000			

② 《선급이자 계상》 결산시 이자 선급액에 대하여 선급비용으로 계상하다.

차변	금액		대변	금액
선급비용	2,991,780	/	이자비용	2,991,780

* 선급비용: 4,000,000원 × 273(미경과일수)/365 = 2,991,780원

▣ 이자비용 세무상 유의사항

대표이사 등 특수관계자에게 업무와 관련 없이 회사의 자금을 대여한 가지급금이 있고, 인정이자를 계상하여 법인의 익금에 산입한 경우로서 차입금이자가 있는 경우 지급이자에 총차입금에서 차지하는 가지급금 등의 비율을 곱하여 계산한 금액을 세무조정에서 손금불산입하여야 한다.

■ 지급이자 손금불산입액 계산

$$\text{지급이자} \times \frac{\text{업무무관 부동산 적수 + 업무무관 동산적수+ 업무무관 가지급금 적수}}{\text{차입금 적수}}$$

- 차입금 및 가지급금 등의 가액은 적수로 계산한다.
- 적수계산 : 적수계산 대상 차입금, 부동산, 동산 등의 매일 잔액을 1회계 기간 동안 합한 금액을 말한다.

외환차손

♣ 외환차익 참조

외화환산손실

♣ 외화환산이익 참조

기부금

기부금은 기업의 사업활동과는 직접적인 관계없이 타인에게 무상으로 기부하는 금품으로 기업의 사회적 책임 측면에서 정부는 기부금 지출을 장려하여야 할 것이나 그 지출이 과다할 경우 기업의 재무구조를 악화시키고 모든 기부금품에 대하여 손금으로 인정한다면, 조세회피의 수단으로 악용될 수도 있는바 세법에서는 기부금의 순기능과 역기능을 고려하여 기부금의 종류[특례기부금(2024년 이후 명칭 변경 : 법정기부금 → 특례기부금), 일반기부금(2024년 이후 명칭 변경 : 지정기부금 → 일반기부금)]에 따라 손금인정범위를 구체적으로 정하고 있다.

▶ 사업자가 자기의 상품 또는 제품을 국가 등에 기부하는 경우 부가가치세 과세 여부

사업자가 자기 과세사업과 관련하여 생산하거나 취득한 재화를 국가·지방자치단체·지방자치단체조합 또는 공익단체에 무상으로 공급하는 재화 또는 용역은 부가가치세가 면제되는 것이나 기타 무상으로 기부하는 것은 사업상증여에 해당하여 부가가치세가 과세되는 것임

▶ 인가받지 못한 사회복지시설 또는 단체(개인)에 기부한 경우 손금 인정 여부

세법상 기부금공제대상이 아니므로 손금으로 인정을 받을 수 없다. 따라서 일반기부금 대상단체에 해당하지 않는 경우 기부금으로 처리하고 세무조정에서 손금불산입하여야 한다. 다만, 이를 지급한 사실을 입증하는 증빙(보통예금 이체, 영수증)을 갖추어 두어야 한다.

▣ 기부금 지출증빙서류

기부금은 사업과 관련하여 사업자로부터 재화와 용역을 공급받고 대가를 지급하는 것이 아니므로 법인세법 제116조(지출증빙서류의 수취 및 보관) 및 제76조 제5항(지출증빙가산세) 규정은 적용되지 아니한다. 단, 특례기부금 또는 일반기부금을 기부한 경우 기부금영수증(별지 제63호의 3 서식)을 수취하여 보관하여야 한다.

기부금 회계처리 사례

① 《기부금 지급》 대한맹아인협회에 1,000,000원을 현금으로 기부하다.

기부금	1,000,000 / 현금	1,000,000

기부금 세무상 유의사항

① 법인이 지출하는 기부금은 소득금액의 50% 한도내에서 손금으로 용인되는 기부금(법정기부금)과 소득금액의 10% 한도내에서 손금에 산입하는 일반기부금 및 손금에 산입하지 않는 비일반기부금으로 구분되며, 일반기부금 중 손금산입 범위액을 초과하는 금액과 비일반기부금은 손금에 산입할 수 없다.

* 지정기부금 대상단체 : 법인세법 시행령 제36조 및 법인세법 시행규칙 제18조 참조

② 기부금을 미지급금으로 계상한 경우 실제로 지출할 때까지는 기부금으로 보지 아니한다.

③ 기부금을 금전 외의 자산으로 제공한 경우 이를 제공한 때의 장부가액으로 기부금을 계상한다.

유가증권처분손실

유가증권처분손실이란 유가증권의 처분시 처분금액이 장부상 가액보다 적은 경우 발생하는 손실금액을 말한다.

기업이 일시적으로 여유자금이 발생하는 경우 단기 투자목적으로 주식 등 유가증권을 취득하기도 하지만, 중소기업의 경우 회사자금을 주식에 투자하는 경우는 자주 발생하지 않는다. 다만, 유형자산(차량운반구, 부동산 등)의 취득, 국가기관, 지방자치단체와의 거래시에 국채, 공채 등을 취득하여야 하는 경우가 있다. 이런 경우 취득한 국채, 공채는 그 회수기간이 길고 이자율이 낮으므로 대개의 경우 취득 즉시 증권회사, 사채업자 등에게 할인하여 현금화 하기도 한다.

유가증권처분손실 회계처리 사례

① 《상장주식 취득》 단기 투자를 목적으로 (주)진로의 주식 10,000,000원을 보통예금에서 인출하여 취득하고, 취득시 부대비용으로 50,000원을 현금으로 지급하다.

차변	금액	/	대변	금액
단기매매증권	10,000,000	/	보통예금	10,000,000
지급수수료	50,000		현금	50,000

* 유가증권 중 단기매매를 목적으로 취득한 것은 구분하여 단기매매증권으로 처리한다.
* 유가증권을 취득할 때 제수수료는 지급수수료로 처리한다.

② 《주식 매각》 (주)진로의 주식을 8,000,000원에 매각하고, 매각대금 중 수수료 100,000원을 공제한 7,900,000원이 보통예금에 입금하다.

차변	금액	/	대변	금액
보통예금	7,900,000	/	단기매매증권	10,500,000
유가증권처분손실	2,600,000			

* 매각시 수수료 등 제비용을 지급수수료로 구분하여 처리하기도 한다.

투자자산처분손실

장기보유주식, 투자부동산 등 투자를 목적으로 소유하였으나 처분시 손실이 발생한 경우 처리하는 계정으로 투자자산의 장부가액보다 처분가액이 적은 경우 그 차액을 말한다.

투자자산처분손실 회계처리 사례

① 《투자주식 취득》 (주)갑을은 장기 투자를 목적으로 삼양사 주식 1,000주(주당 40,000원)를 취득하고 그 대금은 보통예금에서 인출하여 지급하다.

매도가능증권	40,000,000	/	보통예금	40,000,000

② 《투자주식 처분》 삼양사의 주식을 주당 30,000원에 처분하다. 그 대금은 보통예금에 입금되다.

보통예금	30,000,000	/	매도가능증권	40,000,000
투자자산처분손실	10,000,000			

유형자산처분손실

유형자산처분손실이란 토지, 건물, 기계장치, 비품, 차량운반구 등 유형자산의 처분가액이 장부상 가액보다 적은 경우 발생하는 손실금액을 말한다. 유형자산 처분시 해당 유형자산에 대한 감가상각누계액이 설정되어 있는 경우 감가상각누계액과 먼저 상계하여야 한다. 그리고 유형자산의 처분시 해당 연도 처분 월까지의 감가상각비를 계상하지 않아도 되므로 처분연도의 감가상각충당금은 계상하지 않는다.

유형자산처분손실 회계처리 사례

◎ 《기계장치 처분》 취득가액 2천만원인 기계장치를 3,000,000원(부가세 별도)에 처분하고 그 대금은 현금으로 수취하다. (감가상각누계액 5,000,000원)

현금	3,300,000	/	기계장치	20,000,000
감가상각누계액	5,000,000		부가세예수금	300,000
유형자산처분손실	12,000,000			

유형자산처분손실

매각금액(부가세 제외금액) - 장부가액(취득가액 - 감가상각누계액)

유형자산처분손실 세무상 유의사항

유형자산 처분시 유형자산에 대한 감가상각비를 세법상 감가상각비 한도내의 금액을 계상한 경우에는 달리 문제될 점이 없으나 세법상 감가상각비 한도액을 초과 계상하여 세무조정에서 손금불산입한 경우 당해 자산의 양도시 상각부인액은 양도일이 속하는 사업연도의 세무조정에서 손금산입한다. 왜냐하면, 상각부인액이란 기업이 장부상 계상한 감가상각비가 세법에 규정한 범위액을 초과하는 경우 그 초과액에 대하여 손금으로 인정하지 아니한 금액으로 감가상각자산의 양도시 잔존가액은 세무조정에서 상각부인을 하기 전 잔액이다. 따라서 상각부인액은 손익귀속연도의 차이로 인한 금액으로 처분시 손금산입하여야 한다.

유형자산감액손실

유형자산의 가치하락 또는 시장가치의 급격한 하락 등으로 인하여 유형자산의 미래 경제적 효익이 장부가액에 현저하게 미달할 가능성이 있는 경우에는 기업회계기준에 의하여 감액손실로 처리할 수 있다. 한편, 천재지변.화재 등 사유로 인하여 손실이 발생한 금액은 재해손실에 해당하며, 재해손실은 개정 기업회계기준서에 의하여 영업외비용으로 분류한다.

유형자산감액손실 증빙서류

유형자산 폐기시에는 유형자산을 매각하지 아니하고, 폐기하였다는 사실을 구체적으로 입증할 수 있는 관련 증빙자료를 반드시 보관하여야 한다.

유형자산감액손실 회계처리 사례

◎ 《유형자산 폐기》 회사의 기계장치가 진부화되어 더 이상 사용이 불가능하게 되었다. 따라서 해당 기계장치를 폐기하다. 폐기시 잔존가치에서 1,000원을 공제한

금액을 전액 감액손실로 처리하다. (기계장치 취득원가 15,000,000원, 감가상각누계액 9,000,000원)

감가상각누계액	9,000,000 /	기계장치	14,999,000
유형자산감액손실	5,999,000		

유형자산감액손실 세무상 유의사항

유형자산이 진부화되거나 시장가치가 급격히 하락한 자산에 대하여 기업회계기준에 의하여 감액손실을 계상한 경우 세법에서는 이를 인정하지 않으므로 외부회계감사를 받지 않는 중소기업의 경우 유형자산감액손실을 계상하지 않아도 무방하다. 단, 시설개체나 기술낙후로 인하여 생산설비의 일부를 폐기하는 경우에 한하여 유형자산감액손실을 계상할 수 있다.

전기오류수정손실

♣ 전기오류수정이익 참조

전기오류수정손실 회계처리 사례

■ 전기 비용 항목을 자산으로 처리한 경우

[예제] 전기에 기계장치 수리비 2백만원을 수선비로 처리하여야 하였으나 기계장치로 처리하였다. 따라서 당기에 전기 법인세 신고내용을 수정신고하고, 기계장치에서 차감하는 분개처리를 하다.

<전기 세무조정>
손금산입 2,000,000 (△유보)

<당기 회계처리> 기계장치 2백만원을 차감하는 분개처리를 하다.

전기오류수정손실	2,000,000 / 기계장치	2,000,000

<당기 세무조정> 손금불산입
전기오류수정손실 2,000,000원 (유보)

■ 부채가 장부에 누락된 경우

실제 부채가 있으나 장부상 누락된 경우로서 그 원인을 알 수 없는 경우 전기오류수정손실로 처리할 수 있으며, 이 경우 잉여금 항목의 전기오류수정손실로로 처리하는 경우 별도의 세무조정은 하지 않아도 된다.

[예제] 거래처 외상매입금 1백만원이 있으나 장부에 누락되었음을 발견하고, 잉여금 항목의 전기오류수정손실로 처리하다.

전기오류수정손실	1,000,000 / 외상매입금	1,000,000

Q 잡손실

영업활동과 관계없이 발생하는 기타 손실금액을 말한다. 단, 잡손실이 중요한 금액인 경우 별도의 계정을 만들어 사용한다. 한편, 영업활동과 관련하여 발생하는 손실금액은 잡비로 처리한다.

소액의 손해배상금, 지체상금, 소액의 매출대금회수손실, 현금분실금액, 기타 손실금액, 업무와 관련하여 손해를 입은 피해자에 대한 보상금 또는 병원치료비등

▶ 잡비와 잡손실 계정과목 구분
통상의 거래에서 빈번히 발생하지 않는 영업외적인 손실금액은 잡손실로 처리하며, 영업활동과 관련있는 손실금액은 잡비로 처리한다.

▣ 잡손실 증빙서류

정규영수증을 수취하지 않아도 되는 예외거래를 제외한 경우 이외에는 정규영수증을 수취하여야 한다. 단, 손해배상금의 경우 재화나 용역의 공급에 해당하지 아니하므로 적격증빙수취대상거래는 아니나 지급사실에 대한 증빙서류(손해배상금 수령증 등)는 수취하여야 손금으로 인정받을 수 있다.

잡손실 회계처리 사례

◎ 《피해합의금 지급》 직원이 업무 중 차량 접촉사고를 일으켜 피해합의금 십만원을 현금으로 지급하다. 피해합의금은 회사가 부담하기로 하다.

잡손실	100,000 /	현금	100,000

재해손실

재해손실이란 화재, 천재지변, 풍수해 등으로 인하여 재고자산 및 유형자산이 멸실된 경우 처리하는 계정이다.

재해손실 회계처리 사례

① 《화재로 인한 건물 소실》 화재로 인하여 공장 건물이 전소되었다. 건물 취득가액 600,000,000원, 감가상각누계액 100,000,000원

감가상각누계액	100,000,000 /	건물	600,000,000
미결산	500,000,000		

② 《화재보험금 수령》보험회사로부터 보험금 400,000,000원을 수령하다.

보통예금	400,000,000 /	미결산	500,000,000
재해손실	100,000,000		

4 법인세비용

법인세비용이란 법인세법에 의하여 당해 사업연도에 부담할 법인세 및 법인세에 부가되는 세액의 합계액을 말한다. 법인세는 사업소득과 관련하여 발생한 비용이 아니라 법령에 의하여 납부하는 세금으로 손금산입대상이 아니다. 따라서 법인세는 세무조정에서 손금불산입처리한다.

법인세비용

법인세는 결산 시점에 결산서상 당기순이익을 기준으로 납부할 법인세 및 법인세분 지방소득세를 산출하여 장부상 계상한 다음 세무조정으로 인하여 실제 납부할 법인세와 차액이 발생하는 경우 추가로 납부하는 금액은 '법인세비용' 또는 '법인세추납액'으로 처리하며, 실제 납부할 금액이 회계기말에 계상한 법인세보다 적은 경우 그 차액은 '법인세환급액'으로 처리한다.

▶ 법인세추납액은 법인 세무조정 등에 의하여 실제 납부할 세금이 전년도 결산시 장부상 계상한 미지급법인세 잔액보다 많은 경우 또는 세무조사 등에 의하여 추징되는 법인세를 처리하는 계정으로 영업외비용으로 처리한 다음 세무조정에서 손금불산입한다.

▶ 법인세환급액은 전년도 결산시점 장부상 잡혀있는 미지급법인세 잔액이 법인 세무조정 결과 실제 납부할 세금보다 많은 경우 처리하는 계정으로 법인세환급액은 영업외수익으로 처리한 다음 세무조정에서 익금불산입한다.

회계기말에 납부할 법인세를 계상하여 '법인세비용'으로 처리하여야 하나 회계기말에 납부할 세액을 계상하지 아니하고, 실제 납부시에만 회계처리하는 경우에도 과세소득에 영향이 없고, 그 결과가 동일하므로 실무에서는 회계기말에 별도로 납부할 세액을 계상하지 아니하고 납부시에만 '법인세비용'으로 처리하기도 한다.

법인세는 회계기간 중 법인세중간예납세액을 납부하여야 하며, 법인이 예금에 대한 이자수입이 발생하는 경우 금융기관이 법인에게 예금이자를 지급할 시 이자소득세를 원천징수하게 되므로 미리 납부하는 경우가 있다. 미리 납부하는 법인세는 '선납세금'으로 처리한 다음 납부할 법인세에서 차감한다.

■ 법인세

법인세법의 규정에 의하여 법인의 각 사업연도소득에 대하여 사업연도종료일(12월말 법인 12. 31)로부터 3개월 내에 신고 및 납부하여야 하는 세금이다.

■ 법인세분 지방소득세

법인세와는 별도로 지방세법의 규정에 의하여 법인세의 10%를 사업연도종료일(12월말 법인 12. 31)로부터 4개월 내에 신고 및 납부하여야 하는 세금이다.

■ 법인세 중간예납세액

내국법인으로서 각 사업연도의 기간이 6월을 초과하는 법인은 당해 사업연도개시일부터 6월간을 중간예납기간으로 하여 직전 사업연도의 법인세로서 확정된 산출세액(가산세를 포함하며, 토지등 양도소득에 대한 법인세를 제외한다)에서 다음 각 항의 금액을 공제한 금액을 직전 사업연도의 월수(12개월)로 나눈 금액에 6을 곱하여 계산한 금액(중간예납세액)을 그 중간예납기간(12월말 법인의 경우 6. 30)이 경과한 날부터 2월 이내(8. 31)에 납세지 관할세무서 · 금융기관 또는 체신관서에 납부하여야 하는 것이다.

① 직전 사업연도에 감면된 법인세액(소득에서 공제되는 금액을 제외한다)
② 직전 사업연도에 법인세로서 납부한 원천징수세액
③ 직전 사업연도에 법인세로서 납부한 수시부과세액

▶ 법인세 중간예납세액
[(직전사업연도 산출세액 + 가산세) - 감면세액 - 원천납부세액 - 수시부과세액] × 6/12

■ 선납세금

금융기관 등으로부터 이자를 수령할 시 원천징수되는 이자소득원천징수세액은 선납세금으로 처리한 후 법인세 납부시 납부할 세금에서 공제한다.

법인세비용 회계처리 사례

① 《이자수입에 대한 법인세 납부》 정기예금을 예치하여 둔 거래은행에서 정기예금 이자 1,000,000원이 발생하여 법인세 140,000원 및 지방소득세 14,000원을 원천징수하고 잔액 846,000원을 보통예금통장으로 입금하다.

보통예금	846,000	/	이자수익	1,000,000
선납세금	154,000			

② 《법인세 중간예납세액 납부》 법인세 중간예납세액 5,000,000원을 보통예금에서 인출하여 납부하다.

선납세금	5,000,000	/	보통예금	5,000,000

③ 《법인세 계상》 회계기말 결산시 법인세 10,000,000원 및 법인세분 지방소득세 1,000,000원을 계상하다.

법인세비용	11,000,000	/	선납세금	5,154,000
			미지급법인세	5,846,000

④ 《미지급법인세 납부》 세무조정 후 법인세 12,000,000원 및 법인세분 지방소득세 1,200,000원이 계상되어 납부할 법인세 12,000,000원에서 선납세금 5,154,000원을 공제한 6,846,000원을 보통예금에서 인출하여 납부하다.

미지급법인세	5,846,000	/	보통예금	6,846,000
법인세비용	1,000,000			

⑤ 《법인세분 지방소득세 납부》 법인세분 지방소득세 1,200,000원을 보통예금에서 인출하여 납부하다.

법인세비용	1,200,000	/	보통예금	1,200,000

법인세등추납액

법인세등추납액은 전년도 결산시점에 계상한 미지급법인세보다 법인 세무조정 등에 의하여 실제 납부할 세금이 많은 경우 또는 세무조사등에 의하여 추징되는 '법인세등'을 처리하는 계정으로 세무조정에서 손금불산입한다. 반면, 법인세환급액은 전년도 결산시점에 계상한 미지급법인세가 세무조정 후 실제 납부할 세금보다 많은 경우 처리하는 계정으로 법인세환급액은 그 발생 원인에 따라 전기오류수정이익(영업외수익)으로 처리한 다음 세무조정에서 익금불산입 하여야 한다.

법인세등추납액 회계처리 사례

① 《법인세 등 추징세액 납부》 법인세조사 결과 법인세 5,000,000원 및 동 가산세 1,500,000원, 부가가치세 3,000,000원 및 동 가산세 500,000원이 추징되어 보통예금에서 인출하여 납부하다.

법인세등추납액	8,000,000	/	보통예금	10,000,000
세금과공과금	2,000,000			

3

결산정리·재무제표
차량세무·지출증빙

1 결산 및 결산과정

1 결 산

결산이란 1사업연도 (통상 1. 1 ~ 12. 31) 기간 동안 기업의 사업활동과 관련하여 발생한 수많은 거래를 기록한 자료를 근거로 기업회계기준에 의하여 일정 시점(12. 31)에 기업이 보유하고 있는 자산상태를 표시하는 재무상태표, 일정 기간(1. 1 ~ 12. 31) 동안 사업실적(손익)을 나타내는 손익계산서, 제조업 및 건설업의 경우 제조현장 및 건설현장에 직접 소요된 원가를 표시하는 원가명세서, 법인사업자의 경우 법인의 사업활동 결과 발생한 이익의 처분내역을 나타내는 이익잉여금처분계산서(손실이 발생한 경우에는 결손금처리계산서) 등을 작성하기 위한 일련의 과정을 말한다. 다시 말하면, 결산이란 기업이 일정 시점에 보유하고 있는 자산 및 부채, 자본 현황을 정확히 측정하고 일정 기간 동안의 사업실적을 보다 명백히 파악하기 위한 일련의 회계과정을 결산이라 한다.

재무제표란 이러한 결산 과정을 거쳐 작성한 재무상태표, 손익계산서, 이익잉여금처분계산서(또는 결손금처리계산서), 현금흐름표, 자본변동표로 구성되며, 주석을 포함한다.

보 충 | 현금흐름표

현금흐름표란 회계기간동안 발생한 현금유입과 현금유출에 관한 정보를 제공하는 재무보고서로 외부감사를 받는 법인의 경우 법인세신고시 제출하여야 한다. 따라서 외부회계감사를 받지 않는 중소기업의 경우 통상 현금흐름표를 작성하지 않는다.

2 결산과정은 왜 필요한가?

기업에서 발생한 각종 거래를 기록.정리한 다음 결산과정을 거치지 않고 총계정원장을 마감 및 집계하여 사업연도 말 현재 시점의 기업 재산상황을 나타내는 재무상태표 및 사업연도 기간 동안의 사업실적을 나타내는 손익계산서를 작성한 경우 기업의 재무상태 및 경영성과를 정확하게 표현한 것인가? 를 살펴보면, 아래와 같은 문제점을 알 수 있을 것이다. 따라서 기업은 결산시 반드시 결산정리과정을 거쳐야 비로소 정확한 기업재무상태 및 경영성과를 알 수 있다. 최근 대부분의 기업은 장부정리 및 결산정리과정을 수기로 처리하지 않고 전산으로 처리하므로 본 장에서는 그 개념을 이해하는 정도의 대략적인 흐름만을 살펴보자.

○ 당기 중에 구매한 원재료(또는 상품)매입액 전액이 기말재고자산으로 남아 있어 매출원가에 반영되지 않았다.

○ 유형자산(건물, 기계장치, 차량운반구, 공구.기구, 비품 등)의 감가상각비가 당기 중 반영되지 않아 이익이 과대하게 계상되었다.

○ 기말 현재 현금시재가 장부상 현금시재와 차액이 있는 경우 차액이 반영되지 않았다.

○ 기업이 보유하고 있는 유가증권의 시가가 장부상 금액(취득원가)과 차이가 있는 경우 그 시가가 반영되지 않았다. (세법은 평가손익을 인정하지 아니함)

○ 당기 중에 지급한 각종 비용 중 그 기간이 다음연도까지 미치는 경우에도 당기에 전액 비용으로 계상함으로서 비용을 과대하게 계상하였다.

○ 당기 중에 발생한 수익 중 일부금액은 다음연도의 수익에 해당함에도 당기에 전액 수익으로 계상함으로서 이익을 과대하게 계상하였다.

○ 당기에 발생한 비용임에도 사업연도말까지 지급을 하지 않은 경우 비용이 과소 계상되었다.

○ 당기에 실현된 수익임에도 이를 수익에 반영하지 않아 수익이 과소 계상되었다. (임대료 등의 미수수익)

○ 장차 일시에 발생할 수 있는 손실에 대하여 당기에 일정금액을 비용에 반영하지 못하여 이익이 과대하게 계상되었다. (대손상각, 퇴직급여 등)

3 결산정리과정

결　산　절　차		
결산 예비절차	결산 본 절차	결산보고서 작성
1 수정전 합계잔액시산표	1 수정후 합계잔액시산표	1 재무상태표
2 보조장부와 대조	2 장부마감과 이월	2 손익계산서
3 재고조사 실시		3 이익잉여금처분계산서
4 결산정리분개		4 현금흐름표
5 정산표 작성		5 부속명세서

결산 예비절차

❶ 합계잔액시산표 작성

기업에서 발생하는 모든 거래는 항상 분개 방식으로 기록하므로 계정과목을 집계하면 차변 계정과목 금액 합계와 대변 계정과목 금액합계는 언제나 일치하도록 되어 있다. 따라서 총계정원장(계정별원장)에 있는 모든 계정과목의 합계를 아래 예시와 같이 나열하여 표를 작성한 것이 시산표이다. 시산표는 잔액만을 표시하는 잔액시산표, 합계만을 표시하는 합계시산표, 합계 및 잔액을 표시하는 합계잔액시산표가 있으며 실무에서는 대부분 합계잔액시산표를 작성한다.

차　변		대　변	
(계정과목)	******	(계정과목)	******

[합계잔액시산표]

차　변		계정과목	대　변	
잔　액	합　계		합　계	잔　액

❷ 보조장부와 대조

계정별원장만으로는 거래내용을 파악하기가 불충분한 경우 필요에 따라 보조장부를 작성한다. 보조장부에는 거래처원장, 기타 거래처원장(예금 통장별원장, 차입금별원장 등), 지급어음관리대장, 받을어음관리대장 등이 있으며 계정별원장 잔액과 보조장부 금액(채권.채무조회 및 거래처별 잔액 및 합계금액)의 일치 여부를 대조한다.

❸ 재고조사 실시

결산일 현재 재고자산을 조사하여 장부상 금액과 일치 여부를 검토한 다음 차액에 대하여 결산정리분개를 한다.

❹ 결산정리 분개

결산정리할 사항에 대하여 체크리스트를 작성하여 결산정리분개 후 계정별원장에 전기한다.

❺ 정산표 작성

수정전 잔액시산표를 기준으로 결산정리분개 사항을 정리기입한 후 차가감하여 손익계산서 및 재무상태표란 차변 및 대변란에 기입한다. 단, 전산처리시 별도로 정산표를 작성하지 않아도 자동으로 처리된다.

《정산표 양식》

계정과목	잔액시산표		정리기입		손익계산서		재무상태표	
	차 변	대 변	차 변	대 변	차 변	대 변	차 변	대 변

Q 결산 본 절차

❶ 수정후 합계잔액시산표 작성

총계정원장(계정별원장)의 각 계정과목별 장부를 마감한다.

❷ 장부마감과 이월

제장부를 마감한 다음 이월한다. 전산처리시 자동으로 처리된다.

Q 결산보고서 작성

❶ 재무상태표 작성

장부를 마감한 다음, 자산은 자산의 종류별(계정과목)로 구분하여 표시하고, 자산을 형성한 원천인 부채 및 자본을 종류별(계정과목)로 일정한 순서에 의하여 기록하여 작성한다. (자산 = 부채 + 자본)

❷ 손익계산서 작성

장부를 마감한 다음 매출을 표시하고, 매출과 관련하여 발생한 제비용(판매비 및 일반관리비)을 종류별로 표시한 다음 영업외 수익과 영업외 비용을 차가감한 후 당기순이익을 계산한다.

❸ 이익잉여금처분계산서 작성

법인기업의 경우 이익잉여금의 처분에 관한 내역서를 작성한다.

2 결산정리사항

1 상품매출원가 계산(도·소매업)

기업의 목적은 이윤추구다. 이윤을 얻기 위해서 도.소매업은 상품을 구입하여 판매하여야 하고, 제조기업은 원재료 등을 가공하여 제품을 생산하여 판매하여야 한다. 즉 판매를 통하여 이윤을 만들 수 있으며, 물품 등을 판매하기 위해서는 여러 가지 비용이 든다. 이 비용 중 판매한 물품 등의 물품구입원가를 매출원가라 하며, 제조업은 판매한 제품의 제품생산원가가 매출원가이다.

예를 들어 상품 한 개를 100,000원에 구입하여 130,000원에 판매하였다면, 상품의 매출원가는 100,000원이다. 그러나 상품 종류가 많고 동일한 상품이라도 구입시마다 상품단가가 다른 경우 각 개별 상품별로 판매한 상품의 구입원가(매출원가)를 계산하기란 현실적으로 어려우므로 일정 기간 동안 판매한 상품의 원가는 아래와 같이 계산한다.

기초상품가액에 당기 상품매입액을 합한 금액은 당기 중 판매가능한 상품가액이다. 당기 중 상품을 전액 판매하였다면, 당기매출액에 대한 매출원가는 기초상품가액에 당기 상품매입액을 합한 금액이다. 그러나 기말에 판매되지 않고 남아 있는 상품이 있다면, 판매가능한 상품가액에서 기말상품재고금액를 차감한 가액이 당기 매출원가다. 따라서 당기 매출원가를 산출하려면 반드시 기말상품재고를 파악하고 그 금액을 계산하여야 한다.

매출원가 = 기초상품재고액 + 당기 상품매입액 - 기말상품재고액

매입액

당기상품매입액은 상품의 총매입액에서 매입에누리와 환출 및 매입할인을 차감한 금액으로 한다. 즉, 수량부족, 불량 등의 사유로 에누리를 받은 금액 및 매입한 상품 중 반품한 상품을 차감하여야 한다.

[매입환출]
매입된 제품이 불량 등의 원인으로 반품한 것을 말한다.
[매입에누리]
수량부족, 불량 등의 사유로 매입대금을 할인받은 것
[매입할인]
매입자가 외상대금을 약속한 날짜보다 일찍 상환할 시 매출자가 외상매출대금의 일부를 깎아 준 금액을 말한다.

한편, 상품매입에 직접 소요된 제비용은 매입액에 포함한다. 예를 들어 매입상품의 운반비 또는 수입물품의 경우 수입시 발생하는 제비용(관세, 통관수수료, 운임 등)은 수입물품의 원가에 포함한다.

[사례] 도·소매업의 매출원가 계산
1. 회계연도 초일 현재 이월된 상품 : 3천만원
2. 1. 1 ~ 12. 31 기간 중 상품매입액 : 1억 7천만원
3. 당해 회계연도 중 판매 가능한 상품가액 : 2억원(기초상품재고액 + 당기매입액)
4. 12. 31 기말 현재 재고상품 : 2천만원
5. 매출원가(매출한 상품의 매입원가) : 1억 8천만원

◎ 《상품계정을 매출원가로 대체》 당기에 판매가능한 상품(기초상품재고액 + 당기매입액) 중 기말재고상품을 제외한 1억 8천만원을 매출원가로 대체하다.

매출원가	180,000,000	/	상품	180,000,000

2 제품제조원가 및 매출원가 계산

제조기업의 경우 제품의 제조원가를 산출하기 위하여 제품 제조에 투입된 재료비, 노무비, 기타 경비 등을 집계한 다음 제품 생산과정에 있는 재공품 가액을 평가하여 차감한 후 제품계정에 대체하고, 기말제품가액을 평가하여 차감하여야 하는 등 그 계산절차가 매우 복잡하고 어려운 일로 제품의 제조원가를 정확히 산출하기란 쉽지 않으므로 소규모 기업의 경우 재공품재고액 등을 무시하고 생산공정에 투입된 총비용을 단순 계산하여 당기 완성제품가액을 산출한 다음 기초제품가액을 더하고 기말제품가액을 차감하여 매출원가를 계산하기도 한다.

제조업 매출원가계산 흐름도

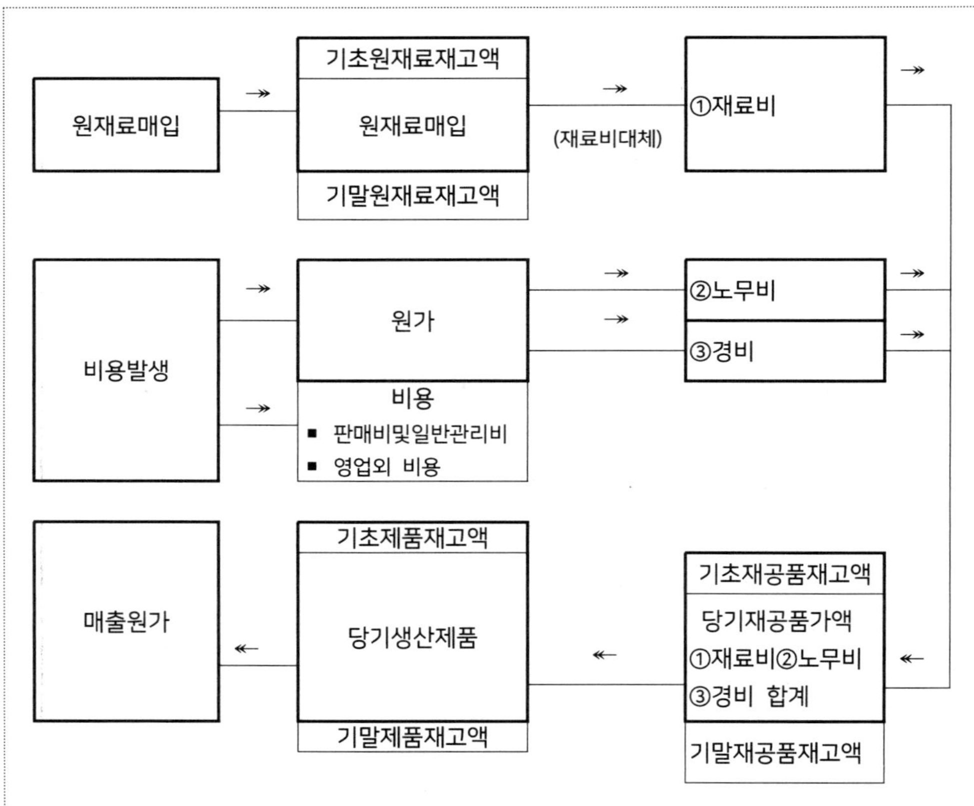

- 재료비 : 매입한 원재료 중 제품제조에 투입한 금액(원재료 → 원재료비)

종합원가계산에 의한 제품제조원가 및 매출원가 계산

종합원가계산은 단일종류의 제품을 대량생산하는 업종에 적용하는 원가계산방법으로 식품, 금속, 제지제조업, 화학공업 등의 원가계산에 적합한 방법이다.

종합원가계산은 하나 이상의 제조공정을 이용하여 생산되는 제품에 원가를 배분하는 방법으로 각 공정별로 원가계산이 이루어진다.

종합원가계산에서는 각 제조공정별로 제조원가를 집계하고, 일정 기간 동안 그 공정에서 생산한 총생산량에 균등하게 배분하여 생산량의 단위당 원가를 계산하는 방법이다. 즉, 이 방법은 각 공정이나 부문별로 집계한 원가를 생산량으로 나누어 단위당 원가를 산출한다. (재공품수량은 완성품수량으로 환산하여 계상함)

종합원가계산에서는 원가요소를 일반적으로 재료비(직접재료비)와 가공비(직접노무비와 제조간접비)로 구분한다.

■ 종합원가계산 과정

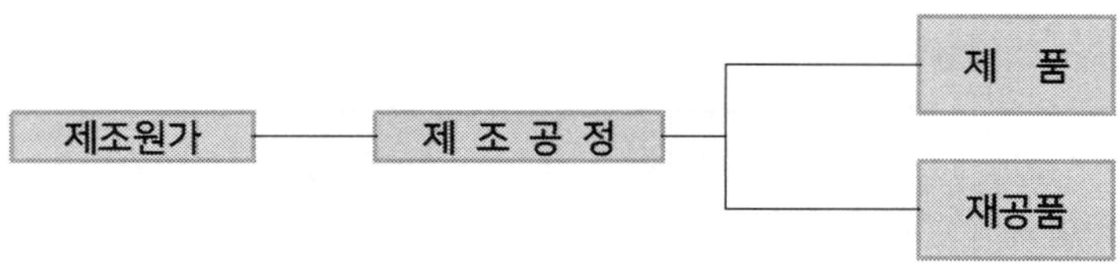

종합원가계산방법에 위한 제품의 매출원가를 계산하기 위해서는 기말 현재 시점의 재고자산 가액을 평가하여 반영하여야 한다. 예를 들어 당기 중 총매출액이 5억원이고, 당기 중 제품생산과 관련하여 원재료를 구입한 금액 및 임금, 제조와 관련한 기타 경비의 총 합계액(생산원가)이 4억 1천만원으로 당기 중 생산된 제품이 전부 판매되었다면 당기 매출총이익은 9천만원이 될 것이다.

그러나 제조기업의 경우 회계기말에 재고자산(원재료, 재공품, 제품)을 제조원가에서 차감하여 원가계산을 하여야 한다.

○ 원재료 : 회계기말에 생산에 투입되지 않고 남아 있는 원재료 재고가액
○ 재공품 : 생산과정에 있는 미완성된 제품가액
○ 제품 : 완성된 제품 중 판매되지 않고 재고로 남아 있는 제품 재고가액

❶ 원재료비 계산

기초원재료재고액에 당기 원재료 매입액을 합한 금액에서 기말원재료재고액을 차감한 금액으로 한다.

구분	금액	합계
Ⅰ 재료비		150,000,000
1 기초원재료재고액	40,000,000	
2 당기원재료매입액	180,000,000	
합 계	220,000,000	
3 기말원재료재고액	70,000,000	
Ⅱ 노무비		110,000,000
Ⅲ 경 비		120,000,000
외주가공비	60,000,000	
전력비	10,000,000	
유류대	20,000,000	
소모품비	10,000,000	
감가상각비	20,000,000	
Ⅳ 당기 총제조원가		380,000,000

■ 재료비의 계산
기초원재료재고액
+ 당기원재료매입액
- 기말원재료재고액

• 재료비(1억 5천만원) = 기초원재료재고액(4천만원) + 당기원재료매입액(1억 8천만원) - 기말원재료재고액(7천만원)

❷ 재공품 계산

당기에 투입한 총제조원가에 전기 이월된 미완성 제품가액('재공품' 이라 한다.)을 합한 금액이 당기에 제품을 생산할 수 있는 합계금액이며, 당기에 생산 가능한 합계금액에서 전기에서 이월된 재공품과 마찬가지로 당기 말 현재 생산과정에 있는 재공품을 차감한 금액이 당기에 완성된 제품의 제조원가이다.

제품제조원가 = 기초재공품재고액 + 당기제조원가 - 기말재공품재고액

단일 종류의 제품을 생산하는 종합원가계산의 경우 회계기말에 생산중에 있는 재공품가액을 별도로 평가하여 완성된 제품을 제품으로 대체한다.
반면, 개별원가계산의 경우 제품의 제조와 관련하여 발생한 모든 제조비용(직접재료비, 직접노무비, 제조간접비)은 제품별로 재공품 계정으로 대체한 다음 완성된 제품은 제품계정으로 대체한다.

당기 완성제품 제조원가 계산

항목	금액	합계	비고
I 재료비		150,000,000	• 재료비의 계산
1 기초재료재고액	40,000,000		기초재료재고액
2 당기재료매입액	180,000,000		+ 당기재료매입액
합 계	220,000,000		- 기말재료재고액
3 기말재료재고액	70,000,000		
II 노무비		110,000,000	
III 경 비		120,000,000	
외주가공비	60,000,000		
전력비	10,000,000		
유류대	20,000,000		
소모품비	10,000,000		
감가상각비	20,000,000		
IV 당기 총제조원가		380,000,000	
V 기초 재공품재고액		40,000,000	
합 계		420,000,000	
VI 기말 재공품재고액		70,000,000	
VII 당기 완성제품제조원가		350,000,000	완성제품 10,000개

❸ 기말재공품가액 계산

- 전기에 이월된 재공품이 4천만원인 경우 당기에 생산 가능한 금액
  합계(4억 2천만원) = 기초재공품 (4천만원) + 총당기 제조비용(3억 8천만원)
- 당기에 생산된 완성제품 개 수 : 10,000개
- 생산 중에 있는 미완성제품 개 수 : 2,500개, 완성도가 80%인 경우

◦ 완성제품의 생산원가와 미완성제품의 생산원가를 계산하려면 먼저 제품의 단위 당 생산원가를 계산한 다음 환산하여야 한다.

❍ 제품 단위 당 생산원가 계산

제품 단위 당 생산가격 (3만 5천원) = [기초재공품재고액(4천만원) + 당기 총제조원가(3억8천만원)] ÷ [(완성제품수량:10,000개) + 완성품 환산량(2,000개)] = 4억 2천만원 ÷ 12,000개

* 완성품 환산량이란 미완성제품의 화폐적 평가를 위하여 생산 중에 있는 제품 수량(2,500개)에 완성도(80%)를 곱한 수량(2,000개)을 말하며, 완성도는 제품의 완성정도로 경험에 의하여 추정한다.

❍ 완성제품가액(3억 5천만원) = 수량(10,000개) × 단위 당 생산가격(35,000원)

❍ 미완성제품가액(7천만원) = 수량(2,500개) × 완성도(80%) × 35,000원

▸ 완성된 제품을 제외하고 생산 중에 있는 미완성제품(재공품)의 가액을 일정한 기준에 의하여 계산한다는 것은 현실적으로 대단히 어렵다. 따라서 소기업의 경우 재공품가액을 무시하거나 추정에 의하여 평가하기도 한다.

❹ 기말재고제품 계산

완성제품에는 판매된 제품과 기말에 판매되지 않고 남아 있는 제품이 있으므로 이를 반영하여야 매출원가를 계산할 수 있다. 예를 들어 전기이월 제품가액이 3천만원이고, 당기 완성제품가액이 3억 5천만원인 경우 당기에 판매 가능한 제품가액은 3억 8천만원이나 기말 현재 당기에 판매되지 않고 남아 있는 기말제품재고액이 3천 5백만원이 있는 경우 당기에 판매된 제품의 원가는 당기에 판매가능한 제품가액 3억 8천만원(11,000개)에서 기말 현재 판매되지 않고 차기로 이월되는 제품가액(3천 5백만원)을 차감한 3억 4천5백만원이 매출원가다.

매출원가 계산 (판매된 제품의 생산원가)
매출원가 = 기초제품재고액 + 당기 완성제품생산원가 - 기말제품재고액

◦ 당기에 판매가능한 완성제품가액 : 전기 생산제품 중 당기에 이월되어 온 완성제품(1,000개 : 3천만원) + 당기 완성제품생산액(10,000개: 3억 5천만원)

◦ 매출원가(3억 4천5백만원) : 전기이월 제품재고액(3천만원) + 당기 제품제조원가(3억 5천만원) - 기말제품재고액(3천 5백만원)

당기 매출원가 및 매출총이익 계산

Ⅰ 매출액		500,000,000	
Ⅱ 매출원가		345,000,000	
기초제품재고액	30,000,000		
당기제품제조원가	350,000,000		
합 계	380,000,000		
기말제품재고액	35,000,000		
Ⅲ 매출총이익		155,000,000	(매출액 - 매출원가)

이와 같이 기말재고자산의 평가가액을 얼마로 하느냐에 따라 제품의 판매와 관련한 매출원가가 달라지므로 기말 재고자산의 적정평가는 매우 중요하다.

보 충 | 원가계산의 한계

제품을 생산하여 판매하는 제조기업의 경우 제품의 생산원가가 얼마인가는 대단히 중요하다. 왜냐하면, 제품의 생산원가를 알아야 판매가격을 결정할 수 있고, 여러 가지 종류의 제품을 생산하여 판매할 시 각 제품의 생산원가에 대한 계산 자료가 있어야만 판매시 손실이 발생하는 특정제품의 생산을 중단할 수 있을 것이고, 이익이 많이 나는 제품은 더 많이 판매하기 위하여 노력할 것이다. 또한, 도급건설업의 경우 도급공사금액의 결정시 공사에 소요되는 원가를 예측하지 못하여 도급금액을 공사원가보다 낮게 측정한다면 손실이 발생할 수 있는 것이다. 이와 같이 제조업 또는 건설업을 운영하는 사업자에게 있어 원가의 계산은 대단히 중요함에도 원가계산 과정이 복잡하고 어려운 관계로 대다수 중소기업 은 원가를 일정 기준에 의하여 계산하지 않고 있는 실정이다.

Q 개별원가계산에 의한 제조원가 및 매출원가 계산

개별원가계산은 제품의 종류나 규격이 상이한 개별적인 생산형태의 기업에 적용되는 원가계산방법으로 조선업, 건설업, 기계제조업 등 주문이나 수요에 따라 특정제품을 개별적으로 생산하는 소품종 개별생산방식, 주문자생산방식 기업의 원가계산에 적합하다.

개별원가계산은 제조지시서에 의하여 개별 작업별로 원가계산을 하여야 하기 때문에 제조직접비와 제조간접비의 구분은 매우 중요하며, 원가가 발생할 때마다 제조직접비는 각 제품에 부과하고, 제조간접비는 원가계산시점에 적정한 기준으로 각 제품별로 배부한다.

개별원가계산의 경우 개별 작업 중 기말 현재 완성된 것은 제품으로, 작업 중에 있는 것은 재공품으로 자동 계산되므로 종합원가계산에서와 같이 별도의 기말재공품 평가과정은 필요하지 않다.

■ 개별원가계산 절차

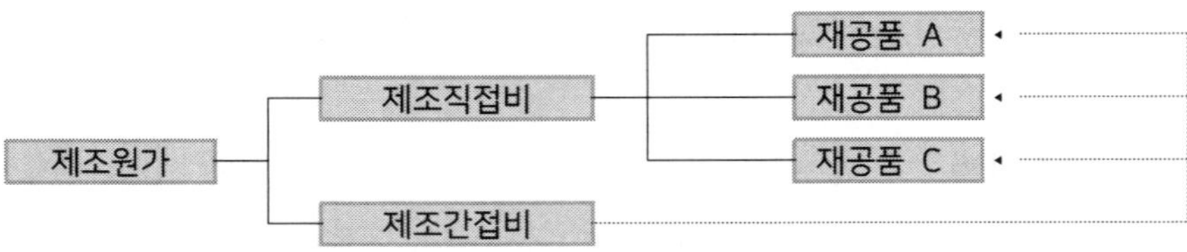

◧ 개별원가 계산 사례

○ 선박 A : 제조비용 5억원 → 완성(기말재고)
○ 선박 B : 제조비용 28억원 → 완성 → 판매
○ 선박 C : 제조비용 2억원 → 미완성(기말재고)

➡ 제품별 부과 및 배부표 (단위 : 백만원)

제품 종류	제조비용 합계	재료비	노무비	제조간접비 합계	제조간접비			
					복리후생비	전력비	소모품비	감가상각비
합 계	3,500	1,500	1,000	1,000	100	300	100	500
선박 A	500	200	200	100	10	20	10	60
선박 B	2,800	1,200	750	850	80	270	80	420
선박 C	200	100	50	50	10	10	10	20

㉠ 두 가지 이상의 제품을 제조하는 개별원가계산에서 제품별로 추적이 가능한 직접재료비는 작업지시서 등에 의하여 각 제품별로 **부과**한다.

㉡ 두 가지 이상의 제품을 제조하는 개별원가계산에서 재료비 중 제품별로 직접 추적할 수 없는 간접비는 제조간접비 계정으로 대체한 다음 일정한 기준에 의하여 각 제품별로 배부한다.

❶ **[원재료의 원재료비 대체]** 당기 원재료매입액 20억원 중 기말원재료재고액 5억원을 제외한 15억원을 원재료비로 대체하다.

원재료비	15억원	/	원재료	15억원

재료비의 제품별 부과

제조비용(A)	2억원	/	재료비	15억원
제조비용(B)	12억원			
제조비용(C)	1억원			

❷ **[노무비 발생]** 임금 10억원을 현금으로 지급하다.

임금	10억원	/	현금	10억원

임금의 제품별 부과

제조비용(A)	2억원	/	임금	10억원
제조비용(B)	7억 5천만원			
제조비용(C)	5천만원			

❸ **[경비 발생]**

㉠ 전력비 3억원을 현금으로 지급하다.

전력비	3억원	/	현금	3억원

㉡ 복리후생비 1억원을 현금으로 지급하다.

복리후생비	1억원	/	현금	1억원

㉢ 소모품비 1억원을 현금으로 지급하다.

소모품비	1억원	/	현금	1억원

㉣ 기계장치 감가상각비 5억원을 계상하다.

감가상각비	5억원	/	감가상각누계액	5억원

❹ **[경비의 제품별 배부]** 경비(10억원)를 특정한 배부기준(면적, 기계사용시간, 선박 톤수 등)에 의하여 제품별 제조비용으로 배부하다.

제조비용(A)	1억원	/	복리후생비	1억원
제조비용(B)	8억 5천만원		전력비	3억원
제조비용(C)	5천만원		소모품비	1억원
			감가상각비	5억원

❺ **[제조비용의 제품계정 대체]** 당기 총제조비용 35억원 중 기말재공품 2억원(선박 C)을 제외한 제품생산액 33억원(선박 A, 선박 B)을 제품계정으로 대체하다.

제품	33억원	/	제조비용	33억원

❻ **[제조비용의 재공품 대체]** 미완성제품 2억원(선박 C)을 재공품으로 대체하다.

재공품	2억원	/	제조비용	2억원

❼ **[제품 매출]** 선박 B를 40억원에 판매하고 그 대금은 현금으로 받다.

현금	40억원	/	제품매출	40억원

❽ **[당기 판매한 제품의 원가를 매출원가로 대체]** 당기에 판매한 선박 B의 제조비용은 28억원이고, 동 금액을 매출원가로 대체하다.

제품매출원가	28억원	/	제품	28억원

3 감가상각비 계상

Q 감가상각비 개요

사업과 관련하여 취득하는 거의 모든 재화 및 용역은 취득 시점에 비용이 된다. 그러나 어떤 경우에는 취득시점에 취득한 자산을 전액 비용으로 처리하는 것이 불합리한 경우가 있다. 예를 들면, 제품을 생산하기 위하여 향후 10년 간 사용할 수 있는 고가의 기계장치를 구입하였다고 하자. 이 기계장치는 향후 10년 간 사용이 가능함에도 취득시점에 전액비용으로 처리한다면 취득연도에 그 비용이 과다하게 계산되어 잘못된 손익이 계산될 것이다.

이와 같이 사업과 관련하여 취득한 물품(재화) 중 1년을 초과하여 기업의 수익을 얻는데 사용될 수 있는 물품은 그 사용 가능한 기간 동안 배분하여 비용으로 처리하여야 할 것이다. 예를 들어 기계장치를 1억원에 구입하고 앞으로 10년 동안 사용할 수 있다면, 1억원의 가치를 향후 10년 간 나누어 비용으로 처리하는 것이 합리적인 손익계산방법이며, 회계연도별로 자산의 사용가치를 측정하여 비용처리한 명칭을 '감가상각비'라 한다.

그러나 1억원에 취득한 기계장치를 결산연도마다 감가상각비를 정확히 계산하여 손익에 반영한다는 것은 현실적으로 불가능하다. 왜냐하면, 이 기계장치의 사용기간을 10년으로 정하였으나 그 기간 중 가치의 감소분을 객관적으로 측정하는 것이 사실상 불가능할 뿐만 아니라 새로운 생산시스템의 도입으로 전혀 쓸모가 없게 될 수도 있고, 과다한 사용으로 10년이 되기 전 완전히 노후될 수도 있을 것이기 때문이다.

그럼에도 불구하고 감가상각비의 계산을 기업이 임의대로 할 수 있도록 한다면, 기업은 자의적으로 감가상각비를 계산하여 특정연도의 손익을 과소계상하거나 과대계상하여 그 손익을 조정할 수 있으므로 법인세법은 업종별로 감가상각 대상자산의 내용연수를 정하여 두고 있다.

한편, 기업에서 상당기간 사용할 수 있는 전화기, 계산기, 팩스기 등의 경우를 살펴보면 금전적 가치가 있고, 유형의 실체가 존재하며, 그 기간도 1년을 초과하여 사용할 수 있으므로 자산으로 처리하여야 하는 것인가? 라는 의문이 생길 것이다. 만약, 이러한 소액의 자산을 전부 자산으로 처리한 다음 그 감소된 가치를 측정하여 비용화한다면, 회계처리가 매우 복잡하게 될 것이다. 따라서 그 가액이 중요하지 않는 자산의 경우 중요성의 원칙에 의하여 취득시점에 전부 비용처리하는 것이 합리적이므로 기업회계기준에서도 이를 인정하고 있다.

다만, 기업회계기준에서는 중요하지 않는 자산의 범위 및 그 가액에 대하여 구체적인 기준을 제시하고 있지 않아 실무적으로 어려움이 있을 수 있으나 세법에서는 건당 거래금액이 100만원 이하인 경우를 중요하지 않는 것으로 보고 취득시 비용으로 처리할 수 있도록 그 기준을 정한 바(이를 즉시상각의제라 한다.) 실무에서는 세법의 규정에 따라 건당 취득금액이 100만원 이하인 집기 및 비품은 취득시점에 전부 비용(소모품비, 사무용품비 등)으로 처리하여도 무방하다.

Q 감가상각비 계산 특징

❶ 강제상각 및 임의상각제도

감가상각대상자산을 업무에 사용하는 경우 그 가치는 감소하며, 기업이 정확한 손익계상을 위해서는 기업회계기준이 정하는 바에 따라 회계기말에 감가상각비를 계상하여 비용처리(제조경비 또는 판매비와관리비) 하여야 하며, 이를 강제상각이라 한다. 다만, 법인세법에서는 기업이 감가상각비를 계상하지 않은 경우 감가상각비를 계상하지 않는 사업연도의 이익이 증가하여 법인세를 더 부담하게 되는 결과가 되므로 감가상각비의 계상을 강제한 필요가 없으므로 법인이 감가상각비를 손금으로 계상한 경우에 한하여 손금으로 인정하는 임의상각제도를 택하고 있다. 따라서 기업은 세무적 측면에서 이익이 발생한 사업연도에는 감가상각비를 계상하고, 손실이 발생한 연도에는 감가상각비를 계상하지 아니하기도 한다. 또한 금융거래 등의 목적으로 영업이익률 등을 높이기 위해서 감가상각을 하지 않는 경우도 있다.

▶ **유형자산 감가상각을 특정 회계연도에 계상하지 않는 경우**

감가상각은 임의상각제도로 특정 연도에 감가상각을 하지 않아도 무방하다. 따라서 유형자산에 대하여 특정 연도에 감가상각을 하지 않을 경우 차후 감가상각을 하는 연도의 감가상각범위액은 취득가액에서 이미 설정한 감가상각누계액을 공제한 금액(장부가액)이다.

■ **감가상각비 = 장부가액(취득가액 - 감가상각누계액) × 상각율**

단, 아래의 감면을 받은 사업연도에는 반드시 감가상각비를 계상하여야 하며, 외부감사대상법인의 경우 회계감사를 받아야 하므로 기업회계기준에 의하여 반드시 감가상각비를 계상하여야 한다.

▣ **조세특례제한법**

제6조(창업중소기업 등에 대한 세액감면)
제7조(중소기업에 대한 특별세액감면)
제63조(수도권과밀억제권역 밖으로 이전하는 중소기업에 대한 세액감면)
제63조의2(법인의 공장 및 본사를 수도권 밖으로 이전하는 경우 법인세 등 감면)
제64조(농공단지 입주기업 등에 대한 세액감면)
제66조(영농조합법인 등에 대한 법인세의 면제 등)
제67조(영어조합법인 등에 대한 법인세의 면제 등)
제68조(농업회사법인에 대한 법인세의 면제 등)

❷ 감가상각비는 세법상 상각범위액을 정함

비유동자산에 대한 감가상각비는 세법에서 정한 상각범위액(감가상각자산종류별로 내용연수를 정하여 두고 있으며, 상각률은 내용연수에 따라 결정됨) 한도로 손금산입할 수 있는 것으로 세법상 한도액을 초과하는 금액은 세무조정에서 손금불산입하여야 한다.

따라서 비상장중소기업의 경우 특별한 사정이 없는 한 세법상 한도내의 금액을 감가상각비로 계상하여 별도의 세무조정을 하지 않는 것이 일반적이다.

감가상각 대상자산

❶ 감가상각 대상자산 (법령 제24조 ①)

구 분	감가상각 대상자산
유형자산	건물 및 구축물, 차량 및 운반구, 공구, 기구 및 비품, 선박 및 항공기, 기계 및 장치, 동물 및 식물, 기타 이와 유사한 유형고정자산
무형자산	영업권, 의장권, 실용신안권, 상표권, 특허권, 어업권, 해저광물자원개발법에 의한 채취권, 유료도로관리권, 수리권, 전기가스공급시설이용권, 공업용수도시설이용권, 수도시설이용권, 열공급시설이용권, 광업권, 전신전화전용시설이용권, 전용측선이용권, 하수종말처리장시설관리권, 수도시설관리권, 댐사용권, 개발비, 사용수익기부자산, 주파수이용권

◈ **소프트웨어 감가상각방법** (서이46012-11017, 2003.5.21)
새로운 소프트웨어 · 설비 · 기기 등을 구입하거나 사용중인 소프트웨어를 버전업하는 데 소요되는 금액은 자산(기구 및 비품)으로 계상하여 감가상각하는 것임.

❷ 감가상각 대상에서 제외되는 자산(법령 제24조 ②)

유형자산 중 시간이 경과하여도 그 가치가 감소하지 않는 토지는 감가상각대상이 아니며, 건설중에 있는 자산은 그 기간 중 건물등의 가치가 감소하는 것이 아니므로 감가상각을 하지 아니한다.

① 사업에 사용하지 아니하는 자산(유휴설비를 제외함)
② 건설중인 것
③ 시간의 경과에 따라 그 가치가 감소되지 아니하는 것(예 : 토지)

감가상각 방법

❶ 감가상각 방법의 적용 (법령 제26조 ①, ④)

자산구분	신고하는 경우 상각방법	무신고한 경우 상각방법
건 축 물	정 액 법	정 액 법
기타유형 고정자산	정률법,정액법 중 선택가능	정률법(광업용 유형고정자산은 생산량비례법)
무형자산	정 액 법	정 액 법
광 업 권	정액법, 생산량비례법 중 선택가능	생산량비례법

[개정 세법] 업무용 승용차의 감가상각방법, 감가상각비 한도액

정액법 상각, 연간 한도액 800만원, 임직원 전용보험 의무가입, 차량운행일지 작성

<시행시기> 법인 및 개인사업자 중 성실신고확인대상자 : 2016.1.1. 이후

개인사업자 중 복식부기기장의무자 : 2017.1.1. 이후

♣ 상세내용 : (본서) 업무용 승용차 과세 특례

▷ 국세청 홈페이지 → 국세정보 → 분야별 해설책자

❷ 감가상각 방법

① 정액법 : 취득가액 × 상각률

당해 감가상각자산의 취득가액에 당해 자산의 내용연수에 따른 상각률을 곱하여 계산하는 것으로 각 사업연도의 상각범위액이 매년 균등하게 되는 상각방법이다.

② 정률법 : 장부가액(취득가액 - 감가상각누계액) × 상각률

당해 감가상각자산의 취득가액에서 이미 감가상각비로 손금에 산입한 금액(감가상각누계액)을 공제한 장부가액에 당해 자산의 내용연수에 따른 상각률(ex : 내용연수인 자산의 상각률 : 0.451)을 곱하여 계산하는 방법으로 각 사업연도의 상각범위액은 매년 체감되는 상각방법을 말한다.

③ 생산량비례법 : 취득가액 × 당해 사업연도의 채굴량 ÷ 총 채굴예정량
당해 감가상각자산의 취득가액을 그 자산이 속하는 광구의 총채굴예정량으로 나누어 계산한 금액에 당해 사업연도의 기간 중 그 광구에서 채굴한 양을 곱하여 계산한 금액을 각 사업연도의 상각범위액으로 하는 상각방법을 말한다.

Q 감가상각비 계산요소 및 계산 사례

❶ 취득가액

감가상각자산의 취득을 위한 제반비용은 해당 자산의 취득가액에 포함한다.

① 매입한 유형자산 : 매입가액에 취득세, 등록세 기타 부대비용을 가산한 금액
② 자가 제조(건설)한 유형자산 : 원재료비, 노무비, 운임, 하역비, 보험료, 수수료, 공과금(취득세.등록세 포함), 설치비 기타 부대비용의 합계액
③ 기타의 경우 : 취득 당시의 시가

❷ 감가상각자산의 잔존가액 (법령 제26조 ⑥, ⑦)

감가상각자산의 잔존가액은 '0'으로 한다. 다만, 정률법에 의하여 상각하는 경우에는 취득가액의 5%에 상당하는 금액으로 하되, 그 금액은 당해 감가상각자산에 대한 미상각잔액이 최초로 취득가액의 5% 이하가 되는 사업연도의 상각범위액에 가산한다.

상각이 종료되는 감가상각자산은 취득가액의 5%와 1,000원 중 적은 금액을 차감한 잔액을 상각이 종료되는 시점에 감가상각비에 추가한다. 한편, 상각종료후 잔액은 상각완료자산 처분시 손금산입한다.

❸ 감가상각 내용연수

내용연수란 비유동자산의 감가상각 계산 기간을 말하며, 통상 법인세법 시행규칙에서 규정한 내용연수(시험연구용자산의 내용연수표, 무형고정자산의 내용연수표, 건축물 등의 기존내용연수 및 내용연수범위표, 업종별자산의 기존내용연수 및 내용연수범위표)에 의하여 감가상각비를 계상한다.

[별표 3] 무형고정자산의 내용연수표(제15조제2항관련)

□ 법인세법 시행규칙 [별표 3] <개정 2019. 3. 20.>

무형자산의 내용연수표(제15조제2항 관련)

구 분	내용연수	무 형 자 산
1	5년	영업권, 디자인권, 실용신안권, 상표권
2	7년	특허권
3	10년	어업권, 「해저광물자원 개발법」에 따른 채취권(생산량비례법 선택 적용), 유료도로관리권, 수리권, 전기가스공급시설이용권, 공업용수도시설이용권, 수도시설이용권, 열공급시설이용권
4	20년	광업권(생산량비례법 선택 적용), 전신전화전용시설이용권. 전용측선이용권, 하수종말처리장시설관리권, 수도시설관리권
5	50년	댐사용권

[별표 6] <개정 2018. 3. 21.>

업종별자산의 기준내용연수 및 내용연수 범위표(제15조제3항 관련)

구분	기준내용연수 및 내용연수범위 (하한~상한)	적용대상자산(다음에 규정된 한국표준 산업분류상 해당업종에 사용되는 자산)	
		대분류	중분류
1	4년 (3년~5년)	제조업	15. 가죽, 가방 및 신발제조업. 다만, 원피가공 및 가죽제조업(1511)은 구분 4(6년~10년)를 적용한다.
		교육서비스업	85. 교육서비스업
2	5년 (4년~6년)	농업, 임업 및 어업	01. 농업. 다만, 과수의 경우에는 구분 9(15년~25년)를 적용한다. 02. 임업

		광업	05. 석탄, 원유 및 천연가스 광업
		제조업	18. 인쇄 및 기록매체복제업 21. 의료용 물질 및 의약품 제조업
		수도, 하수 및 폐기물 처리, 원료 재생업	37. 하수 · 폐수 및 분뇨 처리업 38. 폐기물 수집운반, 처리 및 원료재생업. 다만, 해체, 선별 및 원료재생업(383) 중 재생용 금속·비금속 가공원료 생산업은 구분 5(8년~12년)를 적용한다. 39. 환경 정화 및 복원업
		건설업	42. 전문직별 공사업
		도매 및 소매업	45. 자동차 및 부품 판매업 46. 도매 및 상품중개업 47. 소매업(자동차는 제외한다)
		운수업	49. 육상 운송 및 파이프라인 운송업. 다만, 철도 운송업(491) 및 도시철도 운송업(49211)은 구분 9(15년~25년)를 적용하고 택배업(49401) 및 늘찬 배달업(49402)은 구분 4(6년~10년)를 적용한다.
		정보통신업	58. 출판업 59. 영상 · 오디오 기록물 제작 및 배급업 60. 방송업 62. 컴퓨터 프로그래밍, 시스템 통합 및 관리업 63. 정보서비스업
		금융 및 보험업	64. 금융업 65. 보험 및 연금업 66. 금융 및 보험관련 서비스업
		전문, 과학 및 기술 서비스업	70. 연구개발업 71. 전문 서비스업 72. 건축기술, 엔지니어링, 기타 과학기술 서비스업 73. 기타 전문, 과학 및 기술 서비스업
		사업시설관리, 사업지원 및 임대서비스업	74. 사업시설관리 및 조경 서비스업 75. 사업지원 서비스업. 다만, 여행사 및 기타 여행 보조 서비스업(752)은 구분 4(6년~10년)를 적용한다. 76. 임대업(부동산은 제외한다)
		공공행정, 국방 및 사회보장행정	84. 공공행정, 국방 및 사회보장행정

		보건업 및 사회복지 서비스업	86. 보건업 87. 사회복지사업
		예술, 스포츠 및 여가 관련 서비스업	90. 창작, 예술 및 여가 관련 서비스업 91. 스포츠 및 오락 관련 서비스업
		협회 및 단체, 수리 및 기타 개인 서비스업	94. 협회 및 단체 96. 기타 개인 서비스업
		가구내 고용활동 및 달리 분류되지 않은 자가소비 생산활동	97. 가구내 고용활동 98. 달리 분류되지 않은 자가소비를 위한 가구의 재화 및 서비스 생산활동
		국제 및 외국기관	99. 국제 및 외국기관
3	6년 (5년~7년)	제조업	26. 전자부품, 컴퓨터, 영상, 음향 및 통신장비 제조업. 다만, 마그네틱 및 광학 매체 제조업(2660)은 구분 4(6년~10년)를 적용하고, 전자코일, 변성기 및 기타 전자유도자 제조업(26294) 및 유선 통신장비 제조업(26410) 중 중앙통제실 송신용 침입 및 화재경보 시스템 제조는 구분 5(8년~12년)를 적용한다.
		정보통신업	61. 우편 및 통신업
4	8년 (6년~10년)	제조업	14. 의복, 의복 액세서리 및 모피제품 제조업. 다만, 편조의복 제조업(143) 및 편조의복 액세서리 제조업(1441)은 구분 5(8년~12년)를 적용한다. 20. 화학물질 및 화학제품 제조업(의약품은 제외한다). 다만, 살균·살충제 및 농약 제조업(2032)은 구분 1(3년~5년)을 적용하고, 화약 및 불꽃제품 제조업(20494) 중 성냥 제조는 구분 5(8년~12년)를 적용한다. 34. 산업용 기계 및 장비 수리업
		건설업	41. 종합건설업
		운수 및 창고업	52. 창고 및 운송관련 서비스업
		숙박 및 음식점업	55. 숙박업 56. 음식점 및 주점업
		부동산업	68. 부동산업
		협회 및 단체, 수리 및 기타 개인 서비스업	95. 수리업

5	10년 (8년~12년)	농업, 임업 및 어업	03. 어업. 다만, 내수면 양식 어업(03212) 중 수생파충류 및 개구리 양식은 구분 2(4년~6년)를 적용한다.
		광업	06. 금속광업 07. 비금속 광물광업(연료용을 제외한다). 다만, 그 외 기타 비금속광물 광업(0729) 중 토탄 채굴은 구분 2(4년~6년)를 적용한다. 08. 광업 지원 서비스업. 다만, 광업지원서비스업(08000) 중 채굴목적 광물탐사활동, 유ㆍ무연탄 채굴 지원 서비스 및 갈탄 및 토탄 채굴 지원 서비스는 구분 2(4년~6년)를 적용한다.
		제조업	10. 식료품 제조업 11. 음료 제조업 13. 섬유제품 제조업(의복을 제외한다). 다만, 섬유제품 염색, 정리 및 마무리 가공업(134)은 구분 4(6년~10년)를 적용한다. 16. 목재 및 나무제품제조업(가구는 제외한다) 17. 펄프, 종이 및 종이제품 제조업 22. 고무제품 및 플라스틱제품 제조업 23. 비금속 광물제품 제조업. 다만, 기타 산업용 유리제품 제조업(23129) 중 평판 디스플레이용 유리의 제조업과 브라운관용 벌브유리의 제조업은 구분 2(4년~6년)를 적용한다. 24. 1차 금속 제조업. 다만, 기타 비철금속 제련, 정련 및 합금 제조업(24219) 중 우라늄 제련 및 정련업은 구분 4(6년~10년)를 적용한다. 25. 금속가공제품 제조업(기계 및 가구는 제외한다) 27. 의료, 정밀, 광학기기 및 시계 제조업 28. 전기장비 제조업 29. 기타 기계 및 장비 제조업 31. 기타 운송장비 제조업 32. 가구 제조업 33. 기타 제품 제조업
6	12년 (9년~15년)	제조업	12. 담배제조업 30. 자동차 및 트레일러 제조업
		운수업	50. 수상 운송업. 다만, 외항화물운송업(50112)은 구분 9(15년~25년)를 적용한다. 51. 항공 운송업
7	14년	제조업	19. 코크스, 연탄 및 석유정제품 제조업. 다만, 코

	(11년~17년)		크스 및 연탄 제조업(1910) 중 연탄, 갈탄 · 토탄의 응집 유 · 무연탄 및 기타 유 · 무연탄 제조는 구분 2(4년~6년)를 적용한다.
8	16년 (12년~20년)	전기, 가스, 증기 및 공기조절 공급업	35. 전기, 가스, 증기 및 공기조절 공급업
9	20년 (15년~25년)	수도, 하수 및 폐기물 처리, 원료재생업	36. 수도사업

<비고>

1. 이 표는 별표 3이나 별표 5의 적용을 받는 자산을 제외한 모든 감가상각자산에 대하여 적용한다.
2. 내용연수범위가 서로 다른 2 이상의 업종에 공통으로 사용되는 자산이 있는 경우에는 그 사용기간이나 사용정도의 비율에 따라 사용비율이 큰 업종의 기준내용연수 및 내용연수범위를 적용한다.

❹ 내용연수 신고

고정자산의 내용연수는 영업을 개시한 날이 속하는 사업연도의 법인세과세표준신고기한까지 신고한 다음 계속 적용하여야 한다. 한편, 법인세법에서는 기준내용연수를 제시하고 있으며, 신고내용연수는 기준내용연수에 25%를 가감한 범위내에서 신고한 내용연수를 적용할 수 있다.

① 내용연수를 신고하지 않는 경우에는 기준내용연수를 적용한다.

② 내용연수를 변경하고자 하는 경우에는 내용연수 범위안에서 법인이 적용할 내용연수를 다음에 게기하는 날이 속하는 사업연도의 과세표준신고기한까지 납 세지 관할세무서장에게 신고하여야 한다.

1. 신설법인과 새로 수익사업을 개시한 비영리내국법인은 그 영업을 개시한 날
2. 자산별.업종별 구분에 의한 기준내용연수가 다른 고정자산을 새로이 취득하거나, 새로운 업종의 사업을 개시한 경우에는 그 취득한 날 또는 개시한 날

❺ 상각률

상각률은 내용연수에 의하여 정하여지며, 법인세법 시행규칙 [별표4]에서 규정하고 있다.

내용연수	정액법에 의한 상각률	정률법에 의한 상각률
년	할분리	할분리
2	500	777
3	333	632
4	250	528
5	200	451
6	166	394
7	142	349
8	125	313
9	111	284
10	100	259
11	090	239
12	083	221
13	076	206
14	071	193
15	066	182
16	062	171
17	058	162
18	055	154
19	052	146
20	050	140

❻ 유형고정자산 감가상각비 계산 사례

▣ 정률법에 의한 감가상각방법

당해 감가상각자산의 취득가액에서 이미 감가상각비로 손금에 산입한 금액(감가상각누계액)을 공제한 장부가액에 당해 자산의 내용연수에 따른 상각률(ex : 내용연수인 자산의 상각률 : 0.451)을 곱하여 계산하는 방법으로 각 사업연도의 상각범위액은 매년 체감된다. [장부가액(취득가액 - 상각상각누계액) × 상각률]

▣ 정률법에 의한 감가상각비 계산

[예 제] 차량운반구, 취득일 : 20×3 12. 1 내용연수: 5년 (상각률 : 0.451) 취득금액 20,000,000원인 차량운반구의 연도별 감가상각비 계산

① 20×3 연도 감가상각비 계산 (취득일 이후 월할 상각)
- 취득가액(20,000,000원) × 0.451(상각률 45.1%) × 1/12 = 751,666원

* 1개월 미만의 월수는 1개월로 한다. 자산을 12. 1 취득한 경우 사용월수는 1월이다.

20×3년 상각액 751,666원, 20×3년 장부가액 19,248,334원

감가상각비	751,666 /	감가상각누계액	751,666

② 20×4년도 감가상각비 계산
- 장부가액 19,248,334원 [취득가액(20,000,000) - 감가상각누계액(751,666)] × 상각률(0.451) = 8,680,998원
- 20×4년 상각액 8,680,998원

* 20×4년 장부가액 10,567,336 (20,000,000 - 751,666 - 8,680,998)

감가상각비	8,680,998 /	감가상각누계액	8,680,998

■ 신규 취득자산 등의 감가상각비 계산과 해당 월수 계산

① 사업연도 중 새로이 취득한 자산 ~ 사용월수에 따라 월할 상각한다. 월수는 역에 따라 계산하되, 1월 미만의 일수는 1월로 한다.
② 사업연도 중 양도한 자산 ~ 감가상각비 계상 의무는 없으나 양도시까지의 감가상각비를 계상할 수 있는 것이며, 이 경우 양도일까지 월수에 따라 상각범위액을 계산한다. (감가상각범위액 = 연상각범위액 × 사용월수/12)

▣ 소프트웨어 감가상각

[1] 기업회계기준상의 처리방법

업무지원용 소프트웨어의 경우 개발단계에서 발생한 지출은 개발비 요건을 모두

충족하는 경우에만 무형자산으로 인식하고, 그 외의 경우에는 경상개발비의 과목으로 하여 발생한 기간의 비용으로 인식한다. (기업회계기준해석 41)

[2] 법인세법상의 처리

소프트웨어는 당해 자산에 대한 감가상각비가 판매비와관리비를 구성하는 경우에는 법인세법시행규칙 [별표 5]의 구분 1의 기구 및 비품으로 보아 내용연수를 적용하는 것이며, 그 이외의 경우에는 업종별 자산의 내용연수를 적용한다.

❼ 무형고정자산 감가상각비 계산

무형자산으로 인식한 개발비는 관련제품의 판매 또는 사용이 가능한 시점부터 20년 이내의 기간 내에서 연단위로 신고한 내용연수에 따라 매사업연도별 경과월수에 비례하여 상각하며, 내용연수를 신고하지 않은 경우 상각연수는 5년으로 한다.

① 제품개발을 목적으로 지출한 비용 1억원(선급금으로 계상)을 개발비로 대체하다.

개발비	100,000,000	/	선급금	100,000,000

② 기말에 개발비를 정액법으로 감가상각(5년간 균등상각)하다.

개발비상각	20,000,000	/	개발비	20,000,000

4 퇴직급여충당부채 설정

개요

퇴직금은 종업원의 퇴직시 지급하는 비용으로 그 지급시 비용처리를 하는 것이 적법한 것으로 생각할 수 있다. 그러나 장기간 근무한 직원의 퇴직시 퇴직금을 지급하고, 퇴직금을 지급한 연도에 전액 비용으로 처리할 경우 퇴직금을 지급한 회계연도 비용이 일시에 과다하게 발생하여 퇴직한 연도에만 비용이 많이 계상되어, 불합리한 손익계산이 될 것이다.

예를 들어 20년 근속한 직원이 퇴사하게 되어 퇴사하기 직전 평균임금의 30일분에 해당하는 금액이 5백만원인 경우 총 1억원(5백만원 × 20년)을 퇴직금으로 지급하게 될 것이다. 이 경우 퇴직금을 지급하는 날이 속하는 회계연도에 비용으로 처리한다면, 퇴직금은 매년 5백만원 정도 발생하였음에도 퇴직한 연도에만 1억원을 일시 비용처리함으로서 기간 손익계산에 중대한 문제가 있음을 알 수 있다. 따라서 매 년 발생한 퇴직금상당액을 퇴직금으로 비용처리하여야 기간 손익을 보다 정확하게 계산할 수 있는 것이며, 이는 발생주의에 의한 비용처리의 대표적 사례에 해당한다.

그런데 문제는 세법의 규정이다. 기업이 퇴직금상당액을 매 년 발생주의에 의하여 비용처리하였으나 퇴직연금 등으로 사외에 불입하지 아니한 경우 세법에서는 일정금액만을 손금으로 인정하여 왔으나 2016년 이후에는 전액 손금산입할 수 없으며, 세무조정에서 손금불산입하여야 한다.

퇴직금의 손금산입 및 세무조정

❶ 퇴직금의 손금산입

임원 또는 사용인이 사실상 퇴사하는 경우 및 현실적으로 퇴직하는 경우에 지급하는 것에 한하여 이를 손금에 산입한다.

❷ 퇴직금 계상 및 퇴직급여충당부채 설정 개요

충당부채란 지급의무 등이 확정되지는 않았지만, 당기의 수익에 대응하는 비용으로서 장래에 지출할 것이 확실하고 당기의 수익에서 차감하는 것이 합리적인 것에 대하여 적절한 기간 손익 계산을 위하여 합리적인 금액을 추정하여 비용으로 처리하고, 부채로 계상하는 금액을 말한다.

직원이 퇴사할 경우 통상 1년 근속에 1개월 정도의 급여에 해당하는 금액을 퇴직금으로 지급하여야 하는데 직원이 모두 퇴직을 하지 않고 계속 근무하다가 회사의 구조조정 등으로 일정 시점에 많은 직원이 퇴사할 경우 그 해의 퇴직금 비용이 과다하게 계상되며, 이러한 경우 불합리한 손익계산이 될 것이다. 따라서 당해 연도의 퇴직금 발생 상당액을 실제 지급하지는 않았으나 비용으로 계상하는 경우 그 금액은 장차 지급하여야 할 채무로서 퇴직급여충당부채란 부채계정을 설정하였다가 실제 퇴직금을 지급하는 때 퇴직급여충당부채를 변제한 것으로 처리한다.

Q 퇴직급여충당금 설정대상 및 한도액

❶ 설정대상 및 손금산입방법

① 사업연도 종료일 현재 1년 이상 재직하고 있는 임원과 사용인에 한하여 설정한다. 단, 퇴직금지급규정이 있는 경우 1년 미만 근로자도 충당금을 설정할 수 있다.
② 퇴직급여충당금은 반드시 결산조정사항으로 결산에 그 금액이 반영되어야 하며, 세무조정사항으로 손금에 산입할 수 없다.

❷ 손금산입한도액

2016년 이후 퇴직연금에 불입하지 않은 퇴직금상당액은 전액 손금산입할 수 없으므로 기업회계기준에 의하여 퇴직급여충당부채를 설정하였으나 퇴직연금으로 불입하지 않은 퇴직금은 세무조정에서 전액 손금불산입하여야 한다.

▶ 퇴직급여충당부채 설정금액의 세무상 한도초과액 처리

세법에서는 퇴직급여충당금의 설정한도를 정하고 있고 이를 초과하여 설정한 금액은 손금불산입하여야 하므로 기업회계에서 정하는 바에 따라 퇴직급여충당부채를 설정하고 한도초과액은 세무조정으로 손금불산입하여야 한다. 예를 들어 퇴직급여충당부채를 1억원 설정하여 비용으로 계상하였으나 세법에서 정한 한도액이 없는 경우 한도초과액 1억원은 세무조정으로 손금불산입하고 유보처분하여야 한다.

[예제] 《퇴직급여충당부채 설정》 2018년 회계기말 현재 퇴직급여지급대상 전직원에 대한 퇴직급여추계액은 5억원이며, 전기까지 충당부채로 설정한 금액은 4억원(전기까지 퇴직급여충당부채 설정액 중 세무상 한도초과액 3억원)이다. 따라서 당기에 퇴직급여충당부채로 1억원을 설정하고, 당기 설정액 1억원은 전액 손금불산입 하다.

퇴직금	100,000,000	/	보통예금	47,000,000
			예수금	3,000,000

[세무조정] 손금불산입

퇴직금 100,000,000 (유보)

이후 직원 퇴사시 퇴직금으로 지급하는 금액을 퇴직급여충당부채와 상계함에 있어 한도초과로 손금불산입하고 유보 처분한 금액은 손금산입하고 유보 추인한다.

[예제] 《퇴직금 지급》 직원 김복남의 퇴사시 퇴직금 5천만원을 계상하여 지급하면서 퇴직소득세 및 지방소득세 3백만원을 차감한 47백만원을 보통예금에서 인출하여 지급하다. 퇴직금은 퇴직급여충당부채와 상계처리하다. 단, 퇴직급여충당부채로 설정한 금액은 전기이전에 세무조정에서 손금불산입하였다.

퇴직급여충당부채	50,000,000	/	보통예금	47,000,000
			예수금	3,000,000

[세무조정] 손금산입

퇴직금 50,000,000 (유보)

5 퇴직연금 손금산입

Q 퇴직연금 개요 및 종류

퇴직연금제도는 회사가 근로자의 퇴직급여를 금융기관에 위탁하여 운용한 뒤 근로자가 퇴직할 때, 연금이나 일시금으로 주는 제도로서 기존의 퇴직금제도와 병행하여 실시할 수 있다. 다만, 2012년 7월 26일 이후부터 신설사업장은 퇴직연금을 도입하여야 하나 기존의 퇴직금제도를 실시하더라도 법적으로 문제될 점은 없다.

▶ 근로자 수에 따른 퇴직연금 의무가입 연도

2016년 근로자 300인 이상 사업장
2017년 근로자 300~100인 사업장
2018년 근로자 100~30인 사업장
2019년 근로자 30~10인 사업장
2022년 근로자 10인 미만 사업장

퇴직금과 퇴직연금 비교

구분	퇴직금	확정급여형	확정기여형
비용부담주체	사용자	사용자	사용자
운용주체	사용자	사용자	근로자
퇴직급여 형태와 수준	일시금	연금 또는 일시금 (퇴직금과 같음)	연금 또는 일시금 (운용실적에 달라짐)
비용부담수준	근속기간 1년당 30일분의 평균임금	퇴직금과 같음	매년 임금 총액의 8.3%(1/12)
적립방식과 수급권보장	사내적립, 불안정	부분사외적립(100분의 60), 부분보장	전액사외 적립, 보장

❶ 퇴직연금제도 종류

퇴직연금제도에는 「확정급여형 퇴직연금제도」와 「확정기여형 퇴직연금제도」 「개인형 퇴직연금제도」가 있으며, 사용자가 퇴직급여제도를 설정하거나 설정된 퇴직급여제도를 다른 종류의 퇴직급여제도로 변경하려는 경우에는 근로자의 과반수가 가입한 노동조합이 있는 경우에는 그 노동조합, 근로자의 과반수가 가입한 노동조합이 없는 경우에는 근로자 과반수의 동의를 받아야 한다.

확정급여형과 확정기여형의 비교

구 분	확정기여형(Defined Contribution)	확정급여형(Defined Benefit)
개 념	•노사가 사전에 부담할 기여금을 확정 •근로자가 일정한 연령에 달한 때에 그 운용 결과에 기초하여 급여를 지급	•노사가 사전에 급여 수준·내용을 약정 •근로자가 일정한 연령에 달한 때에 약정에 따른 급여를 지급
기 여 금	확정(연간 임금총액 8.3% 이상)	산출기초 변경시 변동
급 부	운영실적에 따름, 사용자가 근로자의 근로기간에 대하여 퇴직연금에 불입함으로써 퇴직금 지급의무가 종결됨	근로자 퇴사시 사용자가 퇴직연금으로 불입하여 둔 퇴직연금운용자산으로 퇴직금에 해당하는 금액(근속기간 1년당 30일분의 평균임금 이상)을 퇴사한 근로자의 개인형퇴직연금계좌로 이전함
적립금 운용	<u>적립금 운용에 대한 권한과 책임이 근로자에게 있음(제시된 운용방법에 대하여 선택, 지시권이 근로자에게 있음)</u>	<u>적립금 운용에 대한 권한과 책임이 사용자에게 있음(제시된 운용방법에 대하여 선택, 지시권이 사용자에게 있음)</u>
위험부담	물가, 이자율변동 <u>근로자 부담</u>	물가, 이자율변동 등 <u>회사 부담</u>
지급보장	운용방법에 원금보장상품 포함 및 동 제도 시행 초기에는 안정적 운영지도[주식직접투자금지, 간접투자상품(수익증권)의 주식 등 위험자산 편입비율 40%로 제한]	책임준비금제도 건전성 감독 지급보장장치 마련
기업부담	축소 불가	축소 가능(수익률이 높을 경우)
통산제도	용 이	어려움(대안 : IRP)
연금수리	용 이	어려움(대안 : IRP)
선호계층	단기근속자 및 젊은 층	장기근속자
주요대상(예 상)	연봉제, 중소기업	중견기업, 대기업, 기존 사외적립기업

❷ 확정기여형퇴직연금제도(DC)

① 확정기여형(Defined Contribution) 퇴직연금제도는 퇴직급여의 지급을 위하여 **사용자가 부담하여야 할 부담금의 수준이 사전에 결정되어 있는 퇴직연금**을 말한다. 즉, 매 년 발생하는 퇴직금상당액(급여총액의 12분의 1)을 퇴직연금으로 불입함으로써 사용자는 퇴직금 지급의무가 종결된다.

② 확정기여형 퇴직연금에서는 근로자가 적립금의 운용에 대한 책임을 진다. 근로자는 퇴직연금규약에서 금융기관이 제시하는 운용방법 가운데서 선택하여 운용하면서 운용결과에 대해서 책임을 지며, 퇴직금은 퇴직연금으로 불입한 금액의 운용실적에 따라 차이가 있다. 따라서 퇴직연금으로 불입한 금액의 운용실적에 따라 근로자퇴직급여보장법의 규정에 의한 퇴직금(1년 근무에 퇴직전 30일분의 평균임금)에 비하여 적거나 많을 수도 있는 것이다.

③ 확정기여형 퇴직연금제도에서는 적립금이 사용자와 독립되어 개인명의로 적립되므로 근로자의 입장에서는 기업이 도산해도 수급권이 100%보장된다.

④ 기업의 입장에서는 퇴직급여에 대한 부담금이 일정하게 정해져 있으므로 효율적인 재정관리를 할 수 있고, 적립금 운용실적에 대하여 책임을 지지 않는다는 장점이 있다.

➡ 확정기여형퇴직연금 회계처리

확정기여형 퇴직연금제도를 설정한 경우에는 당해 회계기간에 대하여 회사가 납부하여야 할 부담금(기여금)을 퇴직급여(비용)로 인식하고, 퇴직연금운용자산, 퇴직급여충당부채 및 퇴직연금미지급금은 인식하지 아니한다. 즉, 확정기여형퇴직연금은 법인외부에 퇴직급여재원을 100% 적립하기 위하여 지출하고 비용으로 계상한 것이므로 전액 손금으로 인정된다.

퇴직급여	*****	/	현금및현금성자산	*****

[1] 확정기여형퇴직연금으로 불입하였으나 1년 미만 근무한 직원이 퇴사하여 퇴직금불입액을 돌려받은 경우

확정기여형퇴직연금으로 불입하였으나 1년 미만 근무한 직원이 퇴사하여 퇴직금불입액을 돌려받은 경우 퇴직금에서 차감하되 운용수익은 영업외수익 항목의 퇴직연금 운용수익 등으로 처리한다.

보통예금	*****	/	퇴직급여	*****
			퇴직연금운용수익	*****

[2] 퇴직금제도에서 퇴직연금제도로 변경시 회계처리

① 퇴직급여제도를 변경하면서 기존 퇴직급여충당부채를 정산하는 경우 기존 퇴직급여충당금의 감소로 회계처리한다.

② 확정기여형퇴직연금제도가 장래 근무기간에 대하여 설정되어 과거 근무기간에 대하여는 기존 퇴직금제도가 유지되는 경우 임금수준의 변동에 따른 퇴직급여충당부채의 증감은 퇴직급여(비용)로 인식한다.

사 례 퇴직금제도에서 확정기여형퇴직연금제도로 변경

B회사는 20×3년 12월 31일까지 퇴직금제도를 유지해왔으나 20×4년 1월 1일부터 확정기여형퇴직연금제도를 도입하기로 결정하였다. 20×4년 1월 1일 이후에는 연간 임금총액의 1/12에 해당하는 금액을 확정기여형퇴직연금제도의 부담금으로 납부한다.

1. 퇴직금제도와 관련된 퇴직급여충당부채 상당액 전액을 20×4년 1월 1일에 확정기여형퇴직연금에 불입하였다. 기존 퇴직급여충당부채 상당액과 20×4년에 발생한 퇴직급여(비용) 전액을 부담금으로 납부한 경우의 회계처리

퇴직급여충당부채	*****	/	현금및현금성자산	*****

퇴직급여	*****	/	현금및현금성자산	*****

2. 퇴직금제도와 관련된 퇴직급여충당부채 상당액은 확정기여형퇴직연금에 불입하지 않기로 결정하였다. 기존 퇴직금제도와 관련하여 임금 상승에 따른 효과를 반영하는 회계처리

퇴직급여	*****	/	퇴직급여충당부채	*****

❸ 확정급여형 퇴직연금제도(DB)

① 확정급여형(Defined Benefit) 퇴직연금제도는 기존의 퇴직금제도와 같이 근로자가 지급받을 급여수준이 결정(1년근속에 대하여 평균임금의 30일분 이상)되어 있는 퇴직연금을 말한다.

• 퇴직급여 : (근속연수 × 30일분 평균임금 이상)으로 확정

② 사업주가 퇴직급여와 관련된 퇴직연금 적립금의 운용을 책임지는 형태이므로, 적립금의 운용실적에 따라 사업주가 부담해야 하는 기여금은 변동될 수 있다.

③ 근로자는 퇴직 후 지급받을 수 있는 퇴직금이 정하져 있으므로 안정적이다.

④ 확정급여형 연금제도에서는 기업주가 부담금의 40%까지는 사내에 적립할 수 있으며, 기업이 도산하는 경우에는 외부에 적립된 60%만 퇴직연금으로 보장받을 수 있다.

⑤ 근로자가 퇴직하는 경우 퇴직급여액(명예퇴직수당과 단체퇴직보험금을 포함) 전액(퇴직연금예치금 + 사용자가 추가로 지급하는 금액이 있는 경우 그 금액)을 퇴직한 날부터 60일 이내에 확정기여형퇴직연금 또는 개인퇴직계좌로 이체 또는 입금하여야 하며, 이 경우 퇴직급여액은 실제로 지급받기 전까지 퇴직소득으로 보지 아니하므로 과세이연된다.

▶ **개인퇴직계좌(IRA: Individual Retirement Account)란** IRP 시행전 퇴직급여제도의 일시금을 수령한 자 등이 그 수령액을 적립·운용하기 위하여 퇴직연금사업자에게 설정한 저축계정을 말한다. 개인퇴직계좌의 가입 여부는 임의사항이었으나 2012년 7월 26일 이후에는 퇴직금상당액을 반드시 개인형퇴직연금(IRP)으로 이전하여야 한다.

▶ **개인형퇴직연금제도(IRP, Individual Retirement Pension)는** 개인퇴직계좌(IRA)를 보완한 제도다. 과거 퇴직연금제도에서는 근로자가 퇴사하는 경우 일시불로 퇴직금을 지급하였으나, 2012년 7월 26일 이후 만 55세 이상이거나 퇴직급여가 150만원 이하인 특정한 경우 이외에는 반드시 퇴직금 전액을 개인형퇴직연금으로 이전하여야 한다.

확정급여형퇴직연금 회계처리

[1] 기존의 퇴직금제도에서 퇴직연금제도로 변경시 회계처리

기존의 퇴직금제도에서 과거근무기간을 포함하여 확정급여형퇴직연금제도로 변경하는 경우, 기존 퇴직급여충당부채에 대해 부담금 납부의무가 생기더라도 이는 사내적립액을 사외적립액으로 대체할 의무에 지나지 않으므로 별도의 추가적인 부채로 인식하지 아니하고 납부하는 시점에 퇴직연금운용자산으로 인식한다.

퇴직연금운용자산	*****	/	현금및현금성자산	*****

[2] 확정급여형퇴직연금 불입액에 대한 회계처리

사용자가 확정급여형퇴직연금제도에 가입한 경우로서 퇴직금상당액 전액을 퇴직연금으로 불입하는 경우에는 퇴직급여충당부채의 비용처리에 대한 절차없이 퇴직급여 및 퇴직연금충당부채로 계상할 수 있지만, 근로자퇴직급여보장법에서는 가입자별 예상퇴직급여를 합하는 방법에 따라 산정한 금액(기준책임준비금)에 100분의 60 이상을 곱하여 산출한 금액(최소적립금) 이상을 적립금으로 적립할 수 있도록 규정하고 있다.

이 경우 퇴직연금으로 적립하는 금액외의 금액에 대하여는 퇴직급여충당부채를 설정하여 비용처리를 하는 것이 수익비용대응의 원칙에 부합할 것이다. 다만, 세무상 한도액을 초과하는 금액은 세무조정에서 손금불산입하는 절차가 필요하다.

① 《확정급여형퇴직연금 적립》 20×3년 8월 10일 확정급여형 퇴직연금에 가입하고, 300,000,000원을 보통예금에서 인출하여 적립하다.

퇴직연금운용자산	300,000,000	/	보통예금	300,000,000

② 《퇴직급여충당금 설정》 회계기말에 퇴직급여충당금 200,000,000원을 설정하다.

퇴직급여	200,000,000	/	퇴직급여충당부채	200,000,000

③《퇴직연금에 대한 운용수익 입금》퇴직연금에 대한 투자수익 5,000,000원이 발생하다.

퇴직연금운용자산	5,000,000	/	퇴직연금운용수익	5,000,000

④《퇴직연금수수료 출금》퇴직연금에 대한 수수료 2,000,000원이 퇴직연금에서 퇴직연금사업자로 인출되다.

지급수수료	2,000,000	/	퇴직연금운용자산	2,000,000

⑤《결산조정에 의한 퇴직연금 손금산입》퇴직연금을 기말에 손금산입하는 회계처리를 하다. (손금산입대상 퇴직적립금 303,000,000원)

퇴직금	303,000,000	/	퇴직연금충당부채	303,000,000

⑥《퇴직연금운용사업자로부터 퇴직금을 수령하여 퇴직자에게 지급시》20×4년 5월 30일 직원의 퇴사에 따라 퇴직금 20,000,000원 중 12,000,000원은 퇴직연금운용사업자가 퇴사한 직원의 개인형퇴직연금(IRP)으로 이체하고 8,000,000원은 회사에서 개인형퇴직연금(IRP)으로 이체지급하다. 단, 퇴직소득세는 과세이연하다.

퇴직연금충당부채	12,000,000	/	퇴직연금운용자산	12,000,000
퇴직급여충당부채	8,000,000	/	보통예금	8,000,000

퇴직연금 손금산입

내국법인이 임원 또는 사용인의 퇴직을 퇴직급여의 지급사유로 하고 임원 또는 사용인을 수급자로 하는 퇴직연금의 부담금으로서 지출하는 금액은 해당 사업연도의 소득금액계산에 있어서 이를 손금에 산입한다.

❶ 확정기여형퇴직연금(DC)의 손금산입

① 확정기여형퇴직연금, 개인형퇴직연금제도에 따른 퇴직연금의 부담금은 전액 손금에 산입한다.

② 법인이 임직원의 퇴직을 연금의 지급사유로 하고 임원 또는 사용인을 수급자로 하는 확정기여형 퇴직연금을 설정하면서 퇴직연금 설정 전 근무기간분에 대한 부담금을 지출한 경우 그 지출금액은 퇴직급여충당금의 누적액에서 차감된 퇴직급여충당금에서 먼저 지출된 것으로 보는 것이며, 차감된 퇴직급여충당금을 초과하여 지출한 금액은 이를 손금에 산입할 수 있다.

③ 내국법인이 퇴직급여지급규정에 따라 계속 근로기간이 1년 미만인 근로자에게 퇴직급여를 지급하지 않음에도 확정기여형 퇴직연금에 가입하고 부담하는 보험료 등은 지출한 사업연도의 손금에 산입한다. (법인세과-1186, 2009.10.26.)

④ 법인의 확정기여형퇴직연금부담금은 매년 1회 이상 정기적으로 납부하여야 하는 것으로, 퇴직연금규약상 납입기일이 도래하기 전에 선 불입한 금액은 손금에 산입하지 아니한다. (법인세과-1020, 2010.10.29.)

▣ 임원 확정기여형퇴직연금

임원에 대하여 확정기여형 퇴직연금(D/C형)에 가입하고 법인이 그 부담금을 계속 불입한 경우 그 부담금 총액을 임원의 퇴직급여로 보아 그 전액을 불입 시점에 일단 법인의 손금으로 처리하되, 해당 임원이 현실적으로 퇴직하는 사업연도에 퇴직시까지 납부된 회사부담금의 누계액을 퇴직급여로 보아 아래의 손금산입한도를 초과하는 경우 퇴직일이 속하는 사업연도의 회사부담금에서 손금부인하되, 그 한도초과액이 퇴직일이 속하는 사업연도의 회사부담금을 초과하는 경우 그 초과액을 익금산입하여야 한다. [법령 제44조의2 ③ 단서 조항]

1. **정관** 또는 정관에서 위임된 퇴직급여지급규정(퇴직위로금 포함)으로 지급할 금액이 정하여진 경우 : 그 정관에 정하여진 금액 단, 임원퇴직금의 경우 정관의 규정에 있더라도 2호 금액의 2배를 한도로 한다.
2. 위 1호외의 경우 : 퇴직전 1년간 총급여 × 1/10 × 근속연수

[세법 개정] 임원 퇴직소득 한도 축소를 통한 과세 합리화(소득법 §20의3)
지급배수 하향 조정 : 3배 → 2배
<적용시기> 2020.1.1. 이후 퇴직하여 지급받는 소득 분부터 적용

❷ 확정급여형퇴직연금(DB)의 손금산입

▣ 확정급여형퇴직연금의 손금산입범위액 계산

① 내국법인이 사용인의 퇴직을 퇴직급여의 지급사유로 하고 사용인을 수급자로 하는 퇴직연금의 부담금으로서 지출하는 금액은 해당 사업연도의 소득금액계산에 있어서 이를 손금에 산입한다.

② 내국법인이 임원의 퇴직금을 퇴직연금에 불입하는 경우에도 손금에 산입할 수 있으나 정관 또는 정관에서 위임한 임원 퇴직급여지급규정에 따라 지급하는 금액을 한도로 하되, 정관 또는 정관에서 위임한 임원 퇴직급여지급규정에도 불구하고, 2012년 이후 다음의 금액을 초과하는 금액은 근로소득으로 본다.

퇴직한 날부터 소급하여 3년동안(근무기간이 3년 미만인 경우에는 개월 수로 계산한 해당 근무기간) 지급받은 총급여의 연평균환산액 × 1/10 × 2012년 1월 1일 이후의 근속연수(1년 미만의 기간은 개월 수로 계산하며, 1개월 미만의 기간이 있는 경우에는 이를 1개월로 본다) × 3

③ 확정급여형퇴직연금은 제1호 및 제2호의 금액 중 큰 금액에서 제3호의 금액을 뺀 금액을 한도로 손금에 산입하며, 둘 이상의 부담금이 있는 경우에는 먼저 계약이 체결된 퇴직연금등의 부담금부터 손금에 산입한다.

1. 해당 사업연도종료일 현재 재직하는 임원 또는 사용인(확정기여형 퇴직연금등이 설정된 사람은 제외)의 전원이 퇴직할 경우에 퇴직급여로 지급되어야 할 금액의 추계액(손금에 산입하지 아니하는 금액 제외)에서 해당 사업연도종료일 현재의 퇴직급여충당금을 공제한 금액에 상당하는 연금에 대한 부담금

2. 다음 각 목의 금액을 더한 금액(손금불산입 금액 제외)에서 해당 사업연도 종료일 현재의 퇴직급여충당금을 공제한 금액에 상당하는 연금에 대한 부담금

가. 「근로자퇴직급여 보장법」 제16조 제1항 제1호에 따른 금액 (2014. 2. 21. 신설)

나. 해당 사업연도종료일 현재 재직하는 임원 또는 사용인(확정기여형 퇴직연금등이 설정된 사람 제외) 중 확정급여형퇴직연금제도에 가입하지 아니한 사람 전원이 퇴직할 경우에 퇴직급여로 지급되어야 할 금액의 추계액과 확정급여형퇴직연금제도에 가입한 사람으로서 그 재직기간 중 가입하지 아니한 기간이 있는 사람 전원이 퇴직할 경우에 그 가입하지 아니한 기간에 대하여 퇴직급여로 지급되어야 할 금액의 추계액을 더한 금액

3. 직전 사업연도종료일까지 지급한 부담금

▣ 확정급여형퇴직연금 세무조정

① 퇴직연금 등을 납입하고 퇴직연금운용자산 등으로 자산계상한 경우에는 결산조정에 의해 법인의 손금으로 계상하지 아니하였더라도 신고조정(세무조정)으로 손금에 산입할 수 있다.

② 퇴직연금 등을 손금산입한 법인의 임원 또는 사용인이 실제로 퇴직하는 경우 손금산입할 퇴직금의 범위액은 퇴직급여지급규정에 의한 퇴직금상당액에서 당해 사용인의 퇴직으로 인하여 퇴직연금사업자 등으로부터 수령한 퇴직연금, 퇴직급여충당금 순으로 차감한 금액으로 한다. 다만, 신고조정에 의하여 퇴직연금 등을 이미 손금에 산입한 경우 퇴직금으로 지급한 퇴직연금을 퇴직금으로 계상한 후 동 금액을 익금에 산입해야 한다.

6 대손충당금

대손충당금 설정

기업이 보유하고 있는 매출채권(외상매출금, 받을어음)은 거래처의 파산, 폐업, 부도 등의 사유로 회수를 할 수 없는 경우가 발생할 수 있다. 회수할 수 없는 채권은 손실로 '대손상각비'라고 한다.

결산시점에 기업이 보유하고 있는 매출채권 중 일부 금액은 회수가 안 될 수도 있기 때문에 당기의 손익을 보다 정확히 계산하기 위하여 매출채권 중 일정금액을 회수 불가능한 채권으로 추정하여 미리 비용으로 계산하는 절차가 필요하며 아래와 같이 처리한다.

❶ 기업회계기준에 의한 대손충당금 설정

회수가 불확실한 채권은 합리적이고 객관적인 기준에 따라 산출한 대손추산액을 대손충당금으로 설정한다.

충당부채는 지출의 시기 또는 금액이 불확실한 부채를 말하며 다음의 인식요건을 모두 충족하는 경우에 인식한다.

1. 과거사건이나 거래의 결과로 현재의무가 존재한다.
2. 당해 의무를 이행하기 위하여 자원이 유출될 가능성이 매우 높다.
3. 그 의무의 이행에 소요되는 금액을 신뢰성 있게 추정할 수 있다.

현재의무의 존재 여부가 분명하지 않은 경우에는 모든 이용 가능한 증거를 고려하여 대차대조표일 현재 의무가 존재할 가능성이 매우 높다고 판단되면, 과거사건이 현재의무를 발생시킨 것으로 본다.

❷ 법인세법 규정에 의한 대손충당금 설정

기업회계기준에서 대손충당금 설정에 대하여 합리적이고 객관적인 기준에 따라 산출한 대손추산액을 대손충당금으로 설정할 수 있도록 규정하고 있으나 그 구체적인 기준을 제시하고 있지 않는 사유로 기업의 합리적인 판단에 의하여 대손충당금을 설정할 수 있다. 그러나 합리적이고 객관적인 기준의 통일적 모델이 없어 주관적인 판단이 개입될 요소가 있을 수 있다.

기업회계기준에 의한 기업의 대손충당금 계상금액을 세법에서 그대로 인정을 한다면, 개별 기업이 조세를 회피할 목적으로 회계기준을 해석하여 대손상각비를 과다계상하여 이익을 과소계상할 수 있을 것이다,
이 경우 과세관청과 개별기업은 상반된 입장 차이(과세관청의 조세징수 목적과 기업의 합법적 절세)로 인하여 분쟁이 발생할 수 있을 것이며, 세무적 측면에서 혼란이 야기될 수 있을 것이므로 세법은 기업의 대손충당금 설정한도액을 매출채권의 1% 또는 대손실적률 중 큰 금액의 범위내에서 손금에 산입하도록 규정하고 있으며, 대손충당금 한도액을 초과하여 대손충당금을 설정하고, 대손상각비를 계상한 경우 초과하는 금액은 손금으로 인정하고 있지 있다.

이와 같은 사유로 대부분 중소기업의 경우 대손상각비로 계상하는 금액은 세법상 한도내의 금액으로 하고 있으며, 세법상 한도내의 금액을 대손충당금으로 설정하는 경우 별도의 세무조정은 필요하지 않으므로 본 절에서는 세법상 한도금액의 계산방법에 대하여 상술하기로 한다.

매출채권의 대손충당금을 손금으로 계상한 내국법인이 대손금이 발생한 경우 그 대손금은 대손충당금과 먼저 상계하여야 하고, 대손금과 상계하고 남은 대손충당금의 금액은 다음 사업연도의 소득금액계산에 있어서 이를 익금에 산입한다.
한편, 손금에 산입한 대손금중 회수한 금액은 그 회수한 날이 속하는 사업연도의 소득금액계산에 있어서 이를 익금에 산입한다.

대손충당금 설정 대상 채권 및 설정 금액

대손충당금 설정대상 채권

① 외상매출금 ~ 상품, 제품의 판매가액 중 미수금액, 가공료, 용역 등의 제공에 의한 사업수입금액의 미수액
② 대여금 ~ 금전소비대차계약 등에 의하여 타인에게 대여한 금액
③ 기타 이에 준하는 채권 ~ 어음상의 채권 및 미수금 등

대손충당금 설정대상 채권은 법인세법상 특별히 대손충당금을 설정할 수 없는 것으로 규정되어 있는 다음의 채권을 제외하고는 원칙적으로 제한이 없다.

- 채무보증으로 인하여 발생한 구상채권
- 특수관계자에게 업무와 관련없이 지급한 가지급금
- 할인어음, 배서양도한 어음, 수탁물품의 판매대금

대손충당금 설정

당해 사업연도종료일 현재 외상매출금·대여금 기타 이에 준하는 채권의 장부가액의 합계액의 100분의 1에 상당하는 금액과 채권잔액에 대손실적률을 곱하여 계산한 금액 중 큰 금액으로 한다.

▣ 대손실적률에 의한 대손충당금 계상

대손실적율 = 당해 사업연도 대손금 ÷ 직전 사업연도종료일 현재의 채권잔액

대손충당금 계상 및 상계, 환입

❶ 대손충당금 계상

대손충당금은 결산시 설정하여야 하며, 세무조정에 의하여 설정할 수 없다. 즉, 결산시 대손상각비를 비용 처리하고, 대손충당금을 설정하여야 한다는 뜻이다.

대손상각비	***** /	대손충당금	*****

❷ 총액법에 의한 설정

법인세법상 대손충당금 설정은 총액법 즉, 대손충당금잔액을 모두 환입하고 당기의 대손추정액을 다시 설정하는 방법으로 설정한다. 단, 당해 사업연도 대손충당금 설정범위액내에서 익금에 산입하여야 할 대손충당금을 차감한 잔액만을 설정한 경우에도 이는 단순한 기표상의 생략으로 보아 각각 익금 또는 손금에 산입한 것으로 본다. (법인세법시행규칙 제32조 ①)

❸ 대손발생시 대손충당금과 우선 상계

대손충당금을 손금으로 계상한 내국법인이 대손금이 발생한 경우에는 그 대손금을 대손충당금과 먼저 상계하여야 하고, 대손금과 상계하고 남은 대손충당금은 기말결산시 소득금액계산에 있어서 이를 익금에 산입한다.

대손충당금	***** /	외상매출금	*****

❹ 대손금 회수시 처리

손금에 산입한 대손금중 회수한 금액은 그 회수한 날이 속하는 사업연도의 소득금액계산에 있어 이를 익금에 산입한다.

Q 대손금

대손금이란 회수가 불가능한 채권으로 세법의 규정에 의한 대손금에 해당하는 경우 대손상각처리한다. 즉, 내국법인이 보유하고 있는 채권 중 채무자의 파산, 부도 등으로 회수 할 수 없는 채권의 금액은 당해 사업연도의 소득금액계산에 있어서 이를 손금에 산입한다.

❶ 대손금 범위 (법령 제19조의 2)

① 법률적으로 청구권이 소멸하여 회수할 수 없게 된 채권

㉠ 소멸시효가 완성된 다음의 채권

- 외상매출금 및 미수금으로서 상법상의 소멸시효(5년 → 민법 단기소멸시효 3년)가 완성된 것
- 어음법에 의한 소멸시효(3년)가 완성된 어음
- 수표법에 의한 소멸시효(6개월)가 완성된 수표
- 대여금 및 선급금으로서 민법상의 소멸시효(10년)가 완성된 것

② 민사집행법 제102조의 규정에 의하여 채무자의 재산에 대한 경매가 취소된 압류채권

③ 물품의 수출로 인하여 발행한 채권으로서 한국은행총재 또는 외국환은행의 장으로부터 채권회수의무를 면제받은 것

④「채무자 회생 및 파산에 관한 법률」에 의한 회생계획인가 또는 변제계획인가 결정에 따라 회수불능으로 확정된 채권

①, ②, ③, ④항의 사유로 대손상각을 하는 세무조정 또는 결산조정에 의하여 대손상각처리를 할 수 있으나
⑤, ⑥, ⑦, ⑧항의 사유인 경우 결산조정을 한 경우에만 대손상각처리를 할 수 있다.
결산조정이란 장부에서 대손상각비를 계상하여야 하는 것을 말한다.
결산조정 : 대손상각비 / 외상매출금

⑤ 채무자의 상태로 보아 회수할 수 없다고 인정되는 채권

㉠ 파산한 자에 대한 채권 : 파산법 제14조에서 규정하는 파산채권으로서 법원의 파산선고로 회수할 수 없는 채권

㉡ 사망·실종·행방불명된 자에 대한 채권 : 사망하였거나 실종선고를 받은 채무자에 대한 채권으로서 채무자 소유의 재산이 없는 채권

㉢ 해산한 법인 등에 대한 채권

㉣ 강제집행불능조서가 작성된 채무자에 대한 채권

㉤ 형의 집행 중에 있는 채무자에 대한 채권

㉥ 사업을 폐지한 채무자에 대한 채권

▸ 사업을 폐업한 채무자에 대한 채권으로 회수 가능한 재산이 없는 경우

▸ 합병 이외의 사유로 해산한 법인이 청산을 종료하지 아니한 때에도 사업재개의 전망이 없고 채무의 초과로 회수할 재산이 전혀 없음이 명백한 경우

▸ 압류 또는 근저당권설정 재산 이외의 다른 재산이 없는 경우 압류 또는 근저당권설정 재산의 시가상당액을 초과하는 채권의 가액은 대손처리할 수 있으며, 압류재산에 선순위 채권이 있는 경우 실제 선순위 채권가액을 차감하고 계산한다.

▶ 거래처가 폐업한 경우 매출채권 대손상각

채무자가 단순히 사업을 폐지하였다고 하여 대손처리할 수는 없으며, 당해 채권의 회수를 위하여 강제집행 등의 법적 제반 절차를 취하여 채무자의 무재산으로 채권회수가 불가능함이 객관적으로 인정되는 경우에는 소멸시효가 완성되기 전에 대손처리할 수 있는 것이다. 한편, 채권회수를 위한 법적 제반 절차를 취하지 아니하고 소멸시효가 완성된 경우에는 기업업무추진비로 보는 것임

▶ 대손요건을 충족하지 못하는 외상매출금, 미수금 등을 장부상 제거하고자 경우

대손상각처리할 수 없으며, 이 경우 기업업무추진비로 처리한 시부인계산하여야 한다.

⑥ 부도수표·어음상의 채권 등

■ 부도발생일로부터 6월 이상 경과한 수표 또는 어음상의 채권 및 부도발생일 이전에 발생한 중소기업의 외상매출금 다만, 당해 법인이 채무자의 재산에 대해 저당권을 설정하고 있는 경우를 제외한다.

* 위 요건에 해당하는 경우 채무자가 부도발생일 이후 사업계속 여부, 다른 재산 소유 여부에 대하여 별도의 조사 없이 대손처리할 수 있으며, 추후 회수하는 때에는 익금에 산입한다.

⑦ 세무서장으로부터 국세결손처분을 받은 채무자에 대한 채권
단, 저당권을 설정하고 있는 경우 제외한다.

⑧ 회수기일을 6월 이상 경과한 채권 중 회수비용이 당해 채권가액을 초과하여 회수실익이 없다고 인정되는 20만원 이하의 채권 (채무자별 채권가액의 합계액을 기준으로 한다.)

⑨ 기업회계기준에 의한 채권의 재조정에 따라 채권의 장부가액과 현재가치의 차액을 대손금으로 계상한 금액

⑩ 채권의 일부를 회수하기 위하여 해당 채권의 일부를 포기하여야 할 불가피한 사유가 있는 경우 포기한 그 채권금액. 다만, 부당행위계산부인에 해당하는 경우에는 그러하지 아니하다.

[세법 개정] 대손금 손금산입 범위 확대(법인령 §19의2①, 소득령 §55②)
중소기업의 외상매출금 및 미수금으로서 회수기일이 2년 이상 지난 외상매출금등. 다만, 특수관계인과의 거래로 인하여 발생한 외상매출금등은 제외한다.
<적용시기> 2020.1.1. 이후 개시하는 사업연도(과세기간) 분부터 적용

[핵심 실무] 회수기일이 2년 이상 지난 외상매출금은 장부에 대손상각비을 계상한 경우에 한아여 대손처리를 할 수 있으며, 세무조정에 의하여 대손상각비로 손금산입할 수는 없음

◈ 중소기업의 매출채권의 대손 여부
(법인, 서면-2021-법인-0073, 2021.02.08)
중소기업인 내국법인의 외상매출금(특수관계인과의 거래로 인하여 발생한 것은 제외)으로서 회수기일이 2년 이상 지난 외상매출금은 채무자가 사업을 계속 영위하는지 여부에 상관 없이「법인세법 시행령」제19조의2 제3항에 따라 대손금으로 비용 계상한 날이 속하는 사업연도에 손금으로 산입할 수 있는 것임.

❷ 대손처리할 수 없는 채권

① 채무보증으로 인하여 발생한 구상채권
② 특수관계자에게 업무와 관련없이 지급한 가지급금

대손충당금 회계처리 사례

▣ 대손충당금 설정 및 환입

① 《대손상각비 및 대손충당금 설정》 회계기말(20×4. 12. 31)에 외상매출금 잔액 2억원 및 받을어음 잔액 1억원에 대하여 1%의 대손충당금을 설정하다.

대손상각비	3,000,000 /	대손충당금(외상매출금)	2,000,000
		대손충당금(받을어음)	1,000,000

② 《대손 발생 : 회수 불능채권이 대손충당금 잔액보다 적은 경우》 20×5. 6. 30 (주)대웅물산에 대한 외상매출금 500,000원이 회수 불가능하여 대손처리하다.
단, 외상매출금에 대한 대손충당금잔액은 2,000,000원이다.

대손충당금(외상매출금)	500,000 /	외상매출금	500,000

③ 《대손충당금 설정 : 전기에 설정한 대손충당금 잔액이 있는 경우》 회계기말(20×5. 12. 31)에 외상매출금 잔액 3억원, 받을어음 잔액 2억원에 대하여 1%의 대손상각비를 계상하다. 단, 대손충당금 잔액은 2,500,000원이다.
(대손충당금 잔액 : 외상매출금 1,500,000원, 받을어음 1,000,000원)

대손상각비	2,500,000 /	대손충당금(외상매출금)	1,500,000
		대손충당금(받을어음)	1,000,000

* 당기 대손충당금 설정가능금액(5,000,000원)에서 이월된 대손충당금 잔액을 차감한 금액(5,000,000원 - 2,500,000원)에 대하여 대손상각비로 계상한다.

◎ 《이월된 대손충당금이 당기 대손충당금 설정가능금액을 초과하는 경우》결산시에 외상매출금 2억원 및 받을어음 1억원에 대하여 1%의 대손상각비를 계상하다. 단, 외상매출금 대손충당금 잔액은 3,000,000원이며, 받을어음 대손충당금 잔액은 2,000,000원이다.

대손충당금(외상매출금)	1,000,000 /	대손충당금환입	2,000,000
대손충당금(받을어음)	1,000,000		

▣ 대손 발생 및 대손상각, 대손세액공제 회계처리

① 《대손 발생 : 회수 불능채권이 대손충당금 잔액보다 많은 경우》
20×4. 5 .31 (주)한라상사에 대한 외상매출금 2,000,000원이 회수 불가능하여 대손처리하다. 단, 대손충당금잔액은 1,500,000원이다.

대손충당금(외상매출금)	1,500,000	/	외상매출금	2,000,000
대손상각비	500,000			

* 대손충당금잔액이 부족한 경우 부족한 금액은 당기의 비용인 대손상각비로 처리한다.

② 《받을어음 부도발생》 매출처 (주)경주건설에서 수취한 받을어음 110,000,000원이 만기일인 20×4. 5 .31 부도발생하다.

부도어음	110,000,000	/	받을어음	110,000,000

③ 《대손세액공제신청》 부도발생일로부터 6개월이 경과한 날(20×4. 12. 1)이 속하는 부가가치세 확정신고시 대손세액공제를 신청하다.

부가세예수금	10,000,000	/	부도어음	10,000,000

• 부가세예수금 : 부도어음금액(110,000,000원) × 10/110

④ 《대손상각》 회계기말(20×4. 12. 31)에 부도어음을 대손상각처리하다. 단, 받을어음 대손충당금 잔액은 5,000,000원이다.

대손충당금(받을어음)	5,000,000	/	부도어음	99,999,000
대손상각비	94,999,000			

7 기타 결산정리 사항

Q 현금과부족 정리

결산시점에 장부상 현금잔액과 실지 현금잔액이 차액이 발생하는 경우가 있다. 이 경우 그 원인을 밝히어 정리하여야 하며, 원인이 밝혀지지 않는 경우 장부상금액보다 실제 현금잔액이 많으면 잡이익으로, 실제 현금잔액이 적으면 잡손실로 처리한다.

① 《현금과부족 발생》 현금의 실제금액이 장부상 금액보다 200,000원이 부족한 것을 발견하다.

현금과부족	200,000	/	현금	200,000

② 《현금과부족 정리》 현금과부족의 원인을 조사한바 150,000원은 직원식대를 지급한 금액을 장부상 누락한 금액이고, 50,000원은 그 원인을 알 수 없어 잡손실로 처리하다.

복리후생비	150,000	/	현금과부족	200,000
잡손실	50,000			

Q 선급비용 계상

일정 계약에 따라 용역을 제공받기로 하고, 그 대가를 지급하였으나 결산시점에 그 용역제공의 기한이 종료되지 않은 경우 아직 남아 있는 용역제공 기간에 해당하는 비용은 선급한 것으로 기간 손익을 정확히 계산하기 위하여 선급한 비용을 계상하여 다음연도에 해당 비용으로 대체한다.

➡ 선급비용 회계처리 사례

■ 보증보험료 지급 및 선급비용 계상

① 《보증보험료 지급》 20×4. 7. 16 보증보험료 2,300,000원을 보통예금에서 인출하여 지급하다. (보증보험기간 2년 : 20×4. 07. 16 ~ 20×6. 07. 15)

보험료	2,300,000	/	보통예금	2,300,000

② 《선급비용 계산》 20×4년도 기말결산시 보험료 미경과분을 선급비용으로 대체하다.

선급비용	1,767,534	/	보험료	1,767,534

* 계산근거 : 보험료(2,300,000원) × 미경과일수(561일) ÷ 보험가입 총일수(730일)

③ 《선급비용 보험료 대체》 20×5사업연도 결산시 선급보험료 중 당해 연도 귀속분 1,150,000원을 보험료로 대체하다.

보험료	1,150,000	/	선급비용	1,150,000

* 계산근거 : 보험료(2,300,000원) × 경과일수(365일) ÷ 보험가입 총일수(730일)

■ 자동차보험 분납 및 선급비용 계산

① 《자동차보험료 1회분 납부》 5. 20 자동차 보험료 1,344,810원을 2회에 걸쳐 분납하기로 하고, 1회분 보험료 1,021,840원을 보통예금에서 인출하여 납부하다. 2회분 보험료 322,970원은 11. 20 납부하기로 하다.
(보험계약기간 20×4. 05. 20 ~ 20×5. 05. 19)

보험료	1,344,810	/	보통예금	1,021,840
			미지급비용	322,970

② 《자동차보험료 2회분 납부》 11. 20 자동차보험료 2회분 322,970원을 보통예금에서 인출하여 납부하다.

미지급비용	322,970	/	보통예금	322,970

③ 《미경과보험료 계산》 결산시 미경과보험료를 선급비용으로 계산하다.

선급비용	512,133	/	보험료	512,133

* 계산근거 : 보험료(1,344,810원) × 미경과일수(139일) ÷ 보험가입 총일수(365일)

미지급비용 계상

당기에 속하는 비용이 발생하였으나 그 대가를 지급하지 않은 경우 보다 정확한 손익계산을 위하여 당기에 비용으로 처리하고 미지급한 금액은 미지급비용으로 회계처리하는 결산분개를 하여야 한다.

예를 들면, 급료 미지급액, 이자비용 미지급액, 세금과공과 미지급액 등이 있다.

① 《미지급비용 계산》 급여일은 급여 해당 월의 다음달 10일이다. 12월 분 급여는 결산기말 현재시점에 지급하지 않은 금액이나 12월분 급여를 당해 연도 비용으로 처리하여야 하므로 급여 30,000,000원을 미지급비용으로 계상하다.

급여	30,000,000	/	미지급비용	30,000,000

② 《미지급비용 지급》 다음연도 1월 10일 급여 30,000,000원 지급시 근로소득세 및 4대 보험 예수금 등 2,500,000원을 공제한 27,500,000원을 국민은행 보통예금에서 인출하여 지급하다.

미지급비용	30,000,000	/	보통예금	27,500,000
			예수금	2,500,000

재고자산감모손실 계상

재고자산은 기말 재고수량과 이에 적용할 단가를 결정함으로써 평가된다. 기말 재고수량은 실사법과 계속기록법에 의해서 결정되는데 이 중 계속기록법의 경우 결정된 수량은 장부상 수량이므로 멸실, 파손 등의 사유로 실제 창고에 보관되어 있는 재고수량하고는 다를 수 있다. 이 경우 수량부족분 또는 파손손실에 대한 재고금액을 재고자산감모손실로 처리한다. 반면, 재고자산평가손실은 재고자산의 진부화 등으로 재고자산의 가치가 하락한 경우 장부상 잔액과 현재가치의 손실차액을 말한다.

재고자산감모손실 = (장부상 수량 - 실제 수량) × 장부상 단가

재고자산감모손실 중 정상적으로 발생한 감모손실은 재고자산 수량부족이 사전에 예측된 것이므로 매출원가로 처리하여야 한다. 왜냐하면 정상적인 감모수량에 대한 판매가격은 매출액에 이미 반영되어 있기 때문이다. 한편, 사전에 예측하지 못한 비정상적인 감모손실은 영업외비용으로 처리한다.

재고자산감모손실 회계처리 사례

① 《당기매입액을 매출원가로 대체》 기초상품 1천만원 및 당기 상품매입액 5천만원에서 기말상품재고액 1천만원을 차감한 4천만원을 상품매출원가로 대체하다.

상품매출원가	40,000,000 /	상품	40,000,000

② 《재고감모손실 매출원가 및 재고자산감모손실 대체》 장부상 기말재고수량은 100개이나 (단가 100,000원) 실제 재고를 조사한 바 90개다. 재고자산 감모수량 중 3개는 정상적인 감모이며, 7개는 비정상적인 감모로 판명되다.

매출원가	300,000 /	상품	1,000,000
재고자산감모손실	700,000		

- 재무상태표상 기말상품재고액 : 9,000,000원
- 손익계산서상 기말상품재고액 : 9,700,000원

◦ 700,000원은 영업외비용에서 재고자산감모손실로 차감된다.

재고자산평가손실 계상

재고자산평가손실이란 가치하락, 품질저하 등의 사유로 재고자산의 가치가 장부상 가액보다 하락한 경우 재고자산의 현재가치를 평가하여 그 손실금액을 재고자산에서 감액하는 경우 발생하는 손실금액을 말한다. 그러나 현행 세법에서는 파손, 부패의 경우에는 재고자산감모손실이 용인되나 가치하락, 품질저하 등의 경우에는 재고자산평가방법 신고기한내에 저가법으로 별도의 신고를 한 경우에 한하여 재고자산평가손실을 인정하고 있다. 따라서 적법한 절차에 의하지 아니하고 기업이 임의로 재고자산의 평가손실을 결산에 반영한 경우 전액 손금불산입하고 유보 처분하여야 한다.

▣ 저가법에 의한 재고자산평가손실 계상

재고자산을 원가법과 기업회계기준이 정하는 바에 따라 시가로 평가한 가액 중
낮은 편의 가액을 평가액으로 하는 방법
기업회계기준에 의하면, 매도가능증권에 해당하는 투자유가증권은 회계기말에 시가로 평가를 하여 원가와 시가와의 차액에 대하여는 자본조정에 계상하였다가 처분시에 자본조정계정을 소멸시키도록 규정하고 있다. (미실현손익을 당기손익에 반영하지 아니함)

미수수익 계상

당기에 속하는 수익중 미수액으로 한다. 예를 들면, 미수임대료, 미수이자수익 등이 있다. 미수수익은 계약에 의한 계속적인 역무의 제공이라는 점에서 상품 등의 판매에 의한 외상매출금, 또는 유가증권·토지 ·건물 등의 매각대금의 미수금과는 구별된다. 즉, 미수수익은 역무의 제공이 당기 기간에 속하는 것이나 그 대가를 수취하지 못한 경우(통상 결산시) 기간 손익을 정확히 반영하기 위하여(이자수익 등) 계상한다. 미수수익은 수익실현주의에 의한 회계원칙으로 인하여 발생한다.

미수수익 회계처리 사례

① 《가지급금 인정이자에 대한 미수수익 계상》 결산시 대표이사 가지급금에 대한 인정이자 2,000,000원을 미수하여 이자수익을 계상하다.

미수수익	2,000,000 /	이자수익	2,000,000

* 상환기간 및 이자율에 대한 약정이 있어야 한다.

② 《인정이자 수취》 다음해 3. 31 대표이사 가지급금에 대한 인정이자 미수취분 2,000,000원을 현금으로 수취하다.

현금	2,000,000 /	미수수익	2,000,000

미수수익과 관련한 세무상 유의사항

원천징수되는 이자 등은 결산을 확정함에 있어서 이미 경과한 기간에 대응하는 이자를 이자수익으로 계상한 경우에는 익금불산입하는 것이며, 지급이자의 경우 결산시 이미 경과한 기간에 대응하는 이자 등을 당해 사업연도의 손금으로 계상한 경우 별도의 세무조정은 필요하지 않다. 즉, 세법에서는 원천징수되는 이자수익에 대하여 현금주의로 계상하도록 규정하고 있는바 이자수익의 귀속시기는 이자입금일(원본전입일, 해약일)로 결산을 확정함에 있어 수취하지 않은 이자(미수수익)을 미수수익으로 계상한 경우 세무조정에서 익금불산입하여야 한다. 따라서 외부회계감사를 받지 않는 중소기업의 경우 정기적금, 정기예금 등 금융상품의 미수취이자를 결산시 반영하지 않아도 무방하다.

선수수익 계상 (수익의 이연)

당기에 수익으로 계상하였으나 수익의 귀속연도가 다음연도에 해당하는 금액이 있는 경우 보다 정확한 손익계산을 위하여 결산시점에 다음연도에 해당하는 수익에 대하여 당기 수익에서 차감하는 결산분개를 하여야 한다. 예를 들면, 임대료를 미리 선수한 경우 다음연도에 해당하는 임대료는 수입임대료에서 차감하여야 한다.

① 《임대료 수입》 6. 1 공장의 일부를 월세 1,000,000원으로 임대하여 주기로 하고, 1년분 임대료 12,000,000원 및 부가가치세 1,200,000원을 현금으로 수취하고 세금계산서를 발급하여 주다.

현금	13,200,000 /	임대료수입	12,000,000
		부가세예수금	1,200,000

② 《선수수익 계상》 회계기말에 공장 임대료로 수취한 금액 중 내년도 임대료에 해당하는 5,000,000원으로 임대료수입에서 차감하고, 선수수익으로 계상하다.

임대료수입	5,000,000 /	선수수익	5,000,000

Q 유가증권 평가

유가증권은 단기매매증권, 매도가능증권, 만기보유증권으로 구분하여 분류한다.

① 단기매매증권은 기말 현재 유가증권의 공정가액과 장부가액의 차액을 영업외손익인 유가증권평가손익으로 처리하여야 하며, 시장성있는 유가증권은 시장가격을 공정가액으로 보며 시장가격은 재무상태표일 현재의 종가로 한다.

② 유가증권은 종목별로 평가하되, 평가이익과 평가손실이 동시에 발생되는 경우에는 상계하여 순액만을 유가증권평가손익으로 표시하여야 한다.

매도가능증권에 대하여 회계기말에 평가손익을 계상한 경우 평가손익은 자본 계정의 기타포괄손익누계액에 반영한다.

◎ 《단기매매증권 평가》 단기매매목적으로 보유한 상장법인인 (주)삼양사 주식 장부가액은 10,000,000원이고, 회계기말 공정가액은 12,000,000원으로 유가증권평가이익 2,000,000원을 계상하다.

단기매매증권	2,000,000 /	유가증권평가이익	2,000,000

▣ 유가증권 평가에 관한 법인세법 규정

법인세법에서는 총평균법, 이동평균법, 개별법(채권에 한함)에 의한 원가법만 인정되므로 유가증권 평가손익은 인정되지 아니한다. 따라서 외부회계감사를 받지 않는 중소기업의 경우 유가증권평가손익을 인식하지 않아도 무방하다.

한편, 유가증권평가손익을 결산시에 반영한 경우 유가증권평가이익은 세무조정사항에서 익금불산입하고 유보처분하여야 하며, 유가증권평가손실은 세무조정사항에서 손금불산입하고 유보처분하여야 한다.

Q 장기차입금의 유동성장기부채 대체

유동성 장기부채란 당초 차입기한이 1년을 초과하여 장기차입금으로 회계처리하였으나 기간이 경과하여 결산일로부터 1년 이내에 상환하여야 할 부채를 장기차입금 등 장기부채와 구분하기 위하여 유동성장기부채로 대체한다.

➡ 유동성장기부채 회계처리 사례

① 《장기차입금 조달》 20×1. 6. 1 우리은행에서 시설자금 100,000,000원을 차입하고 근저당 설정수수료 및 기타 수수료 600,000원을 차감한 99,400,000원이 우리은행 보통예금에 입금되다.
(대출 상환기한 : 20×6. 5. 31, 대출이자율 9%, 만기 일시상환 방식)

보통예금	99,400,000	/	장기차입금	100,000,000
지급수수료	600,000			

② 《장기차입금을 유동성 장기부채로 전환》 20×5년도 회계기말에 장기차입금중 다음해에 상환하여야 할 금액 100,000,000원을 유동성장기부채로 대체하다.

유동성장기부채	100,000,000	/	장기차입금	100,000,000

가지급금 및 가수금 정리

가지급금 또는 가수금 등의 미결산항목은 그 내용을 나타내는 적절한 과목으로 표시한다.

◎ 《가지급금 정리》 회계기말(20×4. 12 .31)에 대표이사에 대한 가지급금 1천만원을 '주임종단기대여금'으로 대체처리하다.

주임종단기대여금	10,000,000	/	가지급금	10,000,000

부가세예수금 및 부가세대금금 정리

부가세예수금과 부가세대급금은 상계처리한 다음 부가세예수금은 잔액은 관할 세무서에 대한 미지급금으로 부가세대급금 잔액은 관할 세무서에 미수금으로 대체처리하여야 한다. 단, 외부감사를 받지 않는 중소기업의 경우 납부시 부가세예수금과 부가세대급금을 상계처리하고, 잔액은 납부한 것으로 처리하여도 무방하다.

◎ 《부가세예수금과 부가세대급금 상계》 2기 확정 부가가치세 과세기간 종료일인 12월 31일 2기 확정기간의 부가세예수금 합계 30,000,000원에서 부가세대급금 합계 20,000,000원을 상계처리하고, 잔액은 미지급금으로 계상하다.

부가세예수금	30,000,000	/	부가세대급금	20,000,000
			미지급금	10,000,000

법인세비용 계상

♣ 법인세비용 참고

당기순이익의 미처분이익잉여금 대체

▣ 당기순이익의 미처분이익잉여금 대체 과정 [법인]

(1) 비용 계정의 손익계정 대체

(2) 수익 계정의 손익계정 대체

(3) 수익에서 비용을 차감한 금액(손익 차액)의 미처분이익잉여금 대체

(1) 수익계정의 손익계정 대체

제품매출	4,000,000,0000	/	손익	4,010,000,000
이자수익	10,000,000			

(2) 비용계정의 손익계정 대체

손익	3,500,000,000	/	제품매출원가	2,800,000,000
			급여	300,000,000
			복리후생비	50,000,000
			여비교통비	20,000,000
			기업업무추진비	40,000,000
			통신비	10,000,000
			세금과공과금	5,000,000
			감가상각비	200,000,000
			보험료	5,000,000
			차량유지비	20,000,000
			사무용품비	10,000,000
			지급수수료	3,000,000
			대손상각비	10,000,000
			이자비용	17,000,000
			잡손실	10,000,000

(3) 당기순이익의 미처분이익잉여금 대체

손익	500,000,000	/	미처분이익잉여금	500,000,000

◈ 수익·비용 계정의 손익 계정 대체 과정

아래의 분개과정을 거쳐 손익계정으로 대체된 다음 차액은 미처분이익잉여금으로 대체처리되고, 미처분이익잉여금은 다시 이월이익잉여금으로 대체된다.

수익 계정

손 익	***	매 출	***
		영업외수익	***

비용 계정

매출원가	***	손 익	***
판매관리비	***		
영업외비용	***		

손익계정

매출원가	***	매 출	***
판매관리비	***	영업외수익	***
영업외비용	***		
미처분이익잉여금	***		

▣ 전기이월이익잉여금, 미처분이익잉여금, 차기이월이익잉여금

법인기업의 경우 사업활동 결과 얻은 기업의 이익은 주주총회의 결의를 거쳐 확정이 된다. 주주총회는 통상 다음해 3월 중 개최되므로 회계기말(20×4년 12월 31일)에는 주주총회 결의 전으로서 이익을 어떻게 처분할 것인지가 미확정된 상태이므로 당기에 발생한 이익은 손익계정을 거쳐 미처분이익잉여금으로 대체처리하는 것이다. 그리고 20×5년 3월 중 주주총회에서 이익을 처분하게 되면, 미처분이익잉여금이 이월이익잉여금으로 대체되는 것이다.
20×5년 3월 중 주주총회의 결의로 미처분이익잉여금을 처분하여 이월이익잉여금으로 대체한 금액은 20×5년 회계기말에 다시 미처분이익잉여금으로 대체처리하고, 20×4년의 이익도 미처분이익잉여금으로 대체하게 된다. 따라서 회계기말의 재무상태표에는 전기 이전에 누적된 이익잉여금과 당기의 이익이 미처분이익잉여금으로 보고되는 것이다.

(1) 이월이익잉여금의 미처분이익잉여금 대체

이월이익잉여금	1000,000,000 /	미처분이익잉여금	1,000,000,000

(2) 미처분이익잉여금 처분 및 이월이익잉여금 대체

미처분이익잉여금	1,500,000,000	미지급배당금	200,000,000
		이익준비금	20,000,000
		이월이익잉여금	1,280,000,000

8 결산체크리스트

계 정 과 목	체크사항(자산 항목)
현 금	• 장부잔액과 실제잔액과의 과부족은 정확히 처리하였는가?
	• 경리,총무,공장등 소액현금 출납이 분산된 경우 합계하였는가?
	• 기말 출납 마감 후 회수된 현금, 수표는 입금처리 되었는가?
은 행 예 금	• 은행별, 예금종류별 장부의 잔액합계와 계정잔액은 일치하였는가?
	• 은행잔액과 회사잔액의 차이는 있는가? 차액조정은 하였는가?
	• 당좌차월은 당좌예금과 차월로 구분 계상되었나?
	• 발행한 당좌수표 중 결제되지 않은 것이 있는가?
받 을 어 음	• 어음명세서 합계와 계정잔액은 일치하는가?
	• 보관한 어음중 기일이 경과한 것은 없는가?
	• 부도어음으로 처리되지 않은 것은 없는가?
	• 기일을 연기시킨 어음은 별도관리 되고 있는가?
외 상 매 출 금	• 거래처별 잔액의 합계는 시산표의 계정과 일치하는가?
	• 거래처별 잔액이 부수(-)로 나타나는 것은 없는가?
	• 거래처별 잔액확인은 정확히 하였는가?
	• 기말 현재 반품, 취소된 거래는 없는가?
유 가 증 권	• 공정가액과 장부가액의 차액에 대하여 평가손익을 계상하였는가?
	• 유가증권은 기업회계기준에 의하여 정확히 분류하였는가?
	• 평가손익은 세무조정에서 익금불산입 또는 손금불산입하였는가??
재 고 자 산	• 실제재고조사는 계획대로 행하여 졌는가?
	• 재고수불부의 잔액과 실제 수량은 일치하는가?
	• 재고조사차이는 정당한 절차로 처리되었는가?
	• 재고자산평가는 신고한 방법에 따랐는가?
	• 진부화, 유효기간 경과 등으로 판매불가능한 것은 없는가?
	• B/S에 계상된 금액은 P/L의 기말재고액과 일치하는가?
	• 재고자산 기말재고금액을 제외한 금액을 매출원가로 대체하였는가?
가 지 급 금	• 정산해야 할 것은 없는가?
	• 오래된 가불금이 남아 있는 상태로 있지는 않은가?
	• 다른 계정과목(대여금,전도금,외상매출금등)에 대체될 것은 없는가?
	• 다른 계정과목에 정산이 끝난 것이 남아 있지 않은가?
부가세대급금	• 부가세예수금과 상계처리하였는가?
	• 공제받지못할 부가세대급금은 비용 또는 자산으로 처리하였는가?
전 도 금	• 전도금 중 비용정산되지 않은 금액은 있는가?
	• 대여금으로 정리해야 될 것은 없는가?

계 정 과 목	체크사항(자산 항목)
토 지	• 자본적지출 및 수익적지출을 정확히 계상하였는가?
	• 등기부 체크는 하였는가? (미등기,담보권,물건표시등)
건 물	• 감가상각은 정해진 방법에 따랐는가?
	• 토지, 구축물로 처리하여야 할 것은 없는가?
	• 수익적 지출과 자본적 지출의 구분은 정확한가?
기 계 장 치	• 수익적지출 및 자본적지출의 구분은 정확히 하였는가?
공 구 기 구	• 고정자산 관리대장은 정리되어 있는가?
	• 현물수량과 장부재고는 일치하는가?
	• 기중 취득한 것은 월할 감가상각 하였는가?
차 량 운 반 구	• 중고취득자산의 내용연수는 적정한가?
	• 매입세액불공제차량의 매입세액을 차량운반구로 처리하였는가?
	• 수선비, 검사비등은 수선비로 처리되었는가?
건설중인자산	• 건설중인자산 계정의 분류는 정확한가?
	• 당기에 완성하여 본계정으로 교체할 것은 체크하였는가?
	• 건설중인자산의 사용개시로 상각할 수 있는 것은 없는가?
무 형 자 산	• 기업회계기준, 세법에 규정한 내용연수에 따라 상각하였는가?
	• 기업회계기준에 의한 무형자산 요건을 충족하였는가?
대 여 금	• 대여금에 대하여 계약서가 작성되어 있는가?
	• 계약서 조건대로 금액이나 기일이 반제 실행되고 있는가?
	• 수입이자는 정확히 계산되었나?
	• 장기와 단기의 구분은 정확한가?

계 정 과 목	체크사항(부채 항목)
지 급 어 음	• 어음잔액명세와 시산표의 계정잔액은 일치하는가?
	• 기일이 도래한 것은 없는가?
	• 부외로 발행한 어음은 없는가?
	• 어음용지의 미사용 매수는(번호) 체크하였나?
외 상 매 입 금	• 장부상 매입처별 잔액과 실제 잔액은 일치하는가?
	• 외상매입금 대장에서 전기분 외상매입금 잔액이 남아있지 않는가?
	• 잔고가 부수(-)로 되어있는 거래처는 없는가?
차 입 금	• 계약서는 작성되어 있는가?
	• 원금, 이자 모두 조건대로 반제하고 있는가?
	• 지급이자는 규정대로 계산되고 있는가?
	• 장기와 단기의 구분은 정확하게 행해지고 있는가?
	• 지급이자 중 세법상 부인되는 금액은 적법하게 세무조정하였는가?
미 지 급 비 용	• 기초로부터 이월된 것이 남아있지 않은가?
	• 당기에 지불 완료된 금액이 미지급비용으로 남아 있지는 않는가?

계 정 과 목	체크사항(부채 항목)
예 수 금	• 예수금의 내역은 종류별로 구분관리 하고 있는가?
부가세예수금	• 회계기말의 부가세대급금과 상계처리하였는가?
	• 부가세대급금과 상계처리한 금액을 미지급금으로 대체처리하였는가?
미지급법인세	• 법인세등의 계산은 정확하게 계산되었는가?
	• 중간예납신고 및 납부는 정확하게 되어있는가?
	• 선납세금(이자소득세) 및 중간예납세액을 법인세등과 대체하였는가?
퇴직급여충당금	• 퇴직급여충당금 설정금액은 회계기준에 따르고 있는가?
	• 기중 퇴직자의 충당금대체는 정확하게 처리하였는가?
	• 세법상 한도 초과 금액을 세무조정에서 손금불산입하였는가?
계 정 과 목	**체크사항(자본 항목)**
자 본 금	• 기중 자본금 증감내용을 장부상 반영하였는가?
	• 주주 변동시 주식변동상황명세서를 법인세신고서에 첨부하였는가?
이 익 준 비 금	• 자본금에 1/2에 도달해 있지 않은가?
	• 현금배당에 대한 적립이 되어 있는가?
당기미처분이익	• 재무상태표,손익계산서 동 항목과 금액이 일치하고 있는가?
계 정 과 목	**체크사항(손익 항목)**
매 출 액	• 매출계상 기준은 기업회계기준에 의하여 정확히 처리되있는가?
	• 매출환입, 매출에누리, 매출할인금액은 매출에서 차감하였는가?
	• 장기건설의 경우 작업진행율에 의하여 수입금액을 조정하였는가?
매 출 원 가	• 매입환출, 매입에누리, 매입할인은 매입액에서 차감하였는가?
	• 반품해야 할 것의 처리는 끝났는가?
	• 상품, 원재료, 재공품, 제품의 기말재고는 시산표와 일치하는가?
급 여	• 회계기말 현재 미지급한 급여를 급여로 계상하였는가?
	• 비과세급여와 과세급여의 구분은 정확히 하였는가?
복 리 후 생 비	• 급여로 처리되어야 할 금액이 포함되어 있지 않는가?
	• 기업업무추진비(대외 경조비 등)에 해당하는 금액이 포함되어 있지 않는가?
	• 비과세되는 식대 등은 세법상 비과세에 해당하는가?
여 비 교 통 비	• 가지급금 중 여비교통비로 대체하여야 할 금액은 없는가?
	• 해외출장여비의 정산은 정확히 처리하였는가?
소 모 품 비 사 무 용 품 비	• 자본적 지출을 경비처리한 것은 없는가?
	• 제조원가 및 판매비와관리비의 구분이 정확한가?
	• 기말 미사용분에 대하여 소모품으로 대체하였는가?
	• 당기 사용분에 대해서만 비용처리 하였는가?
지 급 임 차 료	• 계상기준은 계약내용에 따르고 있는가?
	• 미지급임차료를 지급임차료로 계상하였는가?
	• 선급한 임차료는 당기 임차료에서 차감하였는가?

계 정 과 목	체크사항(손익 항목)
보 험 료	• 보험료 중 차기 이후에 해당하는 금액은 선급비용으로 대체하였는가?
	• 전기이월 선급보험료 중 당기 해당 금액을 보험료로 대체하였는가?
수 선 비	• 자본적지출로 계상하여야 할 것이 포함되어 있지 않는가?
감 가 상 각 비	• 세법상 한도초과액이 있는 경우 손금불산입하였는가?
	• 감면등이 있는 경우 감가상각비를 의제상각하였는가?
	• 기중 취득자산에 대하여 월할 상각을 하였는가?
광 고 선 전 비	• 기업업무추진비로 들어가야 할 것이 포함되어 있지 않는가?
	• 광고목적의 비품등은 자산계상 되어 있는가?
세금과공과금	• 세금과공과금의 납부는 납기내에 모두 납부하였는가?
	• 과태료, 벌과금, 가산세 등은 세무조정에서 손금불산입하였는가?
접 대 비	• 계정 구분(기부금,광고선전비,복리후생비,회의비등)은 정확한가?
	• 20만원을 초과하는 경조사비는 손금불산입처리하였는가?
	• 개인카드로 지출한 금액 중 1만원 초과금액은 손금불산입하였는가?
	• 세무상 기업업무추진비 한도초과액을 손금불산입하였는가?
대 손 상 각 비	• 매출채권에 대한 대손상각비가 적법하게 계상되었는가?
	• 대손상각비로 처리한 금액은 세법상 요건을 모두 충족하는가?
이 자 수 익	• 은행예금이자는 누락없이 계상되어 있는가?
	• 수입이자에 대한 선납세금은 바르게 처리하였는가?
	• 원천징수되는 이자 등의 미수수익을 이자수익으로 계상한 경우
	• 미수이자를 이자수익으로 계상한 경우 세무조정에서 익금불산입하였는가?
	• 대여금에 대한 미수이자를 적정하게 계상하였는가?
수 입 배 당 금	• 배당계산서,통지서등은 수취하였는가?
	• 기말 현재 미입금된 금액은 없는가?
	• 배당금 수취시 선납세금은 정확하게 처리되고 있는가?
이 자 비 용	• 계상기준은 약정에 따르고 있는가?
	• 차기 이후의 기간에 해당하는 이자를 선급비용으로 대체하였는가?
기 부 금	• 기부한 단체에서 발행한 영수증을 수취하였는가?
	• 미지급이나 가지급으로 처리한 것은 없는가?(현금주의)
	• 세법상 기부금한도초과액이 있는가?
유 가 증 권 처 분 손 익	• 매각분의 원가는 정확히 계산되었는가?
	• 매도가능증권의 평가손실을 매각시 반영하였는가?
	• 단기매매증권평가손익은 세무조정에서 익금불산입, 손금불산입하였는가?
법 인 세 비 용	• 법인세등(산출세액 - 공제감면세액 + 지방소득세 법인세분)은 정확히 계산하고, 선납세금을 차감한 금액을 미지급법인세로 계상하였는가?
주 석 사 항	• 기업회계기준에서 정하고 있는 주석사항은 모두 기재 하였는가?

3 재무제표

1 재무제표

재무제표란 결산보고서라고도 하며, 일정한 기간 동안의 경영성과와 회계기말의 재정상태 등에 대한 회계정보를 투자자, 채권자 및 정부당국 등과 같은 이해관계자 집단에 보고하기 위한 각종 보고서를 말한다.
재무제표는 재무상태표, 손익계산서, 현금흐름표, 자본변동표로 구성되며, 주석을 포함한다. 전달하고자 하는 정보의 성격을 충실히 나타내는 범위 내에서 이 장에서 사용하는 재무제표의 명칭이 아닌 다른 명칭을 보충적으로 병기할 수 있다.

재무제표 항목의 구분과 통합표시

① 중요한 항목은 재무제표의 본문이나 주석에 그 내용을 가장 잘 나타낼 수 있도록 구분하여 표시하며, 중요하지 않은 항목은 성격이나 기능이 유사한 항목과 통합하여 표시할 수 있다.
② 재무제표의 표시와 관련하여 재무제표 본문과 주석에 적용하는 중요성에 대한 판단기준은 서로 다를 수 있다. 예를 들어, 재무제표 본문에는 통합하여 표시한 항목이라 할지라도 주석에는 이를 구분하여 표시할 만큼 중요한 항목이 될 수 있다. 이러한 경우에는 재무제표 본문에 통합하여 표시한 항목의 세부 내용을 주석으로 기재한다.
③ 일반기업회계기준에서 재무제표의 본문이나 주석에 구분 표시하도록 정한 항목이라 할지라도 그 성격이나 금액이 중요하지 아니한 것은 유사한 항목으로 통합하여 표시할 수 있다.

2 재무제표의 유용성 및 재무제표의 종류

재무제표의 유용성

❶ 세무 신고

결산과정을 거쳐 작성한 재무제표는 법인사업자는 법인세, 개인사업자는 사업소득세를 계상하기 위한 가장 중요한 근거자료로서 법인세신고시 또는 종합소득세신고시 세무서에 반드시 제출하여야 한다.

❷ 이해관계자에 대한 기업의 사업실적 자료 제출

기업의 이해관계자(금융기관, 정부기관, 납품업체, 종업원)에게 1년간의 경영성과(손익계산서) 및 회계기말의 재무상태(재무상태표)를 제출하여 이해관계자의 의사결정을 도와주는 정보의 원천이 된다.

재무제표 종류

재무제표는 각종 금융거래, 국가가 중소기업에 자금 등을 지원하는 경우 해당 기업의 재무제표를 분석하여 기업의 신용도, 안정성, 성장가능성 등을 평가하여 지원여부를 결정하므로 사업자는 재무제표에 대한 내용을 이해하여야 한다.

재무제표는 재무상태표, 손익계산서, 현금흐름표, 자본변동표로 구성되며, 주석을 포함한다. 전달하고자 하는 정보의 성격을 충실히 나타내는 범위 내에서 이 장에서 사용하는 재무제표의 명칭이 아닌 다른 명칭을 보충적으로 병기할 수 있다.

❶ 재무상태표

재무상태표란 일정시점(12월말 법인인 경우 12. 31)에 기업이 보유하고 있는 자산 및 부채, 자본내역을 일정한 순서(유동성배열)에 의하여 나타내는 재산목록표를 말한다.

자산 = 부채(타인자본) + 자본(자본금 + 자본잉여금 + 이익잉여금)

❷ 손익계산서

손익계산서란 1사업연도 (12월말 법인 1. 1 ~ 12. 31) 기간 동안의 경영성과를 표시하는 경영성적표를 말하며, 그 형식은 아래와 같다.

① 매출총이익 = 매출 − 매출원가
② 영업손익 = 매출총이익 − 판매비와관리비
③ 법인세비용차감전순이익 = 영업손익 + 영업외수익 − 영업외비용
④ 당기순손익 = 법인세비용차감전순손익 − 법인세비용

❸ 현금흐름표

현금흐름표는 기업의 현금흐름을 나타내는 표로서 현금의 변동내용을 명확하게 보고하기 위하여 당해 회계기간에 속하는 현금의 유입과 유출내용을 표시하는 재무제표이며, 외부감사대상법인이 아닌 법인은 작성하지 않아도 무방하다.

❹ 자본변동표

자본변동표는 자본의 크기와 그 변동에 관한 정보를 제공하는 재무보고서로서, 자본을 구성하고 있는 자본금, 자본잉여금, 자본조정, 기타포괄손익누계액, 이익잉여금(또는 결손금)의 변동에 대한 포괄적인 정보를 제공한다.

❺ 주석

주석은 재무제표상의 해당 과목 또는 금액에 기호를 붙이고 난외 또는 별지에 동일한 기호를 표시하여 그 내용을 간결•명료하게 기재하는 방법으로 한다.

3 기타 결산 보고자료

❶ 이익잉여금처분계산서

이익잉여금처분계산서란 기업이 당해 사업연도 영업활동 결과 발생한 이익(손익계산서의 당기순이익)과 전년도까지 매 년 장부상 발생한 이익을 처분하지 아니하여 이월되어 온 전기이월이익잉여금을 합한 금액을 당기에 어떻게 처분하였는가를 나타내는 계산서이다. 예를 들어 법인기업의 경우 주주는 기업의 경영활동 결과 발생한 이익금 중 일부를 배당이라는 형태로 출자에 대한 경제적 이익을 얻게 된다. 따라서 이익잉여금을 주주에게 배당하지 않는 경우 기업의 이익금은 장부상 계속 축적된다. 한편, 이사회에서는 주주총회 전 이익잉여금의 처분계획을 의결할 수 있고, 이사회에서 의결한 처분계획은 대부분 주주총회에서 수용하게 되므로 이사회의 의결사항을 재무제표에 공시하게 되면, 정보이용자들은 당기순이익의 처분에 관한 정보를 제공받을 수 있을 것이다. 따라서 당기순이익에 대한 이사회의 결의사항을 반영한 재무제표를 작성하는 것이 적절하므로 실무에서는 이 방법에 의한다.

❷ 원가명세서

원가명세서는 기업회계기준에 의한 재무제표에는 해당하지 아니하나 제조업의 경우 제조현장에서 발생한 제조원가를 계산하기 위하여 제조원가명세서를 작성한다. 한편, 건설업의 경우 공사현장에서 발생한 공사원가를 계산하기 위하여 공사원가명세서를 작성한다.

재 무 상 태 표

제 기 200× 년 월 일 현재

제 기 200× 년 월 일 현재

회사명: 단위: 원

과 목	제 (당)기		제 (전)기	
	금 액		금 액	
자 산				
I 유 동 자 산				
(1) 당 좌 자 산				
현금 및 현금성자산				
단 기 투 자 자 산				
매 출 채 권				
(대 손 충 당 금)				
단 기 대 여 금				
선 급 금				
선 급 비 용				
미 수 금				
선 납 세 금				
부 가 세 대 급 금				
(2) 재 고 자 산				
상 품				
제 품				
재 공 품				
원 재 료				
반 제 품				
II 비 유 동 자 산				
(1) 투 자 자 산				
투 자 부 동 산				
장 기 투 자 증 권				
(2) 유 형 자 산				
토 지				
건 물				
(감 가 상 각 누 계 액)				

기 계 장 치				
(감가상각누계액)				
차 량 운 반 구				
(감가상각누계액)				
비 품				
(3) 무 형 자 산				
영 업 권				
산 업 재 산 권				
개 발 비				
(4) 기타비유동자산				
장 기 매 출 채 권				
임 차 보 증 금				
장 기 선 급 금				
자 산 총 계				
부 채				
Ⅰ 유 동 부 채				
단 기 차 입 금				
매 입 채 무				
미 지 급 법 인 세				
미 지 급 비 용				
유 동 성 장 기 부 채				
Ⅱ 비 유 동 부 채				
사 채				
장 기 차 입 금				
부 채 총 계				
자 본				
Ⅰ 자 본 금				
자 본 금				
Ⅱ 자 본 잉 여 금				
Ⅲ 자 본 조 정				
Ⅳ 기타포괄손익누계액				
Ⅴ 이 익 잉 여 금				
자 본 총 계				
부채와자본총계				

손 익 계 산 서

제 기 200×년 월 일부터 200×년 월 일까지

제 기 200×년 월 일부터 200×년 월 일까지

회사명: 단위: 원

과 목	제 (당)기		제 (전)기	
	금 액		금 액	
I 매 출 액				
II 매 출 원 가				
1 기 초 제 품 재 고 액 2 당 기 제 품 제 조 원 가 3 기 말 제 품 재 고 액				
III 매 출 총 이 익				
IV 판 매 비 와 관 리 비				
1 급 여 2 잡 급 3 퇴 직 급 여 4 복 리 후 생 비 5 여 비 교 통 비 6 기 업 업 무 추 진 비 7 통 신 비 8 수 도 광 열 비 9 전 력 비 10 세 금 과 공 과 11 감 가 상 각 비 12 지 급 임 차 료 13 수 선 비 14 보 험 료 15 광 고 선 전 비 16 연 구 비 17 경 상 개 발 비 18 대 손 상 각 비 19 * * * * * * * * *				
V 영 업 이 익				

과 목	제 (당)기		제 (전)기	
	금 액		금 액	
Ⅵ 영 업 외 수 익				
1 이 자 수 익 2 배 당 금 수 익 3 임 대 료 4 단기투자자산처분이익 5 단기투자자산평가이익 6 외 환 차 익 7 외 화 환 산 이 익 8 유 형 자 산 처 분 이 익 9 전 기 오 류 수 정 이 익 10 보 험 차 익				
Ⅶ 영 업 외 비 용				
1 이 자 비 용 2 기 타 의 대 손 상 각 비 3 단기투자자산처분손실 4 단기투자자산평가손실 5 재 고 자 산 감 모 손 실 6 외 환 차 손 7 외 화 환 산 손 실 8 기 부 금 9 투 자 자 산 처 분 손 실 10 유 형 자 산 처 분 손 실 11 전 기 오 류 수 정 손 실 12 재 해 손 실				
Ⅺ 법인세비용차감전순이익				
Ⅻ 법 인 세 비 용				
Ⅷ 당 기 순 이 익				
Ⅸ 주 당 손 익				

□ 기업회계기준서 제14호 "중소기업 회계처리 특례"

- 법인세비용은 법인세법 등의 법령에 의하여 납부하여야 할 금액으로 할 수 있다.
- 손익계산서에서 1주당 경상이익 및 1주당 당기순이익은 주기하지 아니할 수 있다.

이익잉여금처분계산서

제 기 200×년 월 일부터 제 기 200×년 월 일부터
200×년 월 일까지 200×년 월 일까지
처분확정일 200×년 월 일 처분확정일 200×년 월 일

회사명: 단위: 원

과 목	제 (당)기		제 (전)기	
	금 액		금 액	
Ⅰ 처분전이익잉여금				
1 전기 이월이익잉여금 (또는 전기이월결손금)				
2 당 기 순 이 익 (또는 당 기 순 손 실)				
Ⅱ 임의적립금등의이입액				
1 ××× 적 립 금				
2 ××× 적 립 금				
합 계				
Ⅲ 이익잉여금처분액				
1 이 익 준 비 금				
2 기 타 법 정 적 립 금				
3 배 당 금				
가 현 금 배 당				
나 주 식 배 당				
4 * * * * * * * * *				
Ⅳ 차기이월이익잉여금				

- Ⅰ 처분전 이익잉여금 = 1 전기이월이익잉여금 + 2 당기순이익
- 처분가능한 이익잉여금 = Ⅰ처분전 이익잉여금 + Ⅱ 임의적립금 등의 이입액
- Ⅳ 차기이월이익잉여금 = 처분 가능한 이익잉여금 - Ⅲ 이익잉여금처분액

▶ 현금흐름표 및 자본변동표 (2006.12.31 이후 개시하는 사업연도부터 작성)

현금흐름표는 외부감사대상법인이 아닌 경우 제출할 의무가 없다. 따라서 자본변동표의 경우에도 이에 준하여 제출을 요구할 것으로 예상되나 추후 별도의 법률개정이 있을 것임

제 조 원 가 명 세 서

과 목	당 기		전 기	
I 재 료 비				
1 기초 재료 재 고 액				
2 당기 재료 매 입 액				
계				
3 기말 재료 재 고 액				
II 노 무 비				
1 임 금				
2 퇴 직 급 여				
III 경 비				
1 전 력 비				
2 가 스 수 도 비				
3 운 임				
4 감 가 상 각 비				
5 수 선 비				
6 소 모 품 비				
7 세 금 과 공 과				
8 임 차 료				
9 보 험 료				
10 복 리 후 생 비				
11 여 비 교 통 비				
12 통 신 비				
IV 당기 총 제조비용				
V 기초재공품재고액				
VI 합 계				
VII 기말재공품재고액				
VIII 타 계 정 대 체 액				
IX 당기제품제조원가				

4 경영분석

재무제표의 내용은 각종 금융거래 및 신용보증기금의 신용보증서발급 및 신용상태평가, 공사입찰, 국가, 지방자치단체, 중소기업청 및 중소기업진흥공단 등으로부터 각종 정책자금을 지원 받을 시 중요한 평가자료(특히 부채비율)로 이용되므로 중소기업 경영자는 재무제표에 대한 평가가 어떠한 방식으로 이루어지는 지를 충분히 이해하여 자체 결산시 또는 세무관계를 세무사사무소에 대행하고 있는 경우 세무사사무소와 협의하여 경영분석시 좋은 평가를 받을 수 있도록 한다.

1 유동성 분석

Q 유동비율

$$\text{유동비율} = \frac{\text{유동자산}}{\text{유동부채}} \times 100\ \%$$

유동비율이란 유동자산을 단기간 내에 현금화하여 유동부채를 상환할 수 있는 기업의 단기 안정성을 나타내는 지표로 유동비율이 높을수록 안정성이 높으며 그만큼 부도위험도 줄어든다. 유동비율은 200% 이상인 경우 우량한 것으로 판단한다. 예를 들어 기업이 유형자산은 많으나 유동자산이 부족할 경우 단기에 부채를 상환할 수 있는 능력이 줄어들어 지급어음의 결제시 재산이 있음에도 불구하고 재산을 빠른 시간 내에 현금화하지 못하여 일시적으로 부도를 내는 경우(유동성 리스크)가 있을 수 있다.

유동자산

유동자산이란 단기간에 현금화할 수 있는 자산으로 재무상태표의 당좌자산과 재고자산을 합한 금액이다.

유동부채

유동부채란 단기에(변제기간이 통상 1년 이하) 지급하여야 하는 부채(빚)로서 외상매입금, 미지급금, 지급어음, 단기차입금, 선수금, 미지급세금 등이 있다.

당좌비율

$$당좌비율 = \frac{당좌자산}{유동부채} \times 100\ \%$$

당좌비율이란 유동자산 중 (1) 당좌자산 만을 유동부채로 나눈 비율로 유동자산에 포함되어 있는 재고자산 등은 판매되지 않으면 단기간 내에 현금화하기가 어려우므로 초단기간 내에 기업의 지급운용능력을 평가하기 위한 비율로서 당좌비율이 높을수록 기업의 자금안정성이 높으며, 100% 이상시 우량한 것으로 판단한다.

2 안정성 분석

부채비율

$$부채비율 = \frac{총부채}{자기자본} \times 100\ \%$$

부채비율이란 기업의 총부채를 자기자본으로 나눈 금액을 말하며, 기업이 소유 하고 있는 모든 재산은 타인자본과 자기자본으로 구성된다. 부채비율은 기업 신용도 평가에 있어 가장 중요한 평가요소로서 부채비율이 높을수록 기업의 안정성은 위험하므로 낮을수록 좋다.

보 충 | 부채비율 및 자금지원 제약

부채비율이 2배를 초과하는 기업은 동종업종과 비교하여 정부 자금지원대상에서 제외되며, 신용보증기금, 금융기관 이용시 여러 가지 제약을 받는다.

자기자본

① 법인설립자본금 : 법인등기부상 자본금
② 전기이월이익잉여금 : 전기로부터 이월되어 온 이익잉여금
③ 당기순이익 : 당기의 영업활동 결과 발생한 이익금
④ 기타 자본잉여금 및 이익잉여금, 자본조정 등

총부채(타인자본)

[1] 총부채 : 유동부채 + 비유동부채

명칭 여하를 불문하고 재무상태표상 타인으로부터 차입한 모든 빚(법인의 대표이사로부터 일시 차입한 가수금도 포함)을 총부채라 한다.

[2] 비유동부채

통상 상환 또는 변제기간이 1년을 초과하는 장기차입금, 사채, 외화장기차입금 등을 말한다.

자기자본비율

$$자기자본비율 = \frac{자기자본}{총\ 자\ 본} \times 100\ \%$$

총자본(자기자본 + 타인자본)에서 자기자본이 차지하는 비율을 표시한 것으로 40% 이상시 우량한 기업으로 판단 할 수 있다. 즉, 부채비율은 낮을수록 자기자본 비율은 높을수록 우량한 기업으로 평가한다.

고정비율

$$고정비율 = \frac{고정자산}{자기자본} \times 100\ \%$$

고정비율이란 자기자본으로 취득한 고정자산을 비율로 표시한 것으로 고정비율이 높을 경우 결과적으로 고정자산(비유동자산)을 제외한 유동자산은 타인자본임을 나타내며 100 %이하인 경우를 표준비율로 하고 있다.

3 수익성 분석

매출액 영업이익율

$$\text{매출액 영업이익율} = \frac{\text{영업이익}}{\text{매 출 액}} \times 100\ \%$$

매출액 영업이익율이란 손익계산서상 매출액에서 영업이익이 차지하는 비율을 말하며, 영업이익율은 높을수록 좋다.

- 영업이익 = 매출액 - 매출원가 - 판매비와관리비

총자본 영업이익율

$$\text{총자본 영업이익율} = \frac{\text{영업이익}}{\text{총 자 본}} \times 100\ \%$$

총자본 영업이익율이란 기업의 총자본(자기자본 + 타인자본)으로 얼마의 이익을 창출하였느냐를 나타내는 경영지수로 6% 이상이면 경영성과가 양호한 것으로 판단할 수 있다.

매출액 총이익율

$$\text{매출액 총이익율} = \frac{\text{매출총이익}}{\text{매 출 액}} \times 100\ \%$$

4 경영분석의 의의

위의 경영분석자료에 관한 산식 및 비율, 회전율 등은 업종별로 그 유용성에 한계가 있으므로, 일반적인 비율 또는 회전율을 참고하여 작성한 참고자료이며, 세무사 사무소에서 재무제표를 작성하는 중소기업의 경우에는 회사의 경영실적에 대한 경영분석 자료라기보다는 각종 금융거래 및 신용보증기금의 신용보증서 발급 및 신용상태평가, 공사입찰, 국가, 지방자치단체, 중소기업청 및 중소기업진흥공단으로부터 각종 정책자금을 지원 받을 경우 평가자료로 활용된다.

Q 경영분석을 소홀히 한 경우 발생할 수 있는 문제들

❶ 개인기업의 법인전환

자산(재고품 및 고정자산 등)이 많은 개인기업을 법인기업으로 전환할 시 법인전환 비용을 줄이기 위하여 자본금을 적게 책정한 경우

개인기업이 법인전환 후 법인의 자산(재산)은 납입자본금 + 타인자본으로 구성된다. 따라서 전체 법인 자산에서 납입자본금 + 타인자본(금융권 부채)을 차감한 나머지 잔액은 전액 대표이사 가수금(부채)으로 계상하여야 하므로 법인전환 후 부채비율을 계산하면, 자본금으로 흡수되지 아니한 개인기업의 자산이 대표자 가수금으로 총 부채에 합산되어 기업의 부채비율이 매우 높아짐으로써 신용도가 극히 낮아지는 결과를 초래하게 되어 금융거래 및 정부지원자금 신청시 어려움을 겪는 경우가 종종 발생한다.

❷ 부채비율이 높아 정부지원대상에서 제외된 경우

제조업의 경우 금융거래, 신용보증서발급 및 중소기업청 및 중소기업진흥공단으로부터 여러 가지 자금지원을 받을 경우가 많으므로 경영분석비율을 제고(提高)하는데 주의를 기울여야 한다.

경 영 분 석 비 율 표

구 분		당 기 (년)	전 기 (년)	전전기 (년)
매출액총이익률	매출총이익 / 매출액			
매출액영업이익률	영업이익 / 매출액			
매출액순이익률	순이익 / 매출액			
원자재회전율	매출액 / 원자재			
총자본이익률	순이익 / 총자본			
자기자본이익률	순이익 / 자기자본			
재공품(반제품)회전률	매출액 / 재공품반제품			
상품회전율	매출액 / 상품			
총자본회전율	매출액 / 총자본			
자기자본회전율	매출액 / 자기자본			
고정비율	자기자본 / 고정자산			
부채비율	자기자본 / 부채			
유동비율	유동자산 / 유동부채			
당좌비율	당좌자산 / 유동부채			
수취비율	수취 a/c / 재고자산			

5 차량 및 리스 세무회계 업무용 승용차 과세 특례

01 차량과 관련한 세무회계

1 차량 취득과 취득세 및 공채 매입

❶ 차량 취득세

차량을 취득한 자는 그 취득한 날부터 60일 이내에 과세표준(차량가액에 개별소비세 및 교육세를 포함한 가액으로 한다.)에 해당 세율을 적용하여 산출한 세액을 신고 및 납부하여야 하며 차량의 취득세는 다음과 같다.

구 분		세 율	비 고
승용차	비영업용 승용자동차	차량가격의 1천분의 70	
	경자동차	차량가격의 1천분의 40	
그 밖의 자동차	비영업용	차량가격의 1천분의 50	
	영업용	차량가격의 1천분의 40	
기타		차량가격의 1천분의 20	

* 비영업용 승용자동차란 운수회사 등이 영업에 사용하지 않는 자동차를 말한다.
* 경형 자동차란 배기량이 1000cc 미만으로서 길이 3.6미터, 너비 1.6미터, 높이 2.0미터 이하인 자동차를 말한다(「자동차관리법 시행규칙」 별표 1).

▶ 차량에 부과되는 세금

1. 개별소비세 : 차량가격의 5% (경형자동차는 개별소비세 면제)
2. 교육세 : 개별소비세의 30%
3. 부가가치세 : 공급가액 + 개별소비세 + 교육세의 10%

❷ 공채

차량의 취득시 지방자치단체에서 발행한 공채인 지방채를 매입하여야 하며, 지방자치단체별로 그 매입비율이 각각 다르다. 예를 들어 서울시의 경우 차종 및 배기량에 따라 차량가격의 5~ 20%에 상당하는 금액의 도시철도공채를 매입하여야 한다. 국공채는 상환기간이 길고 이자율이 낮아 통상 증권회사등에 할인하며, 할인료만을 차량 취득가액에 포함하여 처리할 수 있다.

❸ 차량운반구 취득가액 및 매입세액 공제

차량운반구 취득 및 구입시에 지출되는 매입 부대비용, 차량운반구의 취득과 관련한 세금과공과금(취득세 등) 및 제비용(등록대행수수료, 인지세, 번호판대 등)은 차량운반구 취득가액에 포함한다.

[1] 매입세액 처리

화물차, 9인승이상 승합차등의 매입세액은 매출세액에서 공제를 받을 수 있으나 비영업용승용차의 구입 및 유지와 관련한 매입세액은 매출세액에서 공제를 받을 수 없다. 영업용승용차라 함은 운수사업자(택시운수업, 렌트카업체 등)가 승용차를 이용하여 직접 사업에 사용하는 경우를 말한다.

따라서 운수사업자 등이 아닌 사업자가 사업을 위하여 구입하는 승용차는 모두 비영업용승용차에 해당하며, 그 취득 및 유지(유류대, 수리비 등)와 관련한 매입세액은 공제받을 수 없다. 또한 **비영업용소형승용차의 임차(렌트비용) 및 주차관련 비용도 그 매입세액을 공제받을 수 없다.**

▶ 매입세액을 공제받을 수 없는 승용자동차

① 정원 8인승 이하 승용자동차

② 지프형자동차, 캠핑용 자동차(캠핑용 트레일러를 포함한다)

③ 2륜자동차. 단, 내연기관을 원동기로 하는 것은 그 총배기량이 125씨씨를 초과하는 것 및 내연기관외의 것은 정격출력이 1킬로와트를 초과하는 것

▶ 매입세액을 공제받을 수 있는 승용자동차

① 9인승 이상 자동차 및 승합차

② 밴차량(운전석 앞자리는 사람의 탑승이 가능하고, 뒷부분은 화물 적재 차량)

③ 배기량이 1,000cc 이하의 것으로서 길이가 3.6미터 이하이고 폭이 1.6미터 이하인 것(모닝, 마티즈, 아토스 등)

④ 2륜자동차 중 내연기관을 원동기로 하는 것은 그 총배기량이 125cc 이하인 것 및 내연기관외의 것은 그 정격출력이 1킬로와트 이하인 것

[2] 기타 비용

차량의 취득과 관련한 모든 비용은 차량운반구로 처리를 하여야 하므로 차량번호판대, 탁송료, 책임보험료 등은 모두 차량운반구 가액에 포함한다.

[3] 장기할부매입의 경우 이자비용처리

자산을 법인세법 시행령 제68조 제3항의 규정에 의한 장기할부 조건 등으로 구매하는 경우 발생한 채무를 기업회계기준에 의한 현재가치로 평가하여 현재가치할인차금으로 계상하는 경우 해당 현재가치할인차금을 자산의 가액에 가산하지 않는 것이며, 현재가치할인차금 상각액은 지급이자 손금불산입 대상이 되지 않는다.

한편, 할부구입과 관련하여 현재가치할인차금을 계상하지 않는 경우 해당 이자는 자산(차량)의 가액에 포함하여야 한다. 그러나 자산(차량)의 판매회사가 아닌 캐피탈 등으로부터 할부대금을 차입하고, 그 이자비용을 지급하는 경우 당해 이자는 그 지급시 이자비용으로 처리하여야 할 것으로 판단된다.

차량 매입 회계처리

① 《화물차 매입》 업무용 화물차를 구입하기 위하여 현대자동차판매(주)와 계약하고, 차량대금 중 일부인 2,500,000원 및 탁송료154,000원을 제외한 잔액은 현대캐피탈(주)에 36개월 할부로 지급하기로 하고, 기타 비용은 보통예금에서 결제하다.

1. 세금계산서 수취내용

차량대금 35,000,000원 부가가치세 3,500,000원

탁송료 140,000원 부가가치세 14,000원

2. 기타 차량취득비용 합계 1,827,000원

취득세 1,757,000원, 단기의무보험료 4,000원. 번호판대 35,000원

증지대(수입인지) 2,000원, 공채매입 및 할인료 29,000원

차량운반구	35,140,000	/	보통예금	2,654,000
부가세대급금	3,514,000		미지급금	36,000,000

▷ 비영업용승용자동차를 취득하는 경우에는 그 매입세액은 공제받을 수 없으므로 부가세대급금은 차량운반구의 취득가액에 포함하여 처리한다.

차량운반구	1,827,000	/	보통예금	1,827,000

▷ 공채매입 및 할인료 : 유형자산의 취득과 관련하여 국·공채 등을 불가피하게 매입하는 경우 당해 채권의 매입가액과 현재가치와의 차액은 취득가액으로 할 수 있다.

② 《차량할부대출 수수료 지급》 현대캐피탈(주)에 차량할부 수수료 300,000원을 보통예금에서 인출하여 결제하다.

지급수수료	300,000	/	보통예금	300,000

③ 《차량할부원리금 지급》 차량할부원금 890,000원 및 할부이자 230,000원이 국민은행 보통예금에서 자동이체 되다.

미지급금	890,000	/	보통예금	1,120,000
이자비용	230,000			

[2] 차량운반구 매각 및 차량 사고 세무회계

❶ 차량 매각

법인의 경우 유형자산처분시 당기 감가상각비는 계상하지 않아도 된다. 왜냐하면, 감가상각비로 계상하지 않은 금액은 유형자산처분손실에 더하여지거나 유형자산처분이익이 줄어들게 되어 법인의 손익에는 영향이 없기 때문이다. 다만, 업무용승용차의 경우 의무적으로 감가상각을 하여야 하므로 처분연도 감가상각비를 계상하여야 한다.

▶ 직원에게 차량을 유상으로 매각하는 경우

세금계산서 발급대상 사업자의 경우 주민등록분으로 세금계산서를 발급하여야 한다.

◈ 부가, 부가22601-998 , 1990.07.30

제조업을 영위하는 사업자가 자기의 제품을 종업원에게 판매하는 경우에는 세금계산서를 교부해야 하는 것임.

차량운반구 매각 회계처리

[예제] 《매각 월까지의 감가상각비 계상》 차량 매각 연도에 처분일(9월 10일 처분)까지의 감가상각비를 계상하다.

취득가액(14,000,000원) - 감가상각누계액(6,000,000원) × 상각률(45.1%) × 9개월(1개월 이하의 일수는 1개월로 한다.)/12개월

감가상각비	2,706,000	/	감가상각누계액	2,706,000

[예제] 《차량 매각》 차량운반구를 매각하고 세금계산서를 발행하다. 차량매각대금 5,500,000원(공급가액 5,000,000원, 세액 500,000원)은 현금으로 영수하다.

취득가액 14,000,000원, 감가상각누계액 8,706,000원

현금	5,500,000	/	차량운반구	14,000,000
감가상각누계액	8,706,000		부가세예수금	500,000
유형자산처분손실	294,000			

❷ 개인사업자 차량운반구 처분손익 세무회계

[1] 유형자산처분이익

개인사업자로서 복식부기의무자의 경우 차량, 기계장치 등 유형자산 처분에 따른 이익은 사업소득의 총수입금액에 산입한다. (간편장부대상자는 총수입금액에 산입하지 아니함)

단, 사업용으로 사용하던 토지, 건물 등 양도소득세 과세대상 물건을 처분하는 경우 발생하는 이익은 사업소득과는 별도로 양도소득세를 신고.납부하여야 한다.

[2] 유형자산처분손실

개인사업자로서 복식부기의무자의 경우 차량, 기계장치 등 유형자산 처분에 따른 손실은 필요경비에 산입한다.(간편장부대상자는 필요경비에 산입하지 아니함)

♣ 차량과 관련한 처분손실 필요경비 상세 내용 → 업무용승용차 과세합리화 참조

[개정 세법] 2018년 이후 복식부기의무자의 사업용 유형 고정자산(부동산 제외)처분소득은 사업소득에 포함함

[예제] 기계장치 취득가액 4000 감가상각누계액 2000 처분가액 1000(부가세 별도)

보통예금 1100 / 부가세예수금 100
감가상각누계액 2000 기계장치 4000
유형자산처분손실 1000

<세무조정>

총수입금액 산입

기계장치 매각금액 1000

필요경비 산입

기계장치 장부가액 2000 (취득가액 4000 - 감가상각누계액 2000)

필요경비불산입

유형자산처분손실 1000

[재정 세법] 개인사업자의 사업용 유형고정자산 처분손익 과세 신설(소득세법 제19조 제1항·제25조 제3항, 같은 법 시행령 제37조의2·제55조 제1항·제144조 제3항)

종 전	개 정
□ 사업소득의 범위 ○ 영리를 목적으로 자기의 계산과 책임하에 계속적·반복적으로 행하는 활동을 통하여 얻는 소득 <추 가> ※ 유형 고정자산 처분손익 중 복식부기의무자의 업무용 승용차 처분손익에 한정하여 과세 <신 설> <신 설>	□ 사업소득의 범위 확대 ○ (좌 동) ○ 복식부기의무자의 사업용 유형 고정자산(부동산 제외) 처분소득 □ 과세대상 유형고정자산의 범위 ○ 영 제62조제2항제1호에 따른 감가상각자산* * 차량 및 운반구, 공구, 기구 및 비품, 선박 및 항공기, 기계 및 장치 등 □ 필요경비 ○ 유형고정자산의 양도 당시 장부가액
□ 수입금액 추계결정·경정 시 수입금액 가산 항목 ○ 국가 등으로부터 지급받은 보조금 또는 장려금 ○ 신용카드 매출세액 공제액 <추 가>	□ 유형고정자산 양도가액 가산 (좌 동) ○ 복식부기의무자의 유형고정자산 양도가액

<적용시기 및 적용례>

○ 2018.1.1. 이후 개시하는 과세기간 분부터 적용

※ 건설기계 처분손익 과세의 경우 2018.1.1. 이후 취득하여 2020.1.1. 이후 양도하는 분부터 적용

❸ 차량 무상 양도

[1] 급여로 처리

사업자가 과세사업으로 사용하던 재화를 사용인(종업원)에게 무상으로 증여하는 경우 시가상당액을 급여로 처리를 하여야 한다.

[2] 부가가치세 과세 여부

과세사업에 사용하던 재화를 사용인(종업원)에게 무상으로 증여하는 경우에는 당초 매입세액 공제 여부에 관계없이 개인적 공급으로 보아 부가가치세가 과세된다.

[예제] 《차량 무상 양도》 차량운반구(비영업용, 소나타)를 종업원에게 무상 양도하다. 장부가액 25,000,000원, 감가상각누계액 22,000,000원, 시가 4,000,000원

급여	4,400,000	/	차량운반구	25,000,000
감가상각누계액	22,000,000		유형자산처분이익	1,000,000
			부가세예수금	400,000

❹ 차량사고 발생시 보험료 처리

차량사고시 보험회사로부터 보험금을 지급받는 차량정비사업자는 차량정비용역에 대한 세금계산서를 통상 실제 자기 책임하에 자동차수리용역을 제공받는 자(차량사고업체)에게 발행하며, 부가가치세를 부담하는 자가 일반과세사업자인 경우 그 매입세액은 납부할 세액에서 공제를 받을 수 있다. 다시 말하면, 차량정비사업자는 차량수리용역에 대한 수리대금은 보험회사로부터 수령하는 것이나 세금계산서는 실제 자기 책임하에 자동차수리용역을 제공받는 자(통상 차량사고업체)에게 발행하므로 차량사고업체는 매입세액만 부담하는 것으로서 동 매입세액에 대한 회계처리만 한다.

➡ 차량사고 관련 회계처리 사례

① 《차량사고 및 세금계산서 수취》 회사 화물자동차의 교통사고로 인해 당해 차량을 자기 책임하에 수리하고 보험처리를 하였다. 차량수리비 1,500,000원 중 면책금

300,000원은 회사가 부담하여야 하므로 보험회사는 면책금을 제외한 1,200,000원을 차량정비사업자에게 지급하였으며, 차량정비사업자는 차량정비용역에 대하여 당 사 앞으로 세금계산서(공급가액 1,500,000원, 세액 150,000원)를 발행한 바 매입세액 120,000원 및 면책금 330,000원을 보통예금에서 인출하여 지급하다.

부가세대급금	150,000 /	보통예금	450,000
수선비	300,000		

- 부가세대급금 : 차량수리비는 보험회사가 부담하고 차량사고업체는 매입세액만 부담하는 것으로서 동 매입세액에 대한 회계처리만 한다.
- 수선비 : 면책금 지급금액은 수선비로 처리한다.

◈ 차량사고에 대한 세금계산서 발행 (제도46015-10277,2001.03.27)

차량정비사업자가 사고자동차에 대한 보험수리용역을 제공함에 있어서 세금계산서를 발급하는 경우 당해 용역대가의 지급자 또는 차량소유자 여부를 불문하고 실제 자기책임하에 자동차수리용역을 제공받는 자에게 세금계산서를 발급하여야 하는 것으로, 과세사업을 영위하는 사업자가 차량의 교통사고로 인해 당해 차량을 자기책임하에 수리하는 경우 수리용역에 대한 세금계산서는 용역의 대가의 지급자와 관계없이 실제 자동차수리용역을 받은 당해 사업자 명의로 발급받는 것이며 동 매입세액은 매출세액에서 공제받을 수 있는 것임.

◈ 면책금

면책금이란 자동차 종합보험가입시 자기차량손해에서 일정금액(5만원, 10만원 등 가입자가 보험계약시 선택함)을 차주가 부담하도록 하는 제도를 말하는 것이며, 이 제도는 가입자가 부담가능한 정도의 소액 손해를 보험처리 대상에서 제외함으로써, 보험회사는 사무처리의 효율을 높이고 가입자에게는 보험료 부담을 낮추게 하기 위한 제도이다. 면책금 지급금액은 차량수리비로 간주하여 차량유지비 또는 잡손실로 처리한다.

② 《차량사고 및 세금계산서 수취》 승용자동차(소나타)의 교통사고로 인해 당해 차량을 자동차정비업소에 수리를 맡기고 보험처리하였다.
자동차정비업소는 보험회사로부터 수리비 1,000,000원은 지급받고, 수리비에 대하여 당 사에 세금계산서를 발급하였으며, 부가가치세는 당 사가 부담하여야 하므로 100,000원을 보통예금에서 이체하여 지급하다.

수선비	100,000 /	보통예금	100,000

02 업무용 승용차 과세합리화

1 개요

기업이 승용차를 구입하여 업무용으로 사용하는 경우 그와 관련한 모든 비용을 특별한 제한없이 기업의 비용으로 인정을 받을 수 있음으로 인하여 그동안 고급승용차를 취득하여 개인적으로 이용하는 경우에도 과세관청이 개인적 용도 사용에 대한 사실 관계를 확인하기가 현실적으로 어려워 납세자는 승용차 관련 비용을 손금(법인) 또는 필요경비(개인사업자)로 산입하여 세금을 줄일 수가 있었다. 이러한 문제점으로 과세당국은 2016년 이후 기업의 승용차 관련 비용에 대하여 일정한 기준을 마련하여 업무 관련성을 입증하지 못하는 경우 손금불산입하고, 사적비용인 경우 대표이사 등에 대한 상여 처분을 하도록 하는 법령을 신설하였다.

2 적용대상 차량과 임직원보험 및 관련비용

❶ 적용대상 차량 및 제외차량

[1] 적용대상 차량

「개별소비세법」 제1조제2항제3호에 해당하는 승용자동차(부가가치세법 제39조에 따른 부가가치세 매입세액공제가 적용되지 않는 승용자동차)

□ 개별소비세법 제1조제2항제3호

3. 다음 각 목의 자동차에 대해서는 그 물품가격에 해당 세율을 적용한다.

가. 배기량이 2천씨씨를 초과하는 승용자동차와 캠핑용자동차: 100분의 5

나. 배기량이 2천씨씨 이하인 승용자동차(배기량이 1천씨씨 이하인 것으로서 **대통령령으로 정하는 규격의** 것은 제외한다)와 이륜자동차 : 100분의 5

다. 전기승용자동차(「자동차관리법」 제3조제2항에 따른 세부기준을 고려하여 대통령령으로 정하는 규격의 것은 제외한다): 100분의 5

[2] 적용대상에서 제외되는 차량

1. 경차 (정원 8명 이하의 자동차로 한정하되, 배기량이 1,000씨씨 이하의 것으로서 길이가 3.6미터 이하이고 폭이 1.6미터 이하인 것)
2. 화물차, 승합차
3. 운수업, 자동차판매업 등에서 사업에 직접 사용하는 승용자동차
4. 장례식장 및 장의관련업을 영위하는 법인이 소유하거나 임차한 운구용 승용차

❷ 임직원 전용자동차 보험 가입과 비용 인정

[1] 임직원 전용 자동차보험 가입하는 경우

① 운행기록을 통해 입증된 업무사용 비율만큼 비용 인정

② 운행기록을 작성하지 않은 경우 승용차 관련비용(감가상각비 등 차량 관련 모든 비용을 포함한 금액)은 대당 1500만원까지 인정

▶ 임직원 전용 보험가입 대상

① 법인의 경우 업무용 승용차로 인정받기 위해서는 임직원만 운전 가능한 자동차보험에 가입하여 가족들이 사적으로 사용하지 않도록 일차적으로 제한

② 개인사업자의 경우 승용차를 가정과 사업장에서 함께 사용할 수 있음을 감안하여 임직원 전용 자동차보험 가입 의무 대상에서 제외

[2] 임직원 전용 자동차보험에 가입하지 않은 경우

법인의 경우 전액 손금불산입하여야 하며, 손금불산입된 금액은 귀속자에게 소득처분(귀속자가 불분명한 경우 대표자에게 소득 처분)하여야 한다.

◈ 사업연도 중 일부기간만 업무전용자동차보험에 가입한 경우(법령 제50조의2 제9항)
해당 사업연도 중 일부기간만 업무전용자동차보험에 가입한 경우 : 가입일수 비율에 의하여 손금인정

[3] 리스 또는 렌트차량의 보험가입

법인이 리스 또는 차량을 렌트하는 경우 계약서 작성시 보험 관련하여 특약 사항으로 임직원에 대해서만 보험 적용을 하는 것으로 별도로 가입하여야 함

[개정 세법] 개인사업자의 업무용자동차 전용보험 가입의무 신설
(종전) 개인사업자는 업무용자동차 전용보험* 가입의무가 없음
* 사업관련 종사자만 보장 적용
** 현재 법인은 전용보험 미가입시 업무용승용차 관련비용 전액 손금불산입
(개정) 개인사업자 중 성실신고확인대상자, 변호사 · 의사 등 전문직 종사자에 대하여 업무용자동차 전용보험 가입의무* 신설
* 사업자별 1대는 전용보험 가입대상에서 제외, 미가입 시 비용의 50%만 인정
<시행시기> 2021.1.1. 이후 업무용승용차 관련 지출 분부터 적용(1년 유예)

[핵심 실무] 개인사업자가 2개 이상의 사업장이 있는 경우 전체 사업장 기준(사업자 기준)으로 1대를 제외한 차량은 업무용승용차 전용보험에 가입을 하여야 함

❸ 업무용 승용차 관련 비용의 범위

업무용승용차 관련 비용이란 업무용승용차에 대한 감가상각비, 임차료, 유류비, 보험료, 수선비, 자동차세, 통행료 및 금융리스부채에 대한 이자비용 등 업무용승용차의 취득·유지를 위하여 지출한 비용을 말한다.

❹ 업무용 승용차 운행기록 작성 및 차량관련 비용 손금산입

[1] 개요

업무용 승용차와 관련하여 연간 비용으로 처리할 금액이 1500만원을 초과하는 경우로서 1500만원(법인 부동산임대업 500만원)을 초과하는 금액을 손금산입하고자 하는 경우에는 업무용승용차별로 운행기록 등을 작성·비치하여야 하며, 납세지 관할 세무서장이 요구할 경우 이를 즉시 제출하여야 한다. (법인세법 시행령 제50조의2)

[세법 개정] 업무용승용차 운행기록부 작성의무 기준금액 완화
(법인령 §50의2⑦, 소득령 §78의3⑥)
(개정) 1,000만원 → 1,500만원
<적용시기> 2020.1.1. 이후 개시하는 사업연도(과세기간) 분부터 적용

[2] 업무용 사용금액 한도내 손금산입

① 업무용 승용차에 대하여 임직원보험에 가입한 경우라도 업무용 사용금액에 해당하지 아니하는 금액은 소득금액을 계산할 때 손금에 산입하지 아니한다.

② 업무용 사용금액이란 다음의 요건 중 하나를 충족하는 경우로서 업무용승용차 관련비용에 업무사용비율을 곱한 금액으로 한다.

1. 해당 사업연도 전체 기간(임차한 승용차의 경우 해당 사업연도 중에 임차한 기간을 말한다) 동안 해당 법인의 임원 또는 사용인이 직접 운전한 경우
2. 계약에 따라 타인이 해당 법인의 업무를 위하여 운전하는 경우만 보상하는 자동차보험(업무전용자동차보험)에 가입한 경우

▶ 업무용 사용금액

업무용 승용차 관련 비용 × 업무사용비율(업무용 사용거리/총 주행거리)

▶ 업무용 사용거리 [법인세법 시행규칙 제26조의3조 제4항]

업무용 사용거리란 제조.판매시설 등 해당 법인의 사업장 방문, 거래처.대리점 방문, 회의 참석, 판촉 활동, **출.퇴근** 등 업무수행에 따라 주행한 거리를 말한다.

[4] 업무용승용차 관련비용 등에 관한 명세서 제출의무

업무용승용차 관련비용 등을 손금에 산입한 법인은 업무용승용차 관련비용 등에 관한 명세서를 납세지 관할 세무서장에게 제출하여야 한다.

[개정 세법] 업무용 승용차 관련 비용 명세서 미제출 가산세 등 신설
(소득법 §81의14, 법인법 §74의2 신설)
(대상) 업무용 승용차 관련 비용을 손금산입하여 신고한 사업자가 해당 명세서 미제출·불성실 제출
(가산세액) 미제출·불성실 제출로 구분 규정

- 미제출 : 업무용 승용차 관련 비용 손금산입액 : 신고액 전체 × 1%
- 불성실 제출 : 업무용 승용차 관련 비용 손금산입액(신고액) 중 명세서 상 사실과 다르게 제출한 금액 × 1%

<적용시기> '22.1.1. 이후 개시하는 과세연도 분부터 적용

♣ 업무용승용차 운행기록부 : 국세청 홈페이지 → 국세청뉴스 → 고시
♣ 업무용승용차 관련비용 명세서 : 국세법령정보시스템 → 법령서식

❺ 운행기록을 작성하지 않은 경우 차량관련 비용 손금산입

임직원만 운전 가능한 자동차보험에 가입한 경우 차량 관련 비용을 1500만원까지 손금에 산입할 수 있다. 단, 1500만원 중 감가상각비는 최대 800만원만 손금에 산입할 수 있다.

▶ 운행기록을 작성하지 않은 경우 업무 사용비율

1. 해당 사업연도의 업무용승용차 관련비용이 1500만원(해당 사업연도가 1년 미만인 경우에는 1천만원에 해당 사업연도의 개월수를 곱하고 이를 12로 나누어 산출한 금액을 말한다.) 이하인 경우: 100분의 100
2. 해당 사업연도 업무용승용차 관련비용이 1500만원을 초과하는 경우: 1500만원을 업무용승용차 관련비용으로 나눈 비율

▶ 운행기록을 작성하지 않은 경우 감가상각비

운행기록을 작성하지 않는 경우로서 차량 관련 비용이 1500만원을 초과하는 경우 차량 감가상각비가 800만원을 초과하더라도 800만원을 감가상각비로 손금산입할 수 있는 것은 아니다. 예를 들어 차량 감가상각비가 2000만원이고, 감가상각비를 제외한 차량관련 비용이 2000만원인 경우 업무사용비율은 25%[1500만원 ÷ 4000만원(차량전체비용)]로서 감가상각비는 500만원만 손금산입할 수 있는 것이다.

❻ 임직원 명의 차량의 유지비용

법인이 업무용승용차를 취득하거나 임차한 경우에 적용되는 것이므로 직원 개인명의의 차량을 이용하는 경우 종전의 규정에 따라 법인의 업무에 실제 사용하는 경우 법인의 손금에 산입할 수 있을 것으로 판단된다.

3 업무용승용차 감가상각비

❶ 감가상각비 계산 방법

[1] 감가상각 방법

2016년 1월 1일 이후 취득한 차량의 경우 5년간 정액법으로 의무화

2015년 12월 31일 이전 취득한 승용차의 감가상각비 계상

2015.12.31. 이전 취득한 승용차는 기존의 감가상각방법을 적용하되, 연간 감가상각비 한도액은 800만원으로 하며, 강제상각규정은 적용하지 않는다.

[2] 감가상각비 계상

감가상각비 × 업무사용비율(업무사용비율이란 총 사용거리 중 업무용 사용거리가 차지하는 비율을 말한다.) 단, 800만원(법인 부동산임대업 400만원)을 한도로 한다.

[3] 리스 또는 렌트 차량의 감가상각비 계상

1) 시설대여업자로부터 임차한 승용차 : 임차료에서 해당 임차료에 포함되어 있는 보험료, 자동차세, 수선유지비를 차감한 금액. 다만, 수선유지비를 별도로 구분하기 어려운 경우 임차료(보험료와 자동차세를 차감한 금액을 말한다)의 100분의 7을 수선유지비로 계산할 수 있다.
2) 자동차대여사업자로부터 임차한 승용차 : 임차료의 100분의 70에 해당하는 금액

❷ 감가상각비 한도액 및 이월공제

[1] 법인 소유 차량

감가상각비에 업무사용 비율을 곱한 금액으로 하되, 감가상각비는 매년 800만원까지만 인정하며, 초과금액은 이월하여야 한다.

사업연도 중 취득한 업무용 승용차

800만원 × 보유 월수 ÷ 12

▶ 한도초과액

해당 사업연도 감가상각비 한도액인 대당 800만원 초과하는 감가상각비는 다음연도 이후 800만원에 미달하는 경우 미달하는 금액을 손금추인 할 수 있으며, 처분시까지 손금산입하지 못한 금액은 처분시에 손금추인할 수 있을 것으로 판단이 되나 향후 과세당국의 유권해석이 필요한 사안이다.

[2] 리스 또는 렌트 차량 감가상각비 한도초과액 소득처분

리스 또는 렌트 차량의 경우 임차료(보험료, 자동차세 등을 제외한 금액) 중 감가상각비 상당액에 대해서만 적용하되, 매 년 800만원까지만 손금으로 인정이 되므로 감가상각비 상당액에 업무사용비율을 곱한 금액이 800만원을 초과하는 경우 해당 금액은 손금불산입하고, 유보로 처분한 후 다음 사업연도부터 해당 업무용승용차의 업무사용금액 중 감가상각비 상당액이 800만원에 미달하는 경우 그 미달하는 금액을 한도로 손금에 산입한다. 단, 업무사용이 아닌 금액은 손금불산입하고, 상여로 처분하여야 한다.

[사례] 렌트 차량 감가상각비 상당액 1500만원 업무사용비율 80%
당해 연도 손금산입한도액 : 800만원
세무조정 손금불산입 : 700만원
감가상각비 : 400만원(유보) → 다음연도 이후 유보 추인하여 손금산입
감가상각비 : 300만원(상여)

▶ 리스 중 승계하여 매입한 차량의 감가상각비는 1대의 차량으로 보고 감가상각비를 계상하여야 하는 것임

리스 중 소유권을 이전한 경우 동일한 차량으로 보아 손금산입 한도를 적용하는 것으로 판단됨

[핵심 실무] 리스차량을 리스기간 만료로 취득한 경우

업무전용자동차보험에 가입하였으나, 운행기록 등을 작성·비치하지 아니한 업무용승용차를 임차하여 사용하다가 임차기간의 만료로 사업연도 중에 취득하여 계속 사용하는 경우 업무용승용차 관련비용의 손금산입 한도액은 임차 또는 취득 구분 없이 하나의 업무용승용차로 계산하는 것임
(서면-2017-법령해석법인-0554 [법령해석과-3700] , 2017.12.26.)

▶ 리스차량 감가상각비 상당액

임차료 - 해당 임차료에 포함되어 있는 보험료, 자동차세, 수선유지비
단, 수선유지비를 별도로 구분하기 어려운 경우 임차료(보험료와 자동차세를 차감한 금액을 말한다)의 100분의 7을 수선유지비로 계산할 수 있다.

▶ 렌트차량 감가상각비 상당액

임차료의 100분의 70에 해당하는 금액

▶ 사업연도 중 임차하거나 사업연도 중 임차가 종료된 경우 감가상각비 계상

해당 사업연도 중에 임차한 기간으로 계산을 하여야 할 것으로 판단이 되며, 월수의 계산은 월수는 역에 따라 계산하되, 1월 미만의 일수는 1월로 한다.

❸ 감가상각비 한도초과액 소득처분

[1] 감가상각비 한도초과액

감가상각비 한도초과액은 손금불산입 (유보) 처분한 이후 감가상각비가 800만원에 미달하는 경우 그 미달하는 금액을 한도로 손금추인(△유보)한다. 단, 차량임차료에 대한 감가상각비 한도초과액은 기타사외유출로 처분한 후 '업무용승용차 관련비용 명세서 3. 감가상각비(상당액) 한도초과금액 이월명세'에 기재하여 관리한다.

[2] 기타 차량유지관련 비용 중 업무관련임을 입증하지 못하는 경우

업무에 사용하였으나 운행일지 등에 의하여 입증을 하지 못함으로서 손금불산입된 금액은 기타사외유출로 처리할 수 있으나 사적으로 사용한 승용차 관련 비용은 손금불산입하고 해당 사용자에게 상여처분을 하여야 한다.

❹ 업무용 차량 매각시 처분손실 손금산입

업무용승용차를 처분하여 발생하는 세무상 손실로서 승용차별로 800만원을 초과하는 금액은 이월하여 매 년 800만원을 한도로 손금에 산입한다. (월할 상각은 하지 않음)

한편, 매각연도 이전 감가상각비한도초과액이 있는 경우 처분연도에 전액 손금추인하며, 처분손실은 세무상 금액으로 하되, 800만원을 초과하는 금액은 다음연도 이후 매년 800만원을 한도로 손금추인한다.

[사례] 업무용 승용차 처분손실 및 한도초과금액 손금불산입액 계산 (단위 천원)

회계		세무	
취득가액	80,000	취득가액	80,000
감가상각비 누계액	70,000	감가상각비 누계액	70,000
		(세무상) 감가상각 누계액	40,000
		[세무조정] 한도초과액 이월	30,000
장부가액	10,000	(세무상) 장부가액	40,000
처분가액	30,000	처분가액	30,000
처분이익(손실)	20,000	(세무상) 처분손실	(10,000)
		[세무조정] 당기손금산입액	30,000
		[세무조정] 처분연도 손금	8,000
		한도초과 이월 손금산입	2,000

<세무조정>

(손금산입) 전기이전 한도초과액 30,000 (△유보)

(손금산입) 처분연도 처분손실 한도액 8,000 (△유보)

(손금불산입) 처분손실 한도초과액 2,000 (유보 또는 기타사외유출)

□ 법인세법 제27조의2(업무용승용차 관련비용의 손금불산입 등 특례)

④ 업무용승용차를 처분하여 발생하는 손실로서 업무용승용차별로 800만원(해당 사업연도가 1년 미만인 경우 800만원에 해당 사업연도의 월수를 곱하고 이를 12로 나누어 산출한 금액을 말한다)을 초과하는 금액은 대통령령으로 정하는 방법에 따라 이월하여 손금에 산입한다. <개정 2018. 12. 24.>

⑬ 법 제27조의2제4항에서 "대통령령으로 정하는 방법"이란 해당 사업연도의 다음 사업연도부터 800만원을 균등하게 손금에 산입하되, 남은 금액이 800만원 미만인 사업연도에는 남은 금액을 모두 손금에 산입하는 방법을 말한다. <개정 2020. 2. 11.>

❹ 업무용승용차 과세 특례 적용시기

○ 법인 : 2016.1.1. 이후 지출하는 분부터 적용.

○ 개인(복식부기의무자) : 2017.1.1. 이후 적용

■ 업무용승용차 관련 비용의 법인과 개인사업자의 비교

구 분		법 인	개 인
적용 대상		모든 법인	복식부기의무자
시행 시기		2016.1.1. 이후 개시하는 사업연도 발생분부터 적용	1. 성실신고확인대상사업자 2016. 1.1. 이후 2. 복식부기의무자 2017. 1.1. 이후
업무전용자동차 보험가입 의무		임직원 전용자동차 보험에 가입하여야 하며, 가입하지 않는 경우 업무용 승용차 관련 비용을 전액 손금불산입함	가입의무 없음
감가상각비 손금산입	감가상각비 연간 한도액 800만원	1. 2015.12.31. 이전에 취득한 업무용승용차 - 종전에 신고한 상각방법과 내용연수를 적용하여 계산 2. 2016.1.1. 이후 개시하는 사업연도 에 취득한 업무용승용차 - 정액법으로 내용연수 5년 적용 감가상각	1.성실신고확인대상자 - 법인과 같음 2.기타 복식부기의무자 1) 2016.12.31. 이전에 취득한 업무용승용차 : 종전 신고한 상각방법과 내용연수를 적용하여 계산 2) 2017.1.1. 이후에 취득한 업무용승용차 : 정액법으로 내용연수 5년을 적용하여 계산
	감가상각비 한도초과액 손금불산입의 소득처분	1. 자사 소유차량 → 유보 2. 리스차량 또는 렌트차량 유보(법령 제50조의2 ⑨ 2) 기타사외유출(법령 제106조 ① 3)	1. 자사 소유차량 → 유보 2. 리스차량 또는 렌트차량 유보 또는 인출
	업무사용비율을 초과한 감가상각비의 소득처분	손금불산입하고 귀속자에 대한 상여 등으로 소득처분	필요경비불산입하고 인출로 소득처분
기타	업무사용금액	업무사용금액은 전액 손금산입	업무사용금액 전액 필요경비산입
	업무사용비율을 초과한 금액	손금불산입하고 귀속자에 대한 상여 등으로 소득처분	필요경비불산입하고 인출로 소득처분
차량 처분시 발생하는 손실		800만원을 초과하는 금액은 이월하여 800만원씩 손금산입	800만원을 초과하는 금액은 이월하여 800만원씩 필요경비에 산입
차량 처분시 발생하는 이익		처분연도에 전액 익금산입	전액 총수입금액 산입 1. 성실신고확인대상사업자 2016. 1.1. 이후 2. 복식부기의무자 2017. 1.1. 이후
법인 해산 또는 폐업시		해산시 이월된 금액 중 남은 금액을 해산등기일이 속하는 사업연도에 전부 손금산입	복식부기의무자가 사업을 폐업하는 경우 폐업일이 속하는 과세연도에 전부 필요경비 산입

03 금융리스 및 운용리스 세무회계

리스란 '임차하다' 라는 뜻으로 기계, 자동차 등 고가의 자산을 대여하는 회사로부터 임차(리스)하여 사용하는 것을 말한다. 리스계약은 시설이나 장비를 대여하는 회사 즉, 리스회사와 시설이나 장비를 임차하는 자가 계약을 체결하고 리스료를 지불하며, 계약 내용에 따라 금융리스와 운용리스로 구분한다.

1 금융리스

❶ 개요

금융리스란 리스계약의 해지가 불가능하고, 리스계약기간이 끝나게 되면 그 자산의 소유권이 리스이용자(임차인)에게 이전되거나 리스기간이 리스자산의 사용가능기간보다 긴 계약을 말한다. 따라서 금융리스의 경우 리스이용자가 비록 해당 자산을 빌려서 사용하고 있지만, 실질적으로는 해당 자산을 취득한 것과 동일한 효력이 발생하므로 금융리스의 경우 리스물건을 자산으로 계상하고, 리스료로 납부하여야 할 금액은 미지급금으로 처리한 다음 감가상각비를 계상하여 비용처리하여야 한다.

❷ 금융리스 조건(다음 중 한 가지 이상 충족)

① 리스기간 종료시 또는 그 이전에 리스이용자에게 리스자산의 소유권 이전
(무상 또는 당초 계약시 정한 금액)
② 리스기간 종료시 리스실행일 현재 취득가액의 10% 이하 금액으로 구매 할 수 있는 권리가 리스이용자에게 주어진 경우
③ 리스기간이 기준내용연수의 75%이상인 경우
④ 리스자산 용도가 특정목적으로 한정되어 다른 용도로 전용이 불가능한 경우

⑤ 리스실행일 현재 최소 리스료를 기업회계기준으로 현재가치 평가한 가액이 당해 리스자산 장부가액의 90%이상인 경우

❸ 금융리스 회계처리

[예제] 3월 1일 차량운반구를 60,000,000원에 36개월간 사용하기로 리스계약을 체결하다. 6,000,000원은 보증금으로 지급하고 잔액 54,000,000원에 대하여 매월 1,800,000원씩(이자 매월 300,000원 가정) 36개월간 지급하기로 하다.

① 금융리스 차량 계약금 지급시 회계처리

선급금	6,000,000	/	보통예금	6,000,000

② 금융리스 차량 인수시

차량운반구	60,000,000	/	선급금	6,000,000
			장기차입금	54,000,000

③ 금융리스 차량의 취득과 관련한 제비용 지급시

차량운반구	5,000,000	/	보통예금	5,000,000

④ 매월 리스료 납부시 회계처리

장기차입금	1,500,000	/	보통예금	1,800,000
이자비용	300,000			

⑤ 감가상각비 계상 및 회계처리

감가상각비	24,429,166	/	감가상각누계액	24,429,166

* 감가상각비 : 취득가액 65,000,000원 × 0.451 × 10/12

▶ 금융리스 차량의 양도 및 세금계산서 발급 여부

금융리스의 경우 리스이용자가 새로운 리스이용자에게 당해 리스자산을 넘겨주는 것은 자산의 양도로서 부가가치세가 과세되며, 리스이용자는 새로운 리스이용자에게 세금계산서를 발급하여야 한다.

❹ 판매 후 리스

[1] 개요

판매 후 리스란 리스이용자가 리스회사에게 자산을 판매하고 그 자산을 리스하여 사용하는 거래로 실질은 리스회사가 리스이용자에게 자산을 담보로 금융을 제공하는 것에 해당된다.

□ 판매 후 리스에 대한 세금계산서 발급 (서면3팀-636, 2006.03.31.)

사업자가 신규로 제조하거나 구입한 시설 또는 사용하여 온 시설을 시설대여업법에 의하여 인가를 받은 시설대여회사에 판매한 후 그 시설을 리스하는 경우 당해 사업자는 자기를 공급자 및 공급받는자로 하여 세금계산서를 교부하는 것임.

[2] 판매 후 리스(금융리스) 회계처리

매매에 따른 손익을 리스실행일에 인식하지 아니하고 리스자산 감가상각기간 동안 이연하여 균등하게 상각 또는 환입한다. (5년 정액법 가정)

(1) 리스실행일 20×4.01.01

현금(보통예금)	100,000,000	/	기계장치	80,000,000
			이연처분이익	20,000,000

(2) 회계기말 20×4.12.31

이연처분이익	4,000,000	/	유형자산처분이익	4,000,000

□ 법인세법 기본통칙 23-24…1 【 리스의 회계처리 】

⑦ 취득 또는 사용하던 자산을 리스회사에 매각하고 리스거래를 통하여 재사용하는 ¨판매 후 리스거래¨의 경우 회계처리는 다음 각 호에 의한다. <신설 2001.11.01>

1. 금융리스에 해당하는 판매후 리스거래의 경우 매매에 따른 손익을 리스실행일에 인식하지 아니하고 해당 리스자산의 감가상각기간 동안 이연하여 균등하게 상각 또는 환입한다. <개정 2009.11.10>

2. 판매 후 리스거래가 운용리스에 해당하고 리스료 및 판매가격이 시가에 근거하여 결정된 경우 제1호 및 제2호의 규정에 불구하고 당해 매매와 관련된 손익을 인식할 수 있다. <개정 2009.11.10>

2 운용리스

❶ 개요

운용리스란 일정한 기간(리스계약기간) 사용 후에 그 해당자산을 리스회사에 반환하는 순수한 의미의 리스(임차)를 말하는 것으로 금융리스에 속하지 않는 리스를 말한다. 기업이 부채비율을 낮추고, 자기자본비율을 높게 유지하려고 하면, 금융리스보다는 운용리스를 이용하는 것이 적절하다. 왜냐하면, 금융리스는 미지급금이라는 부채를 계상하게 되므로 부채비율이 높아지게 되나 운용리스는 별도의 부채를 계상하지 아니하고, 리스료만 경비로 처리하기 때문이다.

□ 법인세법 기본통칙 121-164…6【시설대여업자의 계산서 작성 · 교부의무】

「여신전문금융업법」에 의한 시설대여업자가 규칙 제13조의 규정에 의한 금융리스 이외의 리스(운용리스)를 실행하고 리스이용자로부터 리스료를 수취하는 경우에는 계산서를 작성하여 리스이용자에게 교부하여야 한다. (2008. 7. 25. 개정)

▶ 운용리스의 경우 시설 투자와 관련한 세액공제적용대상은 아님

시설투자를 한 경우 조세특례제한법의 규정에 의하여 투자관련 세액공제를 받을 수 있으나 운용리스의 경우 순수한 의미의 투자가 아니므로 투자와 관련한 세액공제 대상은 아니다.

❷ 운용리스자산의 부가가치세 매입세액

운용리스자산의 경우 일반적으로 세금계산서를 수취하지 않으므로 매입세액공제와는 무관하다. 다만, 사업자가 인가를 받은 시설대여회사로부터 시설 등을 임차하고 당해 시설 등을 공급자 또는 세관장으로부터 직접 인도받는 경우에는 리스이용자가 공급자로부터 재화를 공급받거나 외국으로부터 재화를 직접 수입한 것으로 보아 공급자 또는 세관장으로부터 세금계산서를 발급받을 수 있다. 이 경우 매입세액은 리스이용자가 부담하여야 하고 매입세액에 대하여만 회계처리를 한다.

(1) 매입세액공제 리스차량에 대하여 세금계산서를 수취한 경우

부가세대급금	****	/	보통예금	****

(2) 매입세액불공제 리스차량에 대하여 세금계산서(공급가액 3천만원, 세액 3백만원)를 수취한 경우 (리스기간 36개월 가정)

선급비용	3,000,000	/	보통예금	3,000,000

(3) 회계기말에 선급비용 중 총리스기간(36개월 가정)에서 당해 연도 리스기간(6개월)에 상당하는 금액을 지급임차료로 대체하는 분개처리

리스료	500,00	/	선급비용	500,000

❸ 운용리스 회계처리

[예제] 2월 1일 차량운반구를 60,000,000원에 36개월간 사용하기로 리스계약을 체결하다. 6,000,000원은 리스보증금으로 지급하고 잔액 54,000,000원에 대하여 매월 1,800,000원씩(이자 매월 300,000원 가정) 36개월간 지급하기로 하다.

① 리스보증금 지급시 회계처리

리스보증금	6,000,000	/	보통예금	6,000,000

② 매월 리스료 납부시 회계처리

리스료	1,500,000	/	보통예금	1,800,000
이자비용	300,000			

- 리스료 : 지급임차료 계정을 사용하여도 무방하다.

* 리스료 연체시 납부하는 금액은 '이자비용'으로 처리한다.

③ 보험료 납부시 회계처리

보험료	1,000,000	/	보통예금	1,000,000

* 운용리스와 관련하여 리스사용자가 보험료를 부담하여야 하는 경우 보험료 계정으로 처리한다.

▶ 운용리스 차량의 양도 및 세금계산서 발급 여부

사업자가 운용리스로 차량을 사용하던 중 새로운 리스이용자에게 당해 리스자산을 넘겨주는 것은 재화의 공급에 해당하지 아니하여 세금계산서 발급대상에 해당하지 않는다. 이 경우 리스사업자로부터 영수증은 받아 두면 될 것이다. 단, 새로운 리스 이용자에게 대가를 받고 임차인의 지위를 양도하는 경우 그 대가에 대하여는 부가가치세가 과세되어 세금계산서 발급대상에 해당한다.

❹ 이용자리스(부가가치세 환급리스)

[1] 개념

일반적인 운용리스의 경우에는 차량의 명의가 리스회사 명의로 되지만, 부가세 환급 대상차량의 경우는 이용자(고객)명의로 차량이 등록되고 부가세 환급을 받을 수 있는 리스상품으로 사업자가 매입세액공제 대상 차량을 구입하는 경우 부가가치세 환급이 자동차리스에서도 적용된다.

[2] 부가가치세 매입 대상 차종

(1) 경차 : 모닝, 스파크, 레이, 다마스, 라보

(2) 승합차 : 카니발, 스타렉스, 코란도투리스

(3) 화물차 : 봉고, 포터, 코란도 스포츠

[3] 부가세환급리스의 진행 방법

① 차량 가격에서 부가세를 뺀 나머지 금액으로 리스를 진행하게 된다.

② 부가세 금액은 차량회사(리스일 경우, 리스회사)에 입금을 하여 세금계산서를 받게 된다.

③ 매입 세금계산서는 해당 분기에 부가세 신고를 하여 매입세액 공제를 받는다.

[4] 이용자리스 회계처리

이용자리스는 일종의 운용리스로서 부가가치세에 대하여는 별도로 회계처리를 하고, 그 외의 회계처리방법은 운용리스와 같다.

부가세대급금	****	/	보통예금	****

6 지출증빙 및 정규영수증

1 정규영수증

❶ 개요

기업은 사업과 관련한 각종 경비지출시 반드시 그 지출을 입증할 수 있는 증빙서류를 첨부하여 보관하여야 한다. 지출에 대한 증빙서류에 대한 법적규제가 없는 경우 사업자가 실제 사용하지 않은 비용에 대하여 사용한 것으로 처리하여

비용을 과다 계상하여 사업과 관련한 소득을 줄여 탈세 수단으로 이용할 수 있으므로 세법은 지출에 대한 증빙을 5년간 보관하여 둘 것을 규정하고 있다.

한편, 비용에 대한 영수증으로 수취하는 **세금계산서, 면세 계산서, 신용카드매출전표, 현금영수증** 등은 그 발급내용이 전부 국세청 전산시스템으로 연계되어 매출자의 매출신고내용 및 매입자의 비용 정당성 여부를 동시에 통제할 수 있다. 따라서 이러한 영수증을 '정규영수증'이라고 하며, 세법에서는 사업자의 비용지출에 대하여 정규영수증을 수취하도록 하여 매출자의 매출신고 누락을 방지하고 매입자가 가짜로 비용처리하는 것을 철저히 관리하는 것이다.

일반적인 지출의 경우 거래금액이 3만원을 초과할 시 세법에서 정규영수증 수취 예외거래를 제외하고는 반드시 **세금계산서 또는 계산서, 현금영수증**을 수취하거나, **신용카드를 사용**하여 지출하여야 적법한 증빙으로 인정하고 있으며, 비용 지출에 대하여 정규영수증을 수취하지 않은 경우 그 거래금액의 **100분의** 2에 해당하는 금액을 가산세로 징수하도록 규정하고 있다.

▶ 정규영수증 미수취시에도 비용처리는 할 수 있음

법인 또는 개인사업자가 업무와 관련하여 지출한 비용에 대하여 지출증빙서류를 수취하지 아니한 경우에도 다른 객관적인 자료에 의하여 그 지급사실이 확인되는 경우에는 손금 또는 필요경비에 산입할 수 있다.

❷ 정규영수증 종류

[1] 세금계산서

[2] 계산서

[3] 신용카드매출전표

구 분	내 용
법인카드	법인의 신용으로 발급되며, 카드에 법인의 이름만 기재되고, 법인계좌에 서 출금되며, 법인의 임직원이 공용으로 사용할 수 있는 카드
직불카드	직불카드회원과 신용카드가맹점간에 전자 또는 자기적 방법에 의하여 금융거래계좌에 이체하는 등의 방법으로 물품 또는 용역의 제공과 그 대가의 지급을 동시에 이행할 수 있도록 신용카드업자가 발행한 증표
백화점 카드	기획재정부장관으로부터 신용카드업의 허가를 받은 백화점운용사업자가 발행하여 금융기관을 통하여 이용대금을 결제하는 카드
선불카드	신용카드업자가 대금을 미리 받고 이에 상당하는 금액을 전자 또는 자기적 방법으로 기록하여 발행한 증표로서 그 소지자의 제시에 따라 신용카드가맹점이 그 기록된 범위 내에서 물품 또는 용역을 제공할 수 있도록 한 카드

▶ 임직원개인명의 신용카드를 업무용으로 사용한 경우 정규영수증으로 인정된다. 단, 법인의 기업업무추진비는 손금산입할 수 없는 것임

신용카드의 명의와 관련하여 법인사업자의 법인명의나 개인사업자의 대표자 명의의 신용카드를 사용하여야 하나 종업원 개인명의의 신용카드를 사용하고 매출전표를 수취한 경우에도 정규증빙으로 인정된다. 단, 법인 업무추진비의 경우로서 **3만원**을 초과하는 업무추진비는 법인카드로 사용한 경우에만 인정된다. 이 때 법인개별카드(개인형 법인카드)는 법인카드로 간주한다.(법인 46012 - 2098, 2000.10.12)

▶ 임직원 개인명의카드를 업무용도로 사용한 경우 임직원 개인은 연말정산시 신용카드소득공제는 받을 수 없음

임직원 개인명의의 신용카드를 법인의 비용 지출에 대한 결제수단으로 사용한 경우 임직원 개인은 신용카드사용금액에 대하여 연말정산시 신용카드소득공제를 받을 수 없다.

[4] 현금영수증

현금영수증이란 현금영수증가맹점이 재화 또는 용역을 공급하고 그 대금을 현금으로 받는 경우 당해 재화 또는 용역을 공급받는자에게 물품 등의 판매시 현금영수증 발급장치에 의해 발급하는 것으로서 거래일시. 금액 등 결제내역이 기재된 영수증을 말하며, 현금영수증 지출증빙효력은 신용카드매출전표와 동일하다.

❸ 지출증명서류 합계표 작성 및 보관의무

법인으로서 직전 사업연도의 수입금액이 30억원 이상으로서 법 제116조(지출증명서류의 수취 및 보관)에 따라 지출증명서류를 수취하여 보관한 법인은 기획재정부령으로 정하는 지출증명서류 합계표를 작성하여 보관하여야 한다.
<신설 2016. 2. 12., 2021. 2. 17.> [법인세법 시행령 제158조 제6항]

♣ 서식 : 국세법령정보시스템 → 별표서식 → 법령서식

❹ 정규영수증 과소 수취에 대한 해명 요구

국세청은 법인의 법인세신고 및 개인사업자의 종합소득세 신고내용에 대하여 손금 또는 필요경비로 계상한 금액과 정규영수증을 제출한 금액을 분석하여 손금 또는 필요경비 대비 정규영수증 제출비율이 상대적으로 낮은 사업자에 대하여 실제 경비를 지출하지 않았음에도 경비를 지출한 것처럼 허위로 법인세 또는 소득세를 신고한 혐의가 있는 것으로 보고, 손금산입한 금액과 정규영수증 제출금액에 중대한 차이가 경우 그 사유를 사업자에게 소명요구를 하거나 수정신고를 하도록 하고 있다. 그리고 관할 세무서는 사업자가 지출에 대한 증빙을 제출하지 못한 금액에 대하여

사업자가 소득을 누락한 것으로 보고 법인세 또는 소득세를 추징함으로써 사업자가 소득을 정당하게 신고하지 않으면 안되도록 시스템을 만들었다.

한편, 소규모 사업자의 경우 어려운 현실을 감안하여 소득세 신고시 비용처리란 금액과 정규영수증 제출 내용에 대하여 해명요구를 유보하여 왔지만, 최근 국세청은 소상공인에 대해서도 종합소득세 신고 내용을 분석하여 사업자가 비용처리한 금액과 정규영수증 제출금액을 대비하여 정규영수증 제출비율이 상대적으로 낮은 업체로서 그 차이 금액이 중요한 경우 해명자료를 요구하고 있으며, 사업자가 이와 같이 정규영수증 없이 경비처리한 금액에 대한 해명자료를 받은 경우 정말 어려운 문제가 발생할 수 있다.

이 경우 사업자는 지출에 대한 증빙이 없다하여 이미 간편장부 또는 복식부기기장에 의하여 신고한 내용에 대하여 추계에 의한 종합소득세 신고도 할 수 없고, 관할 세무서에서는 사업자가 장부 및 증빙이 부족하다하여 추계에 의한 결정을 하지 않음으로 사업자가 지출에 대한 명확한 증빙서류를 소명할 수 없는 경우 소명하지 못한 금액을 소득으로 추정하여 감당하기 어려운 세금을 부과할 수도 있다 보니 이러한 소명요구를 받은 사업자가 겪어야 하는 어려움은 매우 심각한 문제다.

뿐만 아니라 소상공인의 거래처가 소득세 또는 법인세를 줄이기 위하여 소상공인에게 실제 거래금액보다 세금계산서를 더 발행하여 줄 것을 요구하거나 압박하는 경우 소상공인은 거래처와의 거래에 생존권이 달려 있다 보니 부득이 실제 거래없이 세금계산서를 발행하는 경우가 있고, 이 경우 거래처는 소득을 줄여 세금을 줄일 수 있으나 소상공인 자신은 종합소득세신고를 함에 있어 가공 매출로 인하여 가공 매출분에 대한 경비가 부족하여 정규영수증 없이 실제 지출하지 않은 것을 지출한 것처럼 장부에 계상하여 소득세 신고를 하게 되는 경우가 있다.

그런데 국세청은 이제 소상공인의 경우에도 소득세 신고서의 경비금액과 정규영수증 제출비율을 분석하여 그 금액이 중요한 경우 해명자료를 요구함으로써 소상공인은 세금문제로 치명적인 어려움을 겪게 되는 것이다. 이러한 국세청의 압박은 향후에도 계속될 것이므로 소규모사업자라 하더라도 지출에 대한 증빙없이 필요경비로 계상하는 일은 없도록 종합소득세 신고시 유의를 하여야 하며, 경비 영수증이 없는 금액이 중요한 경우 종합소득세를 추계로 신고를 하여야 할 것이다.

2 정규영수증 수취대상 및 수취대상이 아닌 경우

❶ 정규영수증 수취대상 거래

■ 건별 거래금액이 3만원 초과 거래

재화 또는 용역의 거래 건당 공급대가(부가세 포함)가 3만원을 초과하는 거래인 경우 정규영수증을 수취하여야 한다. 따라서 거래 건당 3만원 이하인 거래의 경우 정규영수증을 수취하지 않아도 가산세는 적용되지 아니한다.

한편, 공급대가가 3만원을 초과하는 동일거래에 대해서 여러 장의 간이영수증을 분할하여 수취하는 경우 적격증빙수취의무에 위반되는 것으로 적격증빙을 수취하지 못한 것으로 보아 증빙불비가산세가 적용된다.

■ 사업자와의 거래

정규지출증빙에 관련된 규정은 거래상대방이 아래의 사업자인 경우에 적용되며 거래상대방이 사업자가 아닌 경우에는 적용되지 아니한다. 다만, 거래상대방이 사업자등록을 하지 않았다하더라도 사업의 계속성이 있는 경우 재화 또는 용역을 공급받은 사업자는 정규영수증 미수취에 대한 가산세를 부담하여야 한다.

[1] 법인사업자

내국법인 및 수익사업을 영위하는 비영리법인(외국법인을 포함한다.)

[2] 개인사업자

영수증 발행대상사업자 및 간이과세자를 제외한 모든 개인사업자

❷ 정규영수증 수취대상이 아닌 경우

■ 정규영수증 수취대상 제외사업자와의 거래

아래 사업자와의 거래시에는 세금계산서, 계산서, 신용카드매출전표, 현금영수증 등 정규영수증을 수취하지 아니하고 일반영수증을 수취하여도 적격증빙미수취 가산세가 적용되지 아니한다.

[1] 비영리법인

비영리법인과의 거래 단, 법인세법시행령 제2조 제1항의 규정에 해당하는 수익사업과 관련된 부분은 정규영수증을 수취하여야 한다.

○ 지출사례 : 비영리법인에 지출하는 조합비, 협회비, 기부금 등

[2] 국가 및 지방자치단체

국가 및 지방자치단체에 납부하는 각종 세금은 정규영수증 수취의무가 없으며, 납부영수증을 증빙으로 갖추어 되면 된다.

○ 지출사례 : 각종 세금과공과금, 벌과금 등

[3] 금융보험업을 영위하는 법인(금융·보험용역 제공에 한함)

거래상대방 공급자가 금융보험업자인 경우 적격증빙수취대상이 아니므로 해당 기관이 발행하는 영수증을 증빙으로 보관하면 된다. 단, 금융보험업자로부터 금융보험용역이 아닌 임대용역을 제공받는 경우에는 반드시 세금계산서 등 정규영수증을 수취하여야 한다.

○ 지출사례 : 보증보험료, 어음할인료, 대출이자, 할부이자, 송금수수료, 환전수수료, 신용카드수수료, 보험료(손해, 화재보험, 보증보험, 해상보험 등), 리스료

[4] 읍·면지역에 소재 간이과세자로서 신용카드가맹점이 아닌 사업자

읍.면지역(도농복합 시지역의 읍면지역 포함)에 소재하는 간이과세자로 신용카드가

맹점이 아닌 사업자인 경우 해당 사업자가 발행하는 간이영수증 등을 지출증빙으로 수취하면 된다. 시지역의 간이과세자인 경우 정규영수증인 현금영수증을 수취하거나 신용카드로 결제하여야 정당한 증빙으로 인정이 된다.

[5] 국내사업장이 없는 외국법인

국내사업장이 없는 외국법인과의 거래시 정규영수증 수취의무가 없으며, 이 경우 지출에 대한 증빙으로 영수증(형식은 무관함)을 갖추어 두면 된다.

❸ 정규영수증을 수취하지 않아도 되는 거래

[1] 거래 건당 공급대가(부가세 포함)가 3만원 이하인 거래

거래 건 당 3만원 이하인 거래의 경우 정규영수증을 수취하지 않아도 가산세는 적용되지 아니한다. 3만원 초과 거래 여부의 판단은 거래 1건별 영수증금액(부가세 포함)을 기준으로 판단하며, 동일한 거래에 대하여 영수증을 분할하여 발급받은 경우에도 합산한 금액을 1건의 거래로 본다.

[2] 다음의 어느 하나에 해당하는 거래

① 농·어민(농업중 작물재배업·축산업·복합농업, 임업 또는 어업에 종사하는자를 말하며, 법인을 제외한다)으로부터 재화 또는 용역을 직접 공급받은 경우

② 재화의 공급으로 보지 아니하는 사업의 양도(사업의 포괄양도.양수)에 의하여 재화를 공급받은 경우

③ 방송용역을 제공받은 경우

④ 전기통신사업법에 의한 전기통신사업자로부터 전기통신용역을 공급받은 경우

⑤ 국외에서 재화 또는 용역을 공급받은 경우(세관장이 세금계산서 또는 계산서를 발급한 경우를 제외한다)

⑥ 공매.경매 또는 수용에 의하여 재화를 공급받은 경우

⑦ 토지 또는 주택을 구입하거나 주택의 임대업을 영위하는 자(법인을 제외한다)로부터 주택임대용역을 공급받은 경우

⑧ 택시운송용역을 제공받은 경우

⑨ 금융.보험용역을 제공받은 경우

⑩ **건물 또는 토지 구입 ~** 건물 또는 토지를 구입하는 경우로서 거래내용이 확인되는 매매계약서 사본을 법인세과세표준신고서에 첨부하여 납세지 관할세무서장에게 제출하는 경우 단, 과세대상 건물을 구입하는 경우로서 그 매입세액을 공제받고자하는 경우에는 세금계산서를 수취하여야 한다. (법인세법 시행령 제164조 ③)

⑪ 입장권.승차권.승선권 등을 구입하여 용역을 제공받은 경우

⑫ 항공기의 항행용역을 제공받는 경우

⑬ 부동산임대용역을 제공받은 경우로서 전세금 또는 임대보증금에 대한 부가가치세액(간주임대료에 대한 부가가치세액)을 임차인이 부담하는 경우

⑭ 재화공급계약.용역제공계약 등에 의하여 확정된 대가의 지급지연으로 인하여 연체이자를 지급하는 경우

⑮ 「유료도로법」에 따른 유료도로를 이용하고 통행료를 지급하는 경우

다음의 하나에 해당하는 경우로서 공급받은 재화 또는 용역의 거래금액을 금융기관을 통하여 지급한 경우로서 법인사업자는 법인세과세표준신고서에 송금사실을 기재한 경비 등의 '송금명세서'를 개인사업자는 영수증수취명세서를 관할 세무서장에게 제출하는 경우

① 간이과세자로부터 부동산임대용역을 제공받은 경우

◈ 간이과세자로부터 부동산임대용역을 공급받은 경우 증빙수취방법

간이과세자로부터 부동산임대용역을 공급받은 경우에 그 거래금액을 금융기관을 통하여 지급하고 과세표준확정신고서에 그 송금명세서를 첨부하여 관할세무서장에게 제출한 경우에는 증빙불비가산세를 적용하지 아니하는 것임. 따라서 그 거래금액을 금융기관을 통하지 아니하고 지급한 경우에는 증빙불비가산세의 적용대상이 되는 것이나, 그 거래금액을 지급하지 아니하여 송금명세서를 첨부하지 못한 경우에는 증빙불비가산세의 적용대상에 해당하지 아니하는 것임(제도 46011 - 11294, 2001.6.1)

② 임가공용역을 제공받은 경우(법인과의 거래를 제외한다)

◈ 가정주부로부터 임가공용역을 제공받는 경우(법인 46012 - 77, 2000.1.11)

법인이 가정주부로부터 가내부업적인 용역을 제공받고 소득세법 제14조 제3항 제2호에 해당하는 대가를 지급하는 경우에는 지출증빙서류수취대상에서 제외됨.

③ 운수업을 영위하는 간이과세자가 제공하는 운송용역을 공급받은 경우

◈ 화물운송대행용역의 지출증빙(법인 46012 - 3828, 1999.10.28)
지출증빙서류의 수취특례가 적용되는 운수업을 영위하는 자(부가가치세법상 간이과세자에 한함)가 제공하는 운송용역에는 직접 화물운수사업체를 갖지 아니하고 수수료 또는 계약에 의하여 화물운송에 관한 책임을 지고 탁송자로부터 수령자에게 화물을 운송하는 화물운송대행용역은포함되지 아니함.

④ 간이과세자로부터 재활용폐자원 등이나 재활가능자원을 공급받은 경우
⑤ 항공법에 의한 상업서류 송달용역을 제공받는 경우
⑥ 부동산중개업법에 의한 중개업자에게 수수료를 지급하는 경우
⑦ 기타 국세청장이 정하여 고시하는 경우
1. 인터넷, PC통신 및 TV홈쇼핑을 통하여 재화 또는 용역을 공급받는 경우
2. 우편송달에 의한 주문판매를 통하여 재화를 공급받는 경우

[3] 재화 또는 용역의 공급으로 보지 아니하는 거래

재화 또는 용역의 공급으로 보지 아니하는 거래는 정규영수증 수취대상이 아니므로 예를 들어 다음에 예시하는 거래는 해당 거래사실을 입증할 수 있는 증빙을 갖추어 두면 된다.
○ 조합 또는 협회에 지출하는 경상회비,
○ 판매장려금(현금 지급) 또는 포상금 등 지급
○ 거래의 해약으로 인한 위약금, 손해배상금 등
○ 기부금

[4] 원천징수대상 소득을 지급하는 경우

원천징수대상 소득(근로소득, 퇴직소득, 이자소득, 기타소득, 원천징수대상 사업소득을 지급하는 경우 그 지급에 대한 명세서를 기재한 지급명세서를 제출하여야 하며, 이 경우 지급명세서가 그 지출에 대한 증빙이 되므로 별도의 정규영수증 수취의무가 없다.

3 정규영수증 미수취에 대한 가산세 등

❶ 개인사업자

[1] 증빙불비가산세

① 적용대상 ~ 소규모사업자가 아닌 사업자

* 소규모사업자 : 직전연도 수입금액이 4,800만원 미만인 사업자 및 신규사업자

② 가산세 ~ 정규증빙서류 미수취금액의 100분의 2

[2] 영수증수취명세서 미제출가산세

① 적용대상 ~ 소규모사업자(직전연도 수입금액이 4,800만원 미만)가 아닌 사업자

② 가산세 ~ 영수증수취명세서를 과세표준확정신고기한 내에 제출하지 아니하거나, 제출한 영수증수취명세서가 불분명한 경우 미제출 거래금액의 100분의 1

❷ 법인사업자

① 정규증빙서류 미수취금액의 100분의 2

② 법인은 '경비등의 송금명세서'를 법인세 신고시 제출하여야 하나 제출하지 않는 경우에도 가산세는 없다.

❸ 정규영수증 수취시 사업자 주의사항

■ 개인과의 거래

[1] 개인(사업자 미등록자)으로부터 과세재화를 공급받는 경우

사업자등록이 없는 개인으로부터 과세재화를 공급받는 경우 당해 개인이 물품 또는 재화를 계속적으로 공급하는 사업성을 가진 자가 아닌 경우에는 정규영수증 수

취대상이 아니다. 따라서 사업자등록이 없는 개인으로부터 물품 등을 구입하는 경우 그 지급사실을 증명할 수 있는 영수증(형식은 무방하나 공급자의 인적사항과 연락처, 금액 등을 기재한 영수증)을 수취하고, 금융기관을 통하여 송금한 송금영수증을 보관하면 된다. (개인으로부터 중고자동차 매입 등) 다만, 사업자등록이 없는 개인이라도 사업성이 있고, 물품 등을 계속적으로 공급하는 경우(미등록 부동산임대업자 등)로서 3만원을 초과하는 거래에 대하여 정규영수증을 수취하지 않은 경우 증빙불비가산세(거래금액의2%)를 부담하여야 한다.

[2] 개인으로부터 일용노무를 제공받는 경우

1) 개인으로부터 일용노무를 제공받는 경우 통상 '잡급'으로 처리하며, 지출증빙서류 수취대상은 아니나 그 지급에 대한 송금영수증, 작업일지(일용노무비대장 등) 등을 보관하여 두고, 그 지급일이 속하는 분기의 다음달 말일(2023년 이후 지급일의 다음달 말일)까지 지급명세서를 관할 세무서에 제출하여야 한다.

2) 일용근로자의 일당이 15만원을 초과하는 경우 근로소득세를 원천징수하여 그 징수일의 다음 달 10일까지 납부하여야 한다.

[3] 정규영수증 수취의무 면제 거래

사업자가 아닌 자와의 거래로서 아래에 해당하는 경우 정규영수증이 없더라도 증빙불비가산세는 적용되지 아니한다. 단, 그 거래사실을 입증할 수 있는 입금증, 송금영수증, 계약서등은 보관하여야 한다.

1. 폐업한 사업자로부터 폐업시 잔존재화를 공급받는 경우
2. 개인으로부터 중고자동차를 취득하거나 종업원 개인 소유차량을 취득하는 경우

■ 면세사업자와의 거래

사업자가 면세재화 또는 용역을 거래할 때에는 거래상대방이 계산서를 발급할 수 있으므로 이들과 거래시에는 반드시 계산서를 발급받거나 신용카드로 결제하여야 하며,(단, 지출증빙수취 특례규정에 해당하는 경우는 제외함) 발급받은 계산서는 매입처별계산서합계표를 작성하여 다음 해 2월 10일까지 제출하여야 하며, 법인 또는 복식부기의무자인 개인사업자가 수취한 계산서합계표를 익연도 2월 10일까지 제출하지 아니할 경우 공급가액의 1%를 가산세로 부담하여야 한다.

■ 간이과세자와의 거래

1) 거래상대방이 간이과세자인 경우 간이과세자는 부가가치세가 과세되는 거래에 대하여 세금계산서를 발급할 수 없기 때문에 지출증빙서류 특례규정에 해당하는 경우를 제외하고, 신용카드로 결제하여야 한다.
2) 간이과세자가 신용카드가맹점이 아닌 경우 신용카드결제가 불가능하므로 간이과세자와의 거래금액이 3만원을 초과할 시 부득이 증빙불비가산세를 부담할 수밖에 없을 것이다. 단, 읍.면지역에 소재하는 간이과세자가 신용카드가맹점이 아닌 경우 증빙불비가산세는 해당되지 아니한다.

간이과세자와의 거래시 증빙수취 방법

(1) 간이과세자가 읍, 면지역에 소재한 경우로서 신용카드가맹점이 아닌 경우에는 간이영수증을 증빙으로 수취하면 된다.
(2) 간이과세자가 도시지역에 소재한 경우에는 신용카드로 결제하고, 신용카드매출전표를 수취하여야 한다.
(3) 간이과세자가 도시지역에 소재한 사업자로 신용카드가맹점이 아닌 경우 거래금액을 금융기관을 통하여 지급하고 과세표준확정신고서에 그 송금명세서를 첨부하여 관할세무서장에게 제출한 경우 손금인정은 되지만, 증빙불비가산세는 적용된다.
(4) 간이과세자이나 세금계산서 발급대상 간이과세자와 거래를 한 경우 세금계산서를 수취하여야 한다.

▶ 일반과세자의 간이과세자 전환 및 세금계산서 발급
1. 전년도 공급대가가 4800만원 이상 8000만원 미만인 경우
7월 1일 : 간이과세자 전환 → 세금계산서 발급가능
2. 전년도 공급대가가 4800만원 미만인 경우
7월 1일 : 간이과세자 전환 → 세금계산서 발급을 할 수 없음

▶ 세금계산서 발급대상 간이과세자 조회
홈택스 → 조회/발급 → 사업자등록상태조회(휴폐업조회)
세금계산서 발급이 가능한 경우 "부가가치세 간이과세자(세금계산서 발급사업자)"로 표시됨

4 영수증 관리 및 보관

❶ 매출 및 매입 세금계산서 관리 및 보관

■ 매출세금계산서

개인사업자가 종이로 발행한 매출세금계산서는 작성일자순으로 제1기(1.1 ~ 6.30)와 제2기 (7.1 ~ 12.31)를 구분하여 별도로 철하여 보관한다. 단, 매출세금계산서가 많은 경우 월별 또는 3개월 단위로 철하여도 되지만, 다른 과세기간의 세금계산서를 같이 철하여서는 안된다.

[1] 월합계 세금계산서

계속 거래처의 경우 매 번의 거래시에는 '거래명세서'를 발급하고 1개월간의 거래를 합한'월합계 세금계산서'를 발급할 수 있으며, 월합계로 세금계산서를 발행하는 경우 매 번의 거래에 관한 명세인 거래명세서를 작성하여야 한다.

[2] 거래명세서 관리 및 보관방법

거래명세서란 거래에 관한 내역서를 말하며, 거래명세서는 거래에 관한 내역서로 영수증은 아니며, 거래명세서는 해당 업체별로 월별로 별도 철하여 보관하여야 한다.

■ 매입세금계산서

종이로 발급받은 매입세금계산서는 작성일자순으로 제1기(1.1 ~ 6.30)와 제2기(7.1. ~ 12.31.)를 구분하여 별도로 철하여 보관하여야 한다. 단, 매입세금계산서가 많은 경우 월별 또는 3개월 단위로 철하여도 되지만, 다른 과세기간의 세금계산서를 같이 철하여서는 안된다.

❷ 면세 계산서 관리 및 보관

① 계산서란 면세사업자(쌀집, 정육점, 수목 도.소매업, 서점, 학원, 정화조사업자 등)가 면세되는 물품 또는 서비스를 공급하고 발행하는 계산서로 세금계산서 양식에 세액란이 없는 것을 말한다. 면세 계산서를 수취한 경우 세금계산서와 같은 방법으로 철하여 보관한다.

② 면세사업자가 면세 계산서를 발급한 경우 다음해 2월 10일까지 매출처별계산서 합계표를 작성하여 관할 세무서에 제출하여야 한다. 면세사업자가 면세 계산서를 발급받은 경우 다음해 2월 10일가지 매입처별계산서 합계표를 작성하여 관할 세무서에 제출하여야 한다.

❸ 신용카드매출전표 및 현금영수증 관리 및 보관

[1] 신용카드매출전표

신용카드매출전표 중 매입세액을 공제받는 것은 별도로 구분하여 거래일자별로 1기(1.1 ~ 6.30)와 2기(7.1 ~ 12.31)로 나누어 철한다. 단. 신용카드매출전표가 많은 경우 1개월 또는 3개월 단위로 구분하여 철하여 두면 된다.

▶ 신용카드매출전표를 분실한 경우

신용카드매출전표 등을 분실했을 때 신용카드업자로부터 교부받은 신용카드 월별이용대금명세서를 보관하고 있는 경우에는 신용카드매출전표 등을 수취하여 보관하고 있는 것으로 보는 것임. (서면1팀-527, 2006 .04.26)

[핵심 실무] 신용카드매출전표 보관

1. 신용카드 월별이용대금명세서를 보관하고 있는 경우 신용카드매출전표를 보관하지 않아도 무방하나

2. 신용카드매출전표등에 의한 매입세액을 공제받은 경우에는「부가가치세법」제46조에 따라 신용카드매출전표 등을 그 거래사실이 속하는 과세기간에 대한 확정신고 기한 후 5년간 보관하여야 하는 것임. (부가, 서면-2017-부가-1802, 2017.11.30.)

[2] 현금영수증 관리 및 보관방법

① 현금영수증 중 매입세액을 공제받는 것과 매입세액을 공제받지 못하는 것(신용카드매출전표와 동일함)을 구분하여야 하며, 매입세액을 공제받는 것은 별도로 전표 등에 첨부하여 보관하고, 거래일자를 기준으로 과세기간별로 '현금영수증수취명세서'를 작성하여 둔다.
② 매입세액을 공제받지 못하는 것은 영수증으로 전표 등에 일반영수증과 같이 첨부하여 두면 된다.

❹ 기타 영수증 관리 및 보관방법

정규영수증외의 영수증인 간이영수증, 각종 수수료 납부영수증, 세금납부영수증, 금전등록기 영수증 등을 수취한 경우 영수증의 종류나 규격, 형태에 상관없이 전표 또는 지출결의서 뒷면에 첨부하여 보관한다.

■ 일반영수증 및 간이영수증 보관

세법에서 특정한 거래에 대하여는 정규영수증을 수취하지 아니한 경우에도 적법한 증빙서류로 인정되며, 이러한 영수증은 전표 등에 첨부하여 보관한다.

■ 영수증 보관기간

① 법인은 각 사업연도에 그 사업과 관련된 모든 거래에 관한 증빙서류를 작성 또는 수취하여 법인세 신고기한이 지난 날부터 5년간 보관하여야 한다.

② 개인사업자의 경우 각 과세연도에 그 사업과 관련된 모든 거래에 관한 증빙서류를 작성 또는 수취하여 소득세 신고기한이 지난 날부터 5년간 보관하여야 한다.

2023년 주요 개정 세법

■ 법인세 분야

▣ 법인세 세율 및 과세표준 구간 조정(법인법 §55)

<table>
<tr><th>종 전</th><th>개 정</th></tr>
<tr><td>□ 법인세율 과세체계

ㅇ 세율 및 과세표준
<table>
<tr><th>과세표준</th><th>세 율</th></tr>
<tr><td>2억원 이하</td><td>10%</td></tr>
<tr><td>2~200억원</td><td>20%</td></tr>
<tr><td>200~3,000억원</td><td>22%</td></tr>
<tr><td>3,000억원 초과</td><td>25%</td></tr>
</table>
</td><td>□ 법인세율 인하 및 과표구간 조정

ㅇ 세율 1% 인히
<table>
<tr><th>과세표준</th><th>세 율</th></tr>
<tr><td>2억원 이하</td><td>9%</td></tr>
<tr><td>2~200억원</td><td>19%</td></tr>
<tr><td>200~3,000억원</td><td>21%</td></tr>
<tr><td>3,000억원 초과</td><td>24%</td></tr>
</table>
</td></tr>
</table>

<적용시기> '23.1.1. 이후 개시하는 사업연도 분부터 적용

▣ 이월결손금 공제한도 상향(법인법 §13 · 45 · 46의4 · 76의13 · 91)

종 전	개 정
□ 이월결손금 공제한도 ㅇ 일반법인, 연결법인, 합병·분할법인, 외국법인: 각 사업연도 소득의 60% ㅇ 중소기업: 소득의 100%	□ 이월결손금 공제한도 확대 ㅇ 60% → 80% ㅇ (좌 동)

<적용시기> '23.1.1. 이후 개시하는 사업연도 분부터 적용

▣ 중간예납 의무 면제대상 확대(법인법 §63)

(현행) 직전사업연도 중소기업으로서 중간예납세액이 30만원 미만 내국법인

(개정) 30만원 → 50만원

<적용시기> '23.1.1. 이후 개시하는 사업연도 분부터 적용

▣ 수입배당금 익금불산입 조정 합리화(법인법 §18의2·18의3)

비상장법인	
지분율	익금불산입률
100%	100%
50%이상 100%미만	50%
50%미만	30%

▶

기업형태 구분 없음	
지분율	익금불산입률
50%이상	100%
20%이상 50%미만	80%
20%미만	30%

<적용시기> '23.1.1. 이후 배당받는 분부터 적용

▣ 스톡옵션 세제지원 강화(조특법 §16의2 · 3)

종 전	개 정
□ 벤처기업 스톡옵션* 행사이익** 비과세 및 분할납부 특례 * 비상장 벤처기업 및 코넥스상장 벤처기업 임직원이 부여받은 주식매수선택권 ** 행사시 시가와 행사가액의 차액	□ 비과세 한도 상향 및 분할납부 특례 대상 확대
ㅇ (비과세) 행사이익에 대해 연간 5천만원 한도 비과세 <신 설>	ㅇ 비과세 한도 상향: 연간 5천만원 → 2억원 - 누적한도*: 5억원 * 근로자가 해당 벤처기업으로부터 받은 스톡옵션 행사이익의 누계액
ㅇ (분할납부) 행사이익에 대한 소득세 5년간 분할납부 가능 <추 가>	ㅇ (좌 동) - 분할납부 대상에 코스피· 코스닥상장 벤처기업 스톡옵션 행사이익 포함

<적용시기> '23.1.1. 이후 스톡옵션을 행사하는 분부터 적용

▣ 통합고용세액공제 신설(조특법 §29의8 신설)

종 전

□ 고용지원 관련 세액공제 제도

❶ 고용증대 세액공제(§29의7)

: 고용증가인원 × 1인당 세액공제액

구 분	공제액 (단위:만원)			
	중소 (3년 지원)		중견 (3년 지원)	대기업 (2년 지원)
	수도권	지방		
상시근로자	700	770	450	-
청년 정규직, 장애인, 60세 이상 등	1,100	1,200	800	400

* 청년 연령범위(시행령): 15~29세

❷ 사회보험료 세액공제(§30의4)

: 고용증가인원 × 사용자분 사회보험료 × 공제율

구 분	중소 (공제율)
상시근로자 (2년 지원)	50%**
청년*, 경력단절여성 (2년 지원)	100%

* 청년 연령범위(시행령): 15~29세

** 전기통신업, 인쇄물 출판업 등의 서비스업종을 영위하는 기업은 75%

개 정

○ (적용대상) 모든 기업*

* (제외) 소비성 서비스업

○ (기본공제)

: 고용증가인원 × 1인당 세액공제액

구 분	공제액 (단위:만원)			
	중소 (3년 지원)		중견 (3년 지원)	대기업 (2년 지원)
	수도권	지방		
상시근로자	850	950	450	-
청년 정규직, 장애인, 60세 이상, 경력단절여성 등	1,450	1,550	800	400

- 우대공제 대상인 청년 연령범위* 확대 경력단절여성을 우대공제 대상에 추가

* 청년 연령범위(시행령): 15~34세

** 일부 서비스업종 우대는 폐지

- 공제 후 2년 이내 상시근로자 수가 감소하는 경우 공제금액 상당액을 추징

<적용시기> '23.1.1. 이후 개시하는 과세연도 분부터 적용

* '23년 및 '24년 과세연도 분에 대해서는 기업이 '통합고용세액공제'와 기존 '고용증대 및 사회보험료 세액공제' 중 선택하여 적용 가능(중복 적용 불가)

종 전

❸ 경력단절여성 세액공제(§29의3①)

: 경력단절여성 채용자 인건비 × 공제율

구 분	공제율	
	중소	중견
경력단절여성 (2년 지원)	30%	15%

❹ 정규직 전환 세액공제(§30의2)

: 정규직 전환 인원 × 공제액

* 전체 상시근로자 수 미감소 시

구 분	공제액 (단위:만원)	
	중소	중견
정규직 전환자 (1년 지원)	1,000	700

❺ 육아휴직복귀자 세액공제(§29의3②)

: 육아휴직 복귀자 인건비 × 공제율

* 전체 상시근로자 수 미감소 시

구 분	공제율	
	중소	중견
육아휴직 복귀자 (1년 지원)	30%	15%

개 정

ㅇ (추가공제)

: 정규직 전환 · 육아휴직 복귀자 인원 × 공제액

* 전체 상시근로자 수 미감소 시

구 분	공제액 (단위:만원)	
	중소	중견
정규직 전환자 (1년 지원)	1,300	900
육아휴직 복귀자 (1년 지원)	1,300	900

- 전환일 · 복귀일로부터 2년 이내 해당 근로자와의 근로관계 종료 시 공제금액 상당액 추징

<적용시기> '23.1.1. 이후 개시하는 과세연도 분부터 적용

* '23년 및 '24년 과세연도 분에 대해서는 기업이 '통합고용세액공제'와 기존 '고용증대 및 사회보험료 세액공제' 중 선택하여 적용 가능(중복 적용 불가)

▣ 세법상 특수관계인으로서 친족범위 합리화(국기령 §1의2①)

종 전	개 정
□ 세법상 특수관계인 중 친족의 범위	□ 특수관계인 중 친족 범위 축소
ㅇ 6촌 이내의 혈족	ㅇ 4촌 이내의 혈족
ㅇ 4촌 이내의 인척	ㅇ 3촌 이내의 인척
ㅇ 배우자(사실상의 혼인관계에 있는 자 포함)	ㅇ (좌 동)
ㅇ 친생자로서 다른 사람에게 친양자 입양된 자 및 그 배우자·직계비속	
<추 가>	ㅇ 혼외 출생자의 생부·생모

<적용시기> '23.3.1. 이후 시행

■ 소득세 분야

▣ 소득세 과세표준 구간 조정 (소득세법 §55①)

종 전			개 정		
□ 소득세 과세표준 및 세율			□ 과세표준 조정		
과 세 표 준	세율	누진공제액	과 세 표 준	세율	누진공제액
1,200만원 이하	6%		1,400만원 이하	6%	
1,200만원 4,600만원 이하	15%	108만원	1,400만원 5,000만원 이하	15%	126만원
4,600만원 8,800만원 이하	24%	522만원	5,000만원 8,800만원 이하	24%	576만원
8,800만원 1.5억원 이하	35%	1,490만원	8,800만원 1.5억원 이하	35%	1,544만원
1.5억원 3억원 이하	38%	1,940만원	1.5억원 3억원 이하	38%	1,994만원
3억원 5억원 이하	40%	2,540만원	3억원 5억원 이하	40%	2,594만원
5억원 10억원 이하	42%	3,540만원	5억원 10억원 이하	42%	3,594만원
10억원 초과	45%	6,540만원	10억원 초과	45%	6,594만원

<적용시기> '23.1.1. 이후 발생하는 소득 분부터 적용

▣ 퇴직소득세 부담 완화(소득법 §48①)

종 전		개 정	
□ 퇴직소득 근속연수공제액		□ 근속연수공제액 확대	
근속연수	공 제 액	근속연수	공 제 액
5년 이하	30만원 × 근속연수	5년 이하	100만원 × 근속연수
6~10년	150만원 + 50만원 × (근속연수-5년)	6~10년	500만원 + 200만원×(근속연수-5년)
11~20년	400만원 + 80만원 × (근속연수-10년)	11~20년	1,500만 원+ 250만원 × (근속연수-10년)
20년 초과	1,200만원 + 120만원 × (근속연수-20년)	20년 초과	4,000만원 + 300만원 × (근속연수-20년)

<적용시기> '23.1.1. 이후 퇴직하는 분부터 적용

▣ 일용근로소득 원천징수영수증 발급기한 단축(소득법 §143)

종 전	개 정
□ 근로소득 원천징수영수증 발급기한 ㅇ (일용근로소득) 소득 지급일이 속하는 분기의 마지막 달의 다음 달 말일까지	□ 일용근로소득의 경우 발급기한 단축 ㅇ 소득 지급일이 속하는 달의 다음 달 말일까지

<적용시기> '23.1.1. 이후 지급하는 소득분부터 적용

▣ 간이지급명세서 제출 주기 단축(소득법 §164의3)

종 전	개 정
□ 간이지급명세서 제출	□ 제출주기 단축
ㅇ (원천징수대상 사업소득) 매월	ㅇ (좌 동)
ㅇ (상용근로소득) 매 반기	ㅇ 매월
<추 가>	ㅇ (인적용역 관련 기타소득) 매월

<적용시기> '24.1.1. 이후 지급하는 소득분부터 적용

▣ 식대 비과세 한도 확대(소득령 §17의2)

종 전	개 정 안
□ 비과세되는 식사대 범위	□ 비과세 한도 확대
ㅇ 근로자가 사내급식 또는 이와 유사한 방법으로 제공받는 식사 또는 음식물	ㅇ (좌 동)
ㅇ 사내급식 등을 제공받지 않는 근로자가 받는 월 10만원 이하의 식사대	ㅇ월 10만원 이하 → **월 20만원** 이하

<적용시기> '23.1.1. 이후 발생하는 소득 분부터 적용

[개정 세법] 상세 내용 → 경영정보사(경영정보문화사 자매회사) 홈페이지

▣ 2023년 개시하는 과세연도분부터 중소기업 취업자에 대한 소득세 감면한도를 과세기간별 150만원에서 200만원으로 상향함(조세특례제한법 제30조)

▣ 간주임대료 계산 및 주택임차자금 차입금 기준 이자율 조정(소득칙 §23·57, 법인칙 §6)

ㅇ 연 1.2% → 2.9%

「국세기본법 시행규칙」의 국세환급 가산금 이자율과 동일 수준

<적용시기>

ㅇ (간주임대료) 규칙 시행일이 속하는 과세기간 분부터 적용(소득칙)

'23.1.1. 이후 개시하는 사업연도 분부터 적용(법인칙)

ㅇ (주택임차자금차입금) 규칙 시행일 이후 차입하는 분부터 적용

2024년도 지급명세서, 간이지급명세서 제출

[상세 내용] 경영정보사 홈페이지

■ 경영정보사 홈페이지 무료이용

(지정) 아이디 aa11

(지정) 비밀번호 aa1111

➡ 지급명세서 제출기한

[개정 세법] 일용근로자 지급명세서 제출기한 단축(소득법 §164 ①)

(종전) 분기 다음달 말일

(개정) 지급일의 다음달 말일

<적용시기> 2021.7.1. 이후 제출분부터

➡ 간이지급지급명세서 제출 기한 등 요약

[세법 개정] 근로소득 간이지급명세서 제출대상 소득 범위 조정

(제출대상 소득 범위 조정) 반기 근무분 소득 → 반기 동안 지급한 소득

<적용시기> 2020.1.1. 이후 제출하는 분부터 적용

[개정 세법] 근로소득 간이지급명세서 제출기한 단축 (소득세법 제164의3)

(현행) 반기 마지막 달의 다음 달 말일

(개정) 소득 지급일이 속하는 달의 다음 달 말일(제135조 또는 제144조의5를 적용받는 소득에 대해서는 해당 소득에 대한 과세기간 종료일)

〈적용시기〉 2026.1.1. 이후 제출하는 분부터 적용

[개정 세법] 원천징수대상 사업소득에 대한 간이지급명세서

(종전) 지급일이 속하는 반기의 마지막 달의 다음 달 말일

(개정) 매월 지급일이 속하는 달의 다음 달 말일

<적용시기> '21.7.1. 이후 지급하는 소득분부터 적용

[개정 세법] 인적용역 관련 기타소득에 대한 간이지급명세서 (소득법 § 164①)

(현행) 제출의무 없음

(개정) 매월 지급일이 속하는 달의 다음 달 말일까지 제출

〈적용시기〉 '24.1.1. 이후 지급하는 소득분부터 적용

▶ 12월 근로소득 또는 원천징수대상 사업소득을 다음해 1월에 지급하는 경우 간이지급명세서 제출기한

해당 귀속연도 근로소득 또는 원천징수대상 사업소득을 12월 말일까지 미지급한 경우 12월에 지급한 것으로 보아 작성한다.

[개정 세법] 간이지급명세서 제출시 지급명세서 제출 면제(소득법 §164)

종 전	개 정
<신 설>	□ 간이지급명세서 제출 사업자에 대한 지급명세서 제출 특례 ㅇ (적용대상) 원천징수대상 사업소득, 인적용역 관련 기타소득 ㅇ (적용방법) 간이지급명세서(매월)를 모두 제출 시 지급명세서(연 1회) 제출 면제 다만, 연말정산 사업소득은 간이지급명세서와 지급명세서를 모두 제출하여야 함

<적용시기>

ㅇ (원천징수대상 사업소득) '23.1.1. 이후 지급하는 소득분부터 적용

ㅇ (인적용역 관련 기타소득) '24.1.1. 이후 지급하는 소득분부터 적용

법인관리 & 세금폭탄 사례

가산세 세무실무 & 절세전략 [전2권]

▶ 발행처 : 경영정보사
▶ [인터넷 서점] → "세금 폭탄" 검색

➡ 제 1 부 법인관리

상법의 규정에 의한 법인관리, 정관 작성, 주주총회 및 이사회를 개최하여야 하는 사안, 주주총회의사록, 이사회회의록의 작성, 등기부등본 기재사항의 변경에 대한 내용, 이사·감사의 선임 및 공증, 자본금 총액 10억원 미만 주식회사의 상법 적용 등에 대한 내용 수록

➡ 제2부 자본관리 · 이익배당, 주식이동 · 주식평가

주주명부 및 주권관리, 자본금 변동에 관한 내용 및 자본금 변동시 세무상 유의하여야 하는 사항, 가수금의 출자전환, 법인의 이익배당 및 배당과 관련한 세무실무, 비상장법인의 자기주식 취득과 관련한 세무 문제, 주식 양도양수와 관련한 유의사항, 주식이동시 반드시 검토하여야 할 사항, 비상장주식의 평가 및 평가방법

➡ 제3부 임원 급여 · 상여금 · 퇴직금 보험료 · 가지급금 세무문제

임원 급여, 상여금, 퇴직금 지급시 유의하여야 하는 상법 및 법인세법 규정, 임원 및 근로자 퇴직금 중간정산, 법인의 임직원 인적보험료 불입액에 대한 세무상 문제 등 수록

➡ 제4부 세금폭탄 사례

세법에 대한 지식 부족, 업무 착오, 의사 결정 및 사실 판단의 오류, 의도적인 탈세 등에 의하여 과세당국으로부터 세금이 추징되는 다양한 사례 등을 수록

➡ 제5부 세금절세 전략

근로·배당·퇴직소득의 세금 비교 및 절세 효과, 연구인력개발비의 세액공제, 중소기업에 대한 조세지원 및 세법의 중소기업, 각종 감면제도

➡ 제6부 사례별 세무회계 리스크 관리

대손상각 및 대손세액공제. 회생계획인가에 따른 매출채권 정리, 퇴직연금 손금산입 방법, 국고보조금 세무회계, 리스자산의 세무회계, 업무용 승용자동차의 손금산입 범위 등